Bild der Welt und Geist der Zeit

Bild der Welt und Geist der Zeit

Dem Zerfall von Kirche und Gesellschaft begegnen

Herausgegeben von Sebastian Kleinschmidt, Friedemann Richert und Thomas A. Seidel

EVANGELISCHE VERLAGSANSTALT
Leipzig

Bibliographische Information der Deutschen Nationalbibliothek
Die Deutsche Nationalbibliothek verzeichnet diese Publikation in der
Deutschen Nationalbibliographie; detaillierte bibliographische Daten
sind im Internet über http://dnb.dnb.de abrufbar.

© 2024 by Evangelische Verlagsanstalt GmbH, Leipzig
Printed in Germany

Das Werk einschließlich aller seiner Teile ist urheberrechtlich geschützt.
Jede Verwertung außerhalb der Grenzen des Urheberrechtsgesetzes ist ohne
Zustimmung des Verlags unzulässig und strafbar. Das gilt insbesondere für
Vervielfältigungen, Übersetzungen, Mikroverfilmungen und die Einspeicherung
und Verarbeitung in elektronischen Systemen.

Das Buch wurde auf alterungsbeständigem Papier gedruckt.

Cover: Vogelsang Design, Aachen
Coverbilder: stock.adobe.com, © Robert, © Victor, © Daria
Satz: ARW-Satz, Leipzig
Druck und Binden: BELTZ Grafische Betriebe GmbH, Bad Langensalza

ISBN 978-3-374-07521-8 // eISBN (PDF) 978-3-374-07522-5
www.eva-leipzig.de

Inhalt

1. Prolog 7
   von Sebastian Kleinschmidt

   ## Naturbild

2. Natur und Kultur 13
   von Dirk Evers

3. »Gerechtigkeit, Frieden und Bewahrung der Schöpfung« 31
   Abschied von einer ebenso populären wie irreführenden
   Doppelformel
   von Günter Thomas

4. »Rede der Kreatur an die Kreatur« 59
   Die natürliche Welt in der Sprache des Glaubens und der Poesie
   von Christian Lehnert

   ## Menschenbild

5. Was den Menschen zum Menschen macht 81
   Zur theologischen Notwendigkeit des Sündenbegriffs
   von Annette Weidhas

6. Die Bildung des Menschen und der Beitrag des Christentums   109
   von Wolfgang Sander

7. Seele und Glückseligkeit 131
   Platon als Seelenlehrer
   von Friedemann Richert

   ## Gesellschaftsbild

8. Zeitenwende – Identitätsstreit – gesellschaftlicher Zusammenhalt – kulturelles Selbstbewusstsein 159
   von Wolfgang Thierse

9. Alle nur »Copien von Anderen«? 177
   Für eine differenziertere Identitätsdebatte im Demokratiediskurs
   von Ingolf U. Dalferth

10. Säkularität und Religionspluralismus 213
    Aufgaben und Möglichkeiten der Kirche
    von Stefan S. Jäger

GESCHICHTSBILD

11. Warum es historische Gerechtigkeit nicht geben kann 237
    Meditation über den Weltgeist als Gerichtsvollzieher
    von Egon Flaig

12. Vom Unheil der Heilsgeschichte 279
    Karl Löwith und die theologische Urteilskraft
    in der Postmoderne
    von Thomas A. Seidel

GOTTESBILD

13. Einer für alle, alle für einen? 327
    Der dreieinige Gott im Religionsdiskurs
    von Ulrich H. J. Körtner

14. Geht von universalen Geltungsansprüchen Gewalt aus? 347
    Wie Stereotypen zu Monotheismus, Mission und
    Menschenrechten in Gesellschaft und Kirchen realitätsnahe
    Diskurse unterminieren
    von Henning Wrogemann

15. Vergöttlichung statt Selbst-Vergottung 367
    Eine orthodoxe Skizze
    von Martinos Petzolt

Die Autoren 381

Prolog

Sebastian Kleinschmidt

Kann es sein, dass der Geist der Zeit ein falsches Bild der Welt malt? Doch das Bild der Welt wird nie vom Geist der Zeit gemalt. Was er hingegen anstrebt, ist: das Bild zu übermalen. Es ist wie ein modernes Palimpsest. Die Überschreibung belässt den alten Text in seiner Lesbarkeit. Und so entzündet sich an beider Unterschied der Widerstreit der Ansichten. Der Zeitgeist formuliert aggressiv und unduldsam. Er weiß, wie schnell fabrikneue Begriffe veralten können. Und so pocht er aufs Tempo beim Aussortieren der ererbten Gedankenmöbel. Das Weltbild aber fühlt sich angegriffen. Obwohl es wissen sollte, wie viele feindliche Attacken seines Widerparts schon in der Nichtigkeit versandeten. Denn Zeitgeist ist ein Geist auf Zeit und scheitert letztlich am Widerstand der Wirklichkeit.

Überwältigungsversuche durch Ideenmoden sind ein irritierendes Schauspiel, das alle Epochen kennen. Häufig mutet es an wie ein ikonoklastischer Kulturkampf. So auch heute wieder. Was auch immer über die der Globalisierung geschuldete Diversifizierung unserer Gesellschaften gesagt werden kann, eines steht fest: Diese Transformation wird uns schwindlig machen hinsichtlich Geschwindigkeit und Eingriffstiefe. Das deutsche Wort Schwindel drückt einen Zustand gestörter Orientierung und Stabilität im Raum aus, aber auch ein unaufrichtiges Verhalten des Geistes.

Im Zuge der überall in Westeuropa und den USA von den hohen Schulen aufgerufenen identitätspolitischen Empörungsagenda, einer hypermoralischen Gut-Böse-Polarisierung, werden auch hierzulande sozialen Zusammenhalt verbürgende gemeinschaftliche Wahrheits- und Wirklichkeitsbezüge akademisch attackiert und epistemisch zerrieben. Und da das nicht ohne emotionale Aufwallung und volkspädagogische Indoktrination geschieht, wird eine nüchterne und ideologisch ungeframte Analyse von Problemlagen immer schwieriger. Die Rede ist von Wert-, Norm- und Zielkonflikten, wie sie sich aus der historisch tiefgreifenden Umwandlung überalterter, national und religiös weitgehend homogener Gesellschaften in postnationale, multikulturelle, multireligiöse und multiethnische Staatswesen zwangsläufig ergeben.

Vehement auf Disruption, Freund-Feind-Markierung und moralische Ächtung gepolte puristische Ideen führen dazu, vernünftig akzentuierte freiheitsfördernde Weltsichten nominalistisch aufzulösen. Immer radikaler minoritäts- und opferbezogene Anerkennung fordernde Begriffskonstruktionen bewirken einen schleichenden Ruin von Konvention und Verbindlichkeit – und so eine mentale Auszehrung, die das durch Überlieferung gestützte lebensweltliche Terrain mehr und mehr erschöpft: das Bild Gottes, das Bild des Menschen, das Bild von Natur, Geschichte und Gesellschaft. Alles wie selbstverständlich Bestehende, die Routinen des Verhaltens, das ganze Gewohnheitsgefüge historisch gewachsener Zivilität, wird per Sprachregelung bzw. Sprechakt dekonstruiert und diskursethisch unter Rechtfertigungszwang gesetzt. Die gesamte kulturelle Matrix, der geistige und geschichtliche Boden, auf dem wir stehen, wird zur Disposition gestellt, um fortan ständig neu ausgehandelt werden zu müssen. Man hat den Eindruck: Sittliche Übereinkunft und gesunder Menschenverstand, antikes und jüdisch-christliches Erbe, Aufklärung und pragmatische Vernunft befinden sich im freien Fall.

Am Ende des identitären Separatismus steht – sehr subtil und reichlich hypokritisch von allen beklagt – der Verlust des Wirklichen, die Auflösung von Objektivität. Die letzten Zeugen des antirealistischen Schismas sind geborstene Begriffe und eine zerrüttete Urteilskraft. Das schafft Freiraum für die Ausbreitung neuer Ideologien, sie seien utopisch oder dystopisch, idyllisch oder apokalyptisch grundiert. Neue Parolen werden ausgerufen und überall neue Gesslerhüte aufgestellt, die man ergebenst zu grüßen hat. Wenn bis hin zur Geschlechtlichkeit des Menschen nichts mehr sicher ist, wenn Logik, Sprache und Grammatik zuschanden werden, zerbricht der Rahmen, der eine auf Deliberation und wechselseitiges Verstehen, auf Evidenz und Kompromiss geeichte demokratische Gesellschaft zusammenhält.

Es ist daher vonnöten, sich aufs Neue der geistigen Grundlage jeder offenen, demokratischen Gesellschaft zu versichern: dem fairen Streit, in dem es darauf ankommt, dass Argumente unvoreingenommen auf ihren rationalen Gehalt hin geprüft und Geltungsansprüche nicht abhängig gemacht werden von der Akzeptanz oder Ablehnung der politischen Position desjenigen, der spricht. Denn das wäre das Ende des freien Gesprächs.

Für das Miteinanderreden aber sollte gelten, was der chilenische Nobelpreisträger Pablo Neruda in seiner Autobiographie schrieb: »Ich für meinen Teil bin in alle Häuser gegangen, in denen mir die Tür geöffnet wurde. Ich wollte mit jedem sprechen. Ich hatte keine Angst vor Ansteckung durch Andersdenkende, durch Feinde. Und so werde ich es auch in Zukunft halten. Ich glaube, dass der Dialog unerschöpflich ist, dass kein Konflikt ein Tunnel ohne Ausweg ist und das Licht des Verstehens ihn von beiden Seiten erhellen kann.«

Eine gemeinsame, für alle kenntliche Realität entsteht nur durch Verständigung. Und kann nur durch Verständigung erfahren werden. Wo keine Verständigung, dort keine gemeinsame Wirklichkeit, wo keine gemeinsame Wirklichkeit, dort kein Vertrauen. Auch kein Vertrauen in die Demokratie. Vertrauensschwund bewirkt Polarisierung und führt vom Miteinander über das Auseinander zum Gegeneinander. Vertrauensbildung bewirkt Entpolarisierung und führt vom Gegeneinander über das Auseinander zum Miteinander.

Der Weg zur Wahrheit ist das offene Gespräch, ein Gespräch, das vom guten Willen zum Verstehen lebt und der Hermeneutik des Verdachts entsagt. Ein lebendiger Dialog, der nichts und niemand ausschließt, wo in Frage und Antwort, in Rede und Gegenrede lebensweltlicher Wirklichkeitssinn erwacht und die Fiktionen des Bewusstseins sich in Luft auflösen.

Naturbild

Natur und Kultur

Dirk Evers

I Über den »Ausdruck der Gemütsbewegungen«

Dreizehn Jahre nach Erscheinen seines Hauptwerkes über *Die Entstehung der Arten* (1859) und kurz nach seinem ebenfalls bekannten Werk über *Die Abstammung des Menschen* (1871) veröffentlichte Charles Darwin (1809-1882) 1872 ein weniger bekanntes, aber ungemein interessantes Werk über den *Ausdruck der Gemütsbewegungen bei dem Menschen und den Tieren (The Expression of the Emotions in Man and Animals)*.[1] Darwin hatte für dieses Werk viele Jahre recherchiert und dafür, wie es seine Art war, einen Reichtum an beobachteten und zusammengetragenen Details präsentiert und daran völlig neuartige, zum Teil recht spekulative Konzepte und Ideen angeschlossen. Eindrucksvoll sind nicht zuletzt die Illustrationen, die in dieses Werk aufgenommen sind, darunter auch die ersten wissenschaftlichen Photographien. In diesem inzwischen anerkannten Klassiker der Verhaltensbiologie bemüht sich Darwin einerseits, die Mimik von Menschen und Tieren, vornehmlich von Hunden und Katzen, zu beschreiben, mit denen wir und sie Emotionen Ausdruck verleihen. Damit verbindet er andererseits die grundsätzliche These, dass Emotionen als psychologische Zustände der direkte Ausdruck von physiologischen Vorgängen sind. Kurz gesagt: Wir lächeln nicht, weil wir uns glücklich fühlen, sondern wir fühlen uns glücklich, weil wir lächeln. Analoges gilt für Schrecken, Wut, Ärger etc. Überhaupt beobachtet Darwin, wie wir bei so vielem, das wir tun, mit dem ganzen Körper dabei sind, wenn wir etwa bei einer heiklen Aufgabe die Lippen zusammenpressen.

---

[1] Vgl. zum Folgenden auch die schöne Darstellung im ersten Kapitel von Ian McEwan, Erkenntnis und Schönheit. Über Wissenschaft, Literatur und Religion, Zürich 2020.

Von da aus betrachtet Darwin dann grundsätzlichere Fragen, um die es ihm auch aus persönlichem Interesse zu gehen scheint. Die eine ist die nach der kulturellen Bedingtheit unserer menschlichen Ausdrucksformen. Sind etwa die Gesichtsausdrücke für unsere grundlegenden Emotionen in allen Ethnien und Kulturen gleich? Darwin führt dazu einen ausgedehnten Briefwechsel mit Kollegen und Bekannten weltweit im Britischen Empire und darüber hinaus und bittet sie, ihm ihre Beobachtungen der entsprechenden Mimik der indigenen Völker mitzuteilen. So sammelt er Puzzlesteine für seine These, dass Gefühlsausdrücke, von der Mimik bis hin zum Schulterzucken, weitgehend das Ergebnis der Evolution sind. Damit widerspricht er seinem Lehrer Charles Bell (1774–1842), dessen anatomische Vorlesungen Darwin in seiner frühen medizinischen Ausbildung noch besucht und dessen einflussreiches Werk über *Anatomie und die Philosophie des Ausdrucks (Anatomy and the Philosophy of Expression, 1844)* er intensiv studiert hatte. Bell war ein Anhänger der damaligen Design-Theorie, nach der Gott, der Schöpfer, ein jedes Lebewesen nach einem bestimmten Plan und zu einem bestimmten Zweck geschaffen hatte. Seiner These, dass beim Menschen das Wechselspiel von Muskeln, besonders der Atmungsorgane, und bestimmte Nervenverbindungen für das spontane Zustandekommen des menschlichen Ausdrucksvermögens verantwortlich sind, stimmt Darwin zu. Doch den theologischen Überzeugungen Bells, dass Menschen nur bei ihnen zu findende, besondere Muskeln und ein entsprechendes Nervensystem hätten, die ihnen von einem Schöpfergott zum Zwecke des Ausdrucks verliehen wurden, kann Darwin aufgrund seiner inzwischen gewonnenen Auffassung der Evolution nur widersprechen. Nicht zuletzt deshalb wendet er sich dieser Thematik zu. In seiner Ausgabe von Bells Buch findet sich am Rand eine handschriftliche Bemerkung Darwins zu der Behauptung, dass nur Menschen einen bestimmten Muskel hätten, der die Augenbrauen zusammenziehe und auf die Begabung mit Verstand hindeute: »Er hat sich niemals einen Affen angeschaut.«[2]

---

2   Vgl. Paul Ekman, Darwin's contributions to our understanding of emotional expressions, in: Philosophical Transactions of the Royal Society B: Biological Sciences 364 (2009), 3449–3451, 3450: »he never looked at a monkey«. Vgl. Darwins Notizbuch M: »Plato says in Phædo that our ›necessary ideas‹ arise from the preexistence of the soul, are not derivable from experience. – read monkeys for preexistence« (Charles

Die Analogien zwischen höheren Menschenaffen und Menschen im Zusammenspiel mit der Tatsache, dass die Menschen aller Kulturen und Kontinente ihre biologischen Anlagen für den Ausdruck von Emotionen gemeinsam haben, deutet auf eine gemeinsame Abstammung aller modernen Menschen hin. Damit stellt sich Darwin auch gegen rassische Konzepte der Anthropologie seiner Zeit, die etwa die Unterlegenheit der Afrikaner den Europäern gegenüber behaupten – sehr zum Gefallen der Sklavenhalter in den Südstaaten. In der zeitgenössischen deutschen Übersetzung von Darwins Werk liest sich das so:

> »Ich habe mit ziemlich detaillierter Ausführlichkeit zu zeigen mich bemüht, daß alle die hauptsächlichsten Ausdrucksweisen, welche der Mensch darbietet, über die ganze Erde dieselben sind. Diese Thatsache ist interessant, da sie ein neues Argument zu Gunsten der Annahme beibringt, daß die verschiedenen Rassen von einer einzigen Stammform ausgegangen sind.«[3]

Die These, die etwa der schweizerisch-amerikanische Naturforscher Louis Agassiz (1807–1873) vertreten hatte, dass es einen polygenetischen Ursprung der verschiedenen Menschenrassen gegeben habe und deshalb auch heute noch verschiedene Menschenarten existierten, hat Darwin entschieden bestritten. Und alle heutige Forschung, sowohl der Paläontologie als auch der Genetik, bestätigt die Darwinsche Sicht.

Nach dem, was wir heute wissen, hatte Darwin bei weitem nicht in allem, aber doch in vielem recht. Das lag vor allen Dingen daran, dass er den richtigen Zugang hatte, die evolutionsbiologische Perspektive, auch wenn wir heute seine Engführung des grundlegenden menschlichen Ausdrucksverhalten auf spontane physiologische Zusammenhänge als deutlich zu eng ansehen. So unterschlug Darwin zum Beispiel, dass es kein Ausdrucksverhalten des Menschen gibt, das nicht auch gleichzeitig der Kommunikation dient und in entsprechende Rückkoppelungen zwischen Sender und Empfänger eingebettet ist. Menschliche Emotionen sind mehr als spontane, nervöse Reiz-Reaktionsschemata. Alle unsere natürlichen Ausdrucksformen sind kulturell in Zusammenhänge von Kooperation und Kommunikation eingebettet.

Darwin, Notebook M, in: Charles Darwin's notebooks. 1836–1844; geology transmutation of species metaphysical enquiries, hg. von Paul H. Barrett, et al., Ithaca, NY 1987, 520–560, 551.

3 Charles Darwin, Gesammelte Werke Bd. 7: Der Ausdruck der Gemüthsbewegungen, hg. von J. V. Carus, Stuttgart 1877, 330.

Doch zwei Dinge hat Darwin auf jeden Fall richtig gesehen. Zum einen gibt es aufgrund unserer gemeinsamen biologischen Abstammung eine tiefe Verwurzelung des Menschen in der Natur, in der Biologie, in der Körperlichkeit, im Tierreich. Zum anderen gibt es heute nur eine Spezies Mensch, deren äußere Varietäten biologisch als veränderliche und vielfältig kombinierbare Eigenheiten verschiedener Gruppen gelten können, nicht aber als art- oder rassebildende Unterschiede – auch wenn es in der Evolutionsgeschichte andere Formen von inzwischen ausgestorbenen, uns nahe verwandten Menschen gegeben hat. Das ist gewissermaßen die evolutionsbiologische Transformation derjenigen schöpfungstheologischen Traditionen, die – wie in der Paradieserzählung in 1. Mose 2 – einerseits alle lebenden Menschen auf ein erstes Menschenpaar zurückführen und andererseits diese besondere Form von Lebewesen über den Schöpfungs- und den Lebensgedanken in einen Zusammenhang mit allem Leben auf diesem Planeten stellen.

II »Kultur« als »Natur« des Menschen

Doch ist damit eine Thematik aufgerufen, die Spannungen im heutigen Naturbegriff aufzeigt. Wenn unsere Fähigkeiten etwa zum Ausdruck von »Gemütsbewegungen«, auf denen unsere Sprache, unsere komplexen kulturellen Verständigungssysteme, unsere Umgangsformen zwischen Individuen, zwischen den Geschlechtern und zwischen sozialen Gruppen letztlich aufruhen, zu unserer biologischen Natur gehören, dann scheint es irgendwie zur Natur des Menschen zu gehören, Kultur zu haben. Dann wären jedenfalls zwei Alternativen grundfalsch: die eine, die den Menschen als bloßes Tier mit einer in besonderem Maße ausgebildeten Funktion »Kultur« beschreibt, ebenso wie die andere, die den Menschen als reines Kulturwesen abgelöst von seiner biologischen »Natur« versteht. Das eine Mal saugt der Naturbegriff alles andere in sich auf und wir bekommen heute verbreitete Konzepte eines *Naturalismus*, das andere Mal löst in den verschiedenen Varianten eines *Kulturalismus* der Kulturbegriff den Begriff der Natur des Menschen auf und macht ihn zu einer Funktion der Kultur. Während das eine Mal »Kultur« nur so etwas wie die sich rein pragmatischen Gründen verdankende Benutzeroberfläche des natürlichen Betriebssystems darstellt, das in den Genen, den Hirnfunktionen, den Hormonen, den Basalganglien etc. und also irgendwie in unserer biologischen Natur steckt, in die wir letztlich eingeschlossen sind, ist im anderen Fall jeder Begriff von »Natur«, einschließlich dem der Naturwissenschaften, auch »nichts anderes als« ein kulturelles »Konstrukt« – was immer das heißen mag. Beide Sichtweisen sind als reduktionistisch anzusehen und als Varianten eines »Fehlschlusses deplatzierter Konkretheit«[4], bei dem von konkreten, auf Erfahrungen beruhenden Gegenständen direkt auf zugrundeliegende abstrakte Wahrheiten geschlossen wird und umgekehrt. In dem einen Fall wird naturwissenschaftliche Erkenntnis mit der Wirklichkeit selbst verwechselt, im anderen Fall kulturelle Variabilität als »Erzeugung« von Wirklichkeit angesehen.

Ein solcher Kulturalismus kann übrigens in verschiedenen Varianten daherkommen, die durch ihr Kulturverständnis politisch sehr unterschiedlich grundiert sein können. Da gibt es auf der einen Seite klassisch-idealistische Formen, die die unterschiedlichen Umgangsformen des Menschen mit der Natur einschließlich der Naturwissenschaften einordnen in die verschiedenen Ausdrucksformen des »Geistes«, der die Grundlage aller Kultur bildet. Und auf der anderen Seite stehen kritisch-politische Formen, die jedes menschliche Verständnis von Natur einschließlich dem der Naturwissenschaften als ein primär durch die Machtförmigkeit der »Diskurse« geprägtes Konstrukt durchschauen und dekonstruieren wollen. Beiden steht dann ein naturalistischer Reduktionismus gegenüber, der »die natürliche Welt (einschließlich des Menschen) und die sie erklärenden Wissenschaften, in paradigmatischer Form die Naturwissenschaften, als alleinige und hinreichende Basis zur Erklärung aller Dinge«[5] ansieht.

Die gegenwärtigen Debatten um ein angemessenes Wirklichkeitsverständnis unter der Frage nach unserem Bild von Natur bewegen sich in diesem Dreieck zwischen Naturalismus, idealistisch-humanistischem Traditionalismus und dekonstruktivistischer Diskurspolitik, wobei von jeder Position aus die beiden anderen Spitzen des Dreiecks als absurde Leugnungen des Offensichtlichen erscheinen. Jede Position

---

4 Den Ausdruck »fallacy of misplaced concreteness« prägte der britische Mathematiker und Philosoph Alfred N. Whitehead in seinem Werk Science and the Modern World (deutsche Ausgabe: Alfred North Whitehead, Wissenschaft und moderne Welt, Frankfurt a. M. 1988).
5 Jürgen Mittelstraß, Art. Naturalismus, in: Jürgen Mittelstraß (Hg.), Enzyklopädie Philosophie und Wissenschaftstheorie Bd. 2, Stuttgart 2004, 964.

kann von den eigenen Voraussetzungen und leitenden Grundüberzeugungen her auf jeweils unabweisbar erscheinende Grundwahrheiten verweisen: dass nur die mathematisch-empirischen Wissenschaften gesicherte Erkenntnis über die Wirklichkeit liefern – dass aber die Naturwissenschaften auch nur Ausdruck der geistigen Fähigkeiten des Menschen sind –, dass alles Wissen und alle normative Erkenntnis auf diskursive Praktiken und Dispositive der Macht zurückzuführen sind usw.

III Blinde Flecken

Jede dieser drei Positionen kann die beiden anderen als naive Vereinfachung ausschließen, weil sie das nicht sehen wollen, was doch aus der eigenen Sicht als unabweisbar vor Augen steht. Dadurch erhält auch der jeweilige Begriff der Natur eine bestimmte Färbung. Im Fall des Naturalismus ist »Natur« identisch mit dem, was die empirisch orientierten und mathematisch formalisierten Naturwissenschaften feststellen. Dann fallen nicht nur ein göttliches Wesen, sondern auch ein selbstbestimmter Wille und alles das, was man traditionell Seele und Geist genannt hat, aus dem Wirklichen heraus. Die Debatten um die Hirnforschung, die bis heute nachwirken, haben die Attraktivität und Massentauglichkeit solcher Naturauffassung nachdrücklich vor Augen geführt. Ob eine solche »positivistische« Sicht der Natur allerdings konsistent entwickelt werden kann, kann man mit guten Gründen bestreiten, erst recht, wenn sie mit weltanschaulichen Ansprüchen verbunden wird und die konkreten Modelle und Beschreibungen der Naturwissenschaften als direkter Ausdruck der Wirklichkeit angesehen werden, wie sie an sich selber ist. Denn eine solche Sicht der Natur erzeugt ihre eigenen blinden Flecke, wie schon an dem Vorgang naturwissenschaftlicher Forschung selbst deutlich wird. Auch das kann die Debatte um die Hirnforschung illustrieren. Wären die Ergebnisse der Hirnforschung alles, was über Geist, Bewusstsein, Denken und Freiheit zu sagen wäre, dann müssten auch diese Erkenntnisse der Hirnforschung selbst als Hirnprozesse zu verstehen sein, nun aber als solche, die sich selbst auf die Schliche gekommen sind, »nichts anderes« als das Resultat eines »Feuerns« von Neuronen zu sein – geistloser kann man den konkreten Vorgang naturwissenschaftlicher Forschung nicht missverstehen. Was durch eine Reduktion der Natur auf naturwissenschaftlich beschreibbare Vorgänge systematisch und methodisch mit Recht ausgeblendet wird, ist das Erkenntnissubjekt selbst, damit aber auch die Frage nach der Bedeutung von Natur *als* Natur für uns Menschen. Eine Darstellung der Wirklichkeit, wie sie als solche wäre, können die Naturwissenschaften schon deshalb nicht sein, weil sie sich selbst nicht als Gegenstand dieser Beschreibung darstellen können. Sie müssen sich selbst, ihre Methode, ihre Werkzeuge und Fragestellungen, immer schon gleichsam im Rücken der Beobachtung haben, um von daher das an der Wirklichkeit rekonstruieren zu können, was ihnen dadurch zugänglich wird.

Eine idealistisch-humanistische Naturauffassung, die nun wiederum ausdrücklich auf der grundlegenden Bedeutung des Erkenntnissubjekts besteht, steht in Gefahr, das Natürliche in der Perspektive der Naturwissenschaften als das an sich Bedeutungslose zu identifizieren und den Menschen als das geistige Wesen davon kategorisch abzusetzen. Geist und Natur bilden dann eine Art Gegensatz, ist es doch gerade das geistige, höhere Streben des Menschen, mit dem er sich über alle Natur erhebt, sie sich unterwirft und eben darin übersteigt. Das wird einerseits der engen Verbundenheit des menschlichen Erlebens und des menschlichen Ausdrucksvermögens mit unserer Leiblichkeit nicht gerecht, wie Darwin schon gezeigt hat. Reiner, nicht verkörperter Geist wäre eine interesselose und leblose Chimäre. Andererseits trägt dies auch den Gefährdungen Rechnung, denen wir durch die Natur ausgesetzt sind und wie sie sich jüngst in der Corona-Krise wieder gezeigt haben, wie sie uns aber auch in der Herausforderung durch den Klimawandel ständig begleiten. Wir sind bis in das Geistige hinein im Guten wie im Gefährdeten von Natur und Natürlichkeit abhängig. Wird im Namen von Geist und Kultur einer Naturvergessenheit das Wort geredet oder auch gegen die Geistlosigkeit empirischer Wissenschaften polemisiert, dann wird die Natur mit dem übertönt oder übertüncht, was wir uns in unseren Augen selbst wert sind. Natur wird zur volatilen Konstruktion und Projektion, oft mit esoterisch-romantischen Untertönen.

Das hat zu einem grundsätzlichen Misstrauen gegenüber kulturalistischen Verhältnisbestimmungen von Geist und Natur geführt, dem konstruktivistisch-dekonstruktivistische Alternativen Rechnung tragen wollen. Bei ihnen wird unser Wissen als durch Praxis hervorgebracht verstanden. Regelgesteuerte kulturelle Praxis bringt entsprechend dieser Praxis Wissensformen hervor, die allererst das »erzeugen«, was wir »Natur« nennen. Unabhängig von diesen unsere Wirklichkeit erzeugenden »Diskursen« gäbe es dann nichts, das von uns adressierbar wäre. Im Allgemeinen wird zwar betont, dass nicht alle Wirklichkeit diskursiv erzeugt wird, zugleich aber wird behauptet, dass eine nicht-diskursive Wirklichkeit für uns schlicht unzugänglich und deshalb letztlich bedeutungslos wäre. Mit »einer für uns nicht existenten [!] Welt außerhalb unseres Denkens gibt es [!; ...] etwas Außer-Diskursives, aber wir haben keinen Zugriff darauf: es ist ohne Bedeutung – noch – nicht sozial konstituiert«[6]. Auch abgesehen davon, dass die semantische Zumutung, dass wir etwas als gegeben unterstellen, das für uns nicht existent sein soll, nicht aufgeklärt wird, erscheint gerade angesichts der Erkenntnisse der Naturwissenschaften und der davon geleiteten technischen Möglichkeiten die Aussage unsinnig, dass alles außerhalb unserer sozialen und sprachlichen Diskurse nicht von Bedeutung sei. Auch hier sei noch einmal an Darwin erinnert, dass universale leibliche Ausdrucksformen, die Kommunikation und Kooperation erst ermöglichen, unseren sozialen und sprachlichen Fähigkeiten zugrunde liegen.[7] Aber auch das Corona-Virus ist nicht diskursiv erzeugt und kann auch allein durch kritische Diskursanalyse nicht aufgelöst werden. Doch in solchen Ansätzen wird jeder Verweis auf Natur in den »Diskurs« zurückgespiegelt, weil nur noch interessiert, wer gegenüber wem mit welchem Interesse was als »Natur« behauptet. Natur wird zur Konvention. Konventionen aber gilt es aufzulösen, zumindest zu verflüssigen und durch das Unkonventionelle zu konterkarieren, was allerdings zumeist in immer kürzeren Zeitzyklen selbst zur Konvention erstarrt.

Auch hier wird Offensichtliches ausgeblendet, dass wir nämlich als körperliche und verkörperte Wesen verwoben mit dem Natürlichen leben und dieses Natürliche als das Widerständige sich auch in den Perspektiven der empirischen, objektivierenden Wissenschaften zeigt. Denken, Sprache und Sehsinn mögen uns suggerieren, dass Natur immer

---

6 Silke van Dyk u. a., Discourse and beyond? Zum Verhältnis von Sprache, Materialität und Praxis, in: Johannes Angermüller u. a. (Hg.), Diskursforschung. Ein interdisziplinäres Handbuch. Band 1: Theorien, Methodologien und Kontroversen, DiskursNetz 1, Bielefeld 2014, 347–363, 352.

7 Vgl. als eine komplexe Beschreibung dieser Zusammenhänge die Forschungen von Michael Tomasello, z. B. Michael Tomasello, Mensch werden. Eine Theorie der Ontogenese, Berlin 2020.

nur unser Konstrukt ist, doch schon Gehör, Geruch, Geschmack und Tastsinn lassen uns auf direkte Weise unsere Verwobenheit in die Wirkzusammenhänge der Natur spüren. Das uns durch den Leib vermittelte Verhältnis von Druck und Gegendruck lässt beides in einem Akt evident werden, das eigene Dasein und die Natur, der wir unser Dasein verdanken – das eine so wenig diskursiv konstruiert wie das andere, auch wenn es richtig ist, dass die Art und Weise, wie wir uns darüber verständigen und wie wir mit den Zusammenhängen der Natur und damit auch mit uns selbst umgehen, nie außerhalb unserer Diskurse stattfindet.

IV Die Sonderstellung des Menschen

Damit sind wir bei der umstrittenen Frage nach der besonderen Stellung des Menschen in der Natur angekommen. Auch hier mäandert die Debatte zwischen emotional und ideologisch unterfütterten konträren Überzeugungen. Zum einen wird aus einer bestimmten naturwissenschaftlichen Perspektive und besonders vor einem Hintergrund naturalistischer Überzeugungen betont, dass der Mensch doch auch nur ein Tier sei. Das wird mit einer langen Liste dessen begründet, was Tiere doch auch können: intelligentes Verhalten, Gedächtnis, Werkzeuggebrauch, Kommunikation, Mitgefühl, Liebe und vieles anderes mehr. Die Frage nach einer *besonderen* Natur des Menschen, die etwa seine Kulturfähigkeit begründet, wird geradezu reflexartig gekontert mit Hinweisen darauf, dass die Wurzeln all dieser Fähigkeiten doch schon bei Tieren anzutreffen seien. Unterstellt wird eine speziesistische Arroganz, wenn Menschen etwas an ihrer natürlichen Ausstattung zu identifizieren suchen, was sie vom übrigen Tierreich abhebt. Zusammengefasst wird das mit der Floskel, der Mensch wolle sich als »Krone der Schöpfung« über seine Mitgeschöpfe stellen und daraus eine »Vorrangstellung« ableiten.

> Kleiner Exkurs zur Rede von dem Menschen als der »Krone der Schöpfung«: Sie kommt als solche in der Bibel nicht vor[8] und ist auch keine genuin christlich-theologische Denkfigur. Dass der Mensch die Krone der Schöpfung sei, ist erst in der Neuzeit gebräuchlich geworden. So findet sich etwa bei Johann Gottfried

---

8 Als einziger möglicher Beleg kann der bekannte Vers aus Psalm 8 gelten: »Du hast ihn [den Menschen] wenig niedriger gemacht als Gott, mit Ehre und Herrlichkeit hast du ihn gekrönt.« Dadurch allerdings erhält der Mensch eine Krone, er ist sie nicht.

Herder (1744–1803) die Rede vom Menschen als Krone der Schöpfung, bei der der Mensch als Vollendung und Inbegriff der natürlichen Schöpfung erscheint: »So wuchs die Schöpfung in immer feineren Organisationen stufenweise heran, bis endlich der Mensch dasteht, das feinste Kunstgebilde der Elohim [der Schöpfergottheiten], der Schöpfung vollendete Krone.«[9] Dahinter steht die bis auf Aristoteles zurückzuverfolgende Klassifizierung der Lebewesen in einer abgestuften Reihung, der später sogenannten scala naturae, die von den Naturphilosophen des 17. und 18. Jahrhunderts zur Vorstellung einer großen Kette der Wesen ausgebaut wurde, bei der jeweils das niedere und das höhere Glied ineinandergreifen, so dass jedem Lebewesen sein natürlicher Platz in der Ordnung der Dinge zukommt.[10] Traditionellerweise wurde mit den Engelwesen auch über dem Menschen eine lückenlos ansteigende Form von Wesen angenommen, wobei der Mensch »nicht genau in der Mitte der Leiter, sondern eher am unteren Ende«[11] stand und diese seine Stellung eher als Mahnung zur Bescheidenheit angesehen wurde. Die Krone aber kommt dem Menschen zu, weil er die Spitze der materiellen Welt bildet, die zugleich den Kontakt zur geistigen Welt darstellt. Eben das änderte sich im Laufe des 18. Jahrhunderts. In der romantischen Naturphilosophie wurde das nun aufgekommene Bild vom Menschen als der Krönung dieser Kette so ausgelegt, dass der Mensch nicht nur die Spitze, sondern auch die Zusammenfassung der Schöpfung darstellt. Damit konnte man an mittelalterliche Mikro-/Makrokosmos-Vorstellungen anknüpfen. So heißt es bei Lorenz Oken (1779–1851): »Der Mensch ist die Spitze, die Krone der Naturentwicklungen, und muß alles umfassen, was vor ihm dagewesen, wie die Frucht alle früheren Teile der Pflanze in sich begreift. Der Mensch muß die gesamte Welt im Kleinen darstellen.«[12]

Im Allgemeinen wird der Evolutionstheorie Darwins zugeschrieben, dass sie die Rede vom Menschen als dem Lebewesen, das durch Geist und Vernunft als Krone, also als Vollendung und Inbegriff des Geschöpfes gelten kann, erledigte. Friedrich Nietzsche (1844–1900) hat diesen Befund philosophisch vielleicht am radikalsten interpretiert:

»Wir haben umgelernt. Wir sind in allen Stücken bescheidner geworden. Wir leiten den Menschen nicht mehr vom ›Geist‹, von der ›Gottheit‹ ab, wir haben ihn unter die Thiere zurückgestellt. Er gilt uns als das stärkste Thier, weil er das listigste ist: eine Folge davon ist seine Geistigkeit. Wir wehren uns anderseits gegen eine Eitelkeit, die auch hier wieder laut werden möchte: wie als ob der

---

9 Johann Gottfried Herder, Ideen zur Philosophie der Geschichte der Menschheit Band I, hg. von Heinz Stolpe, Berlin (Ost) 1965, 406.
10 Vgl. dazu Arthur O. Lovejoy, Die große Kette der Wesen. Geschichte eines Gedankens, hg. von Dieter Turck, Frankfurt a. M. 2005.
11 A. a. O., 229.
12 Lorenz Oken, Lehrbuch der Naturphilosophie, Jena 1831, 489.

Mensch die grosse Hinterabsicht der thierischen Entwicklung gewesen sei. Er ist durchaus keine Krone der Schöpfung, jedes Wesen ist, neben ihm, auf einer gleichen Stufe der Vollkommenheit [...] Und indem wir das behaupten, behaupten wir noch zuviel: der Mensch ist, relativ genommen, das missrathenste Thier, das krankhafteste, das von seinen Instinkten am gefährlichste[n] abgeirrte – freilich, mit alle dem, auch das interessanteste!«[13]

Allerdings bleibt Nietzsche dabei nicht stehen, sondern sieht gerade in diesem Scheitern des Projekts der Aufklärung, den Menschen durch Vernunft und Geist aus der Natur schlechthin herauszuheben, eine neue Aufgabe gestellt, nämlich die Natur mit Hilfe der Natur zu überwinden. Der Mensch ist das »interessanteste« Tier, weil es ihm möglich wäre, durch einen wieder freigesetzten und von allen christlich-humanistischen Ressentiments befreiten Willen zur Macht den Übermenschen hervorzubringen – eine Vision, die neuerdings im Zusammenhang des Transhumanismus wieder aufgegriffen wird.

Das ist gewissermaßen symptomatisch, denn parallel zu diesem antispeziesistischen Affekt erleben wir zugleich eine radikale Abkoppelung der Frage des Menschen nach sich selbst von allen natürlichen Bedingungen. In diesen Kontext gehört nach meiner Wahrnehmung die Debatte um das Verhältnis von biologischem Geschlecht, sexueller Identität und sozialer Gender-Rolle. Es wird gefordert, dass Menschen ganz unabhängig von ihrer Biologie ihre geschlechtliche Identität nach Selbstauskunft selbst festlegen können sollen. Nach dem von der derzeitigen Bundesregierung angestrebten »Selbstbestimmungsgesetz« soll das Ausdruck der grundgesetzlich geschützten Menschenrechte sein, weil zur »Menschenwürde und zum Recht auf freie Entfaltung der Persönlichkeit [...] auch das Recht auf geschlechtliche Selbstbestimmung«[14] gehört. Das steht jedoch eigentlich völlig quer zu der als Demut und neue Bescheidenheit ausgegebenen Einordnung des Menschen ins Tierreich, mit der endlich eine unterstellte religiöse Hybris überwunden werden soll. Denn eben dadurch, dass es Menschen möglich sein soll, aus ihrer biologisch angelegten Geschlechtlichkeit auszusteigen und sich durch Selbstbestimmung geschlechtlich zu dem machen zu kön-

---

13 Friedrich Nietzsche, Der Antichrist, in: Sämtliche Werke, KSA 6, hg. von Giorgio Colli/Mazzino Montinari, München 2011, 165–254, 180.
14 Bundesministerium der Justiz, Selbstbestimmungsgesetz, https://www.bmj.de/DE/themen/gesellschaft_familie/queeres_leben/selbstbestimmung/selbstbestimmung_node.html [02.09.2023].

nen, was er oder sie oder jemand aus sich machen möchte, wären Menschen ganz konkret von allen anderen Lebewesen kategorial und radikal unterschieden. Und so mäandert die zeitgenössische Anthropologie zwischen einem Verständnis des Menschen als »auch nur ein Tier wie alle anderen« mit einem schlampig programmierten neuronalen Add-On zur Datenverarbeitung, das dringend technologie- und KI-bedürftig ist, und der Behauptung einer völligen Unabhängigkeit der diskursiven Selbstbestimmung von allen biologisch bestimmbaren Vorgaben.

Da erstaunt es nicht, wenn überhaupt von einem Ende des Menschen gesprochen wird, wie es auch schon von Nietzsche angedeutet wurde: entweder zurück unter die Tiere oder den Menschen durch den Übermenschen »transhumanistisch« zu überwinden. Schon in Michel Foucaults wichtigem Werk *Die Ordnung der Dinge* findet sich der bekannte Schlusssatz: »dann kann man sehr wohl wetten, daß der Mensch verschwindet wie am Meeresufer ein Gesicht im Sand«[15]. Bei alledem allerdings bleibt ein damit verbundener performativer Selbstwiderspruch virulent, den der amerikanische Philosoph Stanley Cavell so formuliert hat: »Nichts ist menschlicher als der Wunsch die eigene Menschlichkeit zu leugnen.«[16] Tiere tun das jedenfalls nicht. Angesichts dieser unausgeglichenen Gemengelage wäre der christliche Gedanke der Gottebenbildlichkeit des Menschen gerade als Ausdruck der besonderen Offenheit, aber auch Gefährdetheit menschlicher Existenz, als Ausdruck ihrer von aller hegemonialen Bestimmung freien Würde und als realistischer Freiheitsgewinn wahrhaftiger Menschlichkeit wieder konkret zu entfalten.[17]

---

15 Michel Foucault, Die Ordnung der Dinge, Frankfurt a. M. 1974, 462.
16 Stanley Cavell, The Claim of Reason. Wittgenstein, Skepticism, Morality, and Tragedy, New York 1999, 109: »Nothing is more human than the wish to deny one's humanity.«
17 Vgl. z. B. dazu vom Vf.: Dirk Evers, Transsexualität. Menschliche Vielfalt und die Aufgabe theologischer Anthropologie, in: Laura-Christin Krannich/Hanna Reichel/Dirk Evers (Hg.), Menschenbilder und Gottesbilder. Geschlecht in theologischer Reflexion, Leipzig 2019, 185–214, 207–211; Dirk Evers, Gottebenbildlichkeit und Künstliche Intelligenz, in: Alfred Krabbe/Herrmann M. Niemann/Thomas von Woedtke (Hg.), Künstliche Intelligenz. Macht der Maschinen und Algorithmen zwischen Utopie und Realität, Erkenntnis und Glaube. Schriften der Evangelischen Forschungsgemeinschaft NF 52, Leipzig 2022, 137–169.

V Natur – was der Fall ist oder wie es uns gefällt?

Die Wirklichkeit ist weder ausschließlich das, was der Fall ist, noch ist sie, wie sie uns gefällt. Und mit dem Begriff der Natur ist immer auch eine Größe gemeint, die gerade nicht oder zumindest nicht ausschließlich davon abhängt, wie wir sie bestimmen, sondern an der unsere Bestimmungen nach Möglichkeit qualifiziert scheitern können sollen. Eben darin besteht die emanzipatorische Seite eines objektivierten, wissenschaftlichen Verständnisses von Natur, dass wir damit eine Perspektive auf die Wirklichkeit gewinnen, die zwar ohne Zweifel die unsere ist und nicht eine unmittelbare Offenbarung dessen, wie die Wirklichkeit an sich und als solche ist, die uns aber etwas zeigt, was auch unabhängig von unseren Vorurteilen, Meinungen und Befindlichkeiten Bestand hat. Wir brauchen auch und heute erst recht methodisch ausweisbare, empirisch fundierte und durch theoretische Klarheit ausgezeichnete objektivierte Zugänge zur Natur. Doch diese Zugänge müssen eingebettet werden in allgemeine Bildungsvorgänge und gesellschaftliche Debatten über die Frage, wie wir unser Menschsein gemeinsam gestalten wollen.

Der wissenschaftliche Zugang zur Natur ist also einzubinden in das, was die Kulturfähigkeit des Menschen überhaupt ausmacht. Schon die Ausbildung der neuzeitlichen Wissenschaften ist auch eine die Moderne prägende Kulturleistung mit grundstürzenden Folgen im Guten wie im Problematischen. Umgekehrt sind auch die Naturwissenschaften auf gesellschaftliche, kulturelle, literarische und politische Zusammenhänge und Deutungen angewiesen. Der Österreichische Physiker Erwin Schrödinger (1887–1961), einer der Mitbegründer der Quantentheorie, hatte dies den Naturwissenschaften schon in der 1950er Jahren ins Stammbuch geschrieben:

> »Es gibt eine Neigung zu vergessen, dass die gesamte Wissenschaft an die menschliche Kultur überhaupt gebunden ist und dass wissenschaftliche Entdeckungen, mögen sie im Augenblick auch überaus fortschrittlich und esoterisch und unfasslich erscheinen, außerhalb ihres kulturellen Rahmens sinnlos sind. Eine theoretische Wissenschaft, die sich dessen nicht bewusst ist, dass die Begriffe, die sie für relevant und wichtig hält, letztlich dazu bestimmt sind, in Begriffe und Worte gefasst zu werden, die für die Gebildeten verständlich sind, und zu einem Bestandteil des allgemeinen Weltbildes zu werden – [...] wird zwangsläufig von der übrigen Kulturgemeinschaft abgeschnitten sein; auf lange Sicht wird sie verkümmern und erstarren, so lebhaft das esote-

rische Geschwätz innerhalb ihrer fröhlich isolierten Expertenzirkel auch sein mag.«[18]

Und Schrödinger zitiert mit Zustimmung den klassischen Philologen Benjamin Farrington:

»[...] es gibt kein menschliches Wissen, das nicht seinen wissenschaftlichen Charakter verlieren würde, wenn man die Bedingungen vergisst, die es hervorgebracht haben, die Fragen, die es beantwortet hat, und die Aufgaben, denen zu dienen es geschaffen wurde.«[19]

Unser wissenschaftlicher Naturzugang ist darauf angewiesen, in einem förderlich-kritischen kulturellen Umfeld betrieben zu werden, von dem er in seinen Fragestellungen und Erkenntnisinteressen abhängt und in dem er seinerseits Wirkungen entfalten kann.

Doch besteht seine Leistung eben darin, Methoden entwickelt zu haben, die uns diejenigen Gegenstände, Eigenschaften und Zusammenhänge der Wirklichkeit des Natürlichen erkennen lassen, die die möglichst authentischen Antworten der Natur auf unsere Befragung liefern. Dies geschieht primär dadurch, dass wir mit falschen Hypothesen auf die hartnäckige Verweigerung einer tragfähigen Antwort stoßen. Die Natur ist also weder einfach das, was (naturwissenschaftlich) der Fall ist, noch ist sie so, wie es uns gefällt. Sie ist immer eine eigentümliche Mischung aus Unverfügbarkeit und Ressource, und es kann nicht darum gehen, das eine auf Kosten des anderen zu steigern. Zu meinen,

---

18 E. Schrödinger, Are There Quantum Jumps? Part I, in: Br J Philos Sci 3 (1952), 109–123, 109 f., meine Übersetzung. Im Original: »[...] there is a tendency to forget that that all science is bound up with human culture in general, and that scientific findings, even those which at the moment appear the most advanced and esoteric and difficult to grasp, are meaningless outside their cultural context. A theoretical science, unaware that those of its constructs considered relevant and momentous are destined eventually to be framed in concepts and words that have a grip on the educated community and become part and parcel of the general world picture – a theoretical science, I say, where this is forgotten, and where the initiated continue musing to each other in terms that are, at best, understood by a small group of close fellow travellers, will necessarily be cut off from the rest of cultural mankind; in the long run it is bound to atrophy and ossify, however virulently esoteric chat may continue within its joyfully isolated groups of experts.«

19 A. a. O., 110, meine Übersetzung. Im Original: »there is no human knowledge which cannot lose its scientific character when men forget the conditions under which it originated, the questions which it answered, and the functions created to serve.«

man könne Natur immer mehr in unsere Verfügung stellen, führt in die Aporien, die uns mit den Folgen eines technisierten Umgangs mit der Natur nur zu deutlich vor Augen stehen. Zu meinen, man müsse die Natur überhöhen und geradezu beschwören als das schlechthin Unverfügbare, führt letztlich dazu, »Natur« als Spiegel unserer selbst zu missbrauchen, zu romantisieren, zu spiritualisieren und letztlich ebenfalls zu instrumentalisieren. Wie Hartmut Rosa[20] kürzlich deutlich gemacht hat, können sich Resonanzerfahrungen mit der Natur nur in einem subtilen Wechselspiel von Zuwendung und Entzogenheit einstellen.[21]

VI Natur als Schöpfung: die theologische Perspektive

In der Perspektive des christlichen Glaubens sind Menschen als leibliche biologische Lebewesen Gottes Geschöpfe und damit selbst ein Ineinander von empfangender Passivität und sich äußernder Aktivität, von Bestimmtwerden und Selbstbestimmung, von Notwendigkeit und Freiheit. Man kann das Besondere des Menschen, das zugleich alle Menschen miteinander verbindet und uns zur Menschheit zusammenschließt, als natürliche Künstlichkeit[22] oder auch als kulturgeformte Natürlichkeit bezeichnen. Die Stilisierungen naturalistischer Anthropologien, die den Menschen als rein biologisches Naturwesen mit einem etwas schlampig programmierten kognitiven Apparat zur Steigerung der Fitness verstehen wollen, sind ebenso falsch wie kulturalistische Vorstellungen, wir könnten unsere Natur nach Belieben formen und überschreiten.

Entscheidend ist, was wir jeweils unter Natur verstehen und wie wir das unser Leben ermöglichende Wechselspiel von Notwendigkeit und Freiheit[23] gestalten. Nur wenn wir Natur verstehen in ihrem Eigensinn

---

20 Hartmut Rosa, Unverfügbarkeit, Berlin 2020.
21 Vgl. dazu auch den Beitrag von Christian Lehnert in diesem Band, der die Vermitteltheit von Naturerfahrungen durch Sprache herausstellt.
22 Vgl. Helmuth Plessner, Die Stufen des Organischen und der Mensch. Einleitung in die philosophische Anthropologie [1928], Gesammelte Schriften IV, hg. von Günter Dux/Odo Marquard/Elisabeth Ströker, Frankfurt a. M. 1981, 383–396.
23 Vgl. dazu immer noch unabgegolten: Hans Jonas, Organismus und Freiheit. Ansätze zu einer philosophischen Biologie, Göttingen 1973, bes. 130–137.

und auch als uns Möglichkeiten und Sinnperspektiven zuspielende Ressource, in die wir mit unserer Leibhaftigkeit, unserer Wahrnehmung und unseren Praktiken, ja mit unseren ganzen Lebensvollzügen und letztlich unserem Sterben eingebunden sind, mit der wir interagieren, weil wir immer auch zu ihr gehören, kann sich ein angemessenes Naturverhältnis einstellen. Dann verstehen wir auch uns selbst als ein nicht leicht zu entflechtendes Ineinander von Verfügbarkeit und Unverfügbarkeit, bei dem wir teils genussvolle, mitunter schmerzliche und immer endliche, nur auf Zeit zu habende Lebenserfahrungen machen. Chimären absoluter Selbstbestimmung und vollständiger Selbstverfügbarkeit werden dann durchschaut und können auch ihre biographisch und sozial geradezu katastrophale Sogwirkung nicht mehr so leicht entfalten. Denn dann wird uns insgesamt die Bedürftigkeit wieder deutlich, mit der wir auf anderes und andere angewiesen sind. Kein Geschöpf, kein Naturwesen lebt für sich allein. Es verdankt schon von vornherein sein leibliches Dasein anderen. Und erst recht gilt dies für uns als biosoziale Wesen. Wir brauchen die organische und sensorische Verbundenheit mit der Natur, und wir brauchen die körperliche, seelische und kulturelle Verbundenheit mit anderen Menschen, um auch nur schlicht überleben zu können.

Mit einem solchen Naturverständnis kann uns aber auch wieder deutlich werden, was denn mit der Kategorie der Schöpfung gemeint sein kann. Sie kann dann nicht mehr (miss-)verstanden werden als das herstellende Handeln eines übernatürlichen Agenten, der alles irgendwie »gemacht« hat. Sie erscheint wieder insgesamt als Gabe, der wir uns verdanken und aus der die Aufgaben erwachsen, die unsere Existenz in ihrer natürlichen Kreatürlichkeit ausmachen. Schöpfungsglauben wird zum Orientierungswissen, das rezeptive, explorative und kreative Momente freisetzt, wenn er, wie Karl Barth dies formulierte, die Schöpfung insgesamt als schöpferische »Wohltat« versteht.[24]

Der Umgang mit der eigenen Natürlichkeit einschließlich des Umgangs mit der eigenen sexuellen und geschlechtlichen Identität bewegt sich auch in theologischer Perspektive immer im Dreieck zwischen biologischer Natur und Körperlichkeit einerseits, soziokultureller Zuschreibung und Gegenübertragung andererseits sowie dem jeweils eige-

---

24 Vgl. Karl Barth, Die kirchliche Dogmatik III/1. Die Lehre von der Schöpfung. 1. Teilband: Das Werk der Schöpfung, Zürich ⁵1988, 377–394.

nen Selbstverhältnis. Medizin und Technik, gesellschaftliche Transformationen mit ihrer Tendenz hin zu multikulturellen, multireligiösen und multiethnischen Gesellschaften, der gleichzeitige Trend hin zu solitären Formen eines radikalen Individualismus[25] einschließlich der zeitgenössischen Techniken und Zwänge des Selbstmanagements, wie sie die auf Dauer gestellte digitale Kulturmaschine des Medialen erzeugt,[26] machen dieses Dreieck heute verschieblicher und fragiler als es je war. Es ist dieses Setting, das zur Entleerung und Unbestimmtheit des Naturbegriffs führt bis hin zu seiner Sistierung in normativen Kontexten. Das führt zu rein machtförmig inszenierten, mitunter totalitären ethischen Debatten und zur Unterbestimmung von wechselseitiger Verpflichtung. Auf den Rückbezug auf die objektivierte Natur sollten wir in diesen Zusammenhängen ebenso wenig verzichten wie auf die Natur als gemeinsamer Resonanzraum unserer Geschöpflichkeit.

Richtig ist, dass es einen unhinterfragbaren Schluss vom Faktischen auf das moralisch Vorzugswürdige nicht gibt. Aber diskurstheoretische Aufhebungen des Natürlichen führen in einen Dualismus, bei dem das Natürlich-Leibliche uns entfremdet und als Ressource verschüttet zu werden droht, so dass sich erneut ein Dualismus etabliert, der alle Werthaltigkeit von uns als solitären Individuen oder allenfalls noch von entsprechenden Interessengruppen ausgehen lässt. In eben solchen Zusammenhängen müsste der christliche Glaube an Schöpfer und Schöpfung eben dieses vermitteln, dass wir die Natur weder besitzen noch von ihr besessen werden und dass in einer die Natur als Gottes Gabe, aber auch als Herausforderung und Aufgabe verstehenden Sicht ein Mehrwert schlummert, der uns mehr zukommen lässt, als wir aus uns selbst heraus hervorbringen können. Wir müssen weg von rein territorialen und imperialistischen Bildern von Natur, als ob es Autonomie, Freiheit und Selbstbestimmung nur als eine Form der Beherrschung oder Leugnung von Natur gebe. Und in christlicher Perspektive müsste es darum gehen, einen erneuerten Umgang mit der Natur jenseits von anti-intellektua-

---

25 Vgl. Andreas Reckwitz, Die Gesellschaft der Singularitäten. Zum Strukturwandel der Moderne, Berlin ⁶2018.
26 Vgl. Dirk Evers, »Know Thyself« – Selfreflection and the Chances and Limits of Dataism, in: Ingolf U. Dalferth/Raymond E. Perrier (Hg.), Humanity: An Endangered Idea? Claremont Studies in the Philosophy of Religion, Conference, 2019, RPT 125, Tübingen 2023, 245–270.

listischer Natur-Romantik und naturalistischem Determinismus einzuüben und darüber dann auch neue Perspektiven einer gelassen-zuversichtlichen Selbstbestimmung und eines auf wechselseitige Lebensförderung ausgerichteten Miteinanders zu gewinnen.

»Gerechtigkeit, Frieden und Bewahrung der Schöpfung«

Abschied von einer ebenso populären wie irreführenden Doppelformel

Günter Thomas

I Die Leitthese

Die im Raum der Ökumene und in den evangelischen Kirchen Deutschlands zum Programmkonsens gehörende Doppelformel »Gerechtigkeit, Frieden und Bewahrung der Schöpfung« ist so verführerisch wie irreführend.[1] Die Doppelformel verführt dazu, so der hier geäußerte Verdacht, illusionär zu hoffen – sowohl im Raum der politischen Friedenssuche als auch im Raum des ökologischen Handelns.

Die weithin identitätsstiftende und in vielen kirchlich-theologischen Kreisen ethisch-sakrale Weihe beanspruchende Bekenntnisformel erzeugt mehr Blindheit als Durchsicht. Sie blendet die unausweichlich agonalen, d. h. konflikthaften und unentrinnbar zweideutigen Konstellationen im Raum der Ökologie und der Politik illusionär aus und blockiert damit einen notwendigen Realismus. Die mit der Doppelformel einhergehenden Ausblendungen führen, sozusagen paradox und dem proklamierten Selbstverständnis ihrer Befürworter entgegen, zu einer moralistisch aufgeladenen Politikunfähigkeit – sowohl im Raum der Ökologie als auch im Bereich der nationalen und internationalen Machtpolitik.

Ohne eine kritische Revision dieser Doppelformel – insbesondere der Vorstellungen von einer »Bewahrung der Schöpfung« und einer »Integrity of Creation« – wird die öffentliche Theologie der Kirchen in Sachen Ökologie nicht dem Zirkel von Selbstradikalisierung und Empörungsgestus entkommen können. Und im politischen Raum gewalt-

---

[1] Insofern Gerechtigkeit und Frieden zuallermeist zusammengezogen werden, wird im Folgenden von einer Doppelformel gesprochen. Die Zusammenziehung von Gerechtigkeit und Ökologie in der neueren Formel ökologischer Gerechtigkeit bleibt hier unberücksichtigt.

samer internationaler Konflikte werden Theologie und Kirche ohne einen realistischen Blick auf die Konflikte zwischen Gerechtigkeit und Frieden keinen Beitrag zu Konfliktlösungen leisten können. Eine realistische ökologische Politik ebenso wie eine realistische Friedenspolitik bedürfen nichts weniger als einer realistischen Theologie. Dass die biblischen Leittexte der Doppelformel (Psalm 85,11; 1. Mose 1,31; 1. Mose 2,15) bei genauer Lektüre einen solchen Realismus fordern, spricht für sich. Das ist die These dieses Essays.

II Die Erfolgsgeschichte der Doppelformel

Ohne Zweifel gibt es mit Blick auf die Resonanzfähigkeit der Doppelformel »Gerechtigkeit und Frieden« und »Bewahrung der Schöpfung« seit ihrer Erfindung im Jahr 1983 eine erstaunliche Erfolgsgeschichte. Mit guten Gründen beginnt z. B. der Münchner Ethiker Reiner Anselm seinen Beitrag zum letzten Teil der Doppelformel mit der Feststellung: »Kaum eine andere christliche Formel wird so häufig zitiert wie die ›Bewahrung der Schöpfung‹. Sie hat längst den Raum der Kirche verlassen und ihren festen Platz in der öffentlich-politischen Sprache gefunden. Sie findet sich in Bundestagsdebatten ebenso wie in Wahlprogrammen, und in Sachsen ist sie sogar Bestandteil der Verfassung.«[2] Die Doppelformel verbindet eine *prima facie* Evidenz mit einer großen Unbestimmtheit und zugleich der Möglichkeit vielfältiger Respezifizierungen. Sie ist weder zu starr noch zu unbestimmt fluide, sie ist elastisch. Die Rezeption der Doppelformel überspannt ökumenische Gräben und konfessionelle Trennungen. Die Doppelformel verbindet ökologische, soziale und friedenspolitische Intentionen mit Schriftbezügen und konnte so in den evangelischen Kirchen wie im weiteren ökumenischen Rahmen faszinieren.

Die Rede von Gerechtigkeit, Frieden und Bewahrung der Schöpfung eröffnet einen Imaginationsraum, in dem verschiedenste Anschlüsse gesucht werden können. Der kanadische Philosoph Charles Taylor hat für Vorstellungen, die eine größere Sozialität in ihren Wirklichkeitsannahmen und ihren moralischen Orientierungen formen, den

---

2   Reiner Anselm, Bewahrung der Schöpfung. Genese, Gehalt und gegenwärtige Bedeutung einer Programmformel in der Perspektive ethischer Theologie, in: Evangelische Theologie 74 (2014), 227–236, 227.

Begriff der »social imaginaries« geprägt.³ Sozial gestützte und zugleich prägende kulturelle Leitimaginationen lassen sich aber nicht nur in den von Taylor ins Auge gefassten epochalen Zeiträumen ausmachen. Sie finden sich gewissermaßen auch kleinformatiger in Bereichen theopolitischer und ökumenischer Imagination, insbesondere im Bereich ökologischer Imagination. Die Doppelformel »Gerechtigkeit, Frieden und Bewahrung der Schöpfung« kann zumindest für den im weitesten Sinne liberalen Protestantismus als theo-politisches *social imaginary* betrachtet werden.

Die besondere Resonanzfähigkeit der Doppelformel ist begründet in ihrer zentralen Stellung als ethische Kurzformel einer Religion der horizontalen Transzendenz. Dietrich Bonhoeffer formuliert am 14. August 1944 prägnant:

> »Unser Verhältnis zu Gott ist kein ›religiöses‹ zu einem denkbar höchsten, mächtigsten, besten Wesen – dies ist keine echte Transzendenz –, sondern unser Verhältnis zu Gott ist ein neues Leben im ›Dasein-für-andere‹, in der Teilnahme am Sein Jesu. Nicht die unendlichen, unerreichbaren Aufgaben, sondern der jeweils gegebene erreichbare Nächste ist das Transzendente. Gott in Menschengestalt! [...] Die Kirche ist nur Kirche, wenn sie für andere da ist.«⁴

Das Dasein für andere und die Existenz der Kirche für andere werden mit der Doppelformel »Gerechtigkeit, Frieden und Bewahrung der Schöpfung« bzw. »Justice, Peace, and Integrity of Creation« prägnant und entwicklungsoffen spezifiziert. Die Doppelformel wird sozusagen zum Leitdogma eines ethischen Protestantismus.

Soziale Leitimaginationen sind aber nicht einfach kreativ und in ihren Folgen unschuldig. Sie können fehlorientieren und in die Irre führen. Sie können auch, und dies ist bei der Doppelformel tatsächlich der Fall, eine illusionär vereinfachende Sicht auf die Welt befördern – und darum so populär sein.

---

3   Charles Taylor, Modern social imaginaries, Durham N. C./London, Duke University Press 2004; in kurzer Vorform Charles Taylor, Modern social imaginaries, in: Public Culture 14 (2002), 91–124.

4   Dietrich Bonhoeffer, Widerstand und Ergebung. Briefe und Aufzeichnungen aus der Haft (DBW 8), Gütersloh 1998, 558 ff. Zu diesem Aspekt der Spättheologie Bonhoeffers vgl. die Studie von Ralf Frisch, Widerstand und Versuchung. Als Bonhoeffers Theologie die Fassung verlor, Zürich 2022.

III Frieden und Gerechtigkeit

1. Der gerechte Frieden

Die ökumenische Doppelformel »Gerechtigkeit, Frieden und Bewahrung der Schöpfung« verband ursprünglich die Elemente des Friedens und der Gerechtigkeit nur additiv, obwohl von Anfang an die Anspielung auf den poetischen Konnex in Psalm 85 evident war:

> »(10) Doch ist ja seine Hilfe nahe denen, die ihn fürchten, dass in unserm Lande Ehre wohne; (11) dass Güte und Treue einander begegnen, Gerechtigkeit und Friede sich küssen; (12) dass Treue auf der Erde wachse und Gerechtigkeit vom Himmel schaue; (13) dass uns auch der Herr Gutes tue und unser Land seine Frucht gebe; (14) dass Gerechtigkeit vor ihm her gehe und seinen Schritten folge.«

Seit der »Ökumenischen Versammlung für Gerechtigkeit, Frieden und Bewahrung der Schöpfung«, die inmitten der bewegenden Umbruchphase 1988/89 in der DDR stattfand, ist das Anliegen dieses ersten Teils der ökumenischen Formel in die prägnante Begrifflichkeit des »gerechten Friedens« überführt worden. Die Friedensdenkschrift der EKD aus dem Jahr 2007 stellt für den protestantisch-bundesrepublikanischen Kontext einen Kristallisationspunkt dieser Orientierung dar.[5] Der »gerechte Friede« wurde zur Programmformel der Friedensethik der evangelischen Kirchen in Deutschland (wie auch der katholischen Kirche) und hat eine Fülle an Studien und Literaturen hervorgebracht.[6] Die

---

[5] Evangelische Kirche in Deutschland (EKD), Aus Gottes Frieden leben – für gerechten Frieden sorgen. Eine Denkschrift des Rates der Evangelischen Kirche in Deutschland, Gütersloh, Gütersloher Verlagshaus 2007. Dazu Jean-Daniel Strub/Stefan Grotefeld (Hgg.), Der gerechte Friede zwischen Pazifismus und gerechtem Krieg. Paradigmen der Friedensethik im Diskurs, Stuttgart 2007; Michael Haspel, Gerechter Friede – Gerechter Krieg, in: epd-Dokumentation 19/20 (2008), 43–46; Michael Haspel, Die »Theorie des gerechten Friedens« als normative Theorie internationaler Beziehungen? Möglichkeiten und Grenzen, in: Strub/Grotefeld (Hgg.), Der gerechte Friede zwischen Pazifismus und gerechtem Krieg (s. o.), 209–225, schon früh Differenzierungen einfordernd Ulrich H. J. Körtner, »Gerechter Friede« – »gerechter Krieg«. Christliche Friedensetik von neuen Herausforderungen, in: Zeitschrift für Theologie und Kirche 100 (3) (2003), 348–377. Die katholische »Denkschrift« zum gerechten Frieden entstand schon sieben Jahre früher. Siehe Sekretariat der Deutschen Bischofskonferenz (Hg.), Gerechter Friede. Hirtenwort der deutschen Bischöfe, Bonn 2000.

Konzeption des Friedens erfährt in dieser Verknüpfung von Gerechtigkeit und Frieden eine enorme Ausdehnung. Zum Prozess des Friedens gehören nicht nur die Achtung der Menschenwürde und der Schutz vor Gewalt, sondern auch die Förderung individueller Freiheit, ein Abbau von Not und die Anerkennung kultureller Verschiedenheit.[7] Noch im Jahr 2019 hat die EKD-Synode in der Kundgebung »Kirche auf dem Weg der Gerechtigkeit und des Friedens« den Kurs der 2007er Friedensdenkschrift dahingehend verschärft, dass Gewalt auch als *ultima ratio* ausgeschlossen wurde.[8]

Die Kombination von Gerechtigkeit und Frieden in der Formel des »gerechten Friedens« arbeitet mit der unausgesprochenen doppelten Unterstellung, dass die Suche nach Gerechtigkeit im Raum der Politik letztlich zu Frieden führen würde und ein wahrhafter Friede Gerechtig-

---

6 An der Forschungsstätte der Evangelischen Studiengemeinschaft (FEST) wurde in den Jahren 2016 bis 2019 ein umfangreicher und überaus produktiver Konsultationsprozess »Orientierungswissen zum gerechten Frieden« durchgeführt. Siehe http://www.konsultationsprozess-gerechter-frieden.de/index.php. Für einen Überblick über die Literatur siehe den 81-seitigen (sic!) Review in Volker Stümke, Gerechter Friede in der Debatte, in: Theologische Rundschau 85 (2020), 311–392; und Hartwig von Schubert, Am Frieden orientieren. Erste Eindrücke nach der Lektüre der 24 Bände eines FESt-Projektes, in: Verkündigung und Forschung 66 (2021), 4–18.
7 Die Zusammenstellung der Dimensionen des gerechten Friedens in der Friedensdenkschrift der EKD bleibt in ihrer Herkunft unausgeführt. Die Dimensionen spiegeln aber einen sozialstaatlich formatierten und aufgeklärt sozialdemokratisch geprägten Denkraum. Zur Erläuterung der Dimensionen siehe Hans-Richard Reuter, Was ist ein gerechter Frieden? Die Sicht der christlichen Ethik, in: Jean-Daniel Strub/Stefan Grotefeld (Hgg.), Der gerechte Friede zwischen Pazifismus und gerechtem Krieg. Paradigmen der Friedensethik im Diskurs, Stuttgart 2007, 175–190.
8 Kirche auf dem Weg der Gerechtigkeit und des Friedens. Kundgebung der 12. Synode der Evangelischen Kirche in Deutschland auf ihrer 6. Tagung (https://www.ekd.de/kundgebung-ekd-synode-frieden-2019-51648.htm). Vgl. dazu Rochus Leonhardt, Einleitung, in: Volker Gerhardt/Rochus Leonhardt/Johannes Wischmeyer, Friedensethik in Kriegszeiten, Leipzig 2022, 7–17. Leonhardt stellt fest, dass in der Verlautbarung der EKD-Synode von 2019 nicht mehr von rechtserhaltender Gewalt die Rede ist. »Stattdessen liegt der Schwerpunkt auf der Forderung nach aktivem Gewaltverzicht: ›Wir folgen Jesus, der Gewalt weder mit passiver Gleichgültigkeit noch mit gewaltsamer Aggression begegnet, sondern mit aktivem Gewaltverzicht. Dieser Weg transformiert Feindschaft und überwindet Gewalt, und er achtet die Würde aller Menschen, auch die von Gegnerinnen und Gegnern.‹« (14)

keit als Voraussetzung haben könne und müsse. Doch die Verknüpfung von Frieden und Gerechtigkeit in der friedensethischen Zielbestimmung des gerechten Friedens ist illusionsbefördernd – theologisch wie gesellschaftstheoretisch. Die Rede vom gerechten Frieden überspielt die schon im biblischen Referenztext angedeutete innere Spannung zwischen Gerechtigkeit und Frieden und trübt den realistischen Blick auf die nur bedingt gerechten Kompromisse in Friedensschlüssen. Auch hier gilt, dass eine prägnant utopische Formel die Politik idealistisch überformt. In der Sache überaus lohnend ist der Blick auf den biblischen Schlüsseltext der Verknüpfung von Gerechtigkeit und Frieden.

2. Exegetische Beobachtungen: Kuss oder Kampf?
Die produktive Ambivalenz in Psalm 85,11
Mit Blick auf den Psalm 85,11 resümiert der Bochumer Alttestamentler Jürgen Ebach mit dem Abstand von 39 Jahren:

»Die Psalmenstelle wurde [...] zu einem biblischen Kernwort im Kontext des ökumenischen Prozesses für ›Gerechtigkeit, Frieden und Bewahrung der Schöpfung‹. [...] An keiner anderen ›Schrift‹-Stelle kommt die Begegnung von Gerechtigkeit und Frieden so plastisch, so lebendig, so *menschlich* ins Bild wie in jenem Satz aus Ps 85: ›Gerechtigkeit und Frieden küssen sich‹.«[9]

Die Rezeption dieses Psalmenverses ist allerdings bemerkenswert und für die hier geführte Debatte äußerst aufschlussreich: Die emphatische Rezeption überspielt eine im Text selbst vorhandene vielsagende Ambivalenz. Mit Blick auf die Rezeption sind drei Probleme zu markieren:

1. Bei Psalm 85 handelt es sich im Kern um ein sogenanntes Volksklagelied. Im ersten Teil findet sich ein Rückblick auf ein vergangenes Handeln Gottes. Der zweite Teil, der Mittelteil, enthält eine Klage über Gottes ausbleibende Hilfe und eine Schilderung der Noterfahrung der Gegenwart. Die mit den »großen Verheißungen der Exilpropheten« einhergehende »Utopie eines weltumfassenden Friedens hat sich nicht erfüllt, das angebrochene Heil ist wieder ganz fern gerückt«[10]. Dagegen wird in dem strikt eschatologischen dritten Teil, der auch den Vers 11

---

9   Jürgen Ebach, Ein roter Faden in der Bibel. Beobachtungen und Erwägungen zur Gerechtigkeit als biblischer und ethischer Ziel-, Norm- und Praxiskategorie, in: Matthias Felder/Magdalene L. Frettlöh (Hgg.), Unsere grossen Wörter. Reformatorische ReVisionen, Zürich 2022, 15–34, 30 (Hervorh. im Orig.).
10 Ulrike Bail, Daß Güte und Wahrheit einander begegnen. Ps 85, in: 27. Deutscher

enthält, eine Utopie formuliert, »die das kommende Heil als kosmische Erneuerung und als Kommen Adonajs zur Sprache bringt«[11]. Dass dieser Zustand außerhalb der menschlichen Handlungsmöglichkeiten liegt, ist die Pointe dieses eschatologischen Teils. Doch genau diese Pointe wird in der ökumenischen Rezeption weithin überspielt. Das strikt futurische Motiv wird zum theo-politischen Programm umgeformt.[12]

2. Sodann ist festzuhalten, dass das »sich-Küssen« nicht ohne Korrektur des überlieferten masoretischen Textes zu haben ist. Der hebräische Text fügt nur additiv zusammen: »Gerechtigkeit und Frieden küssen«. Das Verb ist nicht reflexiv zu übersetzen und es fehlt ein grammatikalisches Objekt für den Kuss. Für die so beliebte Version »Gerechtigkeit und Frieden küssen sich« wäre eine Veränderung der Punktation notwendig, konkret eine Umwandlung vom hebräischen Verbstamm Qal in den Verbstamm Nifal.

3. Für die Rezeption in der Gegenwart gravierender ist aber das Überspielen einer vielsagenden Zweideutigkeit in der Übersetzung der Verbwurzel קשׁב. Unstrittig ist, dass dieses Verb mit »küssen« oder »berühren« übersetzt werden kann. Allerdings kann das gleichlautende Verb קשׁב auch »kämpfen«, »sich rüsten« oder »miteinander kämpfen« bedeu-

---

Evangelischer Kirchentag Leipzig (Hg.), Auf dem Weg der Gerechtigkeit ist Leben, Leipzig 1996, 38–42, 40.

11 Ebd.

12 Dass diese eschatologische Dimension horizonthaft oder als ferner Rand mitgeführt werden kann, ohne dass daraus irgendwelche strukturellen Überlegungen folgen, zeigt deutlich Evangelische Kirche in Deutschland (EKD), Aus Gottes Frieden leben, 2007, 51. Es wird die »umfassende Wohlordnung« mit Blick auf Psalm 85 als messianische Verheißung markiert und konzediert, dass diese »sich nicht auf einen geschichtsphilosophisch begründeten Fortschrittsoptimismus« stützt (Ziffer 74). Auch kann die umfassende Wohlordnung nicht vom Menschen hervorgebracht werden (Ziffer 75). Aber es bleibt unausgeführt, was sich aus dieser Differenz denn nun ergibt. Ähnlich kann die EKD-Kundgebung aus dem Herbst 2019 noch festhalten: »Die grundlegende Differenz zwischen dem, was wir für den Frieden tun, und dem Frieden Gottes führt uns von der Klage in das Lob Gottes. Diese Differenz wehrt jeder Sakralisierung politischer Positionen, auch unserer eigenen. Sie begrenzt unsere menschlichen Auseinandersetzungen heilsam. Sie fördert nüchterne Unterscheidungen und ermöglicht Selbstkritik und Gelassenheit.« Nur: Systematisch-theologisch, sozialphilosophisch und politisch bleibt dies ein Plakat ohne jegliche Folgen (https://www.ekd.de/kundgebung-ekd-synode-frieden-2019-51648.htm).

ten. Während sich diese gegenläufige alternative Übersetzung an verschiedenen Stellen nahelegt (Psalm 78,9; 1. Chronik 12,2; 2. Chronik 17,17), ist es eine rabbinische Rezeption von Psalm 85,11, die just zur Stelle die Übersetzung »kämpfen« anbietet.[13] Sigrid Eder bilanziert: »It is not possible to side with one of the two semantic options of the source domain, namely, with respect to the verb קָשַׁב, ›kiss‹ or ›fight‹. The essential point here is that justice and peace, as well as steadfast love and truth, do not sit inactively waiting but rather come together in a dynam-ic process.«[14] »Küssen sich also Gerechtigkeit und Frieden oder *bekämpfen* sie einander?«, so fragt offen die Exegese.[15] Deutlich ist, dass für die Hörer und

---

13 Siehe dazu Ebach, Ein roter Faden (s. Anm. 9), 31; Jürgen Ebach, »Gerechtigkeit und Frieden küssen sich« oder: »Gerechtigkeit und Frieden kämpfen« (Ps 85,11). Über eine biblische Grundwertedebatte, in: Ulrike Bail/Renate Jost (Hgg.), Gott an den Rändern. Sozialgeschichtliche Perspektiven auf die Bibel. Festschrift für Willy Schottroff, Gütersloh 1996, 42–52; Sigrid Eder, Do justice and peace really kiss each other? Personifications in the psalter and an exemplary analysis of Ps 85:11, in: Vetus Testamentum 67 (2017), 387–402, 397. Jürgen Ebach verweist auf Midrasch *Bereschit rabba* Par. VIII,5. Dort wird ein Grundwertestreit in Gestalt von Engeln über die Frage inszeniert, ob der Mensch geschaffen werden soll. Liebe und Gerechtigkeit auf der einen Seite und Wahrheit und Schalom auf der anderen Seite sind miteinander in einer konfliktreichen, geradezu kampfähnlichen Begegnung. »In der Lesart dieser Midraschstelle handelt Ps 85,11 von der konfliktuösen Begegnung und vom Kampf der Grundworte und -werte חסד (*chäsäd* – etwa: Liebe, Freundlichkeit), אמת (*ämät* – etwa: Wahrheit, Zuverlässigkeit), צדק (*tsädaq*), fem. *tsdaqa* – etwa: Gerechtigkeit, Solidarität, aber auch Geldspende, im Plural: Gerechtigkeitserweise) und שלום (*schalom* – etwa: Frieden, der Zustand allseitigen Genug- und Genügehabens). Um einen Grundwertestreit im Himmel also geht es.« (Jürgen Ebach, Aggadische Dogmatik? – Aggadische Dogmatik. Diskurs über Diskurse über Genesis 1,26 im Midrasch Bereschit rabba (Par. VIII, 1–10), in: Magdalene L. Frettlöh/Hans P. Lichtenberger (Hgg.), Gott wahr nehmen. Festschrift für Christian Link, Neukirchen-Vluyn 2003, 225–255, 249).
14 Eder, Do justice (s. Anm. 13), 397.
15 Ebach, Ein roter Faden (s. Anm. 9), 31. Die Diagnose eines Schwebezustandes findet für Ebach auch darin eine Bestätigung, dass im vorangegangenen Halbvers 11a Liebe und Wahrheit einander begegnen – und es semantisch offenbleibt, ob dies eine freundliche, eine offene oder eine konfliktreiche Begegnung ist. – Eder, Do justice (s. Anm. 13), 398: »The root פשׁג carries the notion of meeting, but we do not know if this encounter takes place in a positive way or in a negative one, as in the sense of clashing.«

die Leser dieses Textes beide Bedeutungen wahrnehmbar waren. Genau darin dürfte eine der Aussageabsichten des Textes bestanden haben. Bis sich in einer radikal zukünftigen Zukunft Gerechtigkeit und Frieden berühren, stehen sie – nicht nur, aber auch – in einem konfliktbeladenen, agonalen Verhältnis zueinander. Bis sie sich küssen, bekämpfen sie einander. Dies ist die abgründige Seite ihres dynamischen Verhältnisses. Frieden und Gerechtigkeit sind erst nach dem Kommen Gottes miteinander völlig verträglich. Diese exegetischen Beobachtungen stehen in einem produktiven Resonanzverhältnis zu sozial-philosophischen Einsichten.

3. *Konflikte zwischen Gerechtigkeitssuche und Frieden*
Selbstverständlich spricht auf den ersten Blick manches für eine enge Verknüpfung von Frieden und Gerechtigkeit. Wie vielfach beobachtet, kann ein mit massiver Ungerechtigkeit einhergehender Frieden den Keim für weitere Konflikte in sich tragen – und dies relativ unabhängig vom zugrunde gelegten Verständnis des Friedens. Umgekehrt zielt jede Suche nach Gerechtigkeit letztlich auf eine Beendigung von illegitimen Gewaltverhältnissen und auf einen Zustand des Friedens, gleichgültig welche Theorie der Gerechtigkeit zugrunde gelegt wird. Gerechtigkeit in einer sozialen Einheit ist Voraussetzung für einen vollendeten, umfassenden und dauerhaften Frieden, wie auch der Frieden ein Ziel von jedem Gerechtigkeitshandeln sein muss. In ihrer Kombination erfassen Gerechtigkeit und Frieden einen idealen Zustand des Zusammenlebens. Unter idealen Bedingungen wird ein Frieden vollendete Gerechtigkeit einschließen. Allerdings, und dies ist die These der vorliegenden Ausführungen, gerät die Formel in Gefahr, die einander widerstrebenden Momente von Gerechtigkeit und Frieden zu überspielen.

Wird die Gerechtigkeit als Vollendung eines Prozesses begriffen, der mit einem Frieden als Gewaltverzicht beginnt und auf ein »Prozessmuster abnehmender Gewalt und zunehmender politischer und sozialer Gerechtigkeit«[16] abstellt, so wird Entscheidendes ausgeblendet. Eine empirisch sensible Politikwissenschaft erinnert daran, dass die Forderung nach Gerechtigkeit am Anfang und im Zentrum vieler gewaltsamer Konflikte steht, zumindest was die Motive und Semantiken der

---

16 Reuter, Was ist ein gerechter Frieden? (s. Anm. 7), 179.

Akteure betrifft.[17] In der Suche nach Gerechtigkeit oder in ihrer Verteidigung greifen Menschen oft zu den Waffen – nicht zuletzt, weil sie in einer langen Geschichte des subjektiv und kollektiv empfundenen Unrechts stehen. In der Forderung nach der Herstellung von Gerechtigkeit wird dann der Frieden gezielt zur Disposition gestellt.[18] Dies gilt sowohl für innerstaatliche Konflikte als auch bei Interventionen zugunsten der Bewahrung der Menschenrechte. In diesen Fällen sind es die gesteigerte Suche nach Gerechtigkeit und ihre aktive Verwirklichung, die den Frieden unwahrscheinlich machen. Die Friedenssuche einer Konfliktpartei kann ein so weitgehendes Maß an Gerechtigkeit für sich fordern, dass Frieden nicht nur unwahrscheinlich, sondern geradezu unmöglich wird.[19] Dies schließt selbstverständlich nicht Verfahren aus, sondern ein, die in praktischen Handlungen die Gerechtigkeit als Leitidee in aller Fragmentarität abzubilden suchen.[20]

---

17 Exemplarisch Harald Müller, Justice and peace. Good things do not always go together. Working paper no. 6, Frankfurt, Peace Research Institute Frankfurt 2010.

18 Der Angriff Russlands auf die Ukraine am 24. Februar 2021 wie auch der Überfall der Hamas auf Israel am 7. Oktober 2023 sind evidente Beispiele. Beide Aggressoren suchen in ihren Augen Gerechtigkeit.

19 Vgl. Nicholas Wolterstorff, Until justice and peace embrace. The Kuyper Lectures for 1981 delivered at the Free University of Amsterdam, Grand Rapids, Michigan 1983, der ein eigenes Kapitel dem Problem des Konflikte suchenden und eröffnenden Widerstands widmet, ohne allerdings den Konflikt zwischen Gerechtigkeit und Frieden systematisch zu reflektieren. Allerdings dringt er zu den entscheidenden Fragen vor: »What should the victims (and those who side with the victims) do? Should they confine themselves to talk in the hope that somewhere they will find a listening ear? Or should they engage in active resistance and opposition? And under what circumstances, if any, is civil disobedience morally permissible as a component in such active resistance? Further, under what circumstances, if any, is resorting to violence legitimate as such a component?« (142 f.) Wolterstorff sieht offensichtlich die konfliktbefeuernde Seite der intensiven Gerechtigkeitssuche, ohne eine Antwort auf die konsequenterweise aufbrechenden Fragen zu geben.

20 Die absolute Minimalbedingung der Realisierung von Gerechtigkeit zugunsten von Frieden ist der Schutz vor Gewalt. Darauf können dann Verfahren und soziale Gesten der Gerechtigkeitssuche aufbauen. In Südafrika verzichtete man zwar in vielen Fällen auf Retribution, forderte aber »Wahrheit« zur Anerkennung der Opfer. In Ruanda waren es die Gacaca Gerichte, in Deutschland die Nürnberger Prozesse, in der DDR die Enquete Kommission. Zu Ruanda siehe Maximilian Schell, Wegbe-

Die Gerechtigkeit steht, zumindest im Selbstanspruch der konfliktbereiten Akteure, stets auf der Seite des Aggressors und zugleich auf der Seite der Verteidiger. Liegt die Realisierung von Gerechtigkeit in der Zukunft, so liegt auch der Frieden in der fernen Zukunft. Daher erfordert selbst ein Frieden im Sinne bloßen Gewaltverzichts von beiden Konfliktparteien einen zumindest temporären Verzicht auf umfassende Gerechtigkeit. Ohne solchen Verzicht auf manche Aspekte von Gerechtigkeit bleibt die Suche nach Gerechtigkeit dauerhaft gewaltaffin. Daher steht die sozialphilosophische Frage im Raum, wie zu verhindern ist, dass eine regulative Idee wie Gerechtigkeit einerseits die Macht des Kontrafaktischen entfalten kann, ohne andererseits in Illusionen zu führen.

Enden gewaltsame Konflikte mit der Erschöpfung der Konfliktparteien und einem Kompromiss, der ein Powersharing beinhaltet, muss der Frieden notwendig mit einem offenen, aber auch fairen und zielgerichteten Verzicht auf Gerechtigkeitsansprüche einhergehen. Solcher Verzicht kann beidseitig sein, aber auch – im Fall eines Sieges des Angegriffenen über einen Aggressor oder umgekehrt – einseitig. Kurz: Frieden erfordert in realen Konfliktbeendigungsprozessen immer einen Verzicht auf Gerechtigkeit.[21]

Die eigentliche theologische Herausforderung ist daher die Frage, wie mit den Aspekten einer hinzunehmenden Ungerechtigkeit um des Friedens willen umzugehen ist. Der stets auch ungerechte Frieden ist unter den Bedingungen von vielgestaltigen Gewaltgeschichten mit irreversiblen Verlusten der erwartbare und unter realen Bedingungen erreichbare Friede. Wieviel Ungerechtigkeit der Preis des Friedens ist, ist in vielen Konfliktbearbeitungen die entscheidende Frage. Die Arbeit an den faktischen und empirischen, speziell den mit Friedensbemühungen einhergehenden notwendigen Ungerechtigkeiten ist daher ebenso wichtig wie die Arbeit an der Gerechtigkeit.[22] Zu hohe Anforderungen

---

reitung der Versöhnung. Öffentliche Theologie im Kontext gesellschaftlicher Versöhnungsprozesse, Leipzig 2021.

21 Das darin liegende Konfliktpotential kann entweder durch ein langsames Vergessen vergangenen Unrechts oder aber durch ein die Erinnerungsgeschichte überwindendes Verzeihen entschärft werden.

22 Die überwiegende Zahl der zwölf Millionen Flüchtlinge aus den sogenannten deutschen Ostgebieten, die nach dem Zweiten Weltkrieg integriert werden mussten,

an die Gerechtigkeit können den Frieden zur Utopie werden lassen und notwendige Friedensbemühungen unablässig unterlaufen. Umgekehrt kann die konkrete politische Arbeit an der Gerechtigkeit dem Frieden als Abwesenheit illegitimer Gewalt folgen und so die Ungerechtigkeiten langfristig abarbeiten.

Eine weitere Gestalt der unausweichlichen inneren Spannung zwischen Frieden und Gerechtigkeit ist in der auf den ersten Blick nicht unstrittigen Voraussetzung für den Frieden als Abwesenheit von Gewalt gegeben. Der Frieden bedarf unter den Bedingungen von Geschichte – theologisch formuliert, unter den Bedingungen von Sünde, Schuld und Dummheit – einer die willkürliche Gewalt begrenzenden bzw. überwindenden rechtserhaltenden Gewalt. Ob diese den Frieden schützende rechtserhaltende Gewalt tatsächlich von allen beteiligten Konfliktparteien als legitime und nicht nur einfach als die stärkere Gewalt anerkannt wird, dürfte in vielen Fällen strittig sein. Daher bleibt auch die rechtserhaltende Gewalt als Voraussetzung für langfristige Prozesse wachsender Gerechtigkeit für einige Akteure keine gerechte Gewalt. Doch dieses »Unrecht« muss angesichts der Unwahrscheinlichkeit von allseitiger Einsicht riskiert werden, obwohl es Ausgangspunkt weiterer Konflikte sein kann. Auch dann, wenn Frieden ein Ende von kriegerischer Gewalt bedeutet, beendet er nicht das Ende jeglicher Gewalt. Er ersetzt vielmehr illegitime Gewalt durch legitime Gewalt – auch wenn die Legitimität dieser Gewalt nicht von allen Akteuren anerkannt wird. Jeder Frieden erfordert legitime Gewalt. Ein Frieden ohne jegliche Gewalt würde sich unter Bedingungen von realer Geschichte niemals einstellen. Daher bleibt jeder Frieden, metaphorisch gesprochen, ein schmutziger und in Teilen ungerechter Kompromiss. Wer mehr will – und dies ist der Kern des Problems – betritt in Wahrheit politisch-utopisches und theologisch-eschatologisches Territorium.

Wer keinerlei Ungerechtigkeit zu akzeptieren bereit ist, wird niemals einen vorläufigen Frieden akzeptieren. Ein Satz wie: »Nur auf der Basis gerechter Verhältnisse kann Frieden werden« ist entweder ein radikal eschatologischer Satz oder der eines Menschen, der jeden fragmentarischen politischen Frieden ablehnen muss zugunsten revolutionärer Gewalt.[23]

---

dürften den Sieg der Alliierten und das Ende des 3. Reiches auch als Unrecht empfunden haben.

Diesen sozialphilosophischen Erwägungen ist noch eine theologische Beobachtung zur Seite zu stellen. Die theo-politische Programmformel des gerechten Friedens übergeht eine Einsicht, die die Formel sowohl politisch wie theologisch von innen her aufsprengt. Diese Einsicht legt offen, dass es im Raum und in der Zeit der Politik keinen im prägnanten Sinne gerechten Frieden geben kann. Für die bleibenden Opfer ungerechter Gewalt, d. h. für die Toten der Konfliktgeschichten, vermag auch ein kommender Frieden keine Gerechtigkeit mehr zu bringen. Die toten Opfer von ungerechter Gewalt bleiben auch für Akte der Versöhnung oder Maßnahmen der Kompensation prinzipiell unerreichbar. Weder die Überlebenden noch die Nachgeborenen vermögen den Totenfeldern der Geschichte neuen Lebensodem einzuhauchen. Angesichts von irreversiblem Lebensraub bleibt jeder Frieden im Kern ein ohnmächtiger Kompromiss der Lebenden. Die toten Gewaltopfer können auch nicht verzeihen. Jede Rede von einem tatsächlich gerechten Frieden wäre ein Verrat an diesen Toten. Seit Jahrtausenden ist diese prinzipielle Grenze der Gerechtigkeit das gedankliche und imaginationsbefeuernde Sprungbrett für ein radikales, den Tod übergreifendes Hoffen. An diese prinzipielle Grenze der Gerechtigkeit und des Friedens zu erinnern, ist die Aufgabe einer christlichen Theologie, die Ethik, Politik und radikale Hoffnung produktiv unterscheidet. Weil die Gerechtigkeit für die Toten eine noch ausstehende Gerechtigkeit ist, kommunizieren realistisch hoffende Christen auch in den Raum der Politik hinein die Notwendigkeit von relativ ungerechtem Frieden. In diesem Sinne bleibt der göttliche Frieden der verheißenen Welt in dieser Welt letztlich analogielos. Es ist diese Analogielosigkeit angesichts der Totenfelder der Geschichte, die Grund einer christlichen Hoffnung ist, die der Welt illusionslos treu bleibt. Die Sprachform des christlichen Glaubens für die Arbeit an der Kluft zwischen dem pragmatisch erreichbaren und stets nur Fragmente von Gerechtigkeit realisierenden Frieden und dem wahrhaft gerechten Frieden ist die Gottesklage.

---

23 Walter Dietrich, Gerechtigkeit und Frieden. Eine biblische Grundlegung, in: Kirchenamt der EKD (Hg.), Auf dem Weg zu einer Kirche der Gerechtigkeit und des Friedens. Ein friedenstheologisches Lesebuch, Leipzig 2019, 37–52, 52.

IV Bewahrung der Schöpfung

1. Träume vom Paradies und einer heilen Erde

Durch den höchst selektiven Zugriff auf biblische Texte entsteht für die öko-theologische Kommunikation ein »paradiesischer« Imaginationsraum, in dem die wohltuend paradiesischen Motive des Gartens, des Gutseins, der Fruchtbarkeit, des Blühens, der Einheit, der Gottesnähe, des Ungefährdetseins, der Herrschaftsfreiheit, der Gemeinschaft, des Lebensbaums, des Wassers, der Geborgenheit und der Einfachheit zu einer dichten Symboltextur verwoben werden können. Die Symboltextur ist vielfältig anschlussfähig an romantisch-philosophische Fragmente wie Ganzheit, Gaia, Unschuld, Unversehrtheit und unberührte Wildnis.[24] Die englische Doppelformel »Justice, Peace, and Integrity of Creation« signalisiert, dass es im Kern um die Bewahrung einer gegebenen Integrität geht.[25] Der *homo faber* kann daher durch den *homo horticus* ersetzt werden.[26]

Insofern dieser Paradies-Raum durch menschliche Handlungen verlassen bzw. beschädigt und krank gemacht wurde, liegt es nahe, dass er

---

24 Siehe exemplarisch Laura Feldt (Ed.), Wilderness in mythology and religion. Approaching religious spatialities, cosmologies, and ideas of wild nature, Boston/Berlin 2012, ebenso John Gatta, Making nature sacred. Literature, religion, and environment in America from the puritans to the present, Oxford/New York 2004, zur engen Verbindung von Schöpfungsdenken und Romantik in der literarischen und insbesondere auch theologischen Imagination (vgl. z. B. William Bertram, John Woolman, Jonathan Edwards, Ralph Waldo Emerson, Henry Thoreau). In der deutschsprachigen Literatur ist eine Brücke zur Romantik Friedrich Hölderlin. Dazu Luke Fischer, Hölderlin's mythopoetics. From »aesthetic letters« to the new mythology, in: Rochelle Tobias (Ed.), Hölderlin's philosophy of nature, Edinburgh 2020, 143–163. Dass ein zu bewahrender und zu bebauender Garten in der kulturellen Imagination immer eine Distinktion zwischen Ordnung und Wildnis darstellt, wird dabei übersehen.

25 Im Rückblick selbstkritisch bezüglich der Randständigkeit des Motivs des Bewahrens: Gerhard Liedke, Ökologische Schöpfungstheologie. Eine Zwischenbilanz, in: Heinrich Bedford-Strohm (Hg.), Und Gott sah, dass es gut war. Schöpfung und Endlichkeit im Zeitalter der Klimakatastrophe, Neukirchen-Vluyn 2009, 34–40, auch bezüglich des Klassikers Gerhard Liedke, Im Bauch des Fisches. Ökologische Theologie, Stuttgart 1979.

26 So das Plädoyer in Markus Vogt, Christliche Umweltethik. Grundlagen und zentrale Herausforderungen, Freiburg 2021, 182.

durch Unterlassungshandlungen wiedergewonnen oder sogar geheilt werden kann. Das ist die mehr oder weniger klar ausgesprochene Idee hinter dem Ausdruck »Heilung der Erde«.[27] Unter Zugrundelegung dieser Vorstellung einer vorgegebenen Harmonie und einer unbeschädigten Integrität kann die ökologische Ethik dann vornehmlich Selbstbegrenzung und Verzicht fordern.[28]

2. *Exegetische Beobachtungen:*
Die Welt voller Gewalt und der verlorene Paradiesgarten
Die »Bewahrung der Schöpfung« in der ökumenischen Doppelformel verweist, speziell in der deutschen Fassung, auf die sogenannte zweite Schöpfungserzählung. »Und Gott der Herr nahm den Menschen und setzte ihn in den Garten Eden, dass er ihn bebaue und bewahrte« (1. Mose 2,15). Dieser Auftrag an das erste Menschenpaar wird in einer nicht mehr zu fassenden Fülle an schöpfungstheologischen Publikationen der letzten Jahrzehnte direkt oder indirekt kombiniert mit der sogenannten Billigungsformel aus der sogenannten ersten, priesterschriftlichen Schöpfungserzählung: »Und Gott sah an alles, was er gemacht hatte, und siehe, es war sehr gut« (1. Mose 1,31). So ist es die im pointierten Sinne »gute Schöpfung«, die es zu bewahren gilt.[29]

---

27 Dies der Duktus der meisten Beiträge in Ruth Gütter/Georg Hofmeister/Christoph Maier (Hgg.), Zukunft angesichts der ökologischen Krise? Theologie neu denken, Leipzig 2022, und Louk Andrianos/Michael Biehl/Ruth Gütter (Eds.), Kairos for creation. Confessing hope for the earth. The »Wuppertal Call« – contributions and recommendations from an international conference on eco-theology and ethics of sustainability, Solingen 2019, in dem für eine »Decade for the Healing of Creation« plädiert wird. Die Semantik der Verwundung, Beschädigung und Verletzung, gegenläufig zu Achtung und Heilung der Erde zielt auf diese Paradiesimagination einer heilen Entität.

28 Verantwortungsethisch Wolfgang Huber, Fortschrittsglaube und Schöpfungsgedanke, in: Wolfgang Huber (Hg.), Konflikt und Konsens. Studien zur Ethik der Verantwortung, München 1990, 195-207, tugendethisch Celia Deane-Drummond, The ethics of nature, Malden, MA u. a. 2004; trotz gelegentlicher Erwägungen zu einem grünen Wachstum letztlich durchgehend für Verzicht und Rückbau plädiert Markus Vogt, Christliche Umweltethik (s. Anm. 26).

29 Wiederum exemplarisch die Beiträge in Andrianos/Biehl (Hgg.), Kairos (s. Anm. 27), und bei Gütter/Hofmeister/Maier (Hgg.), Zukunft (s. Anm. 27).

Diese theologische Leitimagination der Bewahrung einer guten, gartenähnlichen Natur entsteht durch zwei so folgenreiche wie willkürliche Umgangsweisen mit den Schöpfungserzählungen. Offensichtlich ist, wie schon angemerkt, dass ein Motiv der priesterschriftlichen Schöpfungserzählung – das göttliche Urteil der Güte – mit dem Motiv des Bewahrens im Garten aus der zweiten Erzählung vermischt wird. Dadurch kann die innere Logik und die Notwendigkeit der Herrschaft des Menschen, prägnant formuliert in 1. Mose 1,26.28, übersehen bzw. kritisch ausgeschieden werden – ist es doch dieser sogenannte Herrschaftsauftrag, der nach Auffassung mancher Kritiker des Christentums in die ökologische Krise geführt hat.[30]

In seinen Folgen dramatischer ist der zweite exegetische Kunstgriff. Beide Schöpfungserzählungen werden aus dem großen Drama der Urgeschichte, das in 1. Mose 1–11 erzählt wird, herausgeschnitten.[31] Doch damit verkehrt sich die Pointe beider Schöpfungserzählungen in ihr

---

30 Die von Lynn White vorgebrachten Vorwürfe wurden schon vielfach rezipiert und diskutiert. Exegetisch instruktiv und auch systematisch-theologisch erhellend, Ute Neumann-Gorsolke, Herrschen in den Grenzen der Schöpfung. Ein Beitrag zur alttestamentlichen Anthropologie am Beispiel von Psalm 8, 1. Mose 1 und verwandten Texten, Neukirchen-Vluyn 2004, ebenso Jan Christian Gertz, Das erste Buch Mose (Genesis). Die Urgeschichte Gen 1–11, Göttingen 2018, 63 ff. Eines der vielen Summarien der Debatte um die Rezeption und Wirkungsgeschichte des sogenannten Herrschaftsauftrags bietet Richard Bauckham, Living with other creatures. Green exegesis and theology, Waco 2011, Kap. 2, 14–62. Eine phänomenologisch weithin unzureichend differenzierende und manifest unterkomplexe Zurückweisung der Herrschaft ist Legion. Exemplarisch Christian Link, Schöpfung. Bd. 2: Schöpfungstheologie angesichts der Herausforderungen des 20. Jahrhunderts, Gütersloh 1991, 391–399; Christian Link, Schöpfung. Ein theologischer Entwurf im Gegenüber von Naturwissenschaft und Ökologie, Neukirchen-Vluyn 2012, 96–98; Jürgen Moltmann, Ethik der Hoffnung, Gütersloh 2010, 154–156.

31 In der Reduktion auf das Gutsein auch auf exegetischer Seite für viele stehend Christof Hardmeier/Konrad Ott, Naturethik und biblische Schöpfungserzählung. Ein diskurstheoretischer und narrativ-hermeneutischer Brückenschlag, Stuttgart 2015; zum dramatischen Zusammenhang erhellend Bernd Janowski, Schöpfung, Flut und Noahbund. Zur Theologie der priesterlichen Urgeschichte, in: Bernd Janowski (Hg.), Das hörende Herz. Beiträge zur Theologie und Anthropologie des Alten Testaments. Bd. 6, Göttingen 2018, 127–146; und Andreas Schüle, Die Urgeschichte (Gen 1–11), Zürich 2009; ebenso Markus Witte, Die biblische Urgeschichte. Redaktions- und theologiegeschichtliche Beobachtungen zu Genesis 1,1–11,26, Berlin 1998.

Gegenteil. Die Welt von 1. Mose 1, in der galt: »und siehe, es war sehr gut«, ist eine vergangene, eine versunkene Welt. Nun lässt die Gewalt in allem Lebendigen den Gott der priesterschriftlichen Erzählung in 1. Mose 6,12 ernüchtert feststellen: »Und siehe, sie war verderbt, denn alles Fleisch hatte seinen Weg verderbt auf Erden.«[32] Denn: »Die Erde füllte sich mit Gewalttat.«[33] Zumindest in dem sogenannten priesterschriftlichen Erzählstrang der Flutgeschichte geht die Gewalt explizit von Mensch und Tier aus.[34] Sie durchzieht alles Lebendige.

Aber auch die zweite Schöpfungserzählung, die mit einem Paradiesgarten arbeitet, berichtet theologisch von einer versunkenen Welt, einer unerreichbaren Vorzeit. Es war im 20. Jahrhundert Dietrich Bonhoeffer, der in seiner Schöpfungstheologie im Wintersemester 1932/33 in beeindruckender, ja fast verwegener Entschlossenheit die in 1. Mose 3,14-19 erzählte Verfluchung des Ackers entfaltet: »Verflucht sei der Acker um deinetwillen, mit Mühsal sollst du dich darauf nähren, dein Leben lang. Dornen und Disteln soll er dir tragen, und du sollst das Kraut auf dem Felde essen. Im Schweiße deines Angesichts sollst du dein Brot essen, bis dass du wieder zu Staub werdest, davon du genommen bist. Denn du bist Staub und sollst zu Staub werden.« – So die göttliche Stimme. Mit einer sicherlich weniger kosmologischen als vielmehr doch anthropologischen Zuspitzung diagnostiziert Bonhoeffer »die Zerstörung und Entzweiung des ursprünglichen Verhältnisses von Mensch und Natur«[35]. Der Acker, von dem Adam kommt und zu dem er wieder wird, ist zum Feind geworden, der Sorge, Mühsal und Not bereitet. Die Erde wurde, so Bonhoeffer, »verworfen in die Zweideutigkeit des schlechthin Fremden, Rätselhaften« – zu etwas, das dem Menschen zwar die Lebensgrundlage

---

32 Vgl. Andreas Schüle, »And behold, it was very good [...] And behold, the earth was corrupt« (Genesis 1:31, 6:12): the prehistoric discourse about Evil, in: Andreas Schüle (Ed.), Theology from the beginning. Essays on the primeval history and its canonical context, Tübingen 2017, 99-119, mit weiteren Verweisen.

33 Übersetzung von Jan Christian Gertz, Das erste Buch Mose (s. Anm. 30), 218, zur Stelle 246-248.

34 Selbst in der ersten Schöpfungserzählung verweist – gegenläufig zu dem Prädikat »sehr gut« – die Abwesenheit der Nacht am Sabbat darauf, dass mit der Nacht die »malign powers« gegenwärtig sind. Siehe Jon D. Levenson, Creation and the persistence of evil. The Jewish drama of divine omnipotence, Princeton, N. J. 1994, 123 f.

35 Dietrich Bonhoeffer, Schöpfung und Fall (DBW 3), München 1989, 125.

gibt, aber eben auch Not bereitet.³⁶ Wir leben, so konstatiert Bonhoeffer nicht ohne Pathos und doch realistisch, »in einer Welt zwischen Fluch und Verheißung«³⁷.

Die moderne Vorstellung, dass der Schöpfungsgarten von Menschen »bewahrt« werden könne, was im Grunde ihre Rückkehr ins Paradies impliziert, wird in der erzählerischen Welt des 1. Buches Mose vorausgesehen, aber geradezu martialisch zurückgewiesen. Eine Rückkehr in den Paradiesgarten ist nicht mehr möglich. Bewaffnete Cheruben »mit dem flammenden, blitzenden Schwert« (1. Mose 3,24) bewachen den Eingang und zwingen die Menschen, in ihrer notvollen Existenz auszuharren. Daraus das Bestmögliche zu machen, ist jedoch ihre Aufgabe. Hierin liegt die relative Berechtigung des Garten- bzw. Gärtner-Motivs.

Die gezielte Ausblendung der dramatischen Umbrüche in beiden Schöpfungserzählungen – der göttlichen Feststellung einer Gewalt in allem Lebendigen und der Verbannung aus dem Garten auf den verfluchten Acker – führt zu folgenreichen Fehlorientierungen.

3. Ausblendungen, Fehlwahrnehmungen und Verklärungen

Die reduktionistische, geradezu willkürliche Rezeption des biblischen Materials fördert zumindest sieben Fehlorientierungen:

1. Der utopische Charakter beider Urzustände wird übergangen. Vergegenwärtigt man sich das Drama der Urgeschichte(n), so liegt in beiden Schöpfungserzählungen keine Gegenwartsbeschreibung oder gar ethische Anweisung vor, sondern, wie der Alttestamentler Jürgen Ebach treffend formuliert, eine »utopische Erinnerung«.³⁸ Das Bebauen und

---

36 Ebd.
37 A. a. O., 123.
38 Zur utopischen Erinnerung Jürgen Ebach, Arbeit und Ruhe. Eine utopische Erinnerung, in: Jürgen Ebach (Hg.), Ursprung und Ziel. Erinnerte Zukunft und erhoffte Vergangenheit. Biblische Exegesen, Reflexionen, Geschichten, Neukirchen-Vluyn 1986, 90–110. Wiederum exemplarisch für den Neglect der Vertreibung aus dem Paradies, Celia Deane-Drummond, A handbook in theology and ecology, London 1996, Kapitel 2.2.
39 Ulrich Körtner verweist darauf, dass vor dem Hintergrund von 1. Mose 8,22 die Bewahrung der Schöpfung eigentlich das Werk Gottes, nicht des Menschen ist. Für Körtner wäre es »vermessen und geradezu lächerlich, den Auftrag aus Gen 2,15, der sich an den Menschen richtet, als Auftrag zur Erhaltung des Kosmos zu deuten«. Siehe Ulrich H. J. Körtner, Dogmatik, Leipzig 2018, 328. Die Verschiebung der göttli-

Bewahren ist »keine gegenwärtige Möglichkeit, geschweige denn eine ›machbare‹.³⁹ Es ist die Ausgewogenheit des verlorenen Paradieses.«⁴⁰ Nur durch den Umbau einer Utopie jenseits des Machbaren in Programme des politisch Machbaren kann das Bewahren zur ethischen Maxime werden.⁴¹

2. Die säkularisierende Transformation eschatologischer oder apokalyptischer Motive bzw. göttlicher Handlungsräume in politische Motive und Programme vollzieht sich nie vollständig. Die Motive und Programme erben zumeist die sachliche, soziale und zeitliche Unbedingtheit ihres Ursprungs: Sachlich fordern sie einen Anspruch auf absolute Priorisierung des Anliegens ohne Abwägung mit anderen Gütern und Zielen; sozial intendieren sie die Schaffung einer Gruppe wissender Seher inmitten von Unwilligen, Unvernünftigen und Einsichtsarmen; zeitlich klagen sie unter der Annahme eines eng befristeten Aktionsfensters unbedingte Dringlichkeit und Eile ein. Nicht selten erwachsen aus den Säkularisaten neue politische Religionen, die darin in gewisser Weise Erben von Religion und religiöser Metaphysik bleiben. Besonders in Sachen Dringlichkeit ökologischen Handelns findet sich zunehmend eine Bereitschaft, die politischen Spiel- und Gestaltungsräume der repräsentativen parlamentarischen Demokratie zu umgehen.⁴²

---

chen Bewahrung der Schöpfung von der Dogmatik in die Ethik als Auftrag des Menschen hält Körtner für »exegetisch unzulässig« (327). Lapidar stellt der Alttestamentler Bernd Janowski zu 1. Mose 2,15 fest: »Wenn jemand die Schöpfung bewahrt bzw. bewahren kann, dann ist es allein der, der sie ins Dasein gerufen hat, nämlich Gott (vgl. Jer 5,24),« (Bernd Janwoski, Biblischer Schöpfungsglaube. Religionsgeschichte – Theologie – Ethik, Tübingen 2023, 477)

40 Ebach, Arbeit und Ruhe (s. Anm. 38), 97.

41 Reiner Anselm erkennt in dieser Verschiebung den Umbau von theologischer Metaphysik in theologische Ethik – und damit letztlich einen Gewinn an Freiheit und Verantwortung. Man kann darin aber auch eine Gestalt theologischer Selbstsäkularisierung sehen (s. Anselm, Bewahrung der Schöpfung [s. Anm. 2], 323).

42 In diesem Sinne charakteristisch ist der ökumenische Appell von 250 Theologen und Kirchenpolitikern »Für eine menschen- und lebensfreundliche Klimaschutzpolitik« (https://zeitzeichen.net/node/10748 oder https://chng.it/Hg84WRjgWd) von Anfang Oktober 2023. In ihm wenden sich »Verantwortungsträger*innen [sic! Selbstbezeichnung] aus theologischer Wissenschaft und Kirche« direkt an die politischen Verantwortungsträger, angesichts einer vermeintlichen Abschwächung der Verbindlichkeit von Klimazielen (Abschaffen von Sektorenzielen zugunsten nationaler Gesamtziele bei der CO_2-Einsparung). Nur: Diese Verantwortungsträger agieren

3. Durch die radikale Entdramatisierung der Schöpfung als generell »gute Schöpfung«, die es zu erhalten gilt, erspart sich die ökologische Ethik die nüchterne Einsicht in die auch biblisch unbestreitbare Tatsache, dass Gewalt zu allem Lebendigen gehört und der göttliche Blick auf die staubige Erde differenziert ausfällt. Sie erspart sich auch die realistische Erkenntnis dessen, dass der gegenwärtige Ort der Menschen nicht der zu bewahrende Paradiesgarten ist. Wie mächtig die Leitimagination der Bewahrung des guten und wohl gewaltfreien Gartens der Natur ist, zeigt sich darin, dass noch in den Beiträgen, die über 1. Mose 1 und 2 hinausgehen und folglich die Gewaltproblematik in der priesterschriftlichen Erzählung wahrnehmen, die Gewalt – gegenläufig zum offensichtlichen exegetischen Befund – ausschließlich vom Menschen ausgeht.[43] So wird auch das Moment des Chaotischen nur mit dem die Herrschaft missbrauchenden Menschen verbunden.

im Rahmen akzeptabler politischer Kalküle, die gegenwärtige und wahrscheinliche künftige Wählerentscheidungen als Grundlage haben. Warum wenden sich die Theologinnen und Theologen direkt an die politischen Entscheidungsträger und nicht an die »Stimmbürger«? Warum sollten Politiker die demokratischen Prozeduren und Abwägungen hinter sich lassen? Man ist geneigt zu fragen: Missachten die 250 Theologen und Theologinnen die über Wahlen und Parteien sich vollziehende repräsentative – und zweifellos langsame – Demokratie? Der mit einem Pathos des Unbedingten gezielt gegen die Abwägungsprozesse verschiedener politischer Ziele, Interessen und Güter gerichtete Appell enthält in sich den politischen Keim des Totalitarismus. Die Konzentration auf dieses eine Anliegen der CO2-Minderung durch entsprechende Experten, Aktivisten und »Verantwortungsträger*innen« muss sich fragen lassen, ob sie nicht in einem präzisen Sinn a-politisch und letzten Endes in einer Demokratie politikfeindlich und gar rücksichtslos ist. Konkret: Für die Güter der Wohnungsbaupolitik, Geopolitik, Wirtschaftspolitik, der Gestaltung des Sozialstaates, der Energiepolitik, der militärischen Machtpolitik, der zukünftigen Parteienlandschaft etc. wollen die »Verantwortungsträger*innen« keine Verantwortung übernehmen.

43 Die Gewaltproblematik sieht als einer der wenigen sehr deutlich, aber eben leider nur als Gewalt gegenüber der Natur, Gerhard Liedke, Im Bauch des Fisches. Ökologische Theologie, Stuttgart 1979, 171 ff.; Ulrich Duchrow/Gerhard Liedke, Schalom. Der Schöpfung Befreiung, den Menschen Gerechtigkeit, den Völkern Frieden. Eine biblische Arbeitshilfe zum konziliaren Prozeß, Stuttgart 1987, Teil II; Wolfgang Huber, Natur im Schatten der Gewalt, in: Huber, Konflikt und Konsens (s. Anm. 28), 208–225. Für ein bemerkenswertes Übersehen der Gewalt innerhalb der Natur (Jesaja 11,6–9a; Jes 65,25) in einem weit ausgreifenden schöpfungstheologischen Dis-

4. Indem der Blick auf die Gewalt- und Konfliktkonstellationen in den naturalen Seiten der Schöpfung verweigert wird, verliert die Theologie den kosmologischen Horizont der christlichen Hoffnung. Für eine nur gute Natur ist schlechterdings nichts zu hoffen. Die biblischen Traditionsströme, die eine Überwindung dieser Gewalt erhoffen – wie z. B. die eines eschatologischen Tierfriedens (Jesaja 11 und 65) oder die einer Überwindung von Krankheit –, verstummen.[44] Paradoxerweise führt die Hinwendung zur Natur in Sachen Erlösung letztlich zur Intensivierung der Anthropozentrik der Theologie – ist es doch der Mensch, der die Schöpfung bewahrt und die verwundete Erde wieder heilt. Eine konsequent von der Eschatologie, d. h. von der im Auferstandenen erschienenen und als Neuschöpfung noch ausstehenden Zukunft her entwickelte Schöpfungslehre wird faktisch systematisch ausgeschaltet.

5. Der reduktionistische Umgang mit den komplexen biblischen Traditionen und den in ihnen eingelagerten Wirklichkeitswahrnehmungen stützt, so die hier vertretene These, einen reduktionistischen, ja ideologisch verengten Blick auf die gegenwärtige Natur und deren Gefährdung. Dem wohl aufgrund von klaren Interessen verengten Zugriff auf die biblischen Dramen entspricht ein phänomenologisch verengter Blick auf naturale Prozesse.[45] Die Unterdrückung der Ambivalenzen in den biblischen Traditionen in der ökumenischen Formel »Bewahrung der Schöpfung« befördert – so die in der Tat weitreichende These – eine Unterdrückung von Ambivalenzen in den naturalen Prozessen und verführt zu einer illusionären Romantik.[46] Am Ende dieses Imagina-

---

kurs siehe Othmar Keel/Silvia Schroer, Schöpfung. Biblische Theologien im Kontext altorientalischer Religionen, Göttingen 2002, 194–196. Die Gewalt in der Schöpfung und die menschliche Gewalt gegenüber der außermenschlichen Natur, aber leider in keiner Weise die Rückbetroffenheit der Menschen im evolutionären Prozess durch Gewalt der Natur sieht Heinrich Bedford-Strohm, Schöpfung (Bensheimer Hefte), Göttingen 2001, 198 f.

44 Günter Thomas, Neue Schöpfung. Systematisch-theologische Untersuchungen zur Hoffnung auf das »Leben in der zukünftigen Welt«, Neukirchen-Vluyn 2009, 115–119.

45 Irritierend ist z. B., dass die ansonsten enorm umsichtige Studie von Christian Link, Schöpfung. Ein theologischer Entwurf (s. Anm. 30), an keiner Stelle zum Problem der Krankheit als Krise der naturalen Dimension der Menschen vorstößt. Anders, wohl zur Überraschung mancher, Karl Barth (siehe Günter Thomas, Chaos und Erbarmen. Gesundheit und Krankheit in der Theologie Karl Barths, Zürich 2023).

46 Eine Fülle von tagesaktuellen politischen und theologisch flankierten Auseinander-

tionspfades steht letztlich eine Sakralisierung der Natur – sei es in einem Gaia-Denken oder in einem sich christlich gebenden Neuheidentum.[47]

6. Eine undifferenzierte Umgangsweise mit der Prädikation »sehr gut« öffnet einem antihumanistischen Denken Tor und Tür. Ist die Natur sehr gut, können alle wahrgenommenen Probleme nur dem Menschen angerechnet werden. Dies führt zu latenten und offenen Formen der Menschenfeindlichkeit.[48] Wenn es nur der Mensch ist, der die »Integrity of Creation« stört und vor dem die Schöpfung zu bewahren ist, so wird langfristig ein antihumanistisches Ressentiment gegenüber dem Menschen kultiviert. Die Erde zu lieben, erteilt dann die Lizenz, den Menschen zu hassen.

7. Last, but not least ist anzumerken, dass die Herauslösung von 1. Mose 1 bis 3 aus den Dramen der Urgeschichte und das Behaupten einer unüberbietbaren Güte der Schöpfung das Gespräch mit den Naturwissenschaften, konkret: der Evolutionsbiologie, enorm erschwert und letztlich blockiert.[49] Auffallend ist, dass an diesem Punkt die angel-

setzungen fügen sich in dieses Bild: Die Debatten um Fracking, um den Abschuss von Wölfen, um die Eingriffe in Flussläufe für Wasserkraftwerke, um Düngemittel, um Schädlinge und Nützlinge und nicht zuletzt eine bäuerliche Landwirtschaft im Gegensatz zu Agroindustrie. Überlagert werden diese Konflikte weithin von einem paradoxen Stadt-Land-Gegensatz, in dem die naturferneren Städter die ländlichere Bevölkerung politisch, rechtlich und rhetorisch von mehr Naturschutz zu überzeugen suchen.

47 Zum Osterfest 2023 legte die Evangelische Kirche in Kurhessen Waldeck den regionalen Zeitungen das aktuelle Magazin »Blick in die Kirche« bei. Im Editorial vermerkt die Bischöfin Beate Hofmann: »Der Wald ist ein Musterbeispiel für Vernetzung, für Veränderung, für sterben und neu werden.«

48 Die Bewegung des »Birthstrike« oder des Antinatalismus verficht die Auffassung, wegen des Klimas keine Kinder haben zu wollen und so den Klimawandel durch eine Reduktion der Bevölkerung zu bremsen. Es liegt auf der Hand, dass im Rahmen dieses Denkens auch andere Gestalten der Förderung und Bewahrung menschlichen Lebens eingestellt werden könnten bzw. sollten.

49 Wiederum für viele steht Markus Vogt, Christliche Umweltethik (s. Anm 26), der einerseits in einer Randglosse zur erlebnispädagogischen Verbreitung der Schöpfungsethik empfiehlt, »auch die Härte und evolutionäre Konflikthaftigkeit des Lebens in und mit der Natur [...] zur Sprache und Anschauung kommen zu lassen« (686) und sich gegen naive ökologische Gleichgewichtsmodelle ausspricht (300), dann aber zu Fragen der Evolution nur wenige beiläufige Bemerkungen (217 f.) bietet, die letztlich ohne jede gedankliche Konsequenz für die eigene Ethik sind.

sächsische Debatte um Schöpfung und Evolution deutlich offener die Kosten und Schatten der Evolution diskutiert – auch in der Ökotheologie. In einer strikt sich evolutiv entwickelten Welt bricht unweigerlich die Frage nach den enormen Kosten der Evolution, nach Gewalt und Verschattungen innerhalb der evolutionären Prozesse auf.[50]

4. Der gefährdete Gefährder

Nimmt die Theologie dagegen das Versprechen der Auferstehung der Toten ernst und setzt sich den komplexen Dramen der Urgeschichte aus, so kann sie es sich erlauben, beim Blick auf die naturalen Seiten der Schöpfung auch deren Schatten- und Nachtseiten zu sehen, auf die naturalen Risiken und Abgründe zu blicken und nicht zuletzt auch auf die tödlichen Kämpfe: Auf Tsunamis, Glioblastome, Autoimmunerkrankungen, genetische Krankheiten, auf das Verschwinden von Arten lange vor dem Erscheinen des Menschen. Christen blicken von den Krankenheilungen Jesu herkommend, von seinem Kampf gegen die nicht tolerierbaren Risiken der naturalen Schöpfung zurück auf unsere natürliche Welt.[51] Das Leben, Mutter Erde, ist, wie der englische Romantiker Alfred Tennyson in seinem Gedicht *In Memoriam* schrieb, vor Blut »red in tooth and claw«.[52]

---

50 Vgl. wiederum höchst exemplarisch die Debatten in Gaymon Bennett/Martinez J. Hewlett/Ted Peters (Eds.), The evolution of evil, Göttingen 2008, und die Theologie Christopher Southgates: Ders., God and Evolutionary Evil. Theodicy in the Light of Darwinism, in: Zygon: Journal of Religion & Science 37 (2002), 803–824; ders., The groaning of creation. God, evolution, and the problem of evil, Louisville, Westminster 2008; ders., Theology in a suffering world. Glory and longing, Cambridge 2018. Siehe auch die breite Debatte in Willem B. Drees (Ed.), Is nature ever evil? Religion, science, and value, London/New York 2003.

51 Zum Motiv des Kampfes bei Karl Barth vgl. Thomas, Chaos und Erbarmen (s. Anm. 45); zu den nicht tolerierbaren Risiken siehe Günter Thomas, Krankheit im Horizont der Lebendigkeit Gottes, in: Günter Thomas/Isolde Karle (Hgg.), Krankheitsdeutung in der postsäkularen Gesellschaft. Theologische Ansätze im interdisziplinären Gespräch, Stuttgart 2009, 503–525.

52 Alfred Tennyson, In Memoriam, in: Alfred Tennyson (Ed.), The Complete poetical works of Tennyson, Cambridge 1898, 163–199, 176; dazu instruktiv Michael J. Murray, Nature red in tooth and claw. Theism and the problem of animal suffering, Oxford/New York 2008.

In der mit Gewalt durchsetzten Welt ist der aus Staub bestehende Mensch, der zwischen Disteln dem Acker sein Überleben abringt, in hohem Maße gefährdet. Zugespitzt formuliert, ist er ein gefährdeter Gefährder seiner naturalen Grundlagen. Für den gefährdeten Gefährder sind – jenseits aller romantischen Integritätsvorstellungen – Interventionen in seine naturalen Umgebungen und Grundlagen unausweichlich. Der Mensch als Natur steht der Natur auch gegenüber. Die Erfindung des Feuers, der Ackerbau, der Bergbau, die Abholzung von Wäldern, die Einhegung von Flüssen, der Bau von Dämmen, die Viehzucht und der Einsatz von Antibiotika sind alles Interventionen. Interventionen sind stets mit Risiken und Abwägungskonflikten verbunden. Krankenhäuser sind Interventionseinrichtungen. Ohne Eingriffe in die vermeintliche »Integrity of Creation« ist schlechterdings kein menschliches Überleben möglich. Darum ist, auch im Sinne des sogenannten Herrschaftsauftrags aus 1. Mose 1,26, kein Menschsein ohne Herrschaft möglich. Natürlich sind jeweils die Eingriffstiefe, die Reversibilität oder Irreversibilität des Eingriffs und nicht zuletzt der Eingriffsnutzen angesichts der erwartbaren Eingriffsfolgen selbstkritisch abzuwägen. Diese Abwägungen sind in modernen komplexen Gesellschaften Abwägungen zwischen verschiedenen ethischen Gütern und Rechtsgütern und nicht zuletzt auch ökonomische Abwägungen.[53] Der die theologischen Äußerungen durchziehende und dominierende Verzichts- und Bewahrensgestus wird jedoch weder den Nuancen der biblischen Traditionen gerecht noch den realen politischen Anforderungen.

Ein kirchlich-theologischer Fokus auf ein Bewahren durch Nicht-Intervention bzw. Unterlassungshandlungen führt, bei Licht betrachtet, in eine fatale Doppelbödigkeit, welche im Notfall Interventionen wie moderne Pharmazeutika, Kinderschutzimpfungen oder anspruchsvolle Operationen in Anspruch zu nehmen nicht scheut, aber ansonsten eine Integrität der Schöpfung oder gar die tötende und Leben schaffende Kraft der Mutter Erde feiert.[54] Der von der Formel »Bewahrung

---

53 Die Diskussion der Abwägungsprobleme verschärfte sich im Anschluss an die Corona-Pandemie. Siehe dazu auch die für ökologische Fragen relevanten juristischen Debatten in Klaus Günther/Uwe Volkmann (Hgg.), Freiheit oder Leben? Das Abwägungsproblem der Zukunft, Berlin/Frankfurt a. M. 2022.

54 Für eine bemerkenswerte neuere Verschmelzung von christlichen Motiven mit Dionysosmotiven und einer entsprechenden Hochachtung von chthonischen Kräf-

der Schöpfung« beförderte Gestus verführt dazu, sich aus der schwierigen politischen Gestaltung der Interventionen und den notwendigen und stets fragwürdigen Kompromissen durch Pathos, Empörung und Maximalforderungen zu verabschieden – solange andere dafür sorgen, dass der gefährdete Gefährder nicht allzu sehr gefährdet wird.

V (Un-)Bewohnbarkeit utopischen Territoriums – oder: Von Analogie und Gleichnis zu differenzloser Identität

Die großflächige Umstellung von einer vertikalen auf eine horizontale Transzendenz verschiedenster Theologien der letzten Jahrzehnte führte zu einem Umbau strikt eschatologischer oder ursprungsorientierter utopischer Motive zugunsten politisch-ethischer Orientierungen. Das theologische Modell der Analogie – oder im Denken von Karl Barth formuliert, das Modell des Gleichnisses – musste im Zusammenhang der radikalen nachtheistischen horizontalen Transzendenz notwendig einer Transformation in politische Programme und Ziele weichen.

Die ökumenische Doppelformel »Gerechtigkeit, Frieden und Bewahrung der Schöpfung« verführt, so der hier entfaltete Verdacht, zu einem illusionsbereiten Hoffen. Das dürfte der Kombination einer religiös angeeigneten Säkularisierung strikt eschatologischer Motive mit dem Ausscheiden jeder – schon manche biblischen Traditionen kennzeichnenden – Ambivalenz geschuldet sein, die auf dem Feld der Ökologie dem Bewahrensgestus seine Unbedingtheit und die Anmutung grundsätzlicher moralischer Überlegenheit verleiht. Abwägungskonflikte im Umgang mit der Natur können damit ebenso wenig konstruktiv theologisch begleitet werden wie Abwägungen zwischen ökologischen, sozialstaatlichen oder außenpolitischen Zielen. Auf überaus sprechende Weise scheinen die utopistischen Säkularisate eschatologischer Motive immer noch Erben von deren religiös-theistisch grundierten Unbedingtheit zu sein. Prozesse der Säkularisierung scheinen auf eigentümliche Weise kovariant mit Prozessen der Sakralisierung zu sein.[55]

---

ten der Erde, siehe Peter Wick, Das Geheimnis des Evangeliums. Mysterien bei Paulus, Markus, Johannes und in der Apostelgeschichte als Testfall interkultureller Inklusions- und Demarkationsprozesse, Leiden/Paderborn 2023.

55 Einen Überblick bietet Magnus Schlette/Volkhard Krech, Sakralisierung, in: Detlef

Die Formel vom *gerechten Frieden* als politische Prozesse orientierende Leitimagination lebt von einer Fülle nicht existierender politischer wie theologischer Rahmenbedingungen und von wahrhaft unwahrscheinlichen Voraussetzungen. Sie bezieht ihre Schubkraft von einer überoptimistischen Anthropologie, die meint, das Rätsel des Bösen und abgründiger Gewalt, der Gier, Dummheit und Korruption – um nur einige der Gerechtigkeit und dem Frieden widerstrebende Kräfte zu nennen – nicht in Rechnung stellen zu müssen. Sie übersieht das unausweichlich Fragmentarische der Gerechtigkeit im Friedensschluss. Als normativ verstandenes politisches Modell ist die Formel vom gerechten Frieden in einem Maße kontrafaktisch angelegt, dass sie in einer Welt schwer überbrückbarer Interessensgegensätze letztlich zum moralischen Plakat wird, auf dem zu lesen ist, dass die Welt nicht so ist, wie sie sein soll. Mit der Plakatierung eines faktisch Unerreichbaren stiehlt sich die evangelische Ethik vom Feld stets ambivalenter und grautondurchdrungener politischer Verantwortung.[56] Der Transfer utopisch-eschatologischer Motive verführt zu einer utopischen und illusionsbereiten theo-politischen Haltung, in die nur langsam gegenläufige Aspekte der Realität einsickern.[57]

Pollack/Volkhard Krech/Olaf Müller/Markus Hero (Hgg.), Handbuch Religionssoziologie, Wiesbaden 2018, 437–463, prozessorientiert Mathias Hildebrandt/Manfred Brocker/Hartmut Behr (Hgg.), Säkularisierung und Resakralisierung in westlichen Gesellschaften. Ideengeschichtliche und theoretische Perspektiven, Wiesbaden 2001.

56 Dass sich jüngst auf spannende Weise Akzente in Richtung einer stärker realistischen Orientierung verschieben, zeigt das Dokument Evangelisches Kirchenamt für die Bundeswehr (Hg.), Mass des Möglichen. Perspektiven Evangelischer Friedensethik angesichts des Krieges in der Ukraine, Berlin, (https://www.bundeswehr.de/resource/blob/5586906/60b681196328321d90e4fcf929727501/mass-des-moeglichen-data.pdf) 2023. Für eine Präzisierung des theologischen Begriffs des Realismus ist der Bezug auf Reinhold Niebuhr weiterführend. Diesbezüglich instruktiv sind: Frederike van Oorschot, Realismus als Kategorie theologischer Friedensethik?, in: Arne Manzeschke/Lars Reuter (Eds.), Proceedings from the ethics of war and peace. 51st annual conference of the Societas Ethica August 21–24, 2014, Maribor, Slovenia; Linköping Electronic Conference Proceedings, No. 117, Linköping 2015, 45–63; Maximilian Schell, Produktive Irritationen. Das Leitbild des Gerechten Friedens und die interdisziplinäre Versöhnungsforschung im Gespräch, in: Zeitschrift für evangelische Ethik 67 (2023), 275–288.

57 An dieser Stelle darf nicht verschwiegen werden, dass Frank-Walter Steinmeier, der über mehr als ein Jahrzehnt als Architekt der letztlich in hohem Maße illusionä-

Die ökumenische Doppelformel »Gerechtigkeit, Frieden und Bewahrung der Schöpfung« ist – betrachtet man ihre weite Wirkungs- und Rezeptionsgeschichte – Dokument einer eigentümlichen Weigerung. Es ist die Weigerung, Grenzen des Menschenmöglichen auf dem Feld der Ökologie und des politischen Handelns anzuerkennen. In Theologien der horizontalen Transzendenz fällt das Endlichkeit anerkennende Moment der gnädigen göttlichen Differenz zu allem menschlichen Handeln schlicht weg.[58]

Nicht verträumt und überoptimistisch der Wirklichkeit entfliehen, ohne einem zynischen Realismus zu verfallen, ist die theo-politische Herausforderung der nächsten Jahrzehnte – sowohl im Raum der Ökologie als auch im Raum der Friedenspolitik. Illusionslos zu hoffen, erfordert den selbstkritischen Blick auf illusionsfördernde Vorstellungskomplexe – auch dann, wenn diese ein hohes Maß an Selbstverständlichkeit und vermeintlich unstrittiger Evidenz gewonnen haben und Abschiede von liebgewonnenen Formeln anstehen. Theologie und Kirchen dürfen jedoch keiner Sprachmagie verfallen und glauben, dass die stete Wiederholung der Formel sie wahrer und wirklichkeitsgemäßer macht. Auch in Sachen Bewahrung der Schöpfung oder gerechtem Frieden tut die Theologie gut daran, sich der Dichte, der Dramatik, der Ambivalenz und der Ehrlichkeit biblischer Zeugnisse auszusetzen. Der Versuch einer solchen Selbstkritik zugunsten eines theologischen und zugleich auch politischen Realismus ist Gegenstand der vorstehenden Überlegungen.

Dabei geht es nicht um einen theologisch begründeten Rückzug aus politischer Gestaltung. Ebenso wenig geht es nur um eine defensive und mutlose Politik der Bewahrung ohne ein Element mutiger zukunfts-

---

ren deutschen Russlandpolitik wirkte, nicht nur ein überzeugter Protestant, sondern ein expliziter Verfechter des Konzepts des »gerechten Friedens« war und ist. Diese gravierende Fehleinschätzung, die auch nach der völkerrechtswidrigen russischen Besetzung der Halbinsel Krim nicht korrigiert wurde, hat fatale Folgen vor allem für die Ukrainer, aber auch für die Sicherheitssituation ganz Europas.

58 So berechtigt eine Kritik an einem abstrakten Theismus ist, so notwendig ist die grundlegende Unterscheidung zwischen Mensch und Gott. Diese Unterscheidung wiederholt sich innerhalb der Christologie als Unterscheidung von mimetischen Motiven (wir wie Christus) und Pro-nobis-Motiven (Christus für uns). Sie taucht innerhalb der Pneumatologie als bleibende Unterscheidung des Geistes Jesu Christi und des menschlichen, respektive sündigen Geistes auf. Diese Unterscheidung durchzieht alle gute reformatorische Theologie.

orientierter Gestaltung. Es geht um die theologische Frage, wo in der politischen Gestaltung die Selbstillusionierung beginnt. Der britische politische Philosoph Michael Oakeshott hat dies prägnant mit einem für ihn typischen Schuss Skepsis formuliert:

> »Die Politik befasst sich also mit einem imaginierten und gewünschten Zustand der *Respublica*, einem Zustand, der sich in gewisser Hinsicht von ihrem gegenwärtigen Zustand unterscheidet und als wünschenswerter erachtet wird. Sie ist eine Überlegung, die darauf abzielt, den Zustand zu spezifizieren und Gründe dafür zu finden, eine Stellungnahme, die darauf abzielt, ihn zu empfehlen und zu begründen, und eine Handlung, die darauf abzielt, den Wechsel vom einen zum anderen Zustand zu fördern. Und politische Vorschläge und die Gründe, aus denen sie befürwortet werden, lassen sich an dieser Überlegung erkennen und von Projekten anderer Art unterscheiden: Um als ›politisch‹ erkennbar zu sein, müssen sich ein Vorschlag und die Gründe für ihn auf einen möglichen Zustand der *Respublica* beziehen und auf nichts anderes. Es gibt natürlich vieles, was dies notwendigerweise ausschließt [...]: Wohlwollende Pläne zur allgemeinen Verbesserung der Menschheit, für die Verringerung der Diskrepanz zwischen Bedürfnissen und Befriedigung oder zur moralischen Verbesserung als solche können keine politischen Vorschläge sein.«[59]

Was in der eschatologischen Differenz zwischen Erlösung und Versöhnung für die Polis und für die Welt politisch möglich ist und mit welchem politischen Realismus sich eine illusionslos hoffende Theologie verbinden muss – dies steht zu Debatte. Die ökumenische Doppelformel »Gerechtigkeit, Frieden und Bewahrung der Schöpfung« ist aber letztlich mehr illusionsfördernd als realistisch orientierend.

---

59 Michael Oakeshott, On human conduct, Oxford 1975, 168 (Übersetzung G. Th).

»Rede der Kreatur an die Kreatur«

Die natürliche Welt in der Sprache des Glaubens und der Poesie

Christian Lehnert

I Am Bach

Der Bachlauf vom Gebirge, der sich noch in heißesten Sommern gespeist hatte aus dem Hochmoor, war seit Tagen versiegt. Die Alten hatten das noch nie gesehen. Sie liefen morgens schon in der Frühe herbei, standen am Ufer und schauten. Stumm waren sie, gingen auseinander und kamen doch rasch wieder. Dann redeten sie wirr und aufgeregt vom Blutmond, der im Frühsommer aufgezogen war mit dem Mars in seiner unmittelbaren Nähe – ein Warnsignal, ein Bußruf? Und nun kam das Waldfieber? Vorbote von noch Schlimmerem? Sie waren mit den Wörtern nicht vertraut, aber sie hatten ein Grundwasserempfinden und eine Baumfühlung; die Lärchen und Fichten schrien nach Nässe.

Ich folgte auf meinem Gang mit dem Hund dem Tal bis in den Oberlauf des Baches, wo er sich in einen kaum merklichen sumpfigen Graben verwandelte, dann in ein Band dichteren Pflanzenwuchses von Schilfgras und Ampfer. Der Wald, fühlte, dachte ich plötzlich in aller Naivität der Assoziationen, die Bergrücken und die Täler seien »beseelt«. Indem ich dem unfertigen Gedanken nachging, entlang der nun wasserlosen Quellen auf den Gebirgswiesen, franste er aus in wirre Fragen. Wer oder was käme im braunen Fichtendickicht sterbend zu sich selbst? Was oder wer atmete im Ostwind und spürte sich womöglich selbst im Verwehen? War die plötzliche Stille eben, so dicht, als wäre da »etwas« gewesen über dem Geröll im Grund zwischen den Wurzeln der Kriechweiden, doch nur Einbildung? Oder reagierte ich, unbewusst, worauf?

Den Blick geweitet, doch nicht in einem einfach metaphorischen Sinn gefragt: Hat die Erde als Schöpfung Gottes selbst eine geistige Dimension, benennbar gar als eine »Seele«? Und sie fühlt und leidet und hat Sehnsucht in einem »ängstlichen Harren«, wie es Paulus schreibt (Römer 8,19) auf ihren Bahnen im All? Ob sich da »jemand« womöglich wehrt gegen einen bösen humanen Hautschorf, eine Dermitis, sich kratzt, hilfesuchend auf uns einzureden versucht? Denn der Zustand der Erde hätte etwas mit dem des Menschen zu tun? Soll ich mythisch »Gaia« sagen, Erdmutter, oder »Ginnungagap« oder »Sophia«, die »über den Wassern vor der Schöpfung Schwebende« – gleich allwissend-bedrohliche Wesen? Oder führt die mythische Sprache hier in Vereinfachungen, wo doch eben keine »Natur« als »Person« spräche, auch keine »Seele« sei, sondern eine Art Gewebe unanschaulicher physikalischer Beziehungen?

Waren das alles Projektionen auf eine weite Fläche aus dürrem Gras und braunem Nadelgrund? Doch im Augenblick war der Eindruck unwiderlegbar: Da war um mich »etwas«, das mehr war als leblose Materie. Ob ich nun die Natur für »beseelt« hielt oder sie ins Unnahbare, Unmenschliche eines unbestimmten »Es« tauchte, waren nur sprachliche Färbungen – allemal waren Unschuld und Selbstsicherheit verloren. Die »Natur« war nicht passiv. Sie behauptete sich als Fremde, antwortete, sie hielt nicht still. Sie war nicht einmal geduldig.

Den Alten brauchte man mit solchen Dingen nicht zu kommen, es interessierte sie nicht. Sie sahen, was sie sahen: Der Pestwurz schoss vor der Zeit auf. Die violetten Blütenstände ohne Blätter, die Blühfinger, welche so viele Namen von Toten wussten – woher auch immer – sie suchten etwas, sie tasteten nach etwas. Geht besser in die Häuser!

II Die Libelle

Solcherart Gedankenwege, die in der Gegenwart nicht mehr nur durch das Terrain esoterisch-vormoderner Nostalgie führen, sondern mitten hinein in die Diskurse der Ökologiebewegung und sich bei Denkern links und rechts finden, bei Bruno Latour[1] wie bei Alain de Benoist[2], werfen Fragen an die christliche Theologie auf: Ist das Bild einer Schöpfung und deren Urhebers außerhalb ihrer selbst, das Raumkonzept einer Schöpfungswelt und einer Überwirklichkeit wirklich so essentiell für das Christentum, wie es über Jahrhunderte erschien und kritisiert

---

1 Bruno Latour, Kampf um Gaia. Acht Vorträge über das neue Klimaregime, aus dem Französischen von Achim Russer u. Bernd Schwibs, Berlin 2017.
2 Alain de Benoist, Abschied vom Wachstum. Für eine Kultur des Maßhaltens, Berlin 2009.

wurde? Die Rede von der »Bewahrung der Schöpfung« nimmt darauf ebenso unterschwellig Bezug wie eine Religionskritik, welche die gegenwärtigen Exzesse der Umweltzerstörung direkt zurückführt auf eine mythische Zentralstellung des Menschen als Krone der Schöpfung gegenüber einer niederen Natur, wie es das Christentum seit der Antike tradierte. Ist das Verhältnis von Gott und Schöpfung zwangsläufig im Subjekt-Objekt-Modus zu denken? Ist das Christentum Teil oder Gegenüber gesellschaftlicher Diskurse, die in unterschiedlicher Gestalt auf eine weiter zunehmende und nun digital-intelligente, fortschreitende, rationale Naturunterwerfung setzen, sei es in Gestalt grüner Technologien, eines »grünen Kapitalismus« und den kaum widersprochenen radikalen Utopien von einer globalen Klimagestaltung?

Als Dichter und Theologe, in dem schwierigen Intervall, das ein »und« hier markiert, will ich auf die biblische Rede vom *logos* im Anfang (Johannes 1,1) und vom »kosmischen Christus« (Kolosser 1,15–20) blicken und entlang einiger Gedanken über die schöpferische Kraft der Sprache und über Naturdichtung versuchen die Blicke zu schärfen für ein Naturverhältnis, das sich bereits in der Begegnung mit den Phänomenen selbst – mit Tieren und Pflanzen, Gesteinen und Gestirnen – einem Schöpfungsgrund öffnet. Denn »ein Tag sagt's dem anderen, und eine Nacht tut's kund der andern« (Psalm 19,3) oder, wie eine amerikanische Klassikerin des Nature Writings, Annie Dillard, scheinbar leichthin schrieb: »Das Sehen ist natürlich weitgehend eine Sache der Verbalisierung.«[3] Eine deutliche Begrenzung muss ich gleich zu Beginn benennen: Ich will und vermag es nicht, dies alles in theologischer Begriffssystematik oder gar in einer Naturphilosophie zu bedenken. Nur einigen suchenden Assoziationen ins Offene, Pfaden auf den Fährten von Naturbeobachtungen und Lektüren will ich folgen, denn der »Gegenstand« dieser Erkundungen ist für mich nicht zu trennen vom Erkundenden, und in der methodischen Distanz würde er sich verlieren. Denn ich betrete hier ein Terrain des Denkens, das in einer anderen Art als der einer kritischen Distanzierung geschehen muss, will es nicht verdunkeln, was es eigentlich sucht. Warum das so ist, wird hoffentlich schnell ersichtlich. Es hat mit der Sprache zu tun, in der sich die »natürlichen Phänomene« uns zeigen. Mit etwas sehr Einfachem und Grund-

---

3 Annie Dillard, Pilger am Tinker Creek, Berlin 2016, 42.

legendem und zugleich immer wieder Rätselhaftem muss ich daher beginnen:

> Sie ist mir eingegeben, die Libelle,
> ein stilles Komma in der Luft, sie steht,
> als ihr das Graslicht in die Augen weht,
> noch immer zögert sie an einer Stelle ...
>
> Weil die Bewegungen nicht ihre waren?
> Weil nichts erklärt, wie etwas folgen soll?
> Weil das, was kommt, nicht uns gehört, und voll
> die Flügel stehen, voll von Unsichtbarem?
>
> Und wie sie zittert, ist sie ganz für sich –
> ein unwägbares, schwebendes Gestein.
> Ein blaues Licht schließt sie von innen ein.
>
> Ich sehe ihren Glanz – er schaut doch mich.
> Wie aufgereihte Perlen, ihre Glieder,
> in ihrem Schimmer kehrt der Sommer wieder.[4]

Wo kam die Libelle eben her? Wo ging sie hin? Sie kam aus den Worten, sie bestand nur aus Worten, und sie verlor sich wieder in Worten. Aber sie war da. Man konnte sie sehen. Ein Sonett ließ das Tierchen schweben in seinen Reimpaaren, ließ es zittern in der pulsenden Thermik eines Metrums. Das ist das Geheimnis der Poesie. Die Reflexion darüber hat immer eine seltsame Gestalt, denn sie will etwas klären, was sich ihr letztlich entzieht: die Schöpfungskräfte der Sprache. Ihr Grund, »das schöpferische Vermögen des redenden Seins«[5], wie es Gaston Bachelard nannte, will sich nicht den Worten fügen. Poesie lebt aus dem sehr einfachen und doch grundstürzenden Geheimnis, wie die Sprache etwas hervorbringen kann, was es vorher nicht gab. Etwas ist in den Versen *sichtbar*, was vorher nicht zu sehen war.

Man könnte nun fragen: Hat das Gedicht wirklich die Libelle hervorgebracht? Oder macht das ein Leser, weil er Libellen kennt und seine eigenen inneren Bilder einträgt? Und könnte ich denn von einer Libelle sprechen, wenn ich sie nicht anderswo als in der Wortgestalt gesehen hätte? Damals über dem Tümpel im Schräglicht der untergehenden Sonne? Das Sonett war eine Antwort. Ihm voraus ging etwas, das wirk-

---

4 Aus: Christian Lehnert, Windzüge. Gedichte, Berlin 2015, 21.
5 Gaston Bachelard, Poetik des Raums, aus dem Französischen von Kurt Leonhard, Frankfurt a. M. 2014, 15.

lich existierte. Aber was heißt *wirklich*? Ist das *Wirkliche* nicht auch bereits Sprache, denn ich identifiziere doch nur das als wirklich, was ich »als etwas« irgendwie benennen kann? Weil ich das Wort »Libelle« weiß, kann ich sie erkennen? Das Verhältnis von Sprache und natürlicher Erscheinung ist uneindeutig; Finden und Erfinden, Name und Sache, Wahrnehmen und Sprechen durchdringen sich fortwährend.

III Im Wald

Im Wald! Im Wald!
Wo die großen grünen Bäume rauschen
ewig rauschen.
Die großen grünen Bäume.
Das goldgrün' Haargelock
worin das Sonnenlicht blitzt
das hängt voller Träume.
Schüttle Dich Grüner schüttle Dich
So!
Schon sinken Träume
wie schwerer roter Wein
in mich.[6]

So vermochte es Hans Arp noch im Jahre 1903, den deutschen Wald zu besingen und sich volltönend einem vertrauten Topos der Naturlyrik zu überlassen: dem erhabenen, dem dunklen, dem märchenhaft unverwüstlichen Wald. Diesen inszenierte Hans Arp, als wollte er sich noch einmal selbst überreden, als ein verlässliches Gegenüber – als romantisches Gegenbild zur schnellen, technisch-rationalen und verwalteten Menschenwelt der Moderne.

Am Hang des Osterzgebirges, wo ich zu Hause bin, gibt es reichlich Wälder, aber sie »ewig« zu nennen, käme niemandem in den Sinn. Diese Wälder sind mehrheitlich Plantagen, angepflanzte Areale zur Holzgewinnung und zur Verhinderung von Bodenerosion. Die angestammten Arten, Buchen und Moorbirken, sind allmählich ersetzt worden durch Fichten, die nun durch wärmere Winter und trockene Sommer in ihren Monokulturen gestresst, vielfach krank sind. Keine »Träume« hängen da im grünen »Haargelock«, sondern Flechten und Totholz und oftmals die

---

6 Hans Arp, Im Wald, in: Willst du dem Sommer trauen, Deutsche Naturgedichte, hg. von Hanns Zischler, Berlin 2004, 17.

feinen Fäden gefährlicher Spinnerlarven. Wenn moderne Forstfahrzeuge, ähnlich großen und erstaunlich beweglichen stählernen Tieren mit Greifarmen, in Sekundenschnelle Stämme entästen, zersägen und aus dem Dickicht ziehen, dann entstehen vor den Sinnen ganz merkwürdige Mischwesen von Technik und Fauna. Ihre Spuren, tief eingegrabene Rinnen im Waldboden, bleiben Jahre sichtbar.

Überhaupt ist die »Natur«, wenn man denn dieses beladene Wort noch verwenden mag, gerade auf dem Land und im deutschen Wald ein unsicherer Zeitgenosse geworden. Sie verwächst und verwuchert mit den Spuren menschlichen Wirkens, noch im Kleinsten: Da finde ich am Wegrand alte ölige Motoren im Weißdorngebüsch entsorgt, und die Marder wohnen darin und ziehen ihre Jungen in den stillen Verbrennungskolben auf. Weggeworfene löchrige Gummischläuche dienen Schlupfwespen als komfortable Brutkammern. Brennnesseln erzählen als Anzeigevegetation von altem Bauschutt in der Tiefe unter ihren strömenden Wurzeln. Was ist hier »Natur« und was Menschenschatten? Wo ist der Wald hin? Ganz verschwunden in einen Mythos ohne Vergegenwärtigung? Selbst der Boden ist durchsetzt von unsichtbarem Kleinstmüll zwischen vielen winzigen Springschwänzen und Milben, von denen die allermeisten noch unbekannt und unbenannt sind.

Widersprüche beleben die Wahrnehmungskraft. Vor Jahren arbeitete ich an einem Essay über Jakob Böhme, dem die natürliche Welt ein ununterbrochenes ursprachliches Erzählen war, und las parallel, protokolliert von Bruno Latour, Berichte von einer Tagung, auf der Geologen stritten,[7] ob wir in eine neue Epoche der Erdgeschichte eingetreten seien, in das sogenannte Anthropozän. Es ging dabei um schlichte begriffliche Klarheit: Was soll das präzise geologische Signal sein, also etwa die klar unterscheidbare und ausgedehnte Schichtung, an der sich die neue Epoche erkennen ließe? Und was könnte der Begriff wissenschaftlich erhellen? Die Argumente waren für mich, der ich mich gerade in die Welt Jakob Böhmes einzufühlen versuchte, irritierend. Wir seien dabei, den sogenannten Gesteinssockel der Erde zu vermenschlichen. Mit einem Energieverbrauch von siebzehn Terrawatt pro Jahr, mehreren Tsunamis oder ausbrechenden großen Vulkanen vergleichbar, greifen Menschen gestaltend in die Erdhülle ein. Plötzlich scheint der geologische Epochenpuls zu hetzen, und die Spuren des Menschen haben

---

7   Latour (s. Anm. 1), 193 ff.

kein menschliches Maß mehr – durch Staudämme veränderte Sedimentationen von Flüssen, Tausende vielfach reagierende neue chemische Stoffe, Veränderungen der Atmosphäre, dazu nie dagewesene Infrastrukturen, von Kriegsschäden ganz zu schweigen. Wer will da noch vom Wald reden? Der Mensch, der einmal seine Natur darin bestimmte, aus der Natur herauszutreten in den Raum der Freiheit und Zivilisation, der einer »Sprache der Natur« lauschte, um sich selbst als Gegenüber der Natur zu verstehen, findet sich in einem unentrinnbaren Innenraum wieder, einer Spiegelkammer. Einmal schrieb ich Verse vom Raureif:

> Streicht der Wind durch Buchenwipfel,
> das Gezweig ragt auf wie Haar,
> Lippen rissig, blasse Gipfel
> atmen leise ein, was war.
>
> Hechelnd liegen breite Wälder,
> ein Getier: Es wacht und schaut.
> Wo es bleibt, wird's immer kälter,
> ist der Boden still ergraut.[8]

Atmet der »Wald« nur noch »ein, was war«? Aber ich schreibe weiter Gedichte vom Wald: Warum? Ein »Getier« ist er geworden, »es wacht und schaut«. In einer Welt, in der das Wort »Natur« so unbehaust und vergangen tönt, werden manche Zuordnungen doch klarer, und immer noch erkunden Metaphern die Ambivalenzen.

Wir sehen heute sehr deutlich, dass die »Natur« nie etwas anderes war als der Schatten des Menschen. »Natur«, das war immer eine Konstruktion, in der Menschen ihr Selbstverständnis nach außen projizierten und gleichzeitig in einen Innenraum legten, in die »Natur ihrer selbst«. »Natur« konnte in Texten der Renaissance als göttliche harmonische Ordnung erscheinen, als Sphärenmusik – und die »Natur des Menschen« war es dann, diese Ordnung tätig und gemeinschaftlich zu verwirklichen. Die »Natur« konnte den Dichtern und Theologen des Barock als das Erhabene gegenübertreten, und die »Natur des Menschen« wurde zur Gebrochenheit, zu einem Schatten, Wind und Staub. »Natur« konnte wenig später als heiler Urzustand oder als wilde Fremde aufleuchten, je mit starken Appellen: Sei ganz natürlich! Oder: Sei zivilisiert! Sei kultiviert! »Natur« konnte bei den Romantikern für das ganz Andere stehen, ein ungestalter Raum jenseits der Sprache und des Sinns,

---

8 Aus: Christian Lehnert, Cherubinischer Staub. Gedichte, Berlin 2018, 50.

eine stoffliche Chiffre des Absoluten. Was für ein poröser Grund, die Natur! Anderes sickert heute ein, Menschenkräfte und unvermutete Reaktionen darauf, Eingriffe und massive Folgen unseres Tuns. Noch etwas zeigt sich, wenn Metaphern erwachen und Wälder verängstigt »hecheln«. Auch die sicheren »Naturwissenschaften« haben uns bestimmte Bilder vor Augen geführt, die vieles erhellen wie sie anderes verdunkeln. Auch die »Natur« der Naturwissenschaft projiziert gesellschaftliche Muster auf den Grund einer Materie. Da erscheint dann, wie an einer Höhlenwand, der Umriss eines ausdehnungslosen, autonomen Subjekts, das sich in einem sicheren Panzer den leblosen *res extensae* zuwendet in methodischer Bewaffnung. Da verfestigt sich ein äußerlicher Raum, Umwelt, die man technisch bearbeitet wie ein Gefäß und erobert wie fremdes Land, und das Niedere wird dem Höheren gnadenlos untergeordnet. Da spiegeln die auf einen Plot getrimmten Erzählungen von Ursache und Wirkung einen Menschen, der sich selbst über Funktionen bestimmt und rattert in einem Getriebe gesellschaftlicher Prozesse. Ja, gar eine heimliche Teleologie wird gelegentlich weltimmanent auf die Erde projiziert: die eines einst umfassenden irdischen Glücks durch Wohlstand und ökonomisches Wachstum und intelligentes Umweltdesign. Die scheinbar neutralen Wissenschaftsgläubigen, die immer häufiger werdenden sogenannten »Faktenchecker« sind immer auch Ideologen, sie haben ein Vorverständnis der Welt, das sie nicht mit gleicher Klarheit zeigen wie ihre »Fakten«.

IV »TU DICH AUF!«

Risse im Stoff, durch den Himmel, in Fäden, fein durch die Zirren,
ziehen Nonnengänse und trennen den Raum auf, Gewebe:
Samt, da zucken Gewitter und Windräder blinken, die Falten,
Wolkengewänder fallen über die Berge und sinken
haltlos über die Autobahn, ein Kleid ohne Körper.

Schlafend und wachend in eins im Flug, sie hungern seit Tagen,
Vögel im Keil, sie magern ab auf den Willen und Knochen.
Ihre Vergangenheit nährt sie, das Fett aus dem üppigen Sommer,
Gras und Gewürm, verwandelt in die Bewegung der Schwingen.
Manchmal fällt aus den Vielen eine zurück – ist vergessen,
war nie dabei, als man fraß, und taumelt allein in die Tiefe.
Wenige hören den Schrei, wenn einer der Vögel sich aufgibt:
Durchdringend, leise, ein Sirren, gerade so noch zu hören,
schwingt durch Luft und Gestein, wie Nachtfrost sticht es ins Erdreich.[9]

Warum schreibe ich noch immer solche Gedichte in fließenden Hexametern über Tiere? Lyrik ist eine der beweglichsten geistigen Beschäftigungen des Menschen. Sie hat die Fähigkeit, unbekanntes und sprachlich noch nicht umrissenes Gelände zu betreten und auf Veränderungen zu reagieren wie ein sensibler Seismograph. Gedichte erlebe ich als Fühler ins Ungesagte. Die »Natur« wird in ihnen zunächst ganz ähnlich wie in den Naturwissenschaften erkundet – in Bildern (ähnlich wissenschaftlichen Modellen könnte man sagen), also im Zuge der Übertragung werden vertraute sprachliche Muster auf das angewendet, wofür die Worte fehlen. Eine Strömung entsteht, ein Sog, und aus ihm, aus der Kraft eines Fehlenden, kommen die eigentlichen Energien des Gedichtes. Ein gutes Gedicht heute will ja nicht etwas in einer besonderen Eindringlichkeit und Künstlichkeit vorführen, was sich auch anders sagen ließe, sondern es entsteht an den Rändern der Sprache, wo sie ausfranst ins Schweigen und ausgreift über alles Gesagte hinaus.

Da zeigt sich nun auch ein Unterschied zur Forschung in den Naturwissenschaften – denn etwas vertragen Gedichte nicht: einen allzu strengen theoretischen oder begrifflichen Vorlauf. Gedichte sind ganz empfindlich gegen Absichten und zu große Bewusstheit. Sie sind keine Experimente, als könnten sie etwas verifizieren. Sie führen mich zurück auf passive Wahrnehmungsweisen. Im Gedicht kommt mir »etwas« aus der Fremde entgegen, und es wird, noch namenlos oft, im Puls der Verse als Fremdes empfangen, und das heißt: in Verstörung und Einspruch und Verunsicherung. Es schwingt, hin und her, klingt, wird Rhythmus und Vers, hörend und sprechend, findend und erfindend, Widerfahrnis und Tun. »Natur«, wenn ich das alte Wort denn doch noch gebrauchen will, ist dann noch nicht eingeordnet in einen starken Verstehenshorizont, denn »als was« ich ihre Phänomene auch immer verstehe, es erscheint im Gedicht als Bild, als Bewegung ins Offene, und so können Gedichte fragend wahrnehmen und dann auch den Leser wahrnehmen lassen, was sonst vielleicht verborgen ist. Sie sind feinsinnige Entdeckungsreisende an der Grenze von Fremde und Verstehen.

Gedichte, als sprachliche Gebilde, zielen auf Sinn und rechnen mit Sinn. Ich meine damit etwas ganz Einfaches: Dass das, was mir entgegenkommt, etwas bedeutet. Ich antworte darauf – dichtend, forschend, handelnd. Eine interessante grammatische Form hat das Deut-

---

9 A. a. O., 62.

sche an dieser Stelle, denn die Sprache rechnet mit einer Art Aktivität, dass etwas »sich zeigt« oder dass »es (ein rätselhaftes es) etwas gibt«. Das Gedicht führt mich zurück an den Ursprung des europäischen Denkens, ins Staunen, wie es Platon sagte. Diese Frühe, das denkende Staunen darüber, dass etwas ist und uns begegnet, haben wir, eingebettet in Diskurse und die Horizonte des Machbaren, in Europa fast schon verloren. Die Spiegelkammern einer technisch überformten Natur verschleiern diese Frühe, aber sie können sie nicht eliminieren. Mit dem denkenden Staunen hätten wir unsere Freiheit verloren, aus der Natur als Menschen herauszutreten.

Hier nun schaue ich auf die christliche Theologie. Sie wird für mich heute zu einer wichtigen kritischen, ja, man könnte sogar sagen aufklärerischen Instanz. Denn indem sie ihre Prämisse offen zeigt, den Schöpfungsgedanken, fragt sie nach den Axiomen der anderen, und es wird leichter zu erkennen, wie alle Wissenschaft einen Glaubensgrund hat und auf Voraussetzungen ruht, die einfach als gegeben angenommen werden. Folge ich, glaubend und denkend, dem christlichen Schöpfungsgedanken, verändert sich mein Blick auf die »Natur«: Was uns im Natürlichen entgegenkommt, ist mehr als unser Spiegel, mehr als eine Konstruktion, mehr auch als eine Verfügungsmasse, mehr als Rohstoff und Umwelt, die Menschen gestalten. Hier begegnet uns (und bereits die Gedichte haben mich dafür sensibilisiert) eine *Fremde*, der gegenüber wir zunächst passiv sind. Diese Fremde lässt sich durch keine erklärende Deutung nivellieren, denn Deutungen haben immer einen Antwortcharakter, und so verweisen sie auf die verstörende Frage, warum wir sind und warum »etwas« ist. Schöpfung hat einen Grund – einen unauslotbaren »Ungrund«[10].

Dieser »Ungrund« stellt uns bewusste Menschen in die ursprüngliche Situation zu antworten. In der Schöpfung und in jedem natürlichen Phänomen wird uns irgendwie »etwas gesagt« (natürlich in einem umfassenderen Sinne als Kommunikations- und Zeichentheorien es abzubilden versuchen), ja, genauer noch: ein Schöpfer als »Ungrund« sagt sich, und ich bin als Geschöpf gemeint. Ich antworte, und

---

10 »Der Ungrund ist ein ewig Nichts, und machet aber einen ewigen Anfang als eine [Sehn]sucht.« (Jakob Böhme, Mysterium Pansophicum, Der erste Text, in: Jakob Böhme, Mysterium Pansophicum, Theosophisch-pansophische Schriften, hg. und erläutert von Gerhard Wehr, Freiburg i. Br. 1980, 29.)

»ich kann nicht nicht antworten«; im Anspruch des Fremden, sei es in der kleinsten Gestalt einer Milbe oder einer Mikrobe oder eines plötzlichen Wetterwechsels, liegt eine Unausweichlichkeit: »Wir wählen, was wir antworten, nicht aber, worauf wir antworten«, so der Phänomenologe Bernhard Waldenfels[11].

Noch einen Zeugen will ich mir hier an die Seite holen: Martin Luther legte am 8. September 1538 in der Stadtkirche in Wittenberg eine Heilungsgeschichte aus dem Markusevangelium aus (Markus 7,31–37). Jesus begegnete einem Taubstummen am See Genezareth, und er tut merkwürdige Dinge. Luther übersetzt: »Vnd er [Jesus] nam jn von dem volck besonders / vnd legete jm die finger jnn die ohren / vnd spützet vnd rüret seine zunge / vnd sahe auff gen himel / seufftzet vnd sprach zu jm / Hephethah / das ist / thu dich auff.« Luthers Predigt verlässt schnell die Realien einer antiken Wunderheilung. Luther scheint sich überhaupt sehr vom Text zu entfernen. Eigentlich predigt er vor allem über das aramäische Wort »Hephethah«, zu deutsch: »Tu dich auf!« Aus diesem einzelnen Wort aber entfaltet Luther ein irritierendes Sprachverständnis, welches die Unterscheidung zwischen Worten und natürlicher Wirklichkeit theologisch unterwandert: »Scheps, *vaccae* [Kühe], *arbores* [Bäume], wenn sie bluhen, sprechen: ›Hephethah‹.« »Die ganze Welt ist voller Sprache.«[12] Die Natur spricht. Sie ist Sprache und will gehört werden. Sie spricht zum Menschen wie der Christus zum Taubstummen, »vnd spützet vnd rüret seine zunge / vnd ... sprach zu jm / Hephethah / das ist / thu dich auff.« Luther versteht sich selbst als Geschöpf aus dem fremden Sprachhandeln Gottes heraus. Er ist, poetisch gesprochen, ein Vers aus dessen Munde, und zu klingen – auch wenn er wenig weiß von dem Text, in dem er steht – ist sein Leben.

Die Metapher von Gott als Poeten war im Barock eine beliebte Gegenfigur zu der des »Uhrmachers« in der rationalistischen Theologie. Das Bild ist nicht ungebrochen in moderne Reflexionen über Sprache und Natur zu übertragen, aber in einer Hinsicht ist es sprechend in einem ganz einfachen Sinn: »Natur« ist für Christen niemals allein das, was in ihr »der Fall ist«[13], wie Wittgenstein sagt. Sie verweist auf einen

---

11 Bernhard Waldenfels, Hyperphänomene, Berlin 2012, 95.409 f.
12 Martin Luther, Kritische Gesamtausgabe (WA), Weimar 1893 ff., 1923, Bd. 46, 493–495.
13 »Die Welt ist alles, was der Fall ist.« Diesem ersten Satz in Wittgensteins Tractus logico-philosophicus entsprechen spiegelbildlich die letzten, wo es u. a. heißt: »Es

Horizont, der sie sich verdankt und der ihr nie ganz äußerlich ist, sondern der sich in ihr zeigt als Anspruch und als Gabe, als Fremde und als Dunkelheit, als das Offene der Phänomene.

Einmal sah ich die hohen Blütenstände der Königskerzen am nahen Waldrand, und ich hatte sie schon tagelang gesehen, aber nun wurden sie mir bewusst:

> Wie sie wiederfinden – diese Feuer
> In den Stoffen / Blitz und helle Sprachen?
> Namen: Königskerzen / trockne Brachen /
> Numen waren's / Baken ohne Steuer –
> Satzlos / Nicht Metaphern / nicht gebrochen –
> Trieben waldwärts.
>   Schattengelbe Flammen /
> Geist in Zungen / Brand / dem sie entstammen –
> Auf einer schmalen Lichtung nachgesprochen?[14]

V Johanniskraut

Aber nun muss ich noch einmal zurück zu Jakob Böhme, dem Görlitzer Schuster-Mystiker aus dem siebzehnten Jahrhundert. Ich erwähne ihn soeben kurz als Dissonanz zum Bild des Anthropozän. Worin besteht die andere Weltsicht Jakob Böhmes, die, so denke ich, von enormer Gegenwartsbedeutung ist?

Ich will dazu ein Kraut betrachten: das Johanniskraut, das im späten Juni überall blüht. Zwar dem Mittagslicht zugewendet, ist es doch selbst nur ein verborgenes, erdnahes Leuchten, dunkelgelbe Tupfer versteckt im Gestrüpp am Waldrand. Nah heran musst du, die Blüten direkt vor die Augen halten, dann erst glühen sie, dann wird das Strahlen zur Geometrie, und du siehst die hellen Staubfäden explodieren. Als hätte ein Kind die Sonne gezeichnet, mit feinen Stiften, so erscheint das Gestirn in der Blüte, in verkleinerter Gegenwart als ein lebendiges Bild – Sonnengestalt, die aufblitzt in der Demut eines Krauts.

Diese Ähnlichkeit mit dem Taggestirn reicht ins Innere der Pflanze, in ihre Stoffe, die ihre Wirksamkeit entfalten wie Sonnenessenzen, Lichtpartikel im Gewebe der Natur. Legt man Zweige des Krauts, das meist

---

  gibt allerdings Unaussprechliches. Dies zeigt sich, es ist das Mystische.« (Ludwig Wittgenstein, Tractatus logico-philosophicus, Frankfurt a. M. 2003, 9.111)
14 Aus: Christian Lehnert, opus 8. Im Flechtwerk. Gedichte, Berlin 2022, 11.

um Johannis im höchsten Sonnenstand des Jahres, an den längsten Tagen zu blühen beginnt, in Olivenöl ein, so färbt sich dieses blutrot. Es wirkt, als würde es in der Flüssigkeit zu dämmern anfangen. Damit der Auszug gelingt, braucht es wiederum Licht, viel Licht: Man muss das verschlossene Glas mit dem Öl und den darin schwimmenden Blüten für mehrere Wochen draußen an einen hellen Ort stellen. Das Öl lindert dann wie keine andere Substanz, die ich kenne, die Entzündungen nach einem Sonnenbrand. Bei unseren Kindern war das wohltuende Öl sehr beliebt. Doch es darf nur in der Dunkelheit verwendet werden, tags macht es die Haut lichtempfindlich. Ein Aufguss der Pflanze oder ein paar Tropfen einer alkoholischen Tinktur hellen im Winter die Stimmung auf und beruhigen bei depressiven Ängsten. Diese verzögerte Wärmewirkung, dieser Sonnennachklang entfaltete sich aber erst in der Regelmäßigkeit, in einem genauen täglichen Puls. Noch der Sud trägt das Zeichen der Sonne.

Die Naturwissenschaftler der frühen Neuzeit nannten solche zeichenhaften Ähnlichkeiten Signaturen. Das Hilfswort enthielt einen Erkenntnisweg: Um die Dinge und Lebewesen zu ergründen, galt es, ihre Gestalten zu vergleichen, gleichsam in ihnen zu lesen, und Ähnliches zu Ähnlichem zu stellen und dabei Wirkkräfte zu erkennen. Die Methode verlangte genaue und beharrliche Beobachtung und erhob das Staunen über die Vielfalt der Lebensformen, die feiner und weiter waren als alle Vorstellungen, die sich Menschen davon machen konnten, zum wissenschaftlichen Impuls. Die Sprache als Metapher, der Logos in allen Phänomenen, gab der Signatur in den damaligen Denkbewegungen eine philosophische Allgemeingültigkeit: Alles, was ist, spricht – wie alles, was ist, hört und gesprochen wird, und so entsteht ein Widerhall, eine Zeichenfolge. Ihre Einheit bildet, so die theologischen Adjutanten dieses Weltzugangs, der präexistente und fleischgewordene Christus. In ihm wird alles zur »Rede der Kreatur an die Kreatur«, wie Johann Georg Hamann schrieb.[15] Der Mensch kann nur verstehen, wenn er sich wie ein Leser diesem Sprachfluss aussetzt, in ihm lebt und sich selbst einträgt. »Die Methode bin ich«, konnte Paracelsus sagen. Immer fragmentarisch, immer auch subjektiv bleibt solche Erkenntnis – aber sie trägt

---

15 »Rede, daß ich Dich sehe! – Dieser Wunsch wurde durch die Schöpfung erfüllt, die eine Rede an die Kreatur durch die Kreatur ist.« Johann Georg Hamann, Aesthetica in nuce, Sämtliche Werke, Bd. 2, hg. von Josef Nadler, Wuppertal 1999, 198.

in sich die Vision eines Ganzen, die flüsternde, schreiende, schweigend bedeutsame Sehnsuchtsgestalt aller Erscheinungen.

Anders die philosophischen Rationalisten: Sie gingen vom Abstrakten aus, von der Formel, die sie mit dem Gegebenen verglichen. Sie suchten Bauteile, Atome einer Konstruktion, verfolgten Strukturen, um Zwecke und Gründe zu erkennen. Sie sezierten und setzten zusammen, sie rechneten mit Kausalitäten und genetischen Taxonomien. Distanz war dazu nötig, der klare Blick aus der Entfernung, die Schnittschärfe kritischen Bewusstseins.

Zwei unterschiedlich Haltungen: Schauen oder Bauen. Die Macher und Anatomen haben das Rennen um den bestimmenden Weltzugang zunächst für einige Jahrhunderte gewonnen und die technische Umformung der Welt zum Menschenmerkmal gemacht, zur Signatur der Neuzeit. So trägt der homo sapiens nunmehr den digitalen Code auf der Stirn, das einfachste Bedeutungsatom: Sein oder Nichts. Ja oder Nein. Das ist sein Signum.

Der Mensch ist nunmehr in seiner Natur davon gezeichnet, dass er sich selbst gestaltet und dabei keine Grenzen kennt, auch keine Beschränkungen einer Anthropologie, sondern hineingreift in das physische Baumaterial seiner selbst, in genetische Codes und Nervenschaltungen, in Stoffwechselprozesse, ja, in seine seelischen Wahrnehmungsmuster. Ist erst der Bauplan freigelegt, ist erst alles übersetzt in verrechenbare Informationen, gibt es keinen Grund mehr, staunend vor Gegebenheiten zu verharren, wenn sich diese optimieren lassen. Dieser Mensch ist immer mehr und anderes als ein Mensch, er ist zunehmend ein Produkt des Menschen. Die bedrohlichen Grenzen dieses Zugriffs werden heute vielerorts spürbar, scheint sich doch die menschliche wie die dem Menschen entgegenkommende »Natur« zu entziehen und »sich zu verhalten«, meist anders als erwartet; und der denkende Mensch selbst bekommt zunehmend Angst vor dem, was er vermag und letztlich nie ganz durchschaut.

Als Dichter bin ich immer wieder zurückgeworfen auf die alte Analogienlehre. Ich kann wenig »machen« im Gedicht, ich muss vor allem genau hinhören. Denn in Bildern, in Übertragungen, in der Suche nach Ähnlichkeiten tastet sich das Gedicht zu seinem Gegenstand vor. Das Gedicht hat nur seine Silben, seinen Puls und seinen Atem, seinen Sprachleib, um zu erkunden, was es zu sagen hat, um seine Wahrheit zu finden. »Sprache ist Geste, ihre Bedeutung eine Welt«, schrieb Merlau-

Ponty[16] und wies darauf hin, dass Sätze etwas sichtbar machen können, was wir ohne ihre Zeige-«Gesten« gar nicht erkennen würden und für uns somit auch »faktisch« gar nicht existierte. Ein Gedicht, wie eine Erzählung weisen nicht auf etwas hin, was sie bezeichnen, sondern sie »eröffnen eine Welt«. Diese Welt kann und muss ich betreten, wenn ich die Wörter in einem Gedicht verstehen will. Dann werden sie zu Zeichen, die ins Offene weisen. Aber was ist dort? Niemand weiß es, der sich nicht aufgemacht hat.

Christlicher Glaube aber, so will ich es vorsichtig formulieren, ist der Unsicherheit Gedicht in gewisser Hinsicht vergleichbar. Er rechnet immer damit, dass der *logos*, das Geschehen des Wortes, die Wirklichkeit verändert. »Natur« verweist ins Offene der Gottheit, nicht in einem direkten Sinn, aber in Ähnlichkeiten: Sie wird, und sie ist nicht vollendet. Das strikte Gegenüber des Menschen als erkennendem und handelndem Subjekt zu einer gegebenen Natur, die vor allem als bewusstlos erscheint, wird im Glauben porös. Es schien und scheint im Christentum immer auch eine Art Ganzheit auf, die »alles in allem« als verwoben und atmend und in einer gemeinsamen Strömungsform umfasst. Biblische Erzählungen »eröffnen eine Welt« als (unerkennbar) ganze. Solcherart Holismus kann kaum begrifflich werden, ohne in Widersprüche zu führen, aber er ist mythisch und poetisch nicht zu eliminieren aus dem christlichen Möglichkeitsraum.

VI Wurzeln

Lange Arme und hunderte Finger, die aus Wulsten und Gabelungen ragten und sich ineinander wanden, Tentakel daran und borstige Härchen – der riesige Wurzelteller einer Lärche war in die Höhe geschlagen, als ein nächtlicher Sturm sie niedergedrückt und über eine querliegende tote Buche gehebelt hatte. Ein Bild des Jammers, das Unterste zuoberst, und ich sah am Morgen, als ich durch den zerzausten Wald ging, was ich nicht hätte sehen sollen: das nackte Erdorgan des Baumes. Sein Innerstes lag bloß, es war größer als die kegelförmige Krone, verworren wie ein Gehirn.

---

16 Maurice Merlau-Ponty, Phänomenologie der Wahrnehmung, übersetzt von Rudolph Boehm, Berlin 1966, 218.

Vor mir lag das herausgerissene Gegenbild des Baumes, seine andere Spiegelhälfte, die nicht nach oben, sondern nach unten wuchs: »Was der Kopf der Tiere, das sind die Wurzeln der Pflanzen«, so vermutete Aristoteles[17]. Hier würde der Baum denken, hier sich erinnern, dies sei sein Gedächtnisorgan: Der Stamm in der Luft und der Kopf in der Erde. Forschungen zur Pflanzenintelligenz scheinen das zu bestätigen. Fühlt eine Lärche (natürlich ein gewagter Anthropomorphismus und zunächst nichts als ein unsicheres Bild) im wirren Wurzelwerk sich selbst, steuert ihren Stoffwechsel, entscheidet, wann sie blühen und wann sie die Nadeln abwerfen soll? Tragen die Bäume das aufgenommene Licht und Kohlendioxid als gelöste Süße durch Gefäße in die Tiefe wie Sinneseindrücke und Vorstellungen? Während mit dem Wasser etwas wie Willensakte aufsteigen? Wächst ein Baum mit den Jahren beständig hinab, und in Lehm, Gestein und Nässe formt sich und reift sein Seelenschatten, ein dunkler Bewusstseinsgrund, den das atmende Blattwerk nährt?

Ich ging weiter, ein Leichtgewicht. Wie flüchtig war ich doch, ein wurzelloser Lichtbewohner, ein Oberflächen-Kriecher. Folgend einem Tierpfad wollte ich schnell nach Hause. Mir fehlte, so empfand ich, gegenüber den Bäumen eine ganze Dimension: Ich wusste nichts von dem, was nur zehn Zentimeter unter meinen Füßen im Lehm geschah. Die Erde war eine Oberfläche, die mich trug – mehr nicht. Ich musste zurück, um zunächst ausgiebig im Garten zu graben, ohne Werkzeug, musste mit den Händen und Fingern in der Erde wühlen, bis ich mich erschöpft und dreckverschmiert aufrichtete. Der Rücken schmerzte, die Nagelbetten und Fingerkuppen waren wund und brannten. Aufrechter Gang, hoher Stand in der Sonne – aber war das nun ein Evolutionsgewinn? War das Strecken in die Höhe (zum Apfel) nicht der erste Fehler, die Aufrichtung, die Vertikale ohne sicheren Halt? Ich musste mich bücken und weiter umgraben; um mir die Tiefe zu erschließen, genauer: um mir durch wurzelnde Pflanzen, die Bohnen und Kohlstrünke und Stauden, die Tiefe erschließen zu lassen.

So erdvergessen, so schnell ätherverliebt – und wieder im Haus saß ich dann oben im ersten Stock mit einer Tasse Kaffee und in den Sätzen, die ich machen wollte? Aber ich konnte dort nicht sein. Wo war der Keller?

---

17 Aristoteles, Über die Seele, De anima, Griechisch-Deutsch, übersetzt von Otto Appelt, Hamburg 1995, 83.

Ich stieg die feuchte Treppe hinab, hielt mich am verschimmelten Geländer fest. Auch hier: Ein Schädelgewölbe war in die Erde gegraben, erhob sich über dem Fundament, den Geröllsteinen und festgestampftem Lehmgrund. Pilzflecken, weiß überschimmelte Laufkäfer an Spinnenfäden, Mäusedreck, und eine gläserne winzige Eidechse saß da – Träume des Hauses, die man nicht kennen durfte?

Gedichte ähneln einem Haus: Sie haben Obergeschosse des wachen Denkens, und sie haben Kellerräume, eine Traumgegend, eine Feuchttiefe und Finsternis. So ein Haus umhüllt den Leser im Hellen mit klaren deutbaren Worten. Im Keller weiß es mehr als ich. Aber das Unsagbare ist untergebracht. Es hat einen Raum.

> Gläsern liegt das Eidechsenjunge, bäuchlings,
> fingernagelgroß, in der Kellerrinne,
> kaum zu sehen, farblose Schuppen, fiel es
> plötzlich in Starre.
>
> Hier im klammen Untergeschoß, im Erdreich,
> felsnah, ist die Zeitfolge fraglich, wächst das
> Unbekannte, über die Schwelle quillt, was
> niemand erwartet.[18]

Gedichte entstehen, auch wenn sie natürliche Phänomene in den Blick nehmen, tief im Inneren, und es geschieht ein Sehen in zweierlei Richtung: nach außen und nach innen. Man könnte das ein atmendes Sehen nennen. Wenn ich über einen Baum schreibe, dann nehme ich diesen wahr, und zugleich nehme ich mich als Wahrnehmenden wahr, und beides geschieht in Worten, und ich erkenne, dass ich in meinem Sprechen gleichermaßen etwas sage, wie ich gesagt werde. Das ist ein Geheimnis der Literatur. Wer ein Gedicht oder eine Erzählung lesend betritt, kann nicht mehr unterscheiden, ob die Stimme, die da in seinem Kopf spricht, von innen oder von außen kommt, ob es die eigene oder eine fremde ist. Lesen ist wie eine Atmung: Sie holt ein Äußeres nach innen, und es bildet sich erst die eigene Gestalt daraus, und Inneres strömt nach außen, und so erst wird eine »Umwelt«. Vielleicht ist es diese Atemgestalt, die uns Menschen zu unsicheren Grenzbewohnern macht, die wir wieder erlernen müssen. Sie hat für mich als Glaubenden einen besonderen Grund: Betend oder singend in der Liturgie gibt es die Momente, wo nicht mehr »ich« spreche, sondern wo ich gespro-

---

18 Aus: Lehnert, Cherubinischer Staub (s. Anm. 8), 23.

chen werde, hervorgesprochen in diese flüchtige Welt, und: »Mit allem Kopf[zer]brechen geht es mir wie dem Sancho Pancha, daß ich mich endlich mit dem Epiphonem beruhigen muß: Gott versteht mich!« So schrieb es Johann Georg Hamann, Ostern 1787, auf dem Krankenbett.[19]

Und so soll am Ende dieses Wortgangs[20] ein atmender Baum, eine Buche stehen. Sie atmet in fließenden Hexametern im Zwischenreich der Imagination, wo Bäume sprechen können. Oder habe ich ihre Stimme wirklich gehört? Wer weiß. Das Gedicht weiß es. Jakob Böhme spricht auch noch einmal dazwischen aus der Ferne:

> »Baumsein heißt sich verschränken – mit dem körperlos Hellen
> morgens, wenn Nahrung einstrahlt, mit Wasser und Pilzsaft,
> Erde und dem Gewimmel nagender Käfer im Hohlstamm.
> Alles wird Sinn durch das Holz, wird unwidersprochene Wahrheit:
> Weg und Gablung der Äste, Risse darunter. Die Rinde
> hüllt ein Erinnern, das ich kaum berühre, so alt ist der Wald und
> wandert nordwärts, Meter um Meter in wärmeren Sommern.
> Dort im Norden, in grollenden Gletschern schlafen die Toten.«

> > »Dann alles Leben muß sich nach der Gottheit recht gebähren /
> > wie sich die Gottheit immer gebähret.«

> »Auch mein abgebrochener Hauptast, die heillose Wunde,
> dauernde Blutung kommt aus dem Sog der Wahrheit, und in mir
> fault es – Gleichnis von anderer Zukunft, als ich sie kenne.
> Anfang ist dort, wo ihn niemand findet, und Ende sein Echo.«

> > »Dan das ist der Gottheit Recht /daß sich alles Leben
> > in dem Leibe GOttes auff einerley weise gebähre / obs wol
> > durch mancherley bildungen geschicht /so hat doch das leben alles
> > einerley ursprung.«

> »Damals kam der erste Herbststurm schon Anfang September.
> Dicht belaubt war ich noch. Die Böen, erbarmungslos, griffen
> Äste, verbissen sich tief und höhnten: Keiner ist jemals
> wirklich gestorben, unsterblich sind alle, verwandelt, und hetzen
> Träume ins Dickicht, Blitze und Hagel, die ruhlosen Seelen

---

19   Johann Georg Hamann, Briefwechsel, Band VII, hg. von Walther Ziesemer u. Arthur Henkel, Frankfurt a. M. 1979, 135, 17–19.
20   Zwei Abschnitte des Aufsatzes finden sich in etwas ausführlicherer Form in: Christian Lehnert, Das Haus und das Lamm. Fliegende Blätter zur Apokalypse des Johannes, Berlin 2023, 30 f.167 f.

»Rede der Kreatur an die Kreatur«

wollen voran! Der härteste Schlag traf die untere Krone.
Vollen Bewußtseins war ich ertaubt, die Stille ein Schrei, und
quälte mich mit abgerissenen Lauten, ein dumpfer
Ton durchströmte den Stamm, und ich sah ihn verdrehen und splittern.
Schmerz, wo treibt er mich hin? Ich war nur ein Rumpf, der noch standhielt.«

»Atem ist alles Blühen,
alles Wachen und Wissen,
alle Angst und Vermissen.
Wie Entzündungen glühen

Samen, die massenhaft reifen.
Hörst du den Hauch darin?
Dessen Laut, dessen Sinn
wird die Keime ergreifen.«

»Dieses seind verborgene Worte / und werden alleine in der Sprache der
Natur verstanden.«
(Jakob Böhme, Morgenröthe im Aufgangk)[21]

---

21 Aus: Lehnert, Cherubinischer Staub (s. Anm. 8), 104; Jakob Böhme, Morgen-Röte im
Aufgang, Werke, hg. von Ferdinand von Ingen, Frankfurt a. M. 2009, 470.493.

Menschenbild

Was den Menschen zum Menschen macht

Zur theologischen Notwendigkeit des Sündenbegriffs

Annette Weidhas

Wer will heute noch ernstshaft an dem mit »Sünde« bezeichneten Sachverhalt als Bedingung des Menschseins (*conditio humana*) festhalten? Manche Vertreter der Postmoderne lehnen sogar die Vorstellung, dass Menschsein überhaupt an Vorgaben gebunden ist, zu denen auch Geburtlichkeit und Sterblichkeit zählen, ab. So weit gehen aus guten Gründen nur die wenigsten. Die Annahme aber, dass der Mensch Sünder ist, wird verneint – und das nicht nur in Philosophie, Psychologie und Soziologie, sondern teils auch in Theologie und Kirche. Der Begriff der Sünde wird dekonstruiert, wobei die verbreitetste Form der Dekonstruktion die Trivialisierung ist, wie Ingolf U. Dalferth feststellt: »Man nimmt dem Thema jeden Ernst, indem man es verharmlost, als engstirnig und gestrig veräppelt, zum Gespött macht, ins Lächerliche zieht.«[1] So deklariert zum Beispiel der reformierte Theologe Klaas Huizing: »Die religiöse Gelehrtenrepublik wirkt altersmüde, auch deshalb, weil die Sprache ihres Personals bizarr altmodisch klingt. Sünde ist so eine Vokabel, die außerhalb der Gelehrtenrepublik allenfalls noch halb ironisch in den Mund genommen wird, wenn etwa von Verkehrssünden und Kalorienversuchungen die Rede ist.«[2]

Ein Grund für diesen Befund ist – neben der allgemeinen Säkularisierung – die Ethisierung der Theologie und speziell die Moralisierung des Sündenbegriffs. Diese Tendenz gab es immer, aber seit der Aufklärung tritt sie verstärkt zutage. »Sünde«, vom mittelniederdeutschen »sund« herkommend, meint eigentlich »Abstand«, »Spalte« usw. Sünde wäre demnach der »Abstand von Gott«, also Unglaube als Zustand des

---

[1] Ingolf U. Dalferth, Sünde. Die Entdeckung der Menschlichkeit, Leipzig ²2021 [¹2020], 380.
[2] Klaas Huizing, Lebenslehre. Eine Theologie für das 21. Jahrhundert, Gütersloh 2022, 108.

Getrenntseins von Gott. Von hier aus wurde Sünde beschrieben als Verzweiflung oder Verhältnislosigkeit, Entfremdung vom göttlichen Grund des Seins, Verfehlung dessen, wozu Gott den Menschen bestimmt hat, oder auch als Unfähigkeit des Menschen, seine Grenzen zu erkennen, usw.[3] In der Neuzeit wird »Sünde« aber immer mehr mit ihren Folgen – den sog. Tatsünden – in eins gesetzt. Auch die katholische Listung der sieben »Todsünden« (genauer der Haupt- oder Wurzelsünden) Hochmut, Geiz, Wollust, Zorn, Völlerei, Neid und Faulheit hat zur moralisierenden Pluralisierung des Sündenbegriffs beigetragen. Fängt man damit erst einmal an, kann im Interesse moralischer Abzweckung bald alles und jedes als Sünde deklariert werden – von Mord bis hin zu Fleisch- oder Schokoladengenuss.

Unabhängig von diesem Missverständnis der Sünde geht dieser Aufsatz davon aus, dass das evangelische (und im weiteren Sinne christliche) Proprium ohne den Sündenbegriff nicht aufrechtzuerhalten ist. Denn mit ihm steht und fällt die Rechtfertigungslehre, somit die Erlösungs- und Versöhnungslehre, letztlich die ganze Soteriologie. Gleichzeitig erübrigen sich ohne Sündenbegriff Christologie und Trinitätslehre. Warum will man trotzdem auf ihn verzichten? Was meint man zu gewinnen? Den Anschluss an die säkulare Mainstream-Debatte! Doch

---

3 Hier eine ganz knappe Zusammenstellung theologischer Sündenkonzeptionen (Dalferth, Sünde [s. Anm. 1], 176 f., Kursivierung A. W.): Sünde wird »als Widerspruch gegen Gottes Gesetz verstanden, als Verstoß gegen Gottes Gebot und Verbot, als Ungehorsam gegen Gottes Willen, als Auflehnung gegen Gott, als Widerstand gegen Gott, als Beleidigung Gottes, als Verfehlung der wahren Liebe zu Gott und den Nächsten, als Ablehnung von Gottes Liebe, als Selbstsucht und Selbstliebe, als *incurvatio in se* [in sich Verkrümmtsein] (Anselm), als *aversio a deo* [Selbstbezogenheit] (Thomas), als Undankbarkeit für Gottes Gaben, als Lieblosigkeit (Heidelberger Katechismus), als Verzweiflung und Selbsthass (Kierkegaard), als Entfremdung (Tillich), als Unwahrheit (Løgstrup), als Drang in die Verhältnislosigkeit (Jüngel), als Zerstörung wahren Lebens (Ebeling), als aus angstvoller Sorge um sich selbst entsprungene unangemessene Beziehung zu anderen Lebewesen und Dingen (Gestrich), als Verfehlen der Lebensbestimmung (Härle), als Verstoß gegen die Vernunft, die Wahrheit und das rechte Gewissen. Die Liste ließe sich lange fortsetzen. Die Bestimmungen sind divers, und nicht alle halten einer kritischen Prüfung stand. Aber im Großen und Ganzen kreisen sie um zwei Bestimmungsknoten: die rechte Beziehung zu Gott und die rechte Beziehung zu sich selbst und anderen Geschöpfen.«

lohnt das die Preisgabe des eigenen Ansatzes, ja die Verabschiedung evangelischer Glaubensrationalität? Meines Erachtens muss man sich, wie viele Theologen es seit langem tun, um eine neue Klarheit in der Sündenthematik bemühen, anstatt sich die Probleme aufzubürden, die mit einem schwachen oder gar fehlenden Sündenbegriff verbunden sind. Von völlig säkularen Konzeptionen nicht zu reden. Das erste dieser Probleme stellt der grassierende Moralismus dar, der das Ergebnis eines fehlenden Sündenbegriffs ist, der alle Menschen einschließt. In der Regel korreliert solchem Moralismus ein Vernunftbegriff, der die Stelle Gottes einnimmt (I). Das zweite, damit zusammenhängende Problem sehe ich darin, dass säkulare Konzeptionen – auch wenn sie von einem von Natur aus guten Menschen ausgehen – Moral nicht wirklich begründen, sondern nur setzen können (II). Am Ende (III) kommt Martin Luther ins Spiel, nicht weil das konfessionell verpflichtend wäre, sondern weil es sachlich geboten ist. Nicht zuletzt deshalb, weil »Sünde« bei ihm radikal entmoralisiert und damit der Gefahr entgegengetreten wird, sie als Machtmittel zu missbrauchen.

I

Der moralistischen Missdeutung widerspricht die evangelische Theologie inzwischen mehr oder weniger unisono, allerdings mit unterschiedlicher Überzeugungskraft. Auch Huizing sieht klare Tendenzen zur »Verurteilung einer moralischen Engführung des Sündenbegriffs«[4], will sich jedoch dieser Verurteilung nicht vorbehaltlos anschließen. Denn er ist überzeugt, dass die »präventive Verwendung der Sündenbegrifflichkeit« tugendethisch noch »extrem guten Sinn macht.«[5] Er versteht zwar das, was er »Sündentheologie« nennt, als »Erbsünde protestantischer Denkkultur«[6], kritisiert jedoch weniger die moralische Verzweckung, der die Sündenlehre gegen Paulus und Luther in Teilen des reformierten oder auch lutherisch-pietistischen Protestantismus ausgesetzt war. Was er kritisiert, ist ein angeblich »unattraktives, pessimistisches Menschen-

---

4 Huizing, Lebenslehre (s. Anm. 2), 108.
5 Ebd.
6 Klaas Huizing, Schluss mit Sünde. Warum wir eine neue Reformation brauchen, Hamburg 2017, 16.

bild« der lutherischen Theologie.⁷ Optimistisch auf Vervollkommnung setzend, überführt Huizing einen moralisch verstandenen Sündenbegriff (statt »sündig« ist der Mensch »labil«) in eine Tugendlehre, die darauf baut, dass der labile Mensch in der Lage ist, die Sünde »vor der Tür zu lassen«. Vorbild dafür ist Jesus als Weisheitslehrer. Entsprechend einer heute weit verbreiteten »unterbestimmten Rede von Gott, die letztlich auf eine Jesulogie« hinausläuft (vgl. dazu Körtners Beitrag in diesem Band: Einer für alle, alle für einen? Der dreieinige Gott im Religionsdiskurs), verabschiedet Huizing mit dem Sündenbegriff auch die Rechtfertigungslehre. »Alle Menschen sind Sünder« hält Huizing für eine Übertreibung nach der Art »alle Menschen sind irre.«⁸ Im Interesse pädagogischer Ausrichtung nennt er seine »Lebenslehre« nicht Dogmatik und wendet den Sündenbegriff »präventiv« hin zur Frage: »Wie lassen sich Schuld und Sünde vermeiden?«⁹

Damit haben wir im Gewand einer Theologie, die Gnade und Freiheit als dem Menschen und seiner Welt inhärent versteht, genau die moralistische Säkularisierung eines missverstandenen christlichen Sünden- bzw. Moralbegriffs vor Augen, die gesellschaftspolitisch für so viel Rechthaberei und Unfrieden sorgt (selbstverständlich in gegenderter Form). Jesu Diktum »Wer unter euch ohne Sünde ist, der werfe den ersten Stein auf sie« (Johannes 8,7) ist nicht mehr automatisch evident.

---

7   A. a. O., 15.
8   Huizing, Lebenslehre (s. Anm. 2), 17. Huizing versteht Sünde als »Petrifizierung des eigenen Selbstbildes, als gewollte Hinterfragung durch Dritte, als antrainierte Teflonisierung vor Schamerfahrungen«. Weil Scham unerträglich ist (er erläutert das an der Geschichte von Kain und Abel), würde Scham in Schuld verschoben. Lieber bringt Kain seinen Bruder um, als sich länger beschämen zu lassen. Huizing ist der Ansicht, man könne durch tugendethische Vernunft lernen, den »gewaltgenerierenden Verschiebemechanismus von Scham in Schuld« zu durchschauen und zu durchbrechen (a. a. O., 114 f.). Ist das wirklich die Lösung? Gibt es nicht viele Menschen, die eklatant Schuld auf sich laden ohne jedes irgendwie erweisliche Schamgefühl? Vor allem aber: Man muss einen evtl. gegebenen Zusammenhang von Scham und Schuld durchschauen *wollen*, um sich auf diesen Weg zu begeben. Derlei aber kann man nicht wollen wollen. Ein Beispiel: Falls Putin tatsächlich agiert, wie er agiert, weil er vom Westen beschämt wurde, scheint er offensichtlich kein Interesse daran zu haben, den Verschiebecharakter von Scham in Schuld bei sich zu durchschauen oder gar zu überwinden.
9   A. a. O., 34.

Stattdessen gibt es gute oder böse oder wenigstens weniger böse und weniger gute Gruppenidentitäten, deren Vertreter sich zunehmend machtpolitisch bekämpfen (vgl. dazu Dalferths Beitrag in diesem Band: Alle nur »Copien von Andern«? Plädoyer für eine differenziertere Identitätsdebatte im Demokratiediskurs). Ulrich H. J. Körtner betont in seiner Dogmatik, was geschieht, wenn mit dem Topos der Sünde auch die Rechtfertigungslehre fällt:

> »An die Stelle der Rechtfertigung des Menschen durch Gott tritt eine Unkultur des Rechthabens (Martin Walser). In ihr hat jeder seine Handlungsweise zu rechtfertigen und seine Leistungsfähigkeit wie seine Kompetenz ständig unter Beweis zu stellen. Vor dem Forum der öffentlichen Meinung stehen die gesellschaftliche Stellung und der Machtanspruch von Menschen ständig zur Disposition, damit aber im Grunde auch ihr Dasein und ihr Daseinsrecht.«[10]

Begründen Sünde und Rechtfertigung wirklich ein negatives Menschenbild, das uns »runterzieht«, wie Huizing meint? Ich sehe nicht, warum man darunter leiden sollte, als »Sünder und Gerechter zugleich« angesprochen zu werden, zumal Luther neben sein »simul iustus et peccator« im Briefwechsel mit Melanchthon sein »pecca fortiter« stellt: »Sündige tapfer, doch tapferer glaube und freue dich in Christus, der Herr ist über Sünde, Tod und Teufel.« Luther vertritt einen existenziellen Sündenbegriff. Das heißt: Menschen sind nicht »wesensmäßig« bzw. »von Natur aus« böse, aber sie tun Böses.

> Menschen sind nicht per se übel. [...] Dass alle Menschen Sünder sind, sagt nicht, dass alle Menschen moralisch übel sind oder dass es keine Unterschiede zwischen ihnen gäbe. Wir stehen in moralischen Beziehungen zu anderen Menschen, zu uns selbst und zu anderen Geschöpfen. Aber nicht zu Gott. Moralisch gut zu leben, schließt nicht aus, dass man Sünder ist. Sünder zu sein, macht es nicht unmöglich, ein moralisch gutes Leben zu führen. Auch wer nichts von Gott weiß oder wissen will, kann moralisch leben, und wer sich an Gottes Gegenwart ausrichten will, kann moralisch versagen.[11]

Sünde soll laut Dalferth nicht (mehr) als »Aktualisierung einer Möglichkeit« verstanden werden, die zum *Wesen des Menschen* gehört. Sie ist aber eine Möglichkeit irdischer Existenz vor Gott, die sich im Leben von Menschen immer wieder neu aktualisiert. »Sünde ist daher nicht im Rekurs auf das Wesen des Menschen, sondern im Rekurs auf die *conditio*

---

10 Ulrich H. J. Körtner, Dogmatik, Leipzig 2018 (Studienausgabe 2020), 493.
11 Dalferth, Sünde (s. Anm. 1), 424.

humana menschlicher Existenz in der Schöpfung zu bedenken. Sie zeigt sich nicht unter dem Mikroskop oder im Scanner, sondern nur im konkreten Lebensvollzug.«[12] In diesem Sinn ist Augustins Theorem der Erbsünde zu verabschieden. Tatsächlich wird die »Denkfigur eines unvordenklichen Sündenfalls am Anfang der Menschheitsgeschichte (weiterwirkend als fremdverschuldete Erbsünde) oder zu Beginn eines jeden Menschlebens (verstanden als eigenverschuldete Ursünde)« jenseits bibelorthodoxer Kreise in der Theologie kaum noch vertreten.[13] Die Unterscheidung zwischen einst und heute ist nicht der Leitgedanke der Geschichte. Vielmehr geht es um die »Wahrung der Unterscheidung zwischen Schöpfer und Geschöpf. Deshalb geht in 1. Mose 2,16 f. das Verbot Gottes der Übertretung dieses Gebots durch den Menschen in 1. Mose 3,3–7 voraus.«[14]

Aber neigen im konkreten Leben nicht doch alle Menschen zu »Gottesflucht, Unglaube, aversio a Deo«? Ist nicht laut 1. Mose 8,21 das »Dichten und Trachten« des Menschen von Jugend auf böse? Etwas netter gefragt: Wären Erziehung und Bildung nötig und möglich, gäbe es den moralisch einwandfreien Menschen?[15] Gibt es nicht eine »Neigung« zum Tun des Bösen (*concupiscentia*)? Sebastian Kleinschmidt spricht in diesem Zusammenhang von einer Art »angeborenem Atheismus«.[16]

Nun ja, auch wenn sich gewiss kein Gen für Atheismus im Sinne von »Gottesblindheit« finden lassen wird, ist Kleinschmidt zuzustimmen: Menschen neigen dazu zu leben, als ob es Gott nicht gäbe. Und schwer bestreitbar ist auch, dass Kindern eine unmittelbare Egozentrik eigen ist, die sie im Laufe des Erwachsenwerdens kaum jemals für immer zu überwinden lernen. Derlei Beobachtungen haben dazu geführt, Sünde als mit der Schöpfung gegebenes Verhängnis zu verstehen, dem niemand entfliehen kann. Dalferth schreibt: »Mit der Sünde rückt die Wurzel der Unmenschlichkeit der Menschen in den Blick, mit der Überwindung der Sünde der Anfang der Aufdeckung ihrer Menschlichkeit. Alle

---

12 A. a. O., 81.
13 Ingolf U. Dalferth, Sein wie Gott? Über Schlangenverführung und Schöpfungsauftrag im biblischen Menschheitsmythos, in: Theologische Literaturzeitung 148 (2023), 1158.
14 A. a. O., 1160 f.
15 Vgl. Wolfgang Sander in diesem Buch, 109 ff.
16 Sebastian Kleinschmidt, Kleine Theologie des Als ob, München 2023, 67.

Menschen sind Sünder. Alle leben so, als gäbe es Gott nicht.«[17] Die »Signatur der Sünde«[18] ist, dass wir uns genau das nicht eingestehen wollen und *nicht so leben, als ob es Gott gäbe*. Dahinter liegt der Wunsch des Menschen, Gott gleich sein zu wollen – oder wenigstens ähnlich. Das Axiom des Menschen als *imago Dei* (vgl. 1. Mose 1,26 f.; 1. Mose 5,1; Ps 8,6) hat eine lange christliche Tradition, die ihr Recht besitzt, aber die Gefahr der Überhebung in sich trägt, wenn sie nicht mit dem Existenzvollzug des Menschen als Sünder zusammengesehen wird und zudem in Rechnung stellt, dass bei aller Ähnlichkeit erst die Unähnlichkeit zwischen Gott und Mensch den Menschen zum Menschen macht und Gott Gott sein lässt. Wird das Diktum Karl Barths von Gott als dem ganz Anderen übermalt, hören wir Gott nicht mehr, sondern nur noch uns selbst.

Warum ist das so? Warum hat Gott uns nicht so geschaffen, dass wir von uns aus das Gute wollen und die uns geschenkte Freiheit für uns und andere in rechter Weise gebrauchen? Die Theodizee-Problematik wäre ein eigenes Thema, sie kann hier nicht behandelt werden. Hinweisen möchte ich jedoch darauf, dass das gegen ein Marionetten-Dasein des geschaffenen Menschen gerichtete Argument des freien Willens (*free will defense*) samt Leibniz' Erweisversuch, dass die bestmögliche Welt, verkürzt gesprochen, als einzig denkbare die vorfindliche ist, philosophisch wohl einiges für sich hat. Theologisch-soteriologisch liegt das Problem des freien Willens darin, dass Menschen in den meisten Situationen des Lebens ihr Tun und Lassen nicht zu Gott in Beziehung setzen, also gottesblind sind. So gesehen macht uns unsere Existenz zu Sündern, die der Gnade Gottes bedürfen. Diese Gnade gewährt Gott uns im Geschenk des Glaubens. Gott jedoch bleibt uns unverfügbar – mit der Folge, dass der Riss zwischen Glauben und Unglauben durch jeden Menschen geht, gleich ob oder in welchem Sinn er sich als religiös oder areligiös versteht. In meinen Augen ist das weit tröstlicher als der im säkularen Kontext zu findende Sprung von der Theodizee zur Anthropodizee. Beide Theoreme haben eins gemeinsam: Treibt man sie bis zur letzten Konsequenz und ignoriert dabei, dass diese Welt – gerade weil sie ist, wie sie ist – voller Glaube, Hoffnung, Liebe ist (auch wenn die Menschen darin divergieren und darin irren, was sie glauben, worauf sie hoffen und wen sie lieben), blieben nur Gottes- und Weltverneinung. Inso-

---

17 Dalferth, Sünde (s. Anm. 1), 17 f.
18 Ebd.

fern ist die Frage nach Theodizee und Anthropodizee zwar akademisch interessant, existenziell aber unergiebig.

Vor einiger Zeit hielt die ehemalige Pfarrerin der Thomaskirche zu Leipzig Britta Taddiken eine kluge und anrührende Predigt zu Hiob. Sie ging – durchaus verständnisvoll – auf Hiobs Frau ein, die bekanntermaßen der Ansicht ist, dass all das Leid, das ihrem Mann ungerechtfertigterweise widerfährt, mit dem Glauben nicht vereinbar sei. »Sage Gott ab und – stirb«, ruft sie. Doch Hiob nennt das töricht. Er lehnt die Opferrolle ab, hält Sterben für keinen guten Rat und weist die »leichte« Lösung zurück. Denn er sieht sich als Gegenüber zu Gott. Nicht als Gott gleich, sondern als Geschöpf – doch eben als ein solches Geschöpf, das seine Würde von Gott hat. Wäre Hiob dem Rat seiner Frau gefolgt, hätte er *sich und Gott* den Abschied gegeben. Oft wird hingegen anhand der Hiobgeschichte nur darauf hingewiesen, dass hier der Tun-Ergehen-Zusammenhang aufgebrochen und der Moralisierung von Leid als Straffolge falschen Handelns widersprochen wird. Richtig. Nur was gewinnt man, wenn die Schuld für Leid aller Art bei Gott gesucht wird? Die moralistische Deutung wird dann bloß verschoben. Zudem bleibt der Tun-Ergehen-Zusammenhang, wenn auch nicht bei Hiob – individuell *und* kollektiv verstanden – ja durchaus evident (wer raucht, stirbt ggf. früher, wer seine Mitmenschen lieblos behandelt, muss selbst ohne Gegenliebe leben usw.). Hier öffnet sich der Ort für Weisheits- und Tugendlehren aller Art. Nur: Dafür brauche ich nicht Gott. Gott und des Menschen Rechtfertigung vor ihm kommen ins Spiel, wo alle Weisheits- und Tugendlehren versagen. Und das ist sehr, sehr oft der Fall. Wird das ignoriert, bleibt nur liebloser, weil gottloser Moralismus im Namen der Vernunft.

Die Vernunft war das Thema des Renaissance-Humanisten Giovanni Pico della Mirandola. Der junge Graf verfasste 1486 seine berühmte Schrift »Über die Würde des Menschen« (*Oratio de hominis dignitate*). Pico zufolge hat Gott, der höchste Künstler, den Menschen als Geschöpf »unbestimmter Gestalt« in die »Mitte der Welt« gestellt und spricht zu ihm:

> »Wir haben dir keinen festen Wohnsitz gegeben, Adam, kein eigenes Aussehen noch irgendeine besondere Gabe, damit du den Wohnsitz, das Aussehen und die Gaben, die du selbst dir aussiehst, entsprechend deinem Wunsch und Entschluss habest und besitzest. Die Natur der übrigen Geschöpfe ist fest bestimmt und wird innerhalb uns vorgeschriebener Gesetze begrenzt. Du

sollst dir deine ohne jede Einschränkung und Enge, nach deinem Ermessen, dem ich dich anvertraut habe, selber bestimmen. Ich habe dich in die Mitte der Welt gestellt, damit du dich von dort aus bequemer umsehen kannst, was es auf der Welt gibt. Weder haben wir dich himmlisch noch irdisch, weder sterblich noch unsterblich geschaffen, damit du wie dein eigener, in Ehre frei entscheidender, schöpferischer Bildhauer dich selbst zu der Gestalt ausformst, die du bevorzugst. Du kannst zum Niedrigeren, zum Tierischen entarten; du kannst aber auch zum Höheren, zum Göttlichen wiedergeboren werden, wenn deine Seele es beschließt.«[19]

Liest man die Textstelle, hat man sofort Michelangelos Deckenfresko »Die Erschaffung Adams« aus der Sixtinischen Kapelle vor Augen. Gott streckt seinen Zeigefinger hin zu Adams Finger aus, um den Lebensfunken (und göttliche Schaffenskraft?) auf Adam überspringen zu lassen. Sicher hätte Pico nicht gewollt, dass der Mensch dabei Gottes ganze Hand nimmt. Neben seine »Oratio« stellt Pico eine Auslegung der Schöpfungsgeschichte, den sog. »Hepaplus« von 1489. Nach Jörg Lauster vertieft Pico hier die »Idee von der Mittelstellung des Menschen, in dem der Kosmos zur Einheit gelangt«, betont aber auch und noch mehr als in der »Oratio« die Gefahr, diese herausragende Stellung zu verfehlen. Pico widerlege hier »das Klischee, die Renaissancetheologie habe keine oder nur eine sehr unzureichende Idee von der Sünde gehabt«.[20] Pico griffe auf die paulinische Imago-Dei-Christologie zurück: »In Christus erscheint, was mit Menschsein gemeint ist. Gottebenbildlichkeit bedeutet dann, in das verwandelt zu werden, wozu Menschen geschaffen sind. In Christus wurde dies sichtbar.«[21]

Bis hierhin ist Pico zuzustimmen. Wenn er dann aber die »Verwandlung«, wie Lauster schreibt, »als den Aufstieg des Menschen zu Gott« versteht, deren Ziel er unter Aufnahme antiker Motive als »Glückseligkeit« bezeichnet, missversteht er Paulus. Geschaffen ist der Mensch nicht, um zu Gott aufzusteigen oder sich mittels seiner Vernunft zu vergöttlichen, sondern um unter den Geschöpfen als »Repräsentant« Gottes zu wirken. Der verwandelte, also von Christus umfangene Mensch, wird nicht

---

19 Pico della Mirandola, Über die Würde des Menschen. Lateinisch-Deutsch. Übersetzt von Norbert Baumgarten. Hg. und eingeleitet von August Buck, Hamburg 1990. Zitiert nach: Über die Würde des Menschen, hg. und kommentiert von Jörg Lauster (Große Texte der Christenheit, 13), Leipzig 2022, 13 f.

20 A. a. O., 139.

21 A. a. O., 140.

identisch mit dem Schöpfer, sondern bleibt Geschöpf, das auf Gott verweist.

In der Tat haben wir es bei Pico mit einer christlichen Traditionslinie zu tun, der jedoch immer auch vehement widersprochen wurde. Es gibt keinen »Aufstieg des Menschen zu Gott« als geschichtliche Höherentwicklung der »Menschheit«. Pico aber wollte nicht nur Platon und Aristoteles samt den unterschiedlichen Traditionslinien ihres Denkens vereinen, sondern rekurrierte auf einen Einheitsgrund aller Wahrheit, den er philosophisch und theologisch plausibel zu machen suchte. Ein hochfliegender Plan, der immer schon scheiterte und immer scheitern wird. Pico fasste die »Vergöttlichung des Menschen als ein Kultur- und Bildungsprogramm«. Dabei knüpfte er »an große antike und christliche Linien an, die die menschliche Wissensgeschichte als eine fortgesetzte Offenbarungsgeschichte« liest.[22] Und in seiner »Rede über die Würde des Menschen« geht Pico davon aus, »dass sich im Gebrauch der Vernunft das Göttliche in dieser Welt zeigt«. Lauster übernimmt diese Auffassung, wenn er schreibt: »Denn in diesem Gebrauch liegt die göttliche Kraft, die Welt zu verwandeln. Das Vertrauen darauf ist zu allen Zeiten unzeitgemäß, aber es ist eine Überzeugung, die auf den Fundamenten des Christentums ruht.«[23]

Solche Vergöttlichung menschlicher Vernunft ist allerdings weniger dem Christentum als vielmehr dem europäischen Aufklärungsdenken geschuldet. Jesus wollte nicht die Welt verwandeln, sondern sah das

---

22 A. a. O., 167.
23 A. a. O., 169. Allerdings lässt schon der Renaissancedichter Shakespeare seinen Hamlet sagen: »Ich habe seit kurzem – ich weiß nicht, wodurch – alle meine Munterkeit eingebüßt, meine gewohnten Übungen aufgegeben, und es steht in der Tat so übel um meine Gemütslage, daß die Erde, dieser treffliche Bau, mir nur ein kahles Vorgebirge scheint; seht ihr, dieser herrliche Baldachin, die Luft, dies wackre umwölbende Firmament, dies majestätische Dach mit goldnem Feuer ausgelegt: kommt es mir doch nicht anders vor als ein fauler, verpesteter Haufe von Dünsten. Welch ein Meisterwerk ist der Mensch! Wie edel durch Vernunft! Wie unbegrenzt an Fähigkeiten! In Gestalt und Bewegung wie bedeutend und wunderwürdig! Im Handeln wie ähnlich einem Engel! Im Begreifen wie ähnlich einem Gott! Die Zierde der Welt! Das Vorbild der Lebendigen! Und doch, was ist mir diese Quintessenz von Staube?« Vgl. zur Kritik an der Vergöttlichung menschlicher Vernunft(bemühungen) auch: Thomas A. Seidel/Sebastian Kleinschmidt (Hg.), Coram Deo versus Homo Deus. Christliche Humanität statt Selbstvergottung, Leipzig 2021.

Reich Gottes vor sich: »Die Zeit ist erfüllt, und das Reich Gottes ist nahe herbeigekommen. Tut Buße und glaubt an das Evangelium!« (Matthäus 1,15) Egon Flaig zitiert in seinem Beitrag für dieses Buch Blaise Pascal, der zur Idee, die Seligpreisungen als Handlungsanleitung zu nehmen, schrieb: »Tun wir so, als hätten wir nur acht Tage zu leben.«[24] Damit bringt Pascal auf den Punkt, weshalb die Bergpredigt keine politische Handlungsanweisung sein kann, und eine christlich-ethische nur für die, die den apokalyptischen Horizont der jesuanischen Bewegung auf die unmittelbare Gegenwart übertragen.

Auch Paulus ging es nicht um abstrakte Weltenrettung, sondern um den konkreten persönlichen Glauben: Verwandelt wird nicht die Welt, sondern die einzelne Person – jedoch gerade nicht durch den Gebrauch einer göttlichen Vernunft, die nun in des Menschen Besitz übergegangen ist. Bei Paulus, dem Christusmystiker, geht Verwandlung anders: »Ich lebe, doch nun nicht ich, sondern Christus lebt in mir.« (Galater 2,20) »Heil durch Vernunft« hat im Neuen Testament keinen Anhaltspunkt, und den Weisheitstraditionen des Alten Testaments stehen andere Linien wie die prophetische Verkündigung entgegen, vor allem aber ist Weisheit noch etwas anderes als Vernunft. Hingewiesen sei hier nur auf die berühmteste Bibelstelle zum Thema: »Denn das Wort vom Kreuz ist eine Torheit denen, die verloren werden; uns aber, die wir selig werden, ist es Gottes Kraft. [...] Wo sind die Weisen dieser Welt?« (1. Korinther 1,18–31)[25].

---

24 Egon Flaig in diesem Buch, 242.

25 Weil diese Stelle gerade im intellektuellen Diskurs so bedenkenswert ist, zitiere ich hier in voller Länge: »Denn das Wort vom Kreuz ist eine Torheit denen, die verloren werden; uns aber, die wir selig werden, ist es Gottes Kraft. Denn es steht geschrieben (Jesaja 29,14): ›Ich will zunichtemachen die Weisheit der Weisen, und den Verstand der Verständigen will ich verwerfen.‹ Wo sind die Klugen? Wo sind die Schriftgelehrten? Wo sind die Weisen dieser Welt? Hat nicht Gott die Weisheit der Welt zur Torheit gemacht? Denn weil die Welt durch ihre Weisheit Gott in seiner Weisheit nicht erkannte, gefiel es Gott wohl, durch die Torheit der Predigt selig zu machen, die da glauben. Denn die Juden fordern Zeichen und die Griechen fragen nach Weisheit, wir aber predigen Christus, den Gekreuzigten, den Juden ein Ärgernis und den Heiden eine Torheit; denen aber, die berufen sind, Juden und Griechen, predigen wir Christus als Gottes Kraft und Gottes Weisheit. Denn die göttliche Torheit ist weiser, als die Menschen sind, und die göttliche Schwachheit ist stärker, als die Menschen sind. Seht doch, Brüder und Schwestern, auf eure Berufung. Nicht viele

Um aber Pico Gerechtigkeit widerfahren zu lassen, will ich gern zugeben, ein Freund der menschlichen Vernunft zu sein – der theologischen, philosophischen und nicht zuletzt der naturwissenschaftlichen. Die alten weißen Männer Europas und auch so manche Frau haben Großes geleistet. Nur ist eben auch der Irrtum und das vor anderen Gelten-Wollen der menschlichen Vernunft eingeschrieben. Emotionale oder ideologische Vorbehalte tun ein Übriges. In jedem Fall ist es gefährlich, sich als Träger göttlicher Vernunft zu sehen oder – wie im Falle Picos – die eigene Vernunft für etwas Göttliches zu halten. Pico schloss ausgerechnet mit dem radikalen Florentiner Bußprediger Girolamo Savonarola Freundschaft und hob in seinem »Hepaplus« hervor, »dass der im aristotelischen Sinne tätige und nach Savonarola einfache, gottgläubige Mensch als Mikrokosmos nicht nur an allem teilhabe, sondern durch seine Arbeit alles Irdische beherrsche«.[26] Dabei kommt ihm Würde zu, allerdings nur in dem Maße, wie Menschen zum »Himmlischen« streben. Pico starb Ende 1494 mit gerade einmal 31 Jahren, vergiftet durch Arsen, wie Analysen seiner 2007 exhumierten Gebeine erwiesen. Möglicherweise wurde er gerade wegen seiner Freundschaft mit Savonarola, der dem Hause Medici den Kampf angesagt hatte, ermordet. So erlebte er nicht mehr, wie Savonarola 1497 Jugendliche und Kinder »im Namen Christi« alles beschlagnahmen und verbrennen ließ, was er als Symbol für menschliche Verkommenheit deutete: »heidnische« Schriften, Gemälde, Schmuck, Kosmetika, Spiegel, weltliche Musikinstrumente, Spielkarten, teure Möbel und Kleidungsstücke. Im Kampf gegen das Böse zeigt sich hier das »ewige« Muster derer, die meinen, gut und im Besitz zukunftsweisender Vernunft zu sein. In den extremen Auswüchsen woker Identitätspolitik finden sich auch in den westlichen Gesellschaften wieder Ansätze solcher Strategie (vgl. dazu Thomas. A. Seidels

---

Weise nach dem Fleisch, nicht viele Mächtige, nicht viele Vornehme sind berufen. Sondern was töricht ist vor der Welt, das hat Gott erwählt, damit er die Weisen zuschanden mache; und was schwach ist vor der Welt, das hat Gott erwählt, damit er zuschanden mache, was stark ist; und was gering ist vor der Welt und was verachtet ist, das hat Gott erwählt, was nichts ist, damit er zunichtemache, was etwas ist, auf dass sich kein Mensch vor Gott rühme. Durch ihn aber seid ihr in Christus Jesus, der für uns zur Weisheit wurde durch Gott und zur Gerechtigkeit und zur Heiligung und zur Erlösung, auf dass gilt, wie geschrieben steht: ›Wer sich rühmt, der rühme sich des Herrn!«

26 Wikipedia zu Giovanni Pico della Mirandola.

Beitrag in diesem Band). Das »Böse« liegt heute angeblich in gesellschaftlichen Strukturen (Patriarchalismus und Sexismus, Kolonialismus und Rassismus, Kapitalismus und Klassismus) begründet, die den von Natur aus guten Menschen in die Irre führen.

II

Das Ideal des – an sich, weil von Natur aus – guten Menschen scheint das derzeit verbreitetste Missverständnis zu sein. Im Klappentext eines Buches der Londoner Schriftstellerin Sarah Bakewell unter dem Titel »Wie man Mensch wird« las ich den folgenden vollmundigen Satz: »Vor 700 Jahren kam die unverschämte Idee auf, dass der Mensch im Kern gut und frei ist und dass er auf der Suche nach Glück allein mit dem Kompass der Vernunft durch stürmische Zeiten steuern kann.«[27] Gut und frei? Danach sieht unsere Welt nicht gerade aus. Die Zahl der Menschen, die unter autokratischer oder diktatorischer Herrschaft leben müssen oder unter Gesetzlosigkeit und Armut leiden, wird immer größer. Aber auch die Demokratien der westlichen Welt stecken in unzähligen Zwängen und scheinbar unauflösbaren Konfliktlagen, die durch mancherlei Bösewichte verschärft werden. Und was ist mit uns selbst als je einzelnem Individuum? Gut und frei, erfolgreich bei der Suche nach dem Glück? Warum wird dann der Ton in unseren gesellschaftlichen Debatten immer rauer, intoleranter und selbstgerechter?[28]

Der Vater dieser, wie es scheint, unausrottbaren Annahme des von Natur aus guten Menschen ist in der europäischen Moderne Jean-Jacques Rousseau. Seines Erachtens hätten die Menschen im ursprünglichen Naturzustand frei und unabhängig ohne dauerhafte Beziehungen zueinander gelebt, weshalb es auch keine Kriege gegeben habe. Da

---

27 Sarah Bakewell, Wie man Mensch wird. Auf den Spuren der Humanisten. Freies Denken, Neugierde und Glück, München 2023. Bakewell lehnt ihrer – durchaus sympathischen – humanistischen Weltanschauung entsprechend das »Gefühl der Sündhaftigkeit« ebenso wie den »Traum der Transzendenz« ab und »bevorzugt«, wie sie sagt, die »humanistische Konbination aus freiem Denken, Forschung und Hoffnung« (a. a. O., 408). Wie kommt sie auf die Idee, dass beispielsweise Christen nicht frei denken, forschen und hoffen?

28 Es ist inzwischen unübersehbar, dass Andersdenkende immer öfter nicht als »Gegner« im fairen Meinungsstreit, sondern als »Feinde« im Kampf um die alternativlose Wahrheit betrachtet werden.

der moderne vergesellschaftete Mensch in diesen paradiesischen Zustand nicht zurückkehren kann, braucht es gute Gesetze:

> »Es sind die Verhältnisse und nicht die Menschen, die den Krieg begründen, und da der Kriegszustand nicht aus einfachen persönlichen Verhältnissen hervorgehen kann, sondern nur aus Eigentumsverhältnissen, kann es Fehde oder Krieg Mann gegen Mann nicht geben, weder im Naturzustand, wo es kein bleibendes Eigentum gibt, noch im gesellschaftlichen Zustand, wo alles unter der Herrschaft der Gesetze steht.«[29]

Und hier die berühmte Stelle, auf die sich egalitäre Gesellschaftsentwürfe gern beziehen:

> »Der erste, der ein Stück Land eingezäunt hatte und es sich einfallen ließ zu sagen: *dies ist mein* und der Leute fand, die einfältig genug waren, ihm zu glauben, war der Gründer der bürgerlichen Gesellschaft. Wie viele Verbrechen, Kriege, Morde, wie viel Not und Elend und wie viele Schrecken hätte derjenige dem Menschengeschlecht erspart, der die Pfähle herausgerissen oder den Graben zugeschüttet und seinen Mitmenschen zugerufen hätte: ›Hütet euch, auf diesen Betrüger zu hören; ihr seid verloren, wenn ihr vergeßt, daß die Früchte allen gehören und die Erde niemandem.‹«[30]

Rousseau beklagt den gesellschaftlichen Zustand seiner Zeit, in der die Leute nach »Ehre ohne Tugend, Vernunft ohne Weisheit und Vergnügen ohne Glück« strebten, und meint »bewiesen zu haben«, »daß dies nicht der ursprüngliche Zustand des Menschen ist und daß es allein der Geist der Gesellschaft ist und die Ungleichheit, welche sie gebiert, die alle unsere natürlichen Neigungen so verändern und entstellen«[31].

Nun könnte man meinen, es sei leicht zu bestreiten, dass es je den idealen Rousseau'schen Naturzustand gab. Auch die Nachfahren unserer äffischen Vorfahren lebten in Horden, Kleingesellschaften sozusagen, und stritten um Futter, Stöcke (Werkzeuge) und Sexualpartner. Wie man auf die Idee kommt, gegen den Augenschein die »Natur« zu idealisieren, ist schwer erklärbar. Allenfalls damit, dass das essentialistische

---

29 Jean-Jacques Rousseau, Vom Gesellschaftsvertrag oder Grundsätze des Staatsrechts. In Zusammenarbeit mit E. Pietzcker neu übers. und hg. von H. Brockard, Stuttgart 1977, 12.

30 Jean-Jacques Rousseau, Diskurs über die Ungleichheit. Discours sur l'inégalité. Kritische Ausgabe des integralen Textes. Neu ediert, übers. und komment. von H. Meier, Paderborn 1984, zit. nach 6. Aufl. 2008, 173.

31 A. a. O., 271.

Verständnis des an sich »guten« Menschen der narzisstischen Kränkung entgegenwirken soll, die unser oft so gar nicht gutes Handeln erzeugt. Und möglicherweise hängt der gegenwärtige Hype der Idealisierung bzw. Romantisierung von Natur auch mit der Einsicht zusammen, dass ein atheistischer Naturalismus im Sinne von Darwin oder auch Nietzsche (der Mensch als das »nicht festgestellte Thier«) keine Begründung von Ethik und Moral und folglich keine Begründung von Menschenwürde und Menschenrechten ermöglichen. Folglich darf die Natur nicht indifferent oder gar – wie bei Rousseaus Antipoden Hobbes – vom Recht des Stärkeren geprägt, sondern muss wesensmäßig gut sein. In solch einer säkularen Version der Paradiesgeschichte wird die »Natur« vergöttlicht.

Das hat Hanno Sauer, Philosoph und Fürsprecher der Evolutionspsychologie, in seinem für den Deutschen Sachbuchpreis 2023 nominierten Buch »Moral« eigentlich nicht im Sinn. Trotzdem vermutet auch er, dass die Lebensweise der vorgestellten »Urgesellschaft« »bemerkenswert erträglich gewesen sein könnte«. Zwar hätte es »kein Penicillin, keine Zahnheilkunde und keine Taxis« gegeben, aber auch »keine infektiösen Krankheiten, Parodontose oder lästige Termine«. Das Zeitalter der Abspaltung des Menschen von seinen nächstverwandten Primaten und der Entstehung erster komplexer Gesellschaften scheint seines Erachtens »von einem erstaunlichen Grad *politischer, materieller* und *sozialer Gleichheit* geprägt gewesen zu sein«.[32] Sauers Buch hat durchaus viele interessante Aspekte, vor allem zum Ende hin, und der Autor stellt sie auch in Interviews klug dar.[33] Um so unverständlicher ist die Über-

---

32 Hanno Sauer, Moral: Die Erfindung von Gut und Böse. Eine philosophische Geschichte zu moralischen Wertvorstellungen, München 2023, 145 f.
33 Vgl. z. B.: https://www.deutschlandfunk.de/moral-die-erfindung-von-gut-und-boese-interview-hanno-sauer-philosoph-dlf-e8a0e92f-100.html. Sauer ist ein Anhänger Joseph Henrichs, Professor für Kultur, Kognition und Koevolution an der University of British Columbia (https://www.deutschlandfunkkultur.de/moral-werte-menschheit-geschichte-buchmesse-100.html). Henrich hat ein großes Buch geschrieben mit dem schönen Titel: Die seltsamsten Menschen der Welt. Wie der Westen reichlich sonderbar und besonders reich wurde (Berlin 2022). Dessen Kernthese lautet: Die Besonderheiten des westlichen Entwicklungsweges resultieren aus der Zerstörung der umfangreichen Verwandtschaftssysteme durch die christliche (näherhin: weströmisch-katholische) Kirche seit dem 4. Jh. Vgl. dazu die Rezension von Gerhard Wegner in ThLZ 147 (2022), 1018–1020. Dieses Buch ist spannend, auch

nahme der Rousseau'schen und von kommunistischer Ideologie missbrauchten Utopie eines natürlichen Idealzustands. Wo hätte denn bei einer Lebenserwartung von durchschnittlich 30 Jahren Parodontose herkommen sollen, was auch egal gewesen wäre, weil die Zähne dieser Menschen wegen der mit Sand und anderen grobkörnigen Materialien versetzten Nahrung bis dahin eh auf Stümpfe abgeschliffen waren (das weiß man von südamerikanischen Skelettfunden). Und wie kommt man auf die Idee, es habe keine Infektionen gegeben und keine Mütter- und Kindersterblichkeit? Man weiß doch, dass die Fruchtbarkeitsrate »natürlicher« Lebewesen darum so hoch ist, weil nur wenige überleben, wobei Krankheiten das eine sind, gewaltsame Tode der Schwächsten das andere. Und glaubt irgendeiner wirklich, Frauen hätten damals wählen können, anstatt sich dem Stärksten zu ergeben? Ich fürchte, die Menschen der idealisierten Urgesellschaft hatten gute Gründe, sich zu verändern. Wie auch immer, wichtig ist mir festzuhalten: Man kann nicht evolutionsphilosophisch arbeiten und gleichzeitig im Blick auf Moral teleologisch denken wollen. Evolution hat kein Ziel. Ihr Wesen ist Veränderung, die manchmal zu Erfolg, oft aber auch in eine Sackgasse führt. Sauer weiß das, kommunistischer Ideologie steht er eigentlich fern, ebenso sehr wie identitären Mustern aller Schattierungen. Moral jedoch meint er schlicht aus der evolutionär bedingten Kooperationsfähigkeit begründen zu können. Nun ja, darin sind uns Menschen Ameisen und Termiten überlegen. Sünde und Schuld kommen nicht in den Blick. Offenbar ist der Mensch, wie er ist, und die »gute Nachricht« besteht eben darin, dass er zur Kooperation mit seinen Mitmenschen neigt. Dass solche Kooperation zweckgebunden ist und sich gegen andere Gruppen wenden kann, sieht er, hofft hier aber doch auf Fortschritt hin zu universaler Vernunft.

In den evolutionsphilosophischen Rahmen gehören zudem Vorstellungen des sog. Ethischen Naturalismus, wonach das menschliche Leben auch mit seinen ethischen Aspekten als Teil der Natur angesehen wird. Der Hallenser Philosoph Mario Brandhorst beispielsweise will verdeutlichen, dass mit seiner Form des Ethischen Naturalismus die (aus dem Christentum hervorgegangene) Idee der Menschenwürde die mo-

---

wenn ein Theologe Henrich daran erinnern müsste, dass der Ursprung seiner These auf Jesus-Worte in den Evangelien (Mt 12,48–50; Lk 9,57–62) und gleichzeitig, davon gesondert, auf Paulus zurückgeht.

derne atheistische »Vernatürlichung« des Menschen »überstehen« kann.[34] Brandhorst idealisiert Natur nicht, sondern argumentiert im Gegenteil erfreulich nüchtern. Er lehnt alle traditionellen Begründungen für die Menschenwürde ab und bemüht sich von seinem atheistischen Standpunkt aus vor allem um die Dekonstruktion der (ontologischen) Begründungsstrategien von Wilfried Härle[35] und Robert Spaemann[36]. Philosophisch muss man meines Erachtens tatsächlich jede solche Begründung vom Gottesgedanken her als Glaubenssetzung verstehen. Brandhorst nun will auf jegliche Begründung verzichten. Für ihn ist Menschenwürde schlicht »eine ethische Idee, die von Menschen in ihr Leben einbezogen worden ist, und die als solche darauf angewiesen ist, dass wir sie erhalten. Das setzt voraus, dass wir Menschen weiterhin so ansehen *wollen* und konsistent so ansehen *können*, dass sie als Menschen Achtung und Respekt verdienen, dass sie Rechte wie die Menschenrechte haben, dass ihre fundamentalen Interessen als solche schützenswert sind.«[37]

Aber wer ist das »wir«, das hier in Anschlag gebracht wird? Es kann nur das einer bestimmten Gruppe, eines Staates oder einer Staatengemeinschaft sein, die auch die Durchsetzung der Würde und der aus ihr folgenden Rechte garantiert. Von deren globaler Akzeptanz sind wir derzeit weit entfernt und entfernen uns gerade weiter von ihr. Trotzdem oder gerade deshalb sind Bemühungen, das Menschenwürdeaxiom auch atheistisch zu verteidigen, zu begrüßen. Eine Art Glaubenssetzung oder ein Hoffnungsaxiom bleibt es aber auch bei dieser Argumentation, die zudem noch ein ganz anderes Problem hat: Wenn der Mensch ausschließlich naturalistisch verstanden wird, kann »nicht vorausgesetzt werden, dass menschliches Leben an einem kosmischen oder anderen äußeren Maßstab gemessen wichtiger oder wertvoller als anderes Leben wäre«[38]. Wie will man logisch unter dieser Annahme noch von »Men-

---

34 Mario Brandhorst, Ethischer Naturalismus. Ein Plädoyer, Berlin 2023, 20.
35 Wilfried Härle, Würde. Groß vom Menschen denken, München 2010.
36 Robert Spaemann, Der Begriff der Menschenwürde, in: Menschenrechte und Menschenwürde. Historische Voraussetzungen – säkulare Gestalt – christliches Verständnis, hg. von E.-W. Böckenförde und R. Spaemann, Stuttgart 1987, 295–313.
37 Brandhorst, Ethischer Naturalismus (s. Anm. 26), 457.
38 Ebd. Hier berühren sich Naturalismus und ein Posthumanismus, der die besondere Stellung des Menschen negiert und ihn als eine unter vielen natürlichen Arten dar-

schenwürde« sprechen? Bleibt da nicht nur eine allgemeine »Naturwürde« übrig? Wer aber ist dann für die unter dieser Maßgabe nötige Triage zuständig? Sterben Viren oder Menschen, Pflanzen- oder Fleischfresser, Schafe oder Gräser? Bis jetzt kennen wir nur Menschen als Wesen, die Moral- und damit Würdevorstellungen (für sich) ausbilden und über sie (durchaus eigennützig) entscheiden. Wo kommt da plötzlich ein »kosmischer oder anderer äußerer Maßstab« her? Hier wird unter der Hand doch eine Art göttliche Größe eingeführt. Davon abgesehen halte ich es aber für richtig, den Menschen und seine Kultur *auch* als Teil der Natur zu verstehen (dem entspricht u. a. die biblische Schöpfungsgeschichte). Problematisch hingegen ist es, die Sonderstellung des Menschen als selbstbewusstes und moralisches Wesen einzuebnen. Der Hallenser Systematische Theologe Dirk Evers stellt in diesem Band heraus, dass es in christlicher Perspektive darum gehen müsse, »einen erneuerten Umgang mit der Natur jenseits von anti-intellektualistischer Natur-Romantik und naturalistischem Determinismus einzuüben und darüber dann auch neue Perspektiven einer gelassen-zuversichtlichen Selbstbestimmung und eines auf wechselseitige Lebensförderung ausgerichteten Miteinanders zu gewinnen« (Natur und Kultur, 27/28).

Auch unter dieser Perspektive ist Brandhorst jedoch darin zuzustimmen, dass die ethischen Institutionen des menschlichen Lebens zutiefst kontingent sind. »Die Normen und Werte, die es tragen, haben keinen objektiven Halt, der von dieser Lebensweise, diesem kontingenten Standpunkt, unabhängig ist. Doch das zwingt uns keineswegs, diese Lebensweise, diesen Standpunkt aufzugeben oder uns des Urteils zu enthalten, wenn es um ethische Streitfragen geht.«[39] Gerade Christen sollten sich ihres Urteils als Christen nicht enthalten. Nicht, wenn es um

---

stellt, ohne dem Menschen ethisch einen Vorrang einzuräumen. Hinzuweisen ist an dieser Stelle auf den Münchner Philosophen Jörg Noller, der die naturalistische Position ebenso ablehnt wie die transhumanistische, auf die wir unten noch zu sprechen kommen. Er schreibt: »Vollziehen wir die begriffliche Unterscheidung von erster, vorgefundener Natur und zweiter, hergestellter Natur bzw. Kultur ..., so erkennen wir, dass ein Hybrid entsteht, welches weder auf die erste noch auf die zweite Natur reduziert werden kann. Dieses Hybrid soll ... mit dem Begriff der ›dritten Natur‹ gefasst und auf seine ethischen Implikationen hin befragt werden.« (Jörg Noller, Ethik des Anthropozäns. Überlegungen zur dritten Natur, Basel 2023, 10)

39 A. a. O., 23.

ethische Streitfragen geht, und nicht, wenn es um ihren Glauben geht. Jesu geistiges Schwert (Matthäus 10,34-39) werden wir nicht wegwerfen können. Allerdings sollten wir es mit Vorsicht führen – mit Respekt vor Andersdenkenden und in Barmherzigkeit, gemäß dem paulinischen Diktum: »Hier ist nicht Jude noch Grieche, hier ist nicht Sklave noch Freier, hier ist nicht Mann noch Frau; denn ihr seid allesamt einer in Christus Jesus.« (Galater 3,28) Sicher: Es hat gedauert, bis sich diese Idee über die recht junge Setzung der Menschenwürde wenigstens in der westlichen Welt mit ihrer christlichen Tradition menschenrechtlich verfestigt hat. Das ist das Problem universaler Ideen. Sollen sie in »Rechte« übersetzt werden, bedürfen sie, da sich Menschen verlässlich als Sünder erweisen, einer »Gewalt«, die sie durchsetzt und erhält. Jede rechtserhaltende Gewalt steht aber selbst immer in der Gefahr, korrumpiert zu werden.

Dem Mainstream säkularer Versuche, die Welt zu heilen oder sie wenigstens hoffnungsfroh zu beschreiben, stehen Tendenzen gegenüber, jedwedes humanistisch-personale Menschenbild zu verabschieden. So hielt der amerikanische Behaviorist Burrhus Frederic Skinner den Glauben an einen freien Willen und moralische Autonomie für vorwissenschaftlich und war der Auffassung, dass die Zuschreibung von persönlicher Verantwortung und Würde den wissenschaftlichen Fortschritt behindere. Durch bestimmte Sozialtechnologien wollte er menschliches Verhalten konditionieren, um eine »glückliche« Gesellschaft ohne Überbevölkerung und Kriege zu schaffen.[40] Fühlt man sich hier an das chinesische Modell erinnert? In der westlichen Welt macht inzwischen vor allem der sog. Trans- bzw. Posthumanismus von sich reden. Dem US-amerikanischen Computerpionier und Futurologen Raymond Kurzweil zufolge übertritt die Mensch-Maschine bald die Schwelle zur Unsterblichkeit. Hier wird endgültig die Vergöttlichung des Menschen propagiert, freilich unter Auflösung des Menschlichen. Auch der israelische Historiker Yuval Noah Harari geht davon aus, dass der Mensch als Summe seiner Daten zu verstehen ist. Das ist derart reduktionistisch, dass man gern an Platon zurückdenkt, der wusste, dass der Mensch mehr ist als die Summe seiner natürlichen Teile und Prozesse. Harari hält nicht nur den Gottesglauben für eine Fiktion, »sondern ebenso den Humanismus, der nach seinem Verständnis den

---

40 Vgl. dazu Thomas Fuchs, Verteidigung des Menschen. Grundfragen einer verkörperten Anthropologie, 5. Aufl. Berlin 2022 ([1]2020), 8.

Glauben an Gott durch den Glauben an den Menschen ersetzt«.[41] Die Schöpfermacht, die erst Gott und dann dem Menschen zuerkannt wurde, wird nun auf Algorithmen übertragen, die als solche völlig sinnfrei gedacht werden. Aber natürlich gibt es noch eine menschliche Elite, die die Algorithmen versteht und machtförmig nutzt. Letztlich kommt es bei diesem Ansatz nicht zu einem evolutionären Wandel vom Homo sapiens zum Homo deus, sondern zu einer Spaltung der Menschheit in optimierte Übermenschen als unsterbliche Singularitäten im Sinne Kurzweils und die Masse der Bevölkerung, die eigentlich nicht mehr gebraucht wird.[42] Im Gefolge dieser dystopischen Perspektive resümiert Huber:

> »Um der Humanität willen ist es wichtig, dass die Unterscheidung zwischen Gott und Mensch nicht nur vorausgesetzt, sondern auch lebensweltlich dargestellt und erfahrbar wird. Das ist die Aufgabe der Religion, in besonderer Weise die Aufgabe christlicher Kirchen. Dass Gott Mensch wurde, ist für sie der Dreh- und Angelpunkt für das Nachdenken über den Unterschied zwischen Gott und Mensch. Der Verzicht auf äußere Macht, für den Christus nach einem frühchristlichen, im Neuen Testament aufbewahrten Hymnus steht (Philipper 2, 6–11), zeigt gerade, dass dieser Unterschied sich nicht nur in der überlegenen Macht Gottes, sondern in seiner barmherzigen Liebe zeigt. [...] Die Unterscheidung zwischen Gott und Mensch und mit ihr die elementaren Bedingungen für Kooperation und Konvivenz unter den Menschen neu ins Bewusstsein zu heben, ist deshalb die entscheidende Alternative zum Ausrufen einer neuen Gattung Homo deus. Es könnte ja sein, dass genau diese Gattung eine Fiktion ist.«[43]

III

Was die vorgestellten anthropologischen Konzeptionen verbindet, ist ein sonderbarer Reduktionismus. Die Emotionalität des Menschen kommt kaum in den Blick, und wenn doch, wie bei Sauer, dann meist in problematischen Zusammenhängen. Von Glaube, Hoffnung, Liebe fehlt

---

41 Wolfgang Huber, Menschwerdung Gottes – Gottwerdung des Menschen, Vortrag auf dem 4. PaulinerFORUM, Leipzig 24. Mai 2022 (https://www.theol.uni-leipzig.de/fakultaet/newsportal/newsdetail/artikel/das-video-des-diesjaehrgen-paulinerforums-ist-online-2022-08-08). Huber bezieht sich hier vor allem auf Hararis Buch »Home Deus. Eine Geschichte von Morgen«, München 2017.
42 Vgl. Huber, ebd.
43 Ebd.

jede Spur. Das verwundert nicht wirklich, denn das, was den Menschen zum Menschen macht, bedarf natürlich biologischer, chemischer und physikalischer materialer Grundlagen, doch Moral und Ethik, Gut und Böse, Schuld und Vergebung kommt man damit nicht bei. Und auch nicht dem Problem, dass des Menschen Vernunft im Guten wie im Schlechten emotional basiert ist. Wenden wir uns also lieber einem ultimativen Kontrastprogramm zu. Das findet sich für Evangelische nach wie vor bei Martin Luther, der den Menschen, wie der Theologe und Lyriker Christian Lehnert hervorhebt, als *animal rationale* und *cor fingens* beschreibt – als Wesen mit Vernunft und einem Herzen, das sich alles Mögliche und Unmögliche vorstellt, das dichtet und erfindet, das das Mögliche im Unmöglichen sucht.[44] Gleichzeitig jedoch erläutert Luther in seiner gegen Erasmus gerichteten Schrift »Über die Kräfte und den Willen des Menschen ohne Gnade«: »Der Wille des Menschen, ohne die Gnade, ist nicht frei, sondern dient als Knecht, freilich nicht wider Willen.« Und: »Wenn der Mensch tut, wozu er in der Lage ist, sündigt er, da er aus sich selbst [Gutes] weder wollen noch denken kann.«[45]

Der Augustinermönch Luther folgt hier Augustins Beschreibung der Wirklichkeit menschlichen Lebens, das geprägt ist von der »Unmöglichkeit, nicht zu sündigen«. Die »Unmöglichkeit zu sündigen« ist dem Eschaton vorbehalten. In »De servo arbitrio« (Vom unfreien Willen) konkretisiert Luther gegen Erasmus[46] die »Unmöglichkeit, nicht zu sündigen« dergestalt, dass nicht einmal des Menschen Wille im Hinblick auf

---

44 Christian Lehnert, Ins Innere hinaus. Von den Engeln und Mächten, Berlin 2020, 140.

45 Martin Luther, Quaestio de viribus et voluntate hominis sine gratia disputata/Disputationsfrage über die Kräfte und den Willen des Menschen ohne Gnade (1516), in: Martin Luther, Lateinisch-Deutsche Studienausgabe Bd. 1, hg. und eingel. von W. Härle unter Mitarbeit von M. Beyer, 9.

46 Martin Luther, De servo arbitrio/Vom unfreien Willensvermögen (1525), in: A. a. O., 247: »Du schreibst aber eben den Christen vor, waghalsige Täter zu werden, und empfiehlst ihnen, bei der Bereitung des ewigen Heils keine Sorge darauf zu verwenden, was sie können und was nicht. Das ist wahrlich eine ganz unvergebbare Sünde. Sie werden nämlich nicht wissen, was sie tun sollen, weil sie nicht wissen, was und wie viel sie vermögen. Wenn sie aber nicht wissen, was sie tun sollen, dann können sie keine Buße tun in dem Fall, dass sie in die Irre gehen. Unbußfertigkeit aber ist eine unvergebbare Sünde. Und dahin führt uns diese deine maßvolle skeptische Theologie! – Also ist es für einen Christen nicht unfromm, vorwitzig oder überflüs-

Sünde und Gnade frei ist. Sünde ist Unglaube, und da der Mensch nicht nicht sündigen kann, kann er noch nicht einmal glauben *wollen*, geschweige denn, sich aus freiem Willen zum Glauben bestimmen. Das ist die schlichte Pointe von Luthers vielfach bestrittener und missverstandener Schrift. Alles, gerade der Glaube, hängt an Gottes Gnade. Theologie muss also den Menschen in seiner Beziehung zu Gott thematisieren – genauer: als Sünder und Geschöpf. Dabei hat sie ernst zu nehmen, dass nur Gott den Sünder dazu bringen kann, das sein zu wollen und zu werden, wozu er als Geschöpf bestimmt ist.[47]

Interessant ist, wie wenig sich die Debattenlage seit Luther geändert hat. Dalferth erklärt, wie Luther zu seinem radikalen Umbau der scholastischen Sündenkonzeption kommt: indem er »die ganze Sündenthematik auf den Unglauben als Wurzelsünde konzentriert«. »Weil er das *peccatum radicale* (Wurzelsünde) mit dem *peccatum originale* (Ursünde) gleichsetzt, ist für Luther keine der Anti-Tugenden, also weder die Hoffart oder *superbia* (wie in Sirach 10,15) noch die Geldgier oder *cupiditas* (wie 1. Timotheus 6,10), die Wurzelsünde, sondern der Unglaube, der manifestiert, dass die Menschen in einer falschen Beziehung zu Gott leben.«[48] Dadurch kommt es zu einer »nichtmoralischen« Fassung des Sündenbegriffs, die schon zu Luthers Zeit als anstößig empfunden wurde. Erasmus und den Humanisten ging es mehr um Moral als um Glauben. Wenn sich der Mensch, dem die göttliche Gnade eigentlich als gottebenbildliches Geschöpf inhärent sein müsste, doch nicht als sonderlich gut erwies, wurde hart gestraft. Aber auch unter den Reformatoren hielt sich teils ein moralistisches Missverständnis der Sünde, wie die kurze Herrschaft Savonarolas und die längere Calvins zeigen.

Calvin stellt zwar auch den Zusammenhang von Sünde und Unglauben her,[49] aber Unglaube bedeutet nicht so sehr mangelndes Ver-

---

sig, im Gegenteil vor allem heilsam und notwendig zu wissen, ob der Wille etwas oder nichts vermag in den Dingen, die sich auf das Heil beziehen. Dass du es nur weißt: Genau hier liegt der Dreh- und Angelpunkt unserer Disputation, um genau diesen Punkt dreht sich die Angelegenheit. Es geht uns doch um die Frage, was denn nun das freie Willensvermögen kann, was es an sich geschehen lässt, wie es sich zur Gnade Gottes verhält.«

47 Vgl. Dazu Dalferth, Sünde (s. Anm. 1), 179.
48 A. a. O., 181.
49 Vgl. Calvin, Inst. II,7,8.

trauen Gott gegenüber, verstanden als existentielle Grundhaltung, als vielmehr den konkreten Ungehorsam gegenüber Gottes Gebot. Damit steht er Luthers Entmoralisierung des Sündenbegriffs entgegen. Die menschliche Natur gilt als sündig, noch vor jeder konkreten Tat, und kann darum nur durch Gottes Gnade erlöst werden. Wo der Baum dann aber doch – wirklich oder nur scheinbar – schlechte Frucht bringt, fehlt erweislich die Gnade. Diese Denkweise hat der lebensweltlichen Moralisierung bis in die jüngste Vergangenheit enorm Vorschub geleistet.

Heute lässt man zwar in nichtchristlichen Bezügen die Gnade weg und erklärt den Menschen gleich als eigentlich gut und frei, wird aber – wie zu Calvins Zeiten – recht unduldsam, wo Menschen dann doch nicht als »gut« wahrgenommen werden. Auch heute zeigen sich Menschen weder immer als gut und frei, noch herrscht Einigkeit darüber, was überhaupt als gut und frei zu gelten hat. Wie vor 500 Jahren soll das die Vernunft erweisen. Selbst im christlichen Bereich: »Es bedarf der Klarheit der Vernunft, um Religion zu zähmen und aus ihr eine humane Kraft zu machen.«[50] Nur: Wer bestimmt, was »vernünftig« ist? Haben wir uns im Namen vernünftigen Handelns nicht alle schon geirrt? Bis hin zur vollkommen gescheiterten deutschen Russlandpolitik sind die eklatanten Beispiele Legion. In diesem Jahr wird des 20. Todestages von Dorothee Sölle gedacht. Sölle verglich amerikanische Richter mit den Nazis und hätte am liebsten die US-Flagge verbrannt. Sie kritisierte in den 1980er Jahren scharf, dass Westdeutschland ein von den USA besetztes Land ohne Friedensvertrag sei, hielt den Kommunismus für die Zukunft und wendete sich gegen die Wiedervereinigung.[51] Ihre Motivation war der unbedingte Wille, die Welt besser zu machen. Sie spielt mit der Tod-Gottes-Theologie und verortet »Heil« ganz im Irdischen. Theologie wird in Ethik aufgelöst und Rechtfertigung hat nichts mehr mit Sünde und Gnade zu tun, sondern nur noch mit dem persönlichen Kampf für soziale Gerechtigkeit bzw. das, was man dafür hält. Körtner beschreibt treffend die Hintergründe dieser Entwicklung:

> Die Ethisierung der Theologie seit der Aufklärung, d. h. die Transformation dogmatischer in ethische Gehalte ist sowohl eine Folge wie auch eine Ursache der heutigen Verständnisschwierigkeiten gegenüber der klassischen Rechtfer-

---

50 Jörg Lauster, Der ewige Protest. Reformation als Prinzip, München 2017, 33.
51 Konstantin Sacher, Dorothee Sölle auf der Spur. Annäherung an eine Ikone des Protestantismus, Leipzig 2023, 46.136.

tigungslehre. Die Ethisierung der Theologie im Neuprotestantismus ist nicht zuletzt eine Reaktion auf die Fragwürdigkeit der Eschatologie in der Moderne. Hier schließt sich der Kreis: Mit dem Verblassen des in der Reformationszeit durch die spätmittelalterliche Buß- und Beichtpraxis allgegenwärtigen Gerichtsgedankens hat die Frage nach dem gnädigen Gott ebenso wie diejenige nach dem ewigen Heil zunehmend ihre Bedeutung eingebüßt. An die Stelle der Frage nach dem Heil als unverfügbarem Geschenk Gottes ist diejenige nach dem machbaren Heil getreten. Im Zuge des Glaubens an die Herstellbarkeit des Heils aber ist mit der überkommenen Heilserwartung auch die Rede von Gott problematisch geworden.«[52]

In der Tat: Gott steht zur Disposition. Und die Hoffnung auf ihn und seine Gnade, die alles neu machen wird, kann nicht bewiesen werden, wenn Gott Gott bleiben soll. Keinesfalls ist er der »Lückenbüßer« für das, was wir (noch) nicht erklären können. Es stehen sich nicht »Geist« und »Materie« oder »Kultur« und »Natur« kontradiktorisch gegenüber, weshalb das Weltlich-Leibliche auch nicht einfach als Durchgangsstadium gesehen werden kann wie unter dem Einfluss Platonischer Metaphysik. Dort galt der Leib als bloße Hülle der Seele, die den eigentlichen Gottesfunken birgt und nach dem Tod zu Gott zurückkehrt. Diese Vorstellung hat eine lange Tradition im Christentum. Abgelöst wurde sie durch Vorstellungen des Deutschen Idealismus, wonach ein wie auch immer gestalteter Weltgeist teleologisch auf den Menschen und seine Geschichte einwirkt, bis die Welt vollendet ist. Auch hier wird des Menschen Seele als unbedingte Einheit des denkenden Subjekts rein geistig vorgestellt. Inzwischen tritt das rein Geistige zurück, das Leibliche hat Konjunktur.[53] Doch auch die Idee des Vorrangs der Leiblichkeit wird nicht das Ende der Ideengeschichte sein, spätestens dann nicht, wenn wir wieder stärker der extremen Verletzlichkeit des Leibes gewahr werden, weil unsere Gesellschaft an Wohlstand verliert. Christen können dieser Debatte gelassen folgen, wenn sie sich an Paulus halten. »Es wird gesät ein natürlicher Leib und wird auferstehen ein geistlicher Leib.« (1. Korinther 15,44) Bei Paulus gibt es keine Trennung von Leib (Körper) und Seele (Geist/Selbstbewusstsein/Psyche), sondern der menschliche Leib, der für die individuelle Person steht, will von Christus umfangen werden, über den Gottes Geist schon im irdischen Leben in uns wirkt. Aber wir neigen dazu, dieses Wirken nicht wahrzunehmen oder es gar

---

52 Körtner, Dogmatik (s. Anm. 10), 490.
53 Vgl. Huizing, Lebenslehre (s. Anm. 1), 236 ff.

abzuwehren. Der pneumatische Leib der Auferweckung ist dann bei Paulus die endgültig zurechtgebrachte individuelle Person, die nun in die vollkommene Einheit mit Gott aufgehoben ist. Bis dahin geht der Mensch seinen manchmal langen, immer aber mehr oder weniger mühsamen Weg zwischen Glauben und Unglauben, Freiheit und fataler Abhängigkeit, Ernstnahme und Missachtung seiner Bestimmung zur Menschlichkeit, die die Unterscheidung zwischen Schöpfer und Geschöpf voraussetzt.

Diese Unterscheidung zwischen Schöpfer und Geschöpf ist aber nicht ohne das Ernstnehmen des Menschen als Sünder zu haben. Und im Christentum hängt damit auch die Einsicht in die Endlichkeit des Menschen zusammen. Zwar ist die mythologische Vorstellung des Todes als Strafe Gottes für den Sündenfall Adams und Evas überholt. Die Endlichkeit jedes einzelnen Lebens ist nach den Gesetzen der Natur geradezu die Voraussetzung für Leben überhaupt. Dennoch bleibt die paulinische Rede vom Tod als der Sünde Sold in gewisser Weise im Recht (Römer 6,23). Denn der Mensch neigt zur Sünde, deren klarster Ausdruck – von den gottgleichen Pharaonen bis zu unseren Transhumanisten – darin besteht, sich an die Stelle Gottes setzen zu wollen. Dem setzt Gott die heilsame Ordnung der Unterscheidung zwischen ewigem Schöpfer und sterblichem Geschöpf entgegen. Und so ist Endlichkeit kein Übel, sondern die dem Menschen entsprechende Weise, »mit dem Wissen um den Unterschied zwischen Gut und Böse in der Folge der Geschlechter in Bezug auf Gottes Unendlichkeit als Geschöpf mit dem Schöpfer zu leben«[54].

Wie auch immer das Sündertheorem in der Tradition im Einzelnen interpretiert wurde, durchweg gilt »Sünde als eine menschliche Haltung, Handlung, Tat oder Tätigkeit, die sich gegen Gott und/oder die eigene Lebensbestimmung als Gottes Geschöpf richtet. [...] Das kann konkret verschiedene Formen annehmen, aber sie alle haben eine Gemeinsamkeit: Sie problematisieren die Grundunterscheidung zwischen Schöpfer und Geschöpf, weil der Mensch wie Gott oder ohne Gott sein will und damit so oder so in Frage stellt, dass er Geschöpf ist und Gott sein Schöpfer. Sünder kennen keinen Schöpfer und keine Schöpfung. Sie leben gottlos.«[55] Weil das so ist, erfährt bzw. erlebt sich der Sünder nicht

---

54 Dalferth, Sein wie Gott? (s. Anm. 13), 1161.
55 Dalferth, Sünde (s. Anm. 1), 177.

als Sünder. Allenfalls regt sich unser Gewissen gelegentlich angesichts einer konkreten Schuld. Darum ist in christlichen Kreisen heutzutage der Rat verbreitet, nur noch von »Schuld« statt von Sünde zu reden. Das würden die säkularen Zeitgenossen eher verstehen. In der Tat ist Schuld oft der personal fassbare Ausdruck von Sünde. Zu bedenken ist jedoch: Mit dem Schuldbegriff hängt Strafe zusammen, mit dem Sündenbegriff aber – richtig verstanden – Vergebung. Auf der anderen Seite eignet Schuld – sowohl individuell als auch im Gemeinschaftszusammenhang – oft auch der Charakter des Verhängnisses und der Tragik. Und ganz und gar nicht jeder Schuldige – also einer, der gegen berechtigte Moral- und Rechtsnormen verstößt –, versteht sich als schuldhaft. Schuld betrifft, was Menschen sich und anderen antun. Manchmal sehen sie es ein und ändern sich sogar, oft aber auch nicht. Gerade die Tatsache, dass die meisten Menschen nicht in einem vordergründigen Sinn schuldig werden und wenn doch, sich gern mit den »Verhältnissen« *entschuldigen* oder *von anderen entschuldigt werden*, führt ja psychologisch dazu, dass sie sich als im Wesentlichen für »gut« halten. Zumal wenn sie sich als moralisch hochstehende Personen um das Wohl ihrer Nächsten und Fernsten bemühen.

So gesehen stimmt es nicht, wenn Huizing Sünde als »zurechenbare Schuld« definiert.[56] Zurechenbare Schuld kann Folge von eigener und/oder fremder Sünde sein. Aber Menschen können auch Sünder sein und den Platz Gottes okkupieren wollen, ohne dass es zu »zurechenbarer« Schuld kommt. Das Ausweichen auf den Schuldbegriff unter Verzicht auf den Terminus Sünde funktioniert in vielerlei Hinsicht nicht. Theologisch wird damit eine entscheidende Differenz zwischen Schuld und Sünde eingezogen: »Vor Gott ist das, was wir uns gegenseitig zufügen und was wir uns selbst antun, Sünde, weil und insofern es uns für Gottes Gegenwart blind macht. Sünde hat in der falschen Beziehung zur Beziehung des Schöpfers zu uns ihren Ort, nicht primär in den Beziehungen zu anderen und zu uns selbst.«[57] Um diese Beziehungen geht es bei Schuld, um die Gottesbeziehung bei Sünde. Schuld können Menschen einander vergeben, Sünde vergibt nur Gott. Eingefangen werden kann diese Differenz allenfalls christologisch: »Wahrlich ich sage euch: Was ihr getan habt einem von diesen meinen geringsten Brüdern, das habt

---

56 Huizing, Lebenslehre (s. anm. 2), 120.
57 Dalferth, Sünde (s. Anm. 1), 358.

ihr mir getan.« (Matthäus 25,40) Unter dieser Prämisse kann Vergebung durch Gott mit der Vergebung der Menschen untereinander verschränkt werden, wobei die Vergebung durch Gott das Erste ist. Darum beten wir im Vaterunser: »Und vergib uns unsere Schuld, wie auch wir vergeben unseren Schuldigern.«

Deutlich geworden sein dürfte, dass die Rede von dem Menschen als Sünder gerade nicht einzelne Menschen im Vergleich mit anderen als moralische Übeltäter beschreibt. »*Sündenrede ist keine beschreibende Rede auf der Basis vergleichender Erfahrungen, sondern eine lebensorientierende Bestimmung für ein Leben im Glauben:* Sie bestimmt den Menschen in seiner Beziehung zu Gott als einen, der von Gottes Gegenwart und Zuwendung lebt, auch wenn er das ignoriert, bestreitet oder bekämpft. *Sünder sind Menschen, die ohne Gott nicht leben können* – nicht: die wissen, dass sie ohne Gott nicht leben können! – *und die von Gottes freier und ungeschuldeter Zuwendung leben,* auch wenn sie das ignorieren. Nur wem das deutlich geworden ist, hat Grund und Anlass, sich und andere als Sünder zu bezeichnen.«[58] In der Tat: Wem das deutlich geworden ist, der versteht auch, warum die Aufdeckung der Sünde zur Erkenntnis führt, was menschlich zu leben bedeutet: »*Menschlich lebt, wer sich selbst und alle anderen als diejenigen kennt und behandelt, die mehr sind, als sie erscheinen,* weil in ihnen und durch sie Gott am Werk ist.«[59] Voraussetzung dafür ist, was sich nicht säkularisieren lässt: die vergebende Rechtfertigung des Sünders, die den Menschen nicht klein, sondern groß macht, eben wahrhaft menschlich.

Zur Menschlichkeit des Menschen haben die evolutionsphilosophischen Perspektiven nichts zu sagen, geschweige denn der posthumanistische Ansatz. Aber auch die humanistisch-aufklärerische Perspektive auf den Menschen und in ihrem Gefolge die moralistisch-weltverbessernde haben nicht das Menschlichsein des Menschen befördert, sondern oft genug seine Unmenschlichkeit. Im Zusammenhang damit stand immer der Versuch, das Geschöpfsein des Menschen und damit den Unterschied zwischen Schöpfer und Geschöpf zu negieren. Das aber ist Sünde, verstanden als Unglaube. In der Perspektive des Ethischen Naturalismus wird erst einmal bescheiden vom Menschen gedacht und

---

58 A. a. O., 171 (Kursivierung A. W.).
59 A. a. O., 408 (Kursivierung A. W).

moralistische Überhöhung vermieden, letztlich aber die Natur an die Stelle Gottes gesetzt. Die transhumanistische Perspektive minimiert ebenfalls den Moralismus, sieht aber gerade in der Überwindung der Menschlichkeit des Menschen die Zukunft und proklamiert einen algorithmisch gesteuerten und selbststeuernden emotionsfreien amoralischen Übermenschen, in dem der Unterschied zwischen Schöpfer und Geschöpf durch die Unsterblichkeit der Mensch-Maschine verschwindet. Das Wesen dieses Götzen bzw. Dämons wäre das gerade Gegenteil von Liebe – also das Gegenteil des christlichen Gottes. Wer bitte möchte angesichts dieser Perspektive nicht sehr viel lieber glauben, dass der wahre Gott uns Menschen geschaffen hat, weil er will, dass es Glaube, Hoffnung, Liebe in seinem Universum gibt?

Sünde und Schuld verdunkeln diese Trias der wahren Menschlichkeit, heben sie aber in keinem Augenblick der Weltgeschichte auf. Selbst wenn die Erde unterginge – weder die Bibel noch die Naturwissenschaft gehen vom ewigen Fortbestand unseres Planeten aus –, blieben Glaube, Hoffnung und Liebe der Menschen, die sie bevölkern, mit ihnen in Gott bewahrt. Und gewiss setzte er Glaube, Liebe, Hoffnung anderswo im Universum in neue zeit-räumliche leibhafte Existenz. Doch lassen wir die Spekulation. Dem Glaubenden genügt zu wissen, dass letztlich alle Dinge »von Gott und durch ihn und zu ihm« sind (Römer 11,36). Allerdings muss der Glaubende das auch vertreten, anstatt reduktionistische Ethikansätze säkularer Provenienz, die dem spezifisch Menschlichen nicht gerecht werden, zu übernehmen. Die Einsicht, dass Sünde zur *conditio humana* gehört, und ich Sünder bin, ist notwendig, um die Not zu wenden, die mit der Sünde einhergeht.

DIE BILDUNG DES MENSCHEN UND DER BEITRAG DES CHRISTENTUMS

Wolfgang Sander

Der Mensch ist ein bildsames Wesen. Das gehört zu den Merkmalen, die ihn von den Tieren unterscheiden. Viele Tiere sind lernfähig und müssen für ihr Überleben von älteren Tieren lernen, manche Tiere können von Menschen planvoll erzogen werden. Aber das, was wir traditionell mit dem Begriff der Bildung bezeichnen, gibt es nur bei Menschen. Bildung steht in einem engen Zusammenhang mit Kultur im weitesten Sinn. Damit ist zugleich gesagt, dass Bildung zu verschiedenen Zeiten und an verschiedenen Orten, geographischen und sozialen, in unterschiedlicher Weise ausgeprägt sein kann. Mehr noch: Ob und inwieweit Bildung möglich ist und für wen, ob sie bewusst gefördert oder gerade gezielt be- und verhindert wird, kann sich in und zwischen menschlichen Gesellschaften stark unterscheiden.

In diesem Beitrag richtet sich der Blick vorrangig auf Bildung im Kontext der deutschen und europäischen Geschichte und Gegenwart.[1] Seine Kernthese ist: Die Idee der Bildung ist in der europäischen Kultur wesentlich durch christliche Impulse geprägt worden. Sie hat in den letzten Jahrzehnten an Relevanz verloren und bedarf einer Erneuerung, für die wiederum ein Rückbezug auf die christliche Tradition eine Schlüsselressource darstellt.

I SOZIALISATION, ERZIEHUNG, BILDUNG –
EINE ERSTE BEGRIFFLICHE ANNÄHRUNG

Menschen sind entwicklungsoffen. In viel höherem Maße als Tiere sind Menschen trotz ihrer genetisch jeweils von Geburt an »mitgebrachten« Eigenschaften in der Lage, in ganz unterschiedlichen sozialen Umge-

---

[1] Dieser Beitrag basiert zu großen Teilen auf Überlegungen in diesen beiden Büchern: Wolfgang Sander, Bildung – ein kulturelles Erbe für Weltgesellschaft, Frank-

bungen aufzuwachsen. »Von seiner natürlichen Ausstattung her ist der Mensch nicht auf eine bestimmte Umwelt, auf vorgegebene Verhaltensmuster oder Instinkte festgelegt, erst recht nicht auf eine bestimmte Sprache, Weltsicht oder einen speziellen ästhetischen Geschmack.«[2] Die Kehrseite dieser Entwicklungsoffenheit ist die Abhängigkeit alle neugeborenen Kinder von einem für sie unterstützenden und fördernden sozialen Umfeld, ohne das sie nicht einmal überlebensfähig sind.

Der Begriff der *Sozialisation* bezeichnet in seinem allgemeinsten Sinn alle Prozesse, durch die ein Mensch zum Mitglied einer konkreten Gesellschaft wird. In diesen Prozessen lernen Menschen durch Nachahmen, vielfältige Formen von Interaktion mit anderen Menschen, Ausprobieren, aktive Aneignung und andere Formen des Lernens Sprache, Regeln und Normen, Wissen, Deutungen, Alltagsgewohnheiten etc. kennen und sich in ihnen zurechtzufinden. Sozialisation findet lebenslang in jeder Begegnung mit neuen Menschen, Gruppen und Institutionen statt. Auch Medien können hierbei eine wichtige Rolle spielen. Sozialisation führt Menschen damit immer auch in jenen kulturellen Kontext ein, der für die jeweilige Gesellschaft prägend ist. Konkrete Formen und Ergebnisse von Sozialisationen können sich dabei je nach Zugehörigkeit zu Schichten und Milieus unterscheiden. Die wichtigsten Sozialisationsinstanzen sind in der Regel Familie, Peer Groups, Schule und andere Bildungseinrichtungen, berufliches Umfeld, regelmäßige Freizeitkontakte und Medien.

Während Sozialisationsprozesse von Personen oder Institutionen nicht absichtsvoll in Gang gesetzt werden müssen, geht es *Erziehung* um intentionale Einwirkung von in der Regel Erwachsenen auf Kinder und Jugendliche, um bei diesen bestimmte erwünschte Lernprozesse auszulösen. Dabei geht es um Vermittlung von Wissen, Einstellungen, Normen, Werten und Verhaltensweisen, die als wichtig für das Leben nicht nur in der Gegenwart, sondern auch als künftige Erwachsene angesehen werden. Erziehung endet mit dem Erwachsensein der Erzogenen – auch wenn nicht immer ganz klar ist, wann genau dieser Status des Erwachsenseins erreicht ist.

---

furt a. M. 2018; Wolfgang Sander, Europäische Identität. Die Erneuerung Europas aus dem Geist des Christentums, Leipzig 2022. Einzelne Passagen daraus wurden hier auch wörtlich übernommen.

2   Thomas Schwietring, Was ist Gesellschaft? Einführung in soziologische Grundbegriffe, Lizenzausgabe, Bonn 2011, 262.

Häufig verbindet sich mit dem Erziehungsbegriff eine eher affirmative Vorstellung, also eine, die auf Anpassung an bestehende soziale und kulturelle Gegebenheiten zielt. Bis zu einem gewissen Grad ist dies auch unvermeidlich, wenn Kinder und Jugendliche jetzt oder später als Erwachsene nicht zu Außenseitern werden und wenn kulturelle Traditionen im weitesten Sinn bewahrt werden sollen. Andererseits zielt Erziehung auf ein Unabhängigwerden der zu Erziehenden von ihren Erziehern, also vor allem von Eltern und Lehrern ab. Wenn Erziehungsvorstellungen dies im Blick haben und in diesem Sinn eine Erziehung zur Mündigkeit intendieren, wird Erziehung schon früh und im Lauf der Lebenszeit in zunehmendem Maße Prozesse der *Bildung* fördern.

In Bildungsprozessen machen »Heranwachsende an Fragen, Sachen und Problemen [...] neue Erfahrungen«, von denen aus sie »aus eigenem Antrieb weiterlernen oder auch umlernen«[3]. Bildung bezieht sich »auf gegenstands- und sachbezogene Lernprozesse und diesen zugrunde liegende Wechselwirkungen von Mensch und Welt, für die es keine isolierte pädagogische Verantwortung gibt«[4]. Bezogen auf Heranwachsende in pädagogischen Kontexten, also zum Beispiel in Familien und Schulen, werden Bildungsprozesse zwar häufig »durch erzieherische Maßnahmen angestoßen und initiiert, nicht aber im eigentlichen Sinne bewirkt«[5]. Letztlich sind Bildungsprozesse immer solche der Selbstbildung, in denen Menschen ihr Weltverhältnis und damit ihr Welt- und Selbstverständnis eigenständig (weiter)entwickeln.

Bildung lässt sich »von außen« anregen und fördern, aber auch be- und verhindern, jedoch nicht in einem strengen Sinne steuern. Oft findet sich daher im Zusammenhang mit Bildung die Metapher des »Wachstums« – Bildungserfahrungen helfen Menschen, an etwas zu wachsen, also ihre Persönlichkeit zu entwickeln, ihre Potenziale zur Entfaltung zu bringen oder, mit einer anderen Metapher gesprochen, ihren Horizont zu erweitern. Bildung ist daher nicht in einem instrumentellen Sinn auf äußere Zwecke gerichtet, kann aber für die Einzelnen durchaus auch in einem lebenspraktischen Sinn nützlich und einer

---

3 Dietrich Benner, Erziehung und Bildung! Zur Konzeptualisierung eines erziehenden Unterrichts, der bildet, in: Zeitschrift für Pädagogik 4 (2015), 483.
4 Ebd.
5 A. a. O., 482.

guten gesellschaftlichen Entwicklung dienlich sein. Bildung geht über Erziehung hinaus und ist lebenslang möglich.

Nicht in jeder Sprache wird diese Differenz wie im Deutschen mit zwei Begriffen markiert, was aber nicht heißt, dass sie nicht ausdrückbar wäre. So kann im Englischen der Begriff *education* sowohl Erziehung als auch Bildung meinen, und es hängt vom Kontext ab, wie er am besten zu übersetzen ist. Beispielsweise ist es im englischen Sprachgebrauch üblich, von *adult education* zu sprechen, was in der deutschen Sprache nicht »Erwachsenerziehung«, sondern »Erwachsenenbildung« meint.

Im Verhältnis der Individuen zur gesellschaftlichen und kulturellen Umgebung zielt Bildung immer zugleich auf Einbindung und Ent-Bindung, also Integration und Selbstbestimmung. Unter der Perspektive der Einbindung ist Bildung »Kultur nach der Seite ihrer subjektiven Zueignung«[6]. Gleichzeitig weist Bildung als Ent-Bindung über die bloße Anpassung an geltende Normen, Regeln und Wissensbestände hinaus. Sie tradiert zwar kulturelle Überlieferungen, macht sie aber auch zum Gegenstand des Fragens, Prüfens und Bedenkens, fördert also die Fähigkeit, in intensivem Austausch mit kulturellen Gütern eigene Sichtweisen, begründete Urteile und ggf. neue Perspektiven zu entwickeln.

II Bildung als transkulturelles Erbe der Menschheit

Bildung ist eine in der Entwicklungsoffenheit des Menschen angelegte Möglichkeit. Wohl aus diesem anthropologischen Grund finden wir nicht nur im europäischen Denken, sondern in allen Hochkulturen spätestens seit der »Achsenzeit« (Karl Jaspers) pädagogische Denkweisen und Praktiken, die wir mit dem Begriff der Bildung bezeichnen können. Dazu können hier nur wenige Hinweise gegeben werden.[7]

In der über das geographische Europa hinausreichenden *griechischrömischen Antike* finden wir mit dem Konzept der *Paideia* Vorstellungen einer gelungenen Lebensführung, die sich, bezogen auf eine aristo-

---

6   Theodor W. Adorno, Theorie der Halbbildung [1952], in: Ders.: Gesammelte Schriften, Bd. 8, Frankfurt a. M. 1972, 94.
7   Vgl. ausführlicher Sander, Bildung (s. Anm. 1), 107–130.

kratische Elite, durch breite Allgemeinbildung und tugendhaftes Verhalten auszeichnet. Bis heute wirksam ist die Vorstellung und Praxis von Sokrates, Bildungsprozesse durch beharrliches Nachfragen in Gesprächen und damit durch Destruktion scheinbarer Gewissheiten anzuregen (»Sokratisches Gespräch«). Ebenso ist Platons Höhlengleichnis, das sich nicht nur als philosophischer Text, sondern auch als Bildungserzählung verstehen lässt, ein auch in unserer Zeit bildungstheoretisch bedeutsam gebliebenes Erbe.

Das Judentum »ist eine Bildungsreligion par excellence«[8] und war dies auch schon vor der Diaspora im späteren Europa und seinen Wirkungen auf das christliche Bildungsdenken. Der hohe Stellenwert von Texten, Literalität und Bildung dürfte wesentlich dazu beigetragen haben, dass die relativ kleine Ethnie der Juden ihre kulturelle Identität seit 3000 Jahren zu bewahren vermag, obwohl sie sich über lange Zeiträume als Minderheit in Diasporasituationen befand. Diese Bildungstradition ist sehr stark vom reflexiven und kontroversen Umgang mit Texten wie dem Talmud geprägt, der selbst schon unterschiedliche Interpretationen der Religionsgesetze enthält und zu Diskursivität einlädt. Gelehrsamkeit zeigt sich dann in der klugen Teilnahme an der endlosen Kette von Position und Widerspruch, Interpretation und Neuinterpretation. Gefordert werden damit Aspekte von Bildung wie Neugierde, Klarheit und Genauigkeit in der Argumentation, Schlagfertigkeit, Textverständnis und Empathie.

Im Islam ist besonders die sogenannte »klassische Periode« (etwa zwischen dem 8. und 14. Jahrhundert) für die Entwicklung von Theorien und Praxen der Bildung von Bedeutung. In dieser Zeit einer großen kulturellen Blüte entstanden mit den Madrasen höhere Schulen und bereits 998 in Kairo eine theologische Hochschule, die heutige Azhar-Universität. Neben Gelehrten wie Ibd Rushd und Ibn Sina, die unter anderem auch von Thomas von Aquin rezipiert wurden, waren bezogen auf Bildung vor allem die Arbeiten von Abu Hamid al-Ghazali im 12. und 13. Jahrhundert einflussreich. Al-Ghazali, der zeitweise eine berühmte Hochschule in Bagdad leitete, suchte philosophisch wie bildungstheoretisch die Verbindung von vernunftorientierter Philosophie und Mystik. Beides, Vernunft und Spiritualität, sollten in Bildungsprozessen

---

8   Söding, Thomas: Das Christentum als Bildungsreligion. Der Impuls des Neuen Testaments, Freiburg 2016, 54.

miteinander verbunden werden, denn bloßes Wissen um des Wissens willen bringe keinen Seelenfrieden.

In *Hinduismus und Buddhismus* basieren die Vorstellung von Bildung auf der kosmologischen Einbindung des Menschen in den Kreislauf des Werdens und Vergehens. Hier soll der Weg der Bildung es ermöglichen, den inneren Kern des Menschen, sein wahres Selbst zu entdecken, der über das individuelle Ich hinausgeht. In diesem wahren, höheren Selbst haben die Menschen ein verborgenes göttliches Element, durch das sie mit allen Menschen und dem Leben selbst verbunden sind. Der Weg der Bildung ist hiernach einer des persönlichen Wachstums, in dessen Verlauf der Mensch sich für dieses Element öffnen kann. Trotz des spirituellen Charakters dieses Wachstums schließt es jedoch auch die physisch-materielle und die mental-intellektuelle Ebene ein. Daher sind in hinduistischen und buddhistischen Bildungseinrichtungen auch schon vor der Moderne religiöse und weltliche Inhalte repräsentiert. So finden sich die ältesten Universitäten als Stätten höherer Bildung, an denen religiöse Gelehrsamkeit und säkulare Wissenschaften gleichermaßen vermittelt wurden, nicht in Europa, sondern im hinduistisch-buddhistischen Kulturraum. Eine Art vernetztes Studienzentrum mit vielfältigen Studienmöglichkeiten ist bereits für das 7. Jahrhundert v. Chr. in Taxila im heutigen Pakistan nachgewiesen. Hier ließen sich neben dem religiösen Studium der Veden unter anderem Medizin, Astronomie, Landwirtschaft und Künste studieren. Stärker institutionalisiert war die im 5. Jahrhundert n. Chr. entstandene buddhistische Nalanda-Universität im heutigen indischen Bundesstaat Bihar. Sie verfügte über große Gebäudekomplexe mit mehreren Klöstern, drei Bibliotheken und einem astronomischen Observatorium. An ihr studierten bis zu 8500 Studenten, die von bis 1500 Lehrenden unterrichtet wurden.

Der wohl früheste und bis heute prominente und wirksame Bildungstheoretiker war *Konfuzius*, der vor rund 2500 Jahren in China lebte. Konfuzius gilt als der erste freischaffende Lehrer Chinas. Er soll im Laufe seines Lebens etwa 3000 Schüler unterrichtet haben, die aus unterschiedlichen sozialen Verhältnissen kamen. Nach Konfuzius soll jeder die Möglichkeit bekommen, sich durch Bildung und eigene Anstrengung zu entwickeln. Als Leitbild für Bildung gilt bei Konfuzius der *Junzi*, der Edle. Zum Junzi wird man durch Lernen und innere Kultivierung. Der Junzi ist eine moralisch hochentwickelte, in sich ruhende, künstlerisch interessierte, sowohl prinzipienfeste als auch harmonieorientierte Persönlichkeit. Gerade dadurch ist er in der Lage, im öffentlichen Leben Verantwortung zu übernehmen – und weil er dazu in der Lage ist, ist er nach Konfuzius dazu auch verpflichtet. Dies ist jedoch nicht mit einem utilitaristischen Verständnis von Unterricht und Bildung verbunden. Der Bildungsprozess, durch den sich der Mensch zu einem Junzi entwickelt, dient nicht unmittelbar äußeren Zwecken. Konfuzius verstand Bildung als zweckfrei: »Der Edle ist kein Gerät.«[9]

In Traditionen dieser Art lassen sich die Umrisse eines transkulturellen Verständnisses von Bildung erkennen. Seine Elemente sind tief verwurzelt in den Weltreligionen, die bis heute Vielfalt in der Weltgesellschaft maßgeblich prägen; abgesehen vom Bildungsdenken im Kontext der griechischen Philosophie, das im späteren Europa jedoch in einem engen Wechselspiel mit dem Christentum wirksam wurde.

III Das Christentum und das europäische Bildungsdenken

Für die Entwicklung des Bildungsdenkens in Europa war das Christentum ein entscheidender Faktor. Das Christentum war von Beginn an, in der Tradition des Judentums, eine Bildungsreligion.[10] Schon in Neuen Testament ist dies zu erkennen: Jesus wirkt oft als Lehrender, und sein wichtigstes »Stilmittel«, die Gleichnisse, zielen auf Irritation und anspruchsvolles Verstehen; die Paulusbriefe setzen sehr stark auf Argumentation, vernünftiges Verstehen und reflektiertes Urteilen, und Paulus betont eigens das wichtige Amt von Lehrern in der Gemeinde (1. Korinther 12,28). Im Unterschied zur antiken Paideia ist das christliche Bildungsverständnis jedoch nicht auf eine aristokratische Elite bezogen, sondern universalistisch ausgerichtet und getragen von der Überzeugung der moralischen Gleichheit und der gleichen Würde aller Menschen.

Später wurden die christlichen Klöster entscheidend für die Tradierung von Bildung und Wissen. Sie waren es, die nach dem Untergang des weströmischen Reiches im 5. Jahrhundert die noch vorhandenen Texte

---

9   Konfuzius, Gespräche, aus dem Chinesischen von Richard Wilhelm, Hamburg 2011, 14.
10 Vgl. Söding, Christentum (s. Anm. 8).

antiker Philosophie und christlicher Gelehrsamkeit bewahrten und vervielfältigten. Ohne die Klöster wäre die karolingische Renaissance, mit der im Reich Karls des Großen die »politischen und kulturellen Grundlagen Europas« geschaffen wurden,[11] nicht möglich gewesen. An den Klöstern entstanden auch die ersten Schulen des frühen Mittelalters, die später durch Domschulen ergänzt wurden, aus denen ab dem 11. Jahrhundert die ersten europäischen Universitäten entstanden. Weltliche Schulen kamen erst ab dem 12. und 13. Jahrhundert in den Städten hinzu, vorwiegend für berufspraktische Zwecke.[12]

Einen weiteren Schub für die Entwicklung des Bildungswesens brachte die Reformation. Hier wurde nun, in Luthers Schrift »An die Ratsherrn aller Städte deutschen Landes, dass sie christliche Schulen aufrichten und halten sollen« von 1524, mit einer dezidiert christlichen Begründung schulische Bildung für *alle* Kinder gefordert, unabhängig von Stand und Geschlecht. Theologischer Hintergrund war das protestantische Konzept des »Priestertums aller Gläubigen«, das nachgerade zwingend Lese- und religiöse Urteilsfähigkeit aller Christen erforderte. Es sollte allerdings noch rund 300 Jahre dauern, bis Luthers Forderung nach Schulen für alle Kinder tatsächlich in die Praxis umgesetzt wurde.

Auch das deutsche Wort »Bildung« hat sprach- und theoriegeschichtlich eine christliche Herkunft. Es entstammt der christlichen Mystik bei Meister Eckhart im Hochmittelalter. Nach ihm trägt jeder Mensch als Ebenbild Gottes das Bild Gottes in seiner Seele. Er muss es aber erst finden, indem er über verschiedene Stufen seine Erkenntnisfähigkeit entwickelt. In diesem Prozess *bildet* sich der Mensch, indem seine Seele sich mit Gott verbindet. Der Bildungsweg ist in diesem Sinn zugleich ein Weg der Selbsterkenntnis und der Erkenntnis Gottes.

Für die bildungstheoretische Begründung des neuzeitlichen Schulwesens wie auch für viele Aspekte seiner Gestaltung ist das monumentale, 1657 erschienene Werk »Didactica Magna« von Johann Amos Comenius von größter Bedeutung. Comenius nahm Luthers Forderung nach Schulen für alle Kinder auf und erarbeitete dafür ein bildungstheoretisch fundiertes Konzept, das in seinen Grundzügen die Schule bis heute

---

11 Jörg Lauster, Die Verzauberung der Welt. Eine Kulturgeschichte des Christentums, München 2014, 158.

12 Vgl. Franz-Michael Konrad, Geschichte der Schule. Von der Antike bis zur Gegenwart, München ²2012, 37.

prägt. In einer Zeit ohne Schule für alle Kinder und ohne Schulpflicht versprach Comenius mit seiner Didaktik die »Kunst, alle Menschen alles zu lehren«.[13] Begründet wird dieser Anspruch wie schon bei Meister Eckhart mit der Gottesebenbildlichkeit des Menschen. Aus ihr ergebe sich, so Comenius, neben dem Bedürfnis nach Tugend/Sittlichkeit (*mores*) und Frömmigkeit/Religiosität (*religio*) auch das nach gelehrter Bildung (*eruditio*). »In diesen drei Bedürfnissen liegt die ganze Würde des Menschen beschlossen«, wobei das Bedürfnis nach Bildung aus der Fähigkeit zur Vernunft erwachse. Vernunft und Bildung müssten freilich gefördert werden, damit sie sich entfalten können: »Es zeigt sich also, daß alle, die als Menschen geboren worden sind, der Unterweisung bedürfen, eben weil sie Menschen sein sollen und nicht wilde Tiere, rohe Bestien oder unbehauene Blöcke.« Comenius begründet Bildung also aus Vernunft und Menschenwürde, die ihrerseits Ausdruck der Gottesebenbildlichkeit des Menschen sind. Dabei konnte er sich auf die Begründung der Würde aller Menschen unabhängig von Stand oder Verdiensten aus ihrer Gottesebenbildlichkeit auf Gelehrte der Renaissance wie Petrarca, Giannozzo Manetti und Giovanni Pico della Mirandola stützen, die diesen Zusammenhang in ihren theologisch-philosophischen Schriften herausgearbeitet hatten. Bis heute ist keine überzeugende andere, rein säkulare Begründung für die Menschenwürde erkennbar.[14]

Diese Verbindung von Bildung mit der Gottesebenbildlichkeit des Menschen verlor sich in der Moderne mehr und mehr. Die europäische Aufklärung förderte zwar den Vernunftbezug des Bildungswesens, aber auch die Orientierung am Leitbild des *nützlichen* Bürgers und die Verkürzung vernunftgemäßen Denkens auf eine »instrumentelle Vernunft«[15], die auf Zweckrationalität und auf ein auf bloße Beherrschung gerichtetes Weltverhältnis zielt. Genau gegen diese Verkürzung des Ver-

---

13 Johann Amos Comenius, Große Didaktik [1657]; hier und nachfolgend zitiert nach den Textauszügen bei Ladenthin, Volker (Hg.): Philosophie der Bildung. Eine Zeitreise von den Vorsokratikern bis zur Postmoderne, Bonn ²2012, 108 ff.
14 Vgl. ausführlicher Sander, Bildung (s. Anm. 1), 70 ff. Der Philosoph Rüdiger Bittner teilt diesen Befund und zieht daraus die Konsequenz, das Konzept der Menschenwürde müsse aufgegeben werden (vgl. Rüdiger Bittner, Bürger sein. Eine Prüfung politischer Begriffe, Berlin/Boston 2017, 53 ff.). Diese Konsequenz wird hier ausdrücklich nicht geteilt, erscheint aber als durchaus schlüssig, wenn man religiöse Begründungen normativer Orientierungen nicht für tragfähig hält.
15 Max Horkheimer, Zur Kritik der instrumentellen Vernunft, Frankfurt a. M. 1967.

nunftbegriffs wandte sich im 19. Jahrhundert das neuhumanistische Bildungsdenken, dessen Tradition sich im westlichen Deutschland – trotz der gegenläufigen Macht des Nationalsozialismus – noch bis etwa zu den 1960er Jahren in den höheren Schulen und Universitäten als prägende Kraft halten konnte.

Friedrich Paulsen schilderte den Gegensatz zwischen dem Utilitarismus der Aufklärung und dem neuhumanistischen Bildungsdenken 1897, bereits rückblickend, so:

»Die Aufklärung denkt rationalistisch und mechanistisch [...]. Das folgende Zeitalter ist dadurch gekennzeichnet, daß es diese mechanistische Auffassung auf allen Gebieten verwirft. [...] Man denke an das Urteil der Aufklärung über Spiel und Dichtung: sie dienen nicht dem Nutzen, also, war das 18. Jahrhundert geneigt zu folgern, haben sie überhaupt keinen Wert. [...] Nicht das Nützliche, sondern das an sich selbst Wertvolle ist das Höchste. [...] *Bildung*, das neue Wort, das gegen Ende des 18. Jahrhunderts in aller Munde ist, ist die Bezeichnung für das neue Lebensideal, das nun die Herrschaft ergreift.«[16]

Die bis heute wichtigste Referenz für das neuhumanistische Bildungsdenkens ist ein knapper, hochkonzentrierter Text Wilhelm von Humboldts zur Theorie der Bildung. In ihm fasst er die Kerngedanken dieser Bildungstheorie in einem Satz so zusammen:

»Die letzte Aufgabe unsres Daseyns: dem Begrif der Menschheit in unsrer Person, sowohl während der Zeit unsres Lebens, als auch noch über dasselbe hinaus, durch die Spuren des lebendigen Wirkens, die wir hinterlassen, einen so grossen Inhalt, als möglich, zu verschaffen, diese Aufgabe löst sich allein durch die Verknüpfung unsres Ichs mit der Welt zu der allgemeinsten, regesten und freiesten Wechselwirkung.«[17]

Bildung ist hiernach der Prozess, in dem der Mensch sein Ich auf eine bestimmte Weise mit der Welt verknüpft: nicht in bloßer Anpassung, sondern im Sinne einer Wechselwirkung zwischen Welt und Individuum. Der Mensch strebt nach Humboldt von Natur aus dazu, sich mit den Gegenständen außer ihm in der Welt zu befassen, sich gleichsam an

---

16 Friedrich Paulsen, Geschichte des gelehrten Unterrichts auf den deutschen Schulen und Universitäten vom Ausgang des Mittelalters bis zur Gegenwart, 2 Bde., Leipzig 1885, Bd. 2, ²1897, 190 f.

17 Wilhelm von Humboldt, Theorie der Bildung des Menschen. Bruchstück [1793], zit. Nach Heinz-Elmar Tenorth (Hg.): Allgemeine Bildung. Analysen zu ihrer Wirklichkeit, Versuche über ihre Zukunft, Weinheim/München 1986, 34.

ihnen abzuarbeiten, weil er nur so seine Kräfte entwickeln kann. Diese
»Kräfte« sind in einem umfassenden Sinn zu verstehen und nicht etwa
nur auf körperliche Fähigkeiten bezogen; im heutigem Sprachgebrauch
ließe sich diese Entwicklung der »Kräfte« wohl als Entwicklung und
Gebrauch der Potenziale verstehen, die in einem Menschen als möglich
angelegt sind.[18]

Zugleich soll Bildung nach Humboldt dem Menschen die »Veredelung seiner Persönlichkeit«[19] ermöglichen. Bildung gelingt, wenn der einzelne Mensch, jeder einzelne Mensch, durch umfassende Entwicklung seiner Kräfte mit seiner Persönlichkeit zeigt, was es heißen kann, ein Mensch zu sein – also, so Humboldt, dem Begriff der Menschheit »in unser Person [...] einen so grossen Inhalt, als möglich, zu verschaffen«. Aber dieser Inhalt zeigt sich letztlich nicht allein im inneren Erleben, sondern im Wirken jedes Einzelnen in der Welt. Humboldt sieht so einen engen Zusammenhang zwischen der Entwicklung des Individuums durch Bildung und der, modern gesprochen, Entwicklung der Gesellschaft:

> »Was verlangt man von einer Nation, einem Zeitalter, von dem ganzen Menschengeschlecht, wenn man ihm seine Achtung und seine Bewunderung schenken soll? Man verlangt, dass Bildung, Weisheit und Tugend so mächtig und allgemein verbreitet, als möglich, unter ihm herrschen, dass es seinen innern Werth so hoch steigern, dass der Begriff der Menschheit, wenn man ihn von ihm, als dem einzigen Beispiel, abziehen müsste, einen grossen und würdigen Gehalt gewönne.«[20]

Die neuhumanistische Bildungstheorie wird in einer scheinbar rein säkularen Sprache entwickelt. Aber bei genauerem Hinsehen zeigt sich schon bei Humboldt das Weiterwirken christlicher Motive in säkularer, dabei aber auch transformierter Form. So weisen die Rede von der »letzten Aufgabe unseres Daseyns« und die Vorstellung von Bildung als Weg zu einer Vervollkommnung des Menschen deutlich eschatologische Züge auf, die Heil und Erlösung versprechen. Gleichzeitig werden andere Aspekte christlichen Denkens ausgeblendet. So umgeht Humboldt gänzlich die Frage, ob zu den Kräften des Menschen nur die produkti-

---

18 Vgl. zu Humboldt und den ambivalenten Wirkungen des Neuhumanismus Sander, Bildung (s. Anm. 1), 97 ff.
19 Humboldt (s. Anm. 17), 36.
20 A. a. O., 34.

ven, auf »lebendiges Wirken« gerichtete gehören, oder nicht auch destruktive, egozentrische, gewaltaffine Potenziale und wie mit diesen in Bildungsprozessen umzugehen ist. Anders gesagt, das Böse oder, in christlicher Sprache, die Sünde kommen im überoptimistischen Menschenbild bei Humboldt nicht vor.

Bei Friedrich Wilhelm Süvern, der unmittelbar nach Humboldt erfolglos versuchte, in Preußen mit einem Schulgesetz die Bildungsreform im Sinne Humboldts abzuschließen, wird diese Umwandlung christlicher Eschatologie in ein auf innerweltliche Erlösung zielendes Verständnis von Bildung noch deutlicher. In seinen Königsberger Vorlesungen im Winter 1807/08 sagte er über die Beziehungen zwischen Politik, Pädagogik und Bildung:

> »Eine bedächtige und planmäßige Befreiung der Menschheit von den moralischen und politischen Übeln, die sie so sehr drücken, beruht aber hauptsächlich auf einer totalen Reformation zweyer Künste, in welcher die Wiedergeburt der Volcksmassen und der Staaten ganz enthalten ist, der Politik und der Pädagogik, der Staats- und der Erziehungskunst. [...] Sie haben beide denselben erhabenen Gegenstand, den Menschen. Ihn wollen sie bilden, die Erziehungskunst den Einzelnen zu einer sich selbst immer vollkommener entwickelnden lebendigen Darstellung der Idee des Menschen, die Staatskunst Vereine von Menschen zu einer Darstellung der Vernunftidee von einer vollkommen organisierten Gesellschaft [...]. Beide demnach sind verwandt, höhere Künste als sie giebt es nicht, aber die Politik ist die höchste. Denn der Ächte Staatskünstler leitet die Menschheit zum letzten Ziel ihres Strebens in der Geschichte, er verbindet, richtet und leitet alle Thätigkeiten Einzelner zu diesem einen Zweck, er ist Erzieher im Großen, Vorsteher der großen Bildungs-Anstalt der Menschheit.«[21]

Die Menschheit, genauer eine idealisierte und normativ hoch aufgeladene Vorstellung von ihrer »Vollkommenheit«, tritt nun gewissermaßen an die Stelle Gottes. Mit ihr soll der Einzelne sich durch Bildung verbinden. Bildung wird in diesem Verständnis zu einem zentralen Element eines Konzepts von »Fortschritt«, der über konkrete Verbesserungen menschlicher Lebensverhältnisse hinaus innerweltliche Heilsversprechungen macht.[22] Nicht im Neuhumanismus, aber in extremen Varian-

---

21 Aus Johann Wilhelm Süverns Vorlesungen über Geschichte 1807/1808, in: Mitteilungen aus dem Litteraturarchive in Berlin. Dritter Band 1901–1905, 51 ff.; zit. nach Hartmut Titze, Die Politisierung der Erziehung. Untersuchungen über die soziale und politische Funktion der Erziehung von der Aufklärung bis zum Hochkapitalismus, Frankfurt a. M. 1973, 97 f.

ten des Fortschrittsdenkens – von den Jakobinern in der Französischen Revolution über den Marxismus-Leninismus bis zum Transhumanismus unserer Tage[23] – führt dies bis zu der Vorstellung, einen »neuen Menschen« schaffen zu wollen und dafür auch das Erziehungs- und Bildungswesen nutzen zu können.

IV Die notwendige Erneuerung der Bildung

Im heutigen öffentlichen Gespräch über Bildung dominiert allerdings ein weitgehend inhaltsleerer Gebrauch des Bildungsbegriffs. Nahezu alles, was irgendwie mit Lehren und Lernen zu tun hat, wird vielfach unterschiedslos mit diesem Begriff belegt: Man durchläuft das Bildungssystem von der frühkindlichen über die schulische bis zur beruflichen Bildung, ergänzt diese durch außerschulische und ggf. akademische Bildung, bis man bei der Seniorenbildung angekommen ist. Obwohl wir in einer Bildungsgesellschaft leben, gibt es bildungsferne und bildungsnahe Milieus, wobei in bestimmten Fällen für den Bildungszugang ein Bildungskredit helfen mag. Zuständig für all das soll die Bildungspolitik sein, die sich um Bildungsförderung zu bemühen hat, Bildungsstandards setzt, Bildungsabschlüsse reguliert und mit den Finanzministern im Bildungsföderalismus um Bildungsfinanzierung ringt.

Die Liste solcher Komposita mit »Bildung« ließe sich wohl noch verlängern. Aber ein Konsens darüber, was inhaltlich unter Bildung verstanden werden soll, woran sie sich zeigen und was es heißen kann, »gebildet« zu sein, ist in der breiten Öffentlichkeit nicht erkennbar und besteht in aller Regeln auch nicht mehr in den Institutionen des Bildungssystems. Stattdessen dominieren sekundäre Erwartungen an deren Leistungen: Zahlen von Absolventen mit erwünschten Abschlüssen, Vermittlung von vordefinierten Kompetenzen, Förderung von Innovation und Wachstum in der Wirtschaft, zugleich aber auch soziale

---

22 Dieses Verständnis von Bildung (und/oder Erziehung) findet sich in vielen pädagogischen Ansätzen im 19. und 20. Jahrhundert; vgl. beispielhaft zur Reformpädagogik des frühen 20. Jahrhunderts Meike Sophia Baader, Erziehung als Erlösung. Transformationen des Religiösen in der Reformpädagogik, Weinheim/München 2005.

23 Vgl. ausführlicher Sander, Europäische Identität (s. Anm. 1), 107 ff.

Selektion durch Vergabe von Zugangsberechtigungen zu Studien und Berufen, damit auf der Seite der Nutzer Erwartung von sozialem Aufstieg oder Statuserhalt mittels entsprechender Zertifikate und Berechtigungen, andererseits aus der Politik die Erwartung moralischer Dienstleistungen für den gesellschaftlichen Zusammenhalt durch entsprechende Erziehung der Jugend und nicht zuletzt, wie sich in der Coronapandemie in aller Deutlichkeit gezeigt hat, aus der Gesellschaft die Forderung nach gesicherter Unterbringung von Kindern und Jugendlichen zur Entlastung der Eltern.

Es sind überwiegend Nützlichkeitserwartungen dieser Art, von denen Schulen und Hochschulen heute getrieben sind, und dass solche Erwartungen einander widersprechen, macht deren Arbeit nicht leichter. Es liegt beispielsweise auf der Hand, dass Schul- und Studienabschlüsse mit Blick auf Berufschancen und soziale Distinktion umso stärker entwertet werden, je mehr Menschen sie erreichen. Überdies passt sich das Verhalten der in den Bildungsinstitutionen Tätigen den von außen kommenden Zwecken an: Wenn in der Schule am Ende nur Abschlüsse und Noten zählen, lernen Schüler das dafür geeignete strategische Vorgehen; wenn in der Wissenschaft die Höhe der ›eingeworbenen Drittmittel‹ zum primären Maß für die Bewertung der Leistung von Wissenschaftlern wird, orientieren diese sich von der intrinsischen Motivation der Suche nach Erkenntnis auch gegen Widerstände und mittels Vorhaben, die lange Zeiträume erfordern können, zur Suche nach dem nächsten Projekt um, das kurzfristig Geld bringt. In beiden Fällen werden die Inhalte des Lehrens, Lernens und Forschens tendenziell zweitrangig, wenn nicht gar gleichgültig.

Institutionen, über deren Eigensinn bei den in ihnen Tätigen wie auch in ihrer sozialen Umgebung keine hinreichende Klarheit mehr besteht, verlieren freilich auf mittlere und längere Sicht an Legitimation. Wenn nach Schleiermacher die Frage »Was will denn eigentlich die ältere Generation mit der jüngeren?« die Ausgangsfrage pädagogischer Reflexion ist,[24] dann untergräbt der Verzicht auf eine nachvollziehbare Antwort eben diese Legitimität pädagogischer Institutionen. Eine sinn-

---

24 Vgl. zu Schleiermacher Berliner Vorlesungen zur Pädagogik im frühen 19. Jahrhundert Friedrich Wilhelm Graf, Das Ende der Erziehung ist die Eigentümlichkeit des Einzelnen, in: Frankfurter Allgemeine Zeitung online, 19.11.2018, URL: https://www.faz.net/aktuell/karriere-hochschule/schleiermachers-paedagogik-das-ende-

volle Alternative zu einem *gehaltvollen* Verständnis von Bildung ist als Antwort auf Schleiermachers Frage nirgendwo in Sicht.

Für eine solche Erneuerung der Bildung in Deutschland und Europa ist die christliche Tradition auch heute eine zentrale Inspirationsquelle. Zu Recht erinnert die Evangelische Kirche in Deutschland 2022 daran, dass Bildungsarbeit »Menschen fördern will, sich als Ebenbilder Gottes zu entfalten oder anders gesagt: sich zu bilden«[25]. Bildung ist eine »Brücke zwischen Gott, Ich und Welt«[26]. Die *Vernunft* ist ein wesentlicher Aspekt dieser Gottesebenbildlichkeit, ebenso Freiheit und Entwicklungsfähigkeit des Menschen. Freiheit ist ein Kernkonzept des christlichen Glaubens: »Zur Freiheit hat uns Christus befreit. So steht nun fest und lasst euch nicht wieder das Joch der Knechtschaft auflegen!« (Galater 5,1) Das meint allerdings nicht, dass jeder Einzelne nach subjektivem Belieben mit Bindungen, Verpflichtungen und Verantwortlichkeiten umgehen kann. Der christliche Freiheitsbegriff ist nicht hedonistisch, da er durch das Gebot der Nächstenliebe begrenzt wird. Luther ist dieser Dialektik von Freiheit und Verpflichtung in seiner Schrift »Von der Freiheit eines Christenmenschen« nachgegangen. Schließlich und vor allem befreit der Glaube im christlichen Verständnis durch göttliche Gnade von der Macht der Sünde.

Sünde ist ebenfalls ein für Bildung bedeutsamer Begriff des christlichen Glaubens – und der vermutlich heute am meisten miss- und unverstandene (vgl. den Beitrag von Annette Weidhas in diesem Band). Sünde bezeichnet einen Zustand des Getrenntseins von Gott, also eher eine Struktur als ein konkretes Verhalten, die in Verhaltensmotiven wie Egoismus, Aggressivität, Selbstbehauptung, Sucht nach Anerkennung wurzelt – Motive also, die viele Menschen heute wohl als »natürlich« erleben, in die sie faktisch aber immer auch sozial eingebunden sind.

---

der-erziehung-ist-die-eigentuemlichkeit-des-einzelnen-15890817.html?printPagedArticle=true#pageIndex_3 (7.5.2023).

25 Religiöse Bildungsbiografien ermöglichen. Eine Richtungsanzeige der Kammer der EKD für Bildung und Erziehung, Kinder und Jugend für die vernetzende Steuerung evangelischer Bildung, Leipzig 2022, 19. Leider belässt es diese Schrift bei diesem knappen Hinweis und beschränkt sich in der späteren Konkretisierung auf das Konzept des »Empowerment«, was eine deutliche Verkürzung des Bildungsbegriffs darstellt.

26 Söding, Christentum (s. Anm. 8), 25.

»Man kann nicht nicht sündigen. Deshalb hat die Sünde auch nichts mit moralischen Verfehlungen zu tun.«[27]
Das mit dem Sündenbegriff Gemeinte ist auch in säkularen Kontexten nicht verschwunden. Es kehrt beispielsweise wieder in einer Übermoralisierung der politischen Kommunikation, in Schuldgefühlen ob des Klimawandels, des Fleischkonsums oder Armutskrisen anderswo und entsprechenden Selbstberuhigungen wie anderem Verkehrsverhalten, vegetarischer Ernährung und Spenden – gegen die nichts spricht, die aber psychohygienisch wohl ähnlich wirken wie der Ablasshandel im 16. Jahrhundert. Allerdings befreien sie nicht wirklich von den Schuld und Angst auslösenden Verstrickungen in die Strukturen des Bösen. Norbert Bolz meint, dass Sigmund Freud mit seiner These von der »primären Feindseligkeit« des Menschen gegen andere Menschen und seiner Formel vom »Unbehagen in der Kultur« sich als einer der großen Theoretiker der Sünde erwiesen habe.[28] Wir sind Rivalen im Kampf um knappe Güter, und unsere Begierden treiben diesen Kampf immer wieder an. Deshalb betrachtet das Christentum den Menschen als erlösungsbedürftig. Söding beschreibt aus christlicher Perspektive den Zusammenhang zwischen Bildung und den Ambivalenzen und Unvollkommenheiten des Menschen so: »Bildung wäre weder möglich noch nötig, wenn es den idealen Menschen in einer idealen Welt gäbe.«[29]

Es gehört zu den für Bildung anregungsreichen Aspekten des christlichen Menschenbildes, dass es den Menschen in seiner irdischen Existenz nicht als »ganz« oder »heil«, nicht einmal als für sich selbst völlig durchschaubar betrachtet. Die »Ganzheitlichkeit« des Subjekts anzustreben, ist eine der Illusionen, die durch Bildungsdiskurse immer wieder geistern. So wie das Wissen bleibt auch die Selbsterkenntnis des Menschen fragmentarisch. Erst in der Begegnung mit Gott erkennt sich der Mensch wirklich selbst, wie es in einem berühmten Wort von Paulus heißt: »Wir sehen jetzt durch einen Spiegel in einem dunklen Bild; dann aber von Angesicht zu Angesicht. Jetzt erkenne ich stückweise; dann aber werde ich erkennen, gleichwie ich erkannt bin.« (1. Korinther 13,12)

Gleichwohl unterstreicht die christliche Perspektive entschieden die Entwicklungsoffenheit und Veränderbarkeit des Menschen. Das »Recht

---

27 Norbert Bolz, Zurück zu Luther, Paderborn 2016, 50.
28 A. a. O., 52.
29 Söding, Christentum (s. Anm. 8), 278.

ein anderer zu werden« (Dorothee Sölle) und das christliche Freiheitsverständnis implizieren, dass niemand auf einen bestimmten Stand seiner persönlichen Entwicklung festgelegt ist. Gerade *weil* nach dem christlichen Glauben das Selbst sich erst in der Begegnung mit Gott vollendet, ist seine Entwicklung im Lauf des irdischen Lebens niemals abgeschlossen.

Was erbringt nun dieser Rückgriff auf die christliche Tradition für die Theorie der Bildung? Er *stützt* die mit dem Konzept der Bildung verbundenen Vorstellungen von der Bildsamkeit aller Menschen, die Vernunftbezogenheit von Bildung sowie die Intention, durch Bildung Menschen zu einer selbstbestimmten Lebensführung und zu reflektiertem, verantwortlichem Engagement zu befähigen. Er *fundiert* diese Vorstellungen in der Gottesebenbildlichkeit des Menschen und dem Gebot der Nächstenliebe – die kein Gefühl, sondern ein Handlungsmaßstab ist – und bietet damit Kriterien an, von denen aus die Entwicklungsrichtung von Lernprozessen in normativer Hinsicht beurteilt werden kann. Er *öffnet* das Konzept der Bildung für die Auseinandersetzung mit den mit der Endlichkeit des Menschen verbundenen existenziellen Fragen und die Reflexion über die Grenzen der Vernunft. Er *relativiert* harmonisierende und idealisierende Konzepte vom Menschen als Subjekt durch die Aufmerksamkeit für das Destruktive und Abgründige, Gebrochene und Fragmentarische im menschlichen Selbst, ohne deshalb die Vorstellung vom Individuum als verantwortlichem Subjekt aufzugeben. Schließlich *kritisiert* er ideologiekritisch Vorstellungen, die an Bildung säkulare Heilserwartungen knüpfen.

V Christliche Erziehung und Bildung: Aufgaben der Kirchen

Was können diese Überlegungen für die eigene Bildungsarbeit der Kirchen bedeuten? Auch wenn die Säkularisierungsthese, nach der der fortschreitende Modernisierungsprozess moderner Gesellschaften zwangsläufig zum stetigen Rückgang und perspektivisch zum Verschwinden von Religion führen muss, sich nicht bewahrheitet hat,[30] stehen die Kirchen in Deutschland sowie in West- und Nordeuropa vor und teilweise

---

30 Vgl. ausführlicher Sander, Europäische Identität (s. Anm. 1), 117 ff.

auch schon mitten in einem tiefgreifenden Umbruch. Vieles daran spiegelt allgemeine gesellschaftliche Veränderungen – Individualisierungsprozesse, Rückgang von Traditionsbindungen, Flexibilisierungen von Berufswegen und damit auch Lebensläufen, zunehmende Mobilität, Verlust der Bindekraft großer Organisationen wie Parteien, Gewerkschaften und eben auch Kirchen, um zumindest wenige Stichworte zu nennen.

Gravierend ist allerdings, für die Kirchen wie auch für die Gesellschaft selbst und die normativen Grundorientierungen des gesellschaftlichen Zusammenlebens, der immer deutlicher werdende *Traditionsbruch* mit Blick auf die christliche Überlieferung und ihre kulturelle Bedeutung. Hierzu nur ein Beispiel: In Westdeutschland zeigte sich schon vor zehn Jahren im Vergleich zwischen den Altersgruppen von über 66 sowie von 16–25 Jahren ein kontinuierliches Absinken der Zustimmung auf die Frage »Sind Sie religiös erzogen worden?« von 70 auf rund 25 Prozent, in Ostdeutschland gar von 45 auf rund 12 Prozent.[31] Schlichtes Wissen und erst recht angemessenes Verstehen wesentlicher Elemente des christlichen Glaubens, christlicher Traditionen sowie der christlichen Kulturgeschichte und ihrer Bedeutung werden immer weniger selbstverständlich von Generation zu Generation weitergegeben.

Gleichwohl sind die großen christlichen Kirchen in Deutschland noch immer relevante Bildungsanbieter. Das entsprechende Spektrum reicht von den universitären Theologien und kirchlichen Akademien über weitere Angebote für die außerschulische Jugend- und Erwachsenenbildung durch zahlreiche kirchliche und kirchennahe Träger, innergemeindliche Bildungsveranstaltungen, kirchliche Schulen bis zum Religionsunterricht an staatlichen Schulen, den die Kirchen gemeinsam mit dem Staat verantworten. Was auf den ersten Blick imposant klingt, erweist sich bei näherem Hinsehen als zunehmend fragil. So wie zwar noch rund die Hälfte der deutschen Bevölkerung einer der christlichen Kirchen angehört, aber nur ein Bruchteil dieser nominellen Mitglieder aktiv am kirchlichen Leben mitwirken, so lässt auch die Strahlkraft kirchlicher Bildungsangebote in die Gesellschaft hinein nach. Zumin-

---

31 Vgl. Detlef Pollack/Olaf Müller, Religionsmonitor – verstehen was verbindet. Religiosität und Zusammenhalt in Deutschland, Gütersloh 2013, 15.

dest gilt das insoweit, als von Kirchen getragene Bildungsangebote es offenkundig kaum vermögen, dem angesprochenen Traditionsbruch entgegenzuwirken.

Nun kann auch kirchliche Bildungsarbeit, wenn sie Bildung im oben erörterten Sinn fördern soll, nicht schlicht in einem instrumentellen Sinn für vorgegebene Zwecke gedacht werden. Als christlich geprägtes Angebot sollte sie vorrangig die Bildung von Menschen in der Auseinandersetzung mit Glaubensfragen und der Relevanz des christlichen Denkens für Welt- und Selbstverstehen in unserer Zeit ermöglichen und anregen. Gewiss stellt dies eine große Herausforderung dar, für deren Bewältigung es keine Patentrezepte gibt. Aber es dürfte wahrscheinlich sein, dass die vielfältigen Formen des Ausweichens vor dieser Aufgabe, die dem heutigen Beobachter ins Auge fallen, keine Lösung für das hier angesprochene Problem sein können, sondern es eher verschärfen. Aspekte dieses Ausweichens können sein:

– die geringe öffentliche Wirksamkeit der akademischen Theologie, die möglicherweise in zu starker Binnenausrichtung und Logiken der Drittmittelforschung begründet ist;

– die Tendenz vieler Kirchengemeinden und kirchlichen Gremien zur selbstreferenziellen Konzentration auf institutionenbezogene Fragen;

– die vielfach starke Fokussierung von kirchlichen Akademien und anderen Anbietern kirchennaher Jugend- und Erwachsenenbildung auf aktuelle gesellschafts- und politikbezogene Themen, bei deren Bearbeitung aber (zumindest in den öffentlichen Ankündigungen) originär christliche Perspektiven nicht immer erkennbar sind. Die Qualität solcher Angebote kann inhaltlich gleichwohl gut sein, aber sie stehen dennoch in der Gefahr der Austauschbarkeit mit ähnlichen Angeboten anderer Anbieter.

Kirchliche Bildungsarbeit wird sich wohl auf allen Ebenen stärker darauf fokussieren müssen, dem angesprochenen Traditionsbruch und dem sich ausbreitenden religiösen Analphabetismus mit attraktiven Bildungsangeboten entgegenzuwirken. Dies gilt bereits innerhalb der Kirchen, wo es von größter Wichtigkeit ist, mit Millionen Mitgliedern, deren innere Distanz zunimmt, neu ins Gespräch zu kommen. Dazu gehört auch die Unterstützung von Eltern, die an einer christlichen Erziehung ihrer Kinder interessiert sind, mit entsprechenden Bildungsangeboten. Wichtig sind zudem attraktive Angebote für jene Konfessionslosen, die als – wie Tomáš Halík schreibt – »spirituell Suchende« an religiöser Bildung interessiert sein können.[32]

Eine besondere Problematik stellt der Religionsunterricht (RU) an staatlichen Schulen dar. Im deutschen Grundgesetz ist er als einziges Schulfach genannt, mit dem Zusatz, dass er »in Übereinstimmung mit den Grundsätzen der Religionsgemeinschaften erteilt« werde (Artikel 7 (3) GG). In der Praxis wurde und wird darunter konfessioneller Religionsunterricht verstanden, an dem die Kirchen über eine eigene Lehrerlaubnis und Fortbildungen für Religionslehrer, Mitgestaltung der Lehrpläne und teilweise auch Erteilung dieses Unterrichts durch Pfarrer mitwirken. Wegen der konfessionellen Bindung besteht die Möglichkeit, Schüler von diesem Unterricht abzumelden. Dieses Modell hat seinen historischen Grund in einer Zeit, in der Deutschland in konfessionell weitgehend homogene Gebiete unterteilt war, in denen jeweils über 90 Prozent der Bevölkerung Mitglied einer der beiden Großkirchen waren.

Diese Situation hat sich bekanntlich grundlegend verändert. Schon seit den 1970er Jahren wurde für die zunehmende Zahl von Schülern, die vom RU abgemeldet wurden, ein Ersatzfach eingeführt, zumeist unter der Bezeichnung »Ethik«, nicht zuletzt, um einem Austritt aus dem RU den Anreiz zusätzlicher Freistunden zu nehmen. In manchen Regionen, vor allem in Ostdeutschland, ist aus dieser Ausnahme schon der Regelfall geworden. Die Einführung von Ethik als Ersatzfach war allerdings von Anfang an eine unbefriedigende Lösung. Das Fach durchbricht das heute gängige Prinzip der Zuordnung von Schulfächern spätestens ab der Sekundarstufe I zu Wissenschaften oder Wissenschaftsgruppen, denn Ethik als eigenständige Wissenschaft gibt es nicht. Sie ist ein Teilbereich der Philosophie. Zudem ist es inhaltlich unbegründet, von Schülern eine Wahl zwischen Religion und Ethik zu verlangen, denn beides schließt sich bekanntermaßen nicht aus. Weder gibt es Religionen ohne ethische Implikationen, noch ist eine philosophische Ethik zwingend religionskritisch.

In einer Zeit, in der evangelische und katholische Schüler durchschnittlich nur jeweils rund ein Viertel der Schülerschaft ausmachen

---

32 Tomáš Halík, Der Nachmittag des Christentums. Eine Zeitansage, Freiburg 2022, 145.

und zudem die Einführung muslimischen und jüdischen Religionsunterrichts erprobt wird, ist eine institutionelle und konzeptuelle Weiterentwicklung des Bereichs Religion und Ethik in der Schule unerlässlich. Sie könnte aus folgenden Elementen bestehen:

Erstens schließen sich evangelischer und katholischer Religionsunterricht zu einem interkonfessionellen christlichen Religionsunterricht zusammen. Nur so wird schon aus Gründen der Schülerzahl der Anspruch des Religionsunterrichts, als »ordentliches Lehrfach« (Artikel 7 (3) GG) im Konzert der Schulfächer einen gewichtigen Beitrag zur allgemeinen Bildung zu leisten, auf längere Sicht noch verwirklicht werden können. Rechtlich wäre dies problemlos möglich, wenn die Kirchen erklärten, dass dieser Unterricht ihren Grundsätzen entspricht. Konzeptuell dürften die evangelische und die katholische Religionspädagogik in ihrem Verständnis von gutem Religionsunterricht nahe genug beieinanderliegen, um die fachlichen Grundlagen für einen interkonfessionellen Unterricht erarbeiten zu können. Überdies entspräche diese Lösung dem faktischen Zusammenwachsen der ehemals klar getrennten evangelischen und katholischen Milieus in der Bevölkerung in Deutschland. Institutionell würde diese Lösung Kräfte bündeln, vor allem mit Blick auf die Lehrerbildung.

Zweitens wird das Fach »Ethik« durch das Fach »Philosophie« ersetzt, das in den Schulen ab der Sekundarstufe I entsprechend auszubauen wäre. Alle Schülerinnen und Schüler hätten dann in jedem Schuljahr mindestens eines dieser beiden Fächer zu besuchen. Im Unterschied zur jetzigen Konstellation wäre aber Philosophie nicht einfach Ersatzfach für den Religionsunterricht, sondern durchgehend belegbares Wahlpflichtfach. Beide Fächer wären demnach so in den Stundentafeln zu platzieren, dass Interessierte auch an beiden gleichzeitig teilnehmen können. Eine solche Lösung würde beide Fächer aufwerten und einen Beitrag zur Stärkung der Geistes- und Kulturwissenschaften in der Schule leisten.

Um aber eine religiöse Mindestbildung für wirklich alle Schülerinnen und Schüler zu ermöglichen, sollte *drittens* am Ende der Sekundarstufe I für diejenigen, die bis dahin nicht am Religionsunterricht teilgenommen haben, die Teilnahme an einem mindestens einjährigen Kurs »Religionsgeschichte« mit zumindest zwei Wochenstunden verpflichtend sein. Dieser nichtkonfessionelle Kurs wäre von dafür fortgebildeten Geschichts- und Religionslehrern zu unterrichten.

Dies alles setzt freilich voraus, dass der RU sich tatsächlich als Bildungsangebot für die Auseinandersetzung mit Religion versteht, konkret mit dem Christentum und aus vergleichender Perspektive auch mit anderen Religionen. Auch der Religionsunterricht muss der oben angesprochenen Versuchung von Ausweichbewegungen entgehen, in diesem Fall beispielsweise in Richtung von allgemeiner Lebenshilfe und Moral. Denn, wie Jürgen Kaube in einem kritisch-konstruktiven Kommentar zur Lage des Religionsunterrichts schreibt:

> »Ein Sinn für die Geschichte und die Geschichten der Religion, ihre Grundbegriffe und ihre überraschenden Antworten entsteht nicht, solange Religion im Grunde nur sagt, was auch ohne ihr Zutun und ihr besonderes Vokabular einsichtig ist. Dass die Sprache der Religion jahrtausendelang keine ›Wertesprache‹ war, sondern eine sehr konkrete, sehr bildgewaltige und auch begrifflich zumutungsreiche, gerät aus dem Blick, wenn so getan wird, als wäre es den Propheten, Jesus, Paulus, den Kirchenvätern und Luther beispielsweise vor allem darum gegangen, die stehenden Elemente von Festreden der Gegenwart (›Verantwortung übernehmen‹, ›Toleranz‹, ›gerecht sein‹, ›Freiheit bewahren‹ et cetera) durch Gottesbezug zu bekräftigen. [...] Dass die Schule mit einem solchen Religionsunterricht unterhalb ihrer Möglichkeiten bleibt, geht hingegen alle an. Denn dadurch verarmt die Kenntnis einer Wirklichkeit und eines Repertoires von Antworten auf letzte Fragen, die sie aufwirft.«[33]

---

33 Jürgen Kaube, Haben wir was in Reli auf?, in: Frankfurter Allgemeine Zeitung vom 8.1.2019, 9.

Seele und Glückseligkeit

Platon als Seelenlehrer

Friedemann Richert

I Einleitung

Die säkularen Propheten der Welt beherrschen die Bühne unseres Lebens: Seien es Psychologen und Soziologen, Mediziner und Neurowissenschaftler, Politiker und Pädagogen, Transhumanisten und Programmierer, sie alle eint das Verständnis der Gleichsetzung von Wahrheit mit der Wirklichkeit: Beide seien dasselbe und bedürften keiner metaphysischen Begründung mehr.

Giambattista Vico (1668–1744) hat diese Erkenntnis ins neuzeitliche Denken eingetragen: Für seine Zeit ist die Welt eine ungeordnete Ansammlung menschlicher Werke und Tätigkeiten, die sich im Fluss der Zeit ständig verändern. »Allenfalls das Gedächtnis, die Memoria, und die Philologie hatten bisher diese Welt erfasst, nicht aber der wissenschaftliche Geist, die Ratio, die Philosophie. Diese hat sich mit der ewigen Ordnung der Natur beschäftigt. Aber nun zieht Vico den wissenschaftlichen Geist von der Natur ab und lenkt ihn auf die menschliche Welt. Aus der Meta-Physik wird Meta-Politik.«[1] Denn galt bis Vico der philosophische Grundsatz: Das Wahre ist das Sein (*verum est ens*), so hat Vico dieses Axiom durch den berühmt gewordenen Satz: Das Wahre ist das Gemachte (*verum est factum*) ersetzt.[2]

---

[1] Jürgen Trabant, Das lebendige Herz der Metaphysik, 2, in: www.sueddeutsche.de/kultur/geisteswissenschaften-das-lebendig, abgerufen am 31. März 2023.

[2] Gerne auch zitiert als: *verum et factum convertuntur*, vgl. Giambattista Vico, Scienza nuova, Bd. I, 4. Kapitel, 139, hg. von Erich Auerbach, De Gruyter 1965. Freilich gilt es festzuhalten, dass für Vico das Wahre eine von Gott – verstanden als *primus factor* – erzeugte Größe ist. Erst die Neuzeit hat diesen göttlichen Faktor durch den menschlichen Faktor ersetzt und so die naturalistische Erkenntnistheorie ermöglicht.

Daraus folgt: Nur noch Gott kann die Natur vollständig erkennen, der Mensch hingegen nur noch das von ihm Gemachte, wie die Geschichte oder Artefakte. Seither wandelt sich Wahrheit in Wirklichkeit, Metaphysik in Physik, Himmlisches in Irdisches.

Das ist nicht ohne Folgen für den Menschen geblieben, wurde ihm doch sein schöner Schein als himmlisches Geschöpf Gottes genommen. War der Mensch bis dahin in seiner Erscheinung eine lebendige Seele, also ein Repräsentant Gottes auf Erden, mit Wahrheit und Würde ausgestattet, so wird er seitdem nur noch als irdisches Lebewesen verstanden. Und das wird nun mit allen Mitteln der Kunst naturwissenschaftlich vermessen und beurteilt. Dadurch jedoch geriet die Seele des Menschen ins Fahndungsraster des Meß-, Zähl- und Wägbaren. Das Ergebnis dieser Untersuchung überrascht nicht: Die Seele kann nicht gefunden werden. Der Mensch ist seelenlos geworden. Dieser Seelenverlust wurde dann beschönigend durch das säkular gedeutete Lehnwort »Psyche« ersetzt, welche die Psychologie analysiert. Auch Begriffe wie »Person, Persönlichkeit, Ich und Selbst« wollen den bis dahin metaphysischen Begriff »Seele« im irdischen Sinn ersetzen. Seither sucht der Mensch nach dem Lebenssinn, den er hinter der Wirklichkeit vermutet.

Nachfolgende Gedanken wollen hierbei, in Anlehnung an den Philosophen Platon, behilflich sein. Denn unsere Wirklichkeit altert mit der Zeit, die Wahrheit hingegen nicht. Sie bleibt zeitlos erhaben. Dafür steht Platons Philosophie, wie der britische Philosoph Alfred North Whitehead 1929 schon bemerkt hat. Denn, so Whitehead, die europäische Philosophiegeschichte besteht aus einer Reihe von Fußnoten zu Platon.[3]

II Seelenleben

Nach Platon ist die Seele die Königin des Lebens, gibt sie doch jedem Lebewesen Anteil am Sein des Lebendigen. Verflüchtigt sich die Seele, verschwindet des Lebens Odem und der Tod tritt ein. Insofern sind die Lebensseele und der Tod zwei Pole des Seins: So sagen wir, eine Person *ist* lebendig oder *ist* tot. Darum sind sowohl die Seele als auch der Tod ohne das Sein nicht denkbar, ist doch der Tod ein Nicht-Sein, welcher folglich

---

3 Vgl. Alfred North Whitehead, Prozeß und Realität, Entwurf einer Kosmologie. Übersetzt und mit eine Nachwort versehen von Hans Günter Holl, Frankfurt ²1987, 91.

ohne das Sein nicht gedacht werden kann.[4] Darum ist die Seele als unsterbliches Lebensprinzip im himmlischen Sein begründet, weswegen die Seele allem Lebendigen seine je eigene Form gibt.[5] Nichts anderes lehrt Thomas von Aquin, wenn er die *Seele als Form des Körpers*, als *anima forma corporis* definiert.[6] Dieser Gedanke lässt sich nicht ohne seine Grundlegung in der Metaphysik Platons und seines Schülers Aristoteles, denken und formulieren.[7]

Platon und Aristoteles sind mit ihrer Philosophie angetreten, die Seele als Königin des Lebens zu erschließen. Und beide kommen zu der Einsicht, dass das Gute und die Seele unabdingbar zusammengehören und ohne Metaphysik nicht menschengemäß denkbar sind. Deswegen wohnt jeder Seele der lebensbefördernde Wunsch inne, sich zum Guten hin zu entfalten und zu vervollkommnen, mithin glückselig zu werden.

»Daß Menschen und Dinge, die unser Begehren erwecken, etwas anderes, Größeres versprechen, als sich selbst, etwas also, das sie selbst prinzipiell nicht halten können, ist die Grunderfahrung, die Platons Lehre vom ›Guten selbst‹ zugrunde liegt. [...] Diesen Horizont, der unsere konkreten Einzelziele umgreift, nannten die Alten *eudaimonia*.«[8]

Diese Glückseligkeit ist aber ohne das Gute, als Grundidee des Lebens, nicht denkbar. Denn für alles Seiende ist es besser zu sein, als nicht zu sein.[9] Demnach ist es für jede Seele – als Lebensprinzip – gut, zu sein und

---

4 Vgl. Platon, Phaidon, 105d-e, wo Sokrates mit Kebes folgenden Dialog führt: »Die Seele also, wessen sie sich bemächtigt, zu dem kommt sie immer Leben mitbringend. [...] Und die Seele nimmt doch den Tod nie an? – Nein. – Unsterblich also ist die Seele? – Unsterblich.« (Platon, Sämtliche Werke in VIII Bänden, übertragen von Rudolf Rufener, Zürich/München 1974)

5 Vgl. Platon, Phaidon, 245c; Gesetze, 895-896, wo Platon die sich selbst bewegende Seele als Ursache von allem Lebendigen beschreibt.

6 Vgl. Thomas, Summa theologiae, Teil I, q. 75. – Hg. von Joseph Bernhart: Bd. 1: Gott und Schöpfung, Stuttgart ³1985.

7 Vgl. hierzu: Platon, Timaios; Dieser Dialog handelt von der Kosmologie und Anthropologie und galt in der Gelehrtenwelt bis ins 12. Jahrhundert als unverzichtbare Standardliteratur; vgl. Aristoteles, de anima, in: Aristoteles, Philosophische Schriften in sechs Bänden, übersetzt von Eugen Rolfes und Hermann Bonitz, Darmstadt 1995.

8 Robert Spaemann, Glück und Wohlwollen, Versuch über Ethik, Stuttgart 1993, 35.

9 In seinem Dialog »Der Sophist« erörtert Platon das gedankliche Verhältnis vom Seienden und dem Nicht-Seienden und lehnt die Gleichsetzung von Materie mit dem

einen Körper zu beseelen. Diesen Gedanken setzt wohl Paulus voraus, wenn er vom himmlischen Auferstehungsleib des Christen redet.[10] Und Paulus nimmt hier zugleich die Rede Platons von des Menschen himmlischer Herkunft auf:

> »Was nun die gültigste Art der Seele in uns angeht, so müssen wir die Überlegung machen, daß sie Gott einem jeden von uns als Schutzgeist verliehen hat, als den Teil nämlich, der, wie wir sagten, zuoberst in unserem Leibe wohnt und von dem wir völlig zu Recht behaupten dürfen, daß er uns über die Erde zu den verwandten Dingen im Himmel erhebt, da wir nicht als ein Gewächs der Erde, sondern des Himmels entstanden sind.«[11]

Paulus und Platon gehen darin überein, dass der Mensch mit seiner Seele zu einem himmlischen Leben berufen ist. So besteht für Platon das Lebensziel des Menschen darin, sich *Gott anzugleichen*, indem er das Böse meidet und das Gute anstrebt.[12] Und für Paulus ist des Christen Lebensziel, das Leben als vernünftigen Gottesdienst zu führen, welcher sich im Prüfen von Gottes Willen als dem Guten, dem Wohlgefälligen und dem Vollkommenen vollzieht.[13] Und selbst die Sünde steht dem nach Paulus, bedingt durch das Heilsgeschehen der Taufe, nicht mehr entgegen:

> »Was wollen wir hierzu sagen? Sollen wir denn in der Sünde beharren, damit die Gnade umso mächtiger werde? Das sei ferne! Wir sind doch der Sünde gestorben. Wie können wir noch in ihr leben? Oder wisst ihr nicht, dass alle, die wir auf Christus Jesus getauft sind, die sind in seinen Tod getauft? So sind wir ja mit ihm begraben durch die Taufe in den Tod, auf dass, wie Christus auferweckt ist von den Toten durch die Herrlichkeit des Vaters, so auch wir in einem neuen Leben wandeln. Denn wenn wir mit ihm zusammengewachsen sind, ihm gleich geworden in seinem Tod, so werden wir ihm auch in der Auferstehung gleich sein. Wir wissen ja, dass unser alter Mensch mit ihm gekreuzigt ist, damit der Leib der Sünde vernichtet werde, sodass wir hinfort der Sünde nicht

---

Sein ab; wesentliches Kennzeichen des Seienden ist seine Fähigkeit, zu handeln und zu leiden. Darum wird dem Sein Bewegung, Leben und Einsicht zugeschrieben.

10 Vgl. 1. Korinther 15,47-49: Der erste Mensch ist von der Erde und irdisch; der zweite Mensch ist vom Himmel. Wie der irdische ist, so sind auch die irdischen; und wie der himmlische ist, so sind auch die himmlischen. Und wie wir getragen haben das Bild des irdischen, so werden wir auch tragen das Bild des himmlischen. Übersetzung nach Martin Luther, Stuttgart 1999.

11 Platon, Timaios 90a.

12 Platon, Theaitetos 176a-b.

13 Vgl. Römer 12,1-2.

dienen. Denn wer gestorben ist, der ist frei geworden von der Sünde. Sind wir aber mit Christus gestorben, so glauben wir, dass wir auch mit ihm leben werden, und wissen, dass Christus, von den Toten erweckt, hinfort nicht stirbt; der Tod wird hinfort über ihn nicht herrschen. Denn was er gestorben ist, das ist er der Sünde gestorben ein für alle Mal; was er aber lebt, das lebt er Gott. So auch ihr: Haltet euch für Menschen, die der Sünde gestorben sind und für Gott leben in Christus Jesus.«[14]

Was aber für uns Menschen als »himmlisch berufene Lebewesen« gilt, kann nicht auch für das beseelte Tier gelten? Haben doch beide über die Seele als Lebensprinzip Anteil am Sein des Lebendigen.[15] Darum erhofft Paulus im Zusammenhang mit der Neuschöpfung auch eine erlöste Kreatur, der himmlische Qualität zukommt.[16]

Nicht umsonst kommt mein geistiger Lehrer, der Philosoph Robert Spaemann, zu der grundsätzlichen Überlegung, auch bestimmten Tieren den Personenstatus zuzuerkennen:

»Personenrechte sind Menschenrechte. Und wenn sich andere natürliche Arten im Universum finden sollten, die lebendig sind, eine empfindende Innerlichkeit besitzen und deren erwachsene Exemplare häufig über Rationalität und Selbstbewußtsein verfügen, dann müßten wir nicht nur diese, sondern alle Exemplare dieser Art ebenfalls als Personen anerkennen, also zum Beispiel möglicherweise alle Delphine.«[17]

Und was für Delphine gilt, kann das nicht auch für andere, bestimmte Arten von Säugetieren gelten? Ihr *Lebensprinzip ist doch ihre Seele,* die am Gut des Lebens als Sein des Lebendigen in gestufter Weise Anteil hat. Schon Aristoteles hat in seiner Seelenlehre den Tieren eine Seele zuerkannt.[18] Und Platon hat beispielsweise dem Hund eine philosophische und wahrhaftige Natur zugesprochen.[19] Solch eine Natur ist aber ohne Beseelung nicht denkbar.

In Gefolge von Descartes' philosophischem Rationalismus hat die Neuzeit freilich ein Seelensterben in Gang gesetzt, unter dem vor allem

---

14 Römer 6,1–11.
15 Vgl. Aristoteles, de anima II 2, 413a–b.
16 Vgl. Römer 8,18–21.
17 Robert Spaemann, Personen, Versuche über den Unterschied zwischen »etwas« und »jemand«, Stuttgart 1996, 264.
18 Vgl. Aristoteles, de anima II, 2, 413b 7 ff.; II, 3, 414a 31 ff.
19 Vgl. Platon, Staat, 376a–b.

die Tiere bis heute leiden.[20] Tiere zählen nach Descartes zu den seelenlosen *res extensae*, zu den »erweiterten Sachen«, sind also Tier-Maschinen ohne echte Empfindungen.[21] Das Tier wird auf diese Weise seiner Seele beraubt, wird somit zu einer erweiterten Sache, mit der Folge unsagbaren Tierleidens wie Vivisektion, Tierversuchen und Massentierhaltung. In unserer Rechtsprechung wurde freilich der Sachbegriff für das Tier 1990 aufgegeben. Im Bürgerlichen Gesetzbuch heißt es darum in § 90a: »Tiere sind keine Sachen. Sie werden durch besondere Gesetze geschützt.«[22]

So kann gesagt werden, dass Mensch und Tier beseelt geboren werden, weil sie der Idee des Guten entstammen.[23] Die natürliche Qualität des Guten verweist letztlich auf die *Idee* des Lebens, die ihrerseits mit dem Gedanken des Sinns, also der Wahrheit, einhergeht. Ein untrügliches Kennzeichen hierfür ist des Menschen Sehnsucht nach *Stimmigkeit* seines Lebens. Daher rührt die altehrwürdige Haltung *de mortuis nihil nisi bene* (über die Toten nur gut reden). So kommt es zur *teleologischen* Reihung: Das *Gute* verweist auf die Idee des *Lebens*, die *Idee* des Lebens wiederum verweist auf die *Seele*, diese auf das *Sein* an sich. Dem Ganzen freilich liegt das metaphysische Denken zugrunde, wie Platon es so schön formuliert hat.[24]

III Die Wohnung des Guten

Die *Idee des Guten* und die *Seele* gehören untrennbar zusammen. Denn alles Leben ist prinzipiell auf die Güte des Lebens ausgerichtet, mithin dem Gut des Lebens verpflichtet. So spiegelt unsere Lebensführung nolens volens unser Seelenleben wider, welches darum unter den ethischen Kategorien von Gut oder Böse zu stehen kommt. Deswegen reden wir im guten Fall von einer »Seele von Mensch«, im bösen von einer »seelenlosen Person«. Die Seele ziert den Menschen dahingehend, dass sie ihn zum Guten führen will. Das Gute ist folglich Ursache und Ziel allen

---

20 Vgl. Johanna Haberer, Die Seele. Versuch einer Reanimation, München 2021, 13.75 f.
21 Vgl. René Descartes, Discours de la méthode, 56, 9, Hamburg ²1997.
22 Bürgerliches Gesetzbuch, § 90a, 55., überarb. Aufl., München 2004.
23 Vgl. zum Folgenden: Friedemann Richert, Über das Gute oder Warum Platon recht hat und die Neuzeit sich irrt, Nordhausen 2016, 71 f.
24 Vgl. Anmerkung 5.

Lebens, weswegen die Idee des Guten zeitenthoben ist und sich somit als metaphysischer Grund des Seins, der Seele und des Lebens erweist. Der Neuzeit freilich ist dieses Denken abhandengekommen. In ihr wird die Idee des Guten der Metaphysik beraubt und anstelle deren die säkulare Utopie bedient: Diese will mittels der autonomen Vernunft das Bessere auf Erden herbeiführen, dabei wird der Mensch zum Maß für Himmel und Erden. Und beiden will er autonom als homo faber gegenüberstehen. Deswegen kann der Sündenfall, so Friedrich Schiller, als des Menschen »Wagestück seiner Vernunft«, als erster »Anfang seines moralischen Daseyns« verstanden werden.[25] Und der amerikanische Pragmatismus von William James lehrt später:

> »Unsere Konzeption der Wahrheit ist eine Konzeption von Wahrheiten im Plural, von Prozessen des Hinführens, die *in rebus* vollzogen werden und nur die eine Eigenschaft gemein haben, dass sie sich *bezahlt machen*. [...] Wahrheit wird *gemacht*, ebenso wie im Vollzug unserer Erfahrungen Gesundheit, Wohlstand und Stärke gemacht werden.«[26]

Damit beginnt der endlose Weg der Utopie, der sich in rastlose Aporien verstrickt und sich selbst ad absurdum geführt hat. Die Dystopien des 20. Jahrhunderts von Kommunismus, Sozialismus und Nationalsozialismus mit ihrem hohen Blutzoll sind mehr als ein Beleg hierfür. So wird in der Moderne die Seele heimatlos, durch die religionskritische Psychologie zudem für pathologisch erklärt. Die Seele wird zu einem irdischen Defizitkonstrukt, das im stahlharten Gehäuse der Moderne vergeblich nach Glückseligkeit sucht. Diese wird in der Moderne durch eine Bedürfnispyramide ersetzt, die nach dem Psychologen Abraham Maslow im höchsten Wert der Selbstverwirklichung kulminiert. Hierzu stellt der Philosoph Norbert Bolz fest:

> »Schaut man sich die Schriften von Abraham Maslow aber etwas genauer an, dann macht man eine verblüffende Entdeckung. In seinen letzten Lebensjahren hat Maslow an seinem Spitzenwert gezweifelt und gefragt, was jenseits der

---

25 Friedrich Schiller: Etwas über die erste Menschengesellschaft nach dem Leitfaden der Mosaischen Urkunde (1790). Nat.ausg. 17, 399 f., zitiert nach: Historisches Wörterbuch der Philosophie, Bd. 10, Darmstadt 1998, hg. von Joachim Ritter und Karl Gründer, 623.

26 William James, Pragmatismus. Ein neuer Name für einige alte Denkweisen. Übersetzt und mit einer Einleitung herausgegeben von Klaus Schubert und Axel Spree, Darmstadt 2001, 141.

Selbstverwirklichung kommt. Die Antwort, die er tastend gefunden hat, lautet eben Selbsttranszendierung. Das klingt religiös und ist auch tatsächlich als eine Art Sakralisierung des Alltags gemeint. Das richtig verstandene Projekt der Selbstverwirklichung ist demnach eine Leiter, die man wegwirft, wenn man das Ziel erreicht hat. Der wichtigste Gedanke Maslows führt uns also zu der Paradoxie einer gelungenen Selbstverwirklichung als Selbsttranszendierung. Das bedeutet also: Das Selbst wird wirklich, indem es sich übersteigt.«[27]

Diese Selbsttranszendierung ist nichts anderes als der schale Versuch, dem klassisch-platonischen Seelenbegriff nicht das Wort reden zu müssen. Demgegenüber muss festgehalten werden: Das, was Platons Seelenbegriff in seiner Güte auszeichnet: Bewusstsein – Denken – Lebensprinzip – Lebenswille, kann das nachmetaphysische Denken der Utopie nicht mehr erfassen, geschweige denn erklären. Es ist der Philosoph Thomas Nagel, der mit seinem Buch »Geist und Kosmos« diese Erkenntnis unter der Perspektive des Geistes und des Bewusstseins hinlänglich dargestellt und erklärt hat.[28] Erst wenn das Gute also in der Seele einwohnt, in ihr wirksam ist, bekommt auch das Gerechte seinen heilsamen Lebenscharakter für die Seele.

Paulus hat diese platonische Einsicht mit Christus verbunden, wenn er davon schreibt, dass wir Christus in uns aufnehmen und ihm nachgebildet werden mögen.[29] Diese Haltung zählt zur Geburtsstunde der europäischen Bildung: Bildung als *Verlängerung* der eigenen Seele.

Dieses Heilsame zeigt sich im *Schönen*, das nach Platon die *Wohnung des Guten* ist.[30] Alle Seelen finden sich folglich gerne im Schönen ein: Menschen und Tiere leben gerne, darin spiegelt sich die Idee des Guten wider. So erfreuen wir uns – als beseelte Wesen – über die Geburt eines neuen beseelten Lebens. Folglich kommt es zu einer weiteren teleologischen Reihung: *Die Idee des Guten – das belebte Sein – die lebendige Seele – das heilsame Schöne.* Dieser himmlische Vierklang verweist auf Gott als den Ursprung und Vollender aller Seelen und des Lebens. Deswegen ist es eine schöne Erkenntnis, dass die Seelen im Schönen gerne wohnen und dort Heimstatt finden. Insofern verweist das Schöne an

---

27 Norbert Bolz, Selbstverwirklichung und Selbstdarstellung in der Welt des Konsums, in: Kontrafunk, Sendung vom 12. März 2023, Skript, 2.
28 Vgl. Thomas Nagel, Geist und Kosmos. Warum die materialistische neodarwinistische Konzeption der Natur so gut wie sicher falsch ist, Berlin 2013.
29 Vgl. 1. Korinther 1–2, vor allem 2,6–16; 2. Korinther 5,1–19, Römer 6,1–11.
30 Vgl. Platon, Philebos 61a und 64c.

sich auf Gott, der verehrt werden will. Die angemessenste Art der Gottesverehrung ist freilich der Gottesdienst, der sich durch Schönheit auszeichnen soll. Nicht umsonst verweist der Psalmist auf die schönen Gottesdienste des Herrn: »Eines bitte ich vom HERRN, das hätte ich gerne: dass ich im Hause des HERRN bleiben könne mein Leben lang, zu schauen die schönen Gottesdienste des HERRN und seinen Tempel zu betrachten.«[31] Wo das Schöne schwindet, da leiden die Seelen. Darum ist es ein Seelenverrat unserer Gottesdienste, wenn in ihnen nicht mehr Gott in seiner heiligschönen Trinität verehrt und verkündet wird, sondern Gesellschaftspolitik jeglicher Couleur betrieben wird. Solch ein Gottesdienst ist nicht heilsam und tröstlich, sondern ein säkularer Menschendienst, der nur in politische Betroffenheit mündet. Den aber hat schon Paulus strikt abgelehnt.[32]

Die Geschichte unseres lateinischen Westens ist durch das Motiv der seelischen Umkehr zutiefst geformt und geprägt worden. Deswegen ist bei uns seit dem Jahr 321 die Sonntagsheiligung eingeführt, Zeichen dafür, dass der Seele und ihrer Erhebung ein öffentliches Maß zuteil wird. Mithin ist die seelische Erhebung nicht nur eine private Angelegenheit, sondern auch im staatlichen Interesse begründet, sofern dieser Staat dem Erbe des Abendlandes verpflichtet ist. So heißt es im Grundgesetz: »Der Sonntag und die staatlich anerkannten Feiertage bleiben als Tage der Arbeitsruhe und der seelischen Erhebung gesetzlich geschützt.«[33]

Jede Wohnung aber muss gereinigt und gepflegt werden. Das gilt auch für des Menschen Seele. Dem wollten einst unsere alten Kirchenbauten entsprechen, indem sie Wohnungen des Guten sein und der Seelenläuterung dienen wollten. Denn nur eine gereinigte Seele hat Zutritt zum Paradies oder zum himmlischen Jerusalem, so die Theologie der Antike und des Mittelalters: Beides wollten die Kirchenbauten in und mit ihrer heiligen Schönheit in architektonischer Erhabenheit nachahmen:[34] Der Gläubige betritt, über die Dämonenwelt an der Westfassade,

---

31 Psalm 27,4.
32 Vgl. Römer 12,1 f.
33 Grundgesetz, Artikel, 140; hg. von Horst Dreier und Fabian Wittreck, Tübingen ²2007.
34 Vgl. zum Folgenden: Ferdinand Seibt, Die Begründung Europas. Ein Zwischenbericht über die letzten tausend Jahre, Frankfurt a. M. 2002, 361 ff.

den Kirchenraum, um schließlich im Osten beim Hochaltar, dem Inbegriff des heiligen Schönen, der Erlösung seiner Seele und des Kosmos innezuwerden. Dabei soll der Geist des Gläubigen, als Auge der Seele, sich den schönen biblischen Heilserzählungen zuwenden, um sich den auferstandenen Christus in seine Seele bildhaft einzubilden: Der Heiland der Welt wird so zum Lehrer des Kosmos, der das Schöne der Erlösung im Guten des Glaubens wohnen lässt. Das ist die Geburtsstunde der seelsorglichen Kirche: Der gekreuzigte Christus, als Pantokrator und Lamm Gottes am Hochaltar dargestellt; hinzu kommen Maria als Hörende und Glaubende, dann die Apostel als Zeugen des Glaubens: All diese heiligen Darstellungen sollen in der Seele des Gläubigen zur Sprache gebracht werden, so im lateinisch-kirchlichen Westen. Im orthodoxen Osten wurden zudem noch die Philosophen Platon und Aristoteles als heidnisch-heilige Zeugen mit in die Ikonographie des Heils aufgenommen.

IV HEIMATLOSE SEELEN

So wird ersichtlich: Die Heimat der Seele ist der Himmel, nur Narren wollen sie der Erde angleichen. Und der Kirche vornehmste Aufgabe war und ist es, die Seelen der Gläubigen auf ihre himmlische Heimstatt vorzubereiten. Als Gemeinschaft der Heiligen ist die Kirche als Heilsanstalt zur Welt gesandt, um die Seelen zu retten und ihnen den Trost des Evangeliums zu verkünden. Dafür steht das Bild der Kirche als Schiff, wie es etwa im Adventslied: Es kommt ein Schiff geladen gezeichnet wurde.[35]

Nunmehr aber bekommt man den Eindruck, dass das Schiff der Kirche zu einem Narrenschiff verkommen ist, in dem es nicht mehr um das Seelenheil der Gläubigen, mithin um die Rechtfertigung des Sünders allein aus Glauben, geht.[36] Vielmehr geben nun weltliche Dinge den Kurs der Kirche vor. Von der altbewährten theologischen Lehre der Vorsehung Gottes (de providentia), welche sich im göttlichen Erhalt der Schöpfung (conservatio), im Begleiten (concursus) und im Regieren Got-

---

35 EG 8, Es kommt ein Schiff geladen. – Alle Kirchenlieder werden zitiert nach: Evangelisches Gesangbuch. Ausgabe für die Evangelische Landeskirche in Württemberg, Stuttgart 1996.
36 Mit Narrenschiff ist hier auch eine Anspielung auf die mittelalterliche Moralsatire von Sebastian Brant gemeint, der mit seinem Buch »Das Narrenschiff« gegen die

tes (gubernatio) zeitigt, bleibt nur noch letztere übrig.[37] Doch hierbei übernimmt nun der kirchliche homo faber selbst das Regieren. Es geht um Klima- und Seenotrettung, um gesellschaftliche Diversität, Gender, Wokeness usw. Nach dem Verspielen der heilsnotwendigen Metaphysik scheinen dies die Eckpfeiler einer die Kirche transformierenden säkularen Ersatzreligion werden zu sollen. – Welch ein kirchliches Selbstmissverständnis!

Indes war das *Kirchenschiff* als Heilsanstalt der Seelen einst mit dem Bekenntnis einer glaubensgehärteten evangelischen Frömmigkeit in See gestochen. Es war Philipp Melanchthon, der mit seiner chiastischen Eröffnungsfigur der Confessio Augustana 1530 das Kreuz Christi als heilsnotwendiges Signum der evangelischen Kirche vorangestellt hat: Artikel 1 (von Gott) und Artikel 3 (vom Sohne Gottes) bilden den einen Kreuzbalken, Artikel 2 (von der Erbsünde) und Artikel 4 (von der Rechtfertigung) bilden den anderen Kreuzbalken. So ist das Predigtamt (Artikel 5) einzig und allein im Kreuz Jesu Christi gegründet, woraus sich auch der Auftrag der Kirche ergibt: Artikel 6 (vom neuen Gehorsam) benennt den Christen als Mitarbeiter Gottes, der sein Tun und Handeln im Gut des Glaubens führen soll. Und Artikel 7 (von der Kirche) benennt das reine Predigen des Evangeliums und das heilsvermittelnde Spenden der heiligen Sakramente als Kennzeichen kirchlichen Handelns. So konnte Martin Luther noch in Auslegung zu Psalm 82 sagen:

> »Die Aufgabe des Pfarrers ist es, daß er das Reich Gottes mehrt, den Himmel füllt mit Heiligen, die Hölle plündert, den Teufel beraubt, dem Tode wehrt, der Sünde steuert; danach die Welt unterrichtet und tröstet einen jeglichen in seinem Stande, erhält Frieden und Einigkeit, zieht ein junges Volk auf und pflanzt allerlei Tugend im Volk, kurz: eine neue Welt schafft er und baut nicht ein vergänglich elend Haus, sondern ein ewiges schönes Paradies, da Gott selbst gern drin wohnt.«[38]

Unvernunft allfällig menschlicher Laster auf die vernünftig-weise Lebenshaltung des biblisch und philosophisch Gebildeten setzt.

37 Vgl. hierzu: Pars I. De Deo, de providentia § 21, in: Heinrich Schmid, Die Dogmatik der evangelisch-lutherischen Kirche, hg. von Horst Pöhlmann, Gütersloh ⁹1979, 120–134.

38 Luther WA 31, 1. Abt., 199, 28 ff., zit. nach: Dietzfelbinger Hermann, Zum Selbstverständnis des Pfarrers heute, Gütersloh 1965, 38.

Mittels dieses Navigationskurses war die Kirche ein Bindeglied zwischen Himmel und Erde, zwischen Gott und Mensch, wobei die kirchliche Navigation von der Aufgabe, »den Himmel mit Heiligen zu füllen« geleitet war. Hierbei war den Seelen besondere Aufmerksamkeit zu widmen, sei es durch Gottesdienste, sei es durch Bildung, sei es durch Seelsorge und Beichte, sei es durch ästhetische Erfahrung, sei es durch Musik.

Im 20. Jahrhundert wurde das Kirchenschiff bei langsamer Fahrt jedoch mehr und mehr in andere Gewässer manövriert. In der Seelsorge verließ man den angestammten Hafen des reformatorischen Bekenntnisses, ankerte anstelle dessen gerne bei metaphysikfreien Psychologen und anderen Humanwissenschaften, und machte sich deren Seelenlehre zu eigen, die sie in Abgrenzung zum religiös konnotierten Seelenbegriff säkular definierten. Hierzu bemerkt Johanna Haberer:

> »Geist, Bewusstsein, Seele – alles unscharfe Begriffe, die innere Prozesse des Menschen beschreiben. Die wissenschaftlichen Annäherungen sind ebenso vielfältig wie die Begrifflichkeiten, mit denen das Zusammenwirken von Denken, Fühlen, Handeln beschrieben wird: Person. Persönlichkeit. Ich. Selbst. Identität. Subjekt. Selbst-Bewusstsein.
>
> Als in der Mitte des 19. Jahrhunderts die empirischen Wissenschaften aufgehört hatten, von der »Seele« zu sprechen, überwinterte der Begriff in den Universitäten in den Instituten für Praktische Theologie, dort wo »Seelsorge« gelehrt wird. Die Psychologie, die ja die Psyche, den griechischen Begriff für Seele im Namen trägt, weist hingegen seit Beginn ihrer Universitätskarriere ein Vorhandensein der Seele von sich und versteht sich eher als Wissenschaft »ohne Seele.«[39]

So hat die Seele in ihrer metaphysischen Begründung in Kirche und Theologie ausgespielt, geblieben sind Begriffe wie Person und Persönlichkeit, Ich und Selbst, denen freilich die wahrhaftige Weite und himmlische Größe des Begriffs Seele fehlt. Denn der Personenbegriff, ab dem 4. Jahrhundert ein theologisch-metaphysischer Würdebegriff für jede Menschenseele, wurde in der Neuzeit seiner theologischen Begründung und damit seiner Seele beraubt. Übrig geblieben ist das biologische Lebewesen Mensch, das als atomisiertes Ich sein irdisches Dasein fristet.[40]

---

39 Haberer, Seele (s. Anm. 20), 52.
40 Vgl. zum gesamten Themenkomplex der Person, Robert Spaemann, Personen, vgl. Anm. 17.

V Der Kirchenchoral als Wohnung der Seele

Ganz anders verhält es sich in den altbewährten Kirchenchorälen: Das Schöne ist die Wohnung des Guten, lehrt Platon.[41] Und er lehrt zudem, dass das Schöne zugleich schwer ist.[42] Beides trifft auf die Kunst der Musik zu: Sie ist schön und schwer zugleich: Denn nur die erlernte und geübte Kunst der Musik vermag ihre Schönheit zum Erklingen zu bringen. Darum ist in schöner Musik ein erhebendes und erhabenes Anspiel auf das verheißene Reich Gottes hör- und vernehmbar: Gottes heile Welt des Himmels erklingt im hohen Ton der Musik, berührt und führt dabei unsere Seelen zum Schönen hin. Nicht umsonst reden wir von *himmlischer Musik*. Und eben diese himmlische Ordnung nehmen kirchliche Choräle auf und versuchen dem mit ihren stilvoll gebildeten Texten zu entsprechen.

Grundlage hierfür ist das pädagogische Konzept, wie es im 17. Jahrhundert in den protestantischen Schulen vielfach geübt wurde: Die Erziehung zum *Heiligen* hin, die der Lehrer, als Führer zum Licht hin, zu gewährleisten hat. Auf diese Weise kamen im kirchlichen Choral Musik und Wort, Gesang und Text zu einer unübertroffenen Prägkraft zusammen, die bis heute ihre Strahlkraft nicht verloren hat.

Pfarrer Rainer Köpf hat in seiner beeindruckenden Biographie über Paul Gerhardt den Schulunterricht in den protestantischen Bürgerschulen des 17. Jahrhunderts beschrieben:

> »Musik spielte eine zentrale Rolle. Mehrere Stunden am Tag probte der Kantor mit den Schülern figurale Chorsätze, die sich am Prinzip des ›Kanons‹ orientierten. [...] Diese Musik brachte in ihrer streng mathematischen Struktur das schulische Grundkonzept zum Klingen. [...] Der Kosmos hat bis in die kleinste Einheit hinein berechenbare Strukturen. Wer dementsprechend singt, der lobt den Schöpfer, wer das Maß verliert, wird zum Schreihals der gefallenen Welt. Das Geordnete steht gegen das Zerbrochene. Der Christ singt ›in rechter Ordnung‹ gegen die Mächte zerstörerischer Maßlosigkeit. [...] Eine wichtige Grundregel lautete: Poesie soll nicht bloß eigene Gemütszustände darstellen, sondern Wirkung beim Zuhörer erzielen. [...] Und dafür standen Techniken zur Verfügung. Mit der damals gebräuchlichen ›Affektenlehre‹ bekamen die Schüler einen Katalog in die Hand, in dem sie nachschlagen konnten, welche Gefühle durch einen bestimmten Gebrauch der Sprache ausgelöst werden. [...]

---

41 Vgl. Platon, Philebos 61a und 64c.
42 Vgl. Platon, Hippias maior 304c–e.

Grundsätzlich sollten die Gedichte dreierlei bewirken, nämlich ›lehren‹ (*docere*), ›bewegen‹ (*movere*) und ›erfreuen‹ (*delectare*): Ein Inhalt, gegebenenfalls auch mit unterhaltsamen Mitteln, wird so weitergegeben, dass er beim anderen Menschen ankommt. Beim ganzen Menschen mit Geist, Leib und Seele.«[43]

Es ist dieses Bildungsniveau, welches den kirchlichen Chorälen dieser Zeit bis heute ihre bleibende Schönheit und Wahrhaftigkeit gibt, die zu trösten und zu bestärken vermögen.

Und hier liegt ein besonderes Seelenpotential, gar ein Seelengeheimnis verborgen: Es sind die kirchlichen Choräle, die sich nicht der säkularen Entseelung ergeben haben, sondern umgekehrt: Bis heute erklingen in und mit den kirchlichen Chorälen Texte, die von der Seele als Lebensprinzip, von der damit nötigen Seelsorge und dem damit verbundenen Seelenheil singen, kurz von der himmlischen Heimstatt des Christen künden. Besonders fällt in den althergebrachten Chorälen auf, dass sie noch um die *Selbstsorge* und darum um die *Seelsorge* wissen.

Der Begriff *Selbstsorge* entstammt der Philosophie Platons und meint das Wägen, Suchen und Prüfen eines stimmigen Lebens, welches sich im Guten einfindet.[44] Mittels dieser Selbstsorge bleibt des Menschen Seele in der Wahrheit, findet dabei zur Ruhe und erhält so des Menschen Leben.[45] Und eben diese Seelenhaltung der Selbstsorge ist in kirchlichen Chorälen zu finden. So heißt es im Lied EG 73 *Auf, Seele, auf und säume nicht* von dem in pietistischer Tradition stehenden Theologen Michael Müller (1673–1704):

> 1. Auf, Seele, auf und säume nicht,
> es bricht das Licht herfür;
> der Wunderstern gibt dir Bericht,
> der Held sei vor der Tür.

> 10. Der zeigt dir einen andern Weg,
> als du vorher erkannt,
> den stillen Ruh und Friedenssteg
> zum ewgen Vaterland.

---

43 Rainer Köpf, Wir gehen dahin und wandern. Eine Reise zu Paul Gerhardt, Stuttgart 2007, 61–64.

44 Vgl. Platon, Staat 352d; an dieser Stelle erörtert Platon den Gedanken, wie man mit seinem ganzen Leben leben soll.

45 Vgl. Platon, Protagoras, 356d–e, wo Platon der Frage nach dem Heil des Lebens nachgeht und betont, »daß die Seele in der Wahrheit bleibt und so ihre Ruhe findet, und damit würde sie unser Leben erhalten«.

Die Tätigkeit der Seele wird hier verstanden als innerliches, geistiges Bereitmachen, Jesus Christus als Licht der Welt, als Heiland und Erlöser im eigenen Leben über den Glauben wirksam werden zu lassen, um so ans Ziel des Lebens zu gelangen: Das wiedergeöffnete Paradies des ewgen Vaterlands im Himmel. Auf der Folie von Platons Höhlengleichnis gelesen, kann die wahrheitssuchende Seele hier ihre nachthaften Tage mit dem Licht Christi himmlisch erhellen lassen und zum erlösten Sein finden.[46]

Ebenso diesem Geist der Selbstsorge als *Seelsorge* verbunden ist das Lied des Königsbergers Domorganisten Heinrich Albert, EG 445 *Gott des Himmels und der Erden*:

> 3. Lass die Nacht auch meiner Sünden
> jetzt mit dieser Nacht vergehn;
> o Herr Jesu, lass mich finden
> deine Wunden offen stehn,
> da alleine Hilf und Rat
> ist für meine Missetat!
>
> 4. Hilf, dass ich mit diesem Morgen
> geistlich auferstehen mag
> und für meine Seele sorgen,
> dass, wenn nun dein großer Tag
> uns erscheint und dein Gericht,
> ich davor erschrecke nicht.
>
> 6. Meinen Leib und meine Seele
> samt den Sinnen und Verstand,
> großer Gott, ich dir befehle
> unter deine starke Hand.
> Herr, mein Schild, mein Ehr und Ruhm,
> nimm mich auf, dein Eigentum.

Auch hier ist die Selbstsorge als *Seelsorge* im Wahrnehmen des Erlösungshandelns des Gekreuzigten zu sehen (Strophe 3), um die eigene Seele für das Jüngste Gericht zu stärken (Strophe 4), um sodann den eigenen Lebensweg mit Leib und Seele samt den Sinnen und Verstand der starken Hand Christi anzuvertrauen (Strophe 6). Hier ist übrigens ein deutliches Anspiel auf die Seelsorge Platons zu vernehmen. Diese versteht es nämlich, zur Gesundung und Heilung der kranken Seelen bei-

---

46 Vgl. zum Höhlengleichnis, Platon, Staat, 514a–517a.

zutragen, indem diese zu dem wahrhaft Schönen hingeführt werden, um so im Totengericht bestehen können.[47]

Der Hauptaspekt der evangelischen Choräle liegt auf der *Seelsorge*: Auch hier ist das geistige Erbe von Platon zu finden, ist er doch der Begründer des Begriffs *Seelsorge*, wie er in der kirchlichen Kultur und darüber hinaus allgegenwärtig ist.[48] Ganz im Sinne der Philosophie Platons legt eine Vielzahl von Chorälen Wert auf die metaphysische Dimension der Seele, die über das irdische Leben hinaus von Gott zum »Paradeis« erwählt werden soll. So heißt es schön bei Paul Gerhardt in Lied EG 503 *Geh aus, mein Herz, und suche Freud* aus dem Jahre 1653:

> 13. Hilf mir und segne meinen Geist
> mit Segen, der vom Himmel fleußt,
> dass ich dir stetig blühe;
> gib, dass der Sommer deiner Gnad
> in meiner Seele früh und spat
> viel Glaubensfrüchte ziehe.
>
> 15. Erwähle mich zum Paradeis
> und lass mich bis zur letzten Reis'
> an Leib und Seele grünen;
> so will ich dir und deiner Ehr
> allein und sonsten keinem mehr
> hier und dort ewig dienen.

Es ist wiederum das Erbe von Platons Seelenlehre, welches unserem evangelischen Choralgut mit zugrunde liegt: Die Seele als *Lebensprinzip*. Und es ist Paul Gerhardt, der mit seinem Choral EG 302 *Du meine Seele, singe* aus dem Jahr 1653 dieses Lebensprinzip zum vollen Klang bringt. So dichtet er in Anlehnung an Psalm 146:

> 1. Du meine Seele, singe, wohlauf und singe schön
> dem, welchem alle Dinge zu Dienst und Willen stehn.
> Ich will den Herren droben hier preisen auf der Erd;
> ich will ihn herzlich loben, solang ich leben werd.
>
> 2. Wohl dem, der einzig schauet nach Jakobs Gott und Heil!
> Wer dem sich anvertrauet, der hat das beste Teil,
> das höchste Gut erlesen, den schönsten Schatz geliebt;
> sein Herz und ganzes Wesen bleibt ewig unbetrübt.

---

47 Vgl. Platon, Apologie 40c–42a.
48 Als klassischer Topos für Platons Seelsorgebegriff gilt Sokrates' Rede vor dem Athener Gericht, vgl. Apologie 29e.

Wer seine Seele so durch Singen pflegt, der erhebt sich hin zum himmlischen Schönen, findet sich mit dem Singen in der göttlichen Wahrheit ein. Wer sich also mit seiner Seele – als Lebensprinzip – Gott und seinem Heil anvertraut, »der hat das beste Teil. Das höchste Gut erlesen, den schönsten Schatz geliebt. Sein Herz und ganzes Wesen bleibt ewig unbetrübt«[49].

Insgesamt kann festgehalten werden, dass die alten kirchlichen Choräle allesamt die Seele als Lebensprinzip kennen, schätzen und sie im Glauben zum Heil hin gepflegt wissen wollen. Darum lehren die Choräle, dass des Menschen Seele mit dem Evangelium und dem Heilshandeln Christi so besorgt werden muss, dass der Mensch als Person bei seiner »letzten Reis' an Leib und Seele« grünt, also in das himmlische Auferstehungsleben berufen wird.[50] Das alte Kirchenlied steht in der Tradition der heilsorientierten Seelsorge, die den Geist der Angleichung an Gott, den Geist der Glückseligkeit atmet. Deswegen lebt die Seele in den Chorälen als *Königin des Lebens* und wird dementsprechend zur *Angleichung an Gott* gepflegt.

Wenn unsere Kirche diese Seelsorge nicht mehr übt, Seelsorge nicht mehr heilsbezogen lehrt und betreibt, wie gegenwärtig zu beobachten ist, dann verkommt sie zu einer säkularen Sozialagentur, die sich selbst im pluralen Konzert der Gesellschaft der Unkenntlichkeit preisgibt. Das aber tut weder der Kirche noch der Gesellschaft noch den Seelen gut. Brauchen doch unsere Seelen die geistige Heimat der Glückseligkeit. Und diese kann und muss die Kirche stiften – allein durch das Evangelium von Jesus Christus.

VI Angleichung an Gott und Glückseligkeit

Ziel der kirchlichen Verkündigung ist die Erlösung der Welt und der Menschen von Sünde, Tod und Teufel durch Jesus Christus und die damit verbundene Heiligung des Menschen. Ist doch christlicher Glauben in der Einsicht begründet, dass es das gute, heilig-heilende Leben jenseits dessen gibt, was sich uns zeigt und darstellt, was wir also in unserer Wirklichkeit erleben. Darum ist kirchliches Leben und Handeln allem voran und immer zuerst *Dienst an Gott*, also *Gottesdienst*, und

---

49 Paul Gerhardt, EG 302, 2, Du meine Seele, singe.
50 Vgl. Ders., EG 503, 15, Geh aus, mein Herz, und suche Freud.

erst dann, im gebührenden Abstand, *Dienst am Menschen*, also Diakonie. Darum sind der Kirche das Predigtamt und die rechtmäßige Verwaltung der Sakramente von Christus anvertraut. Ziel dieses Amtes ist es, dem Seelenheil der Gläubigen dienlich zu sein und so die Kirche als Heilsanstalt in der Welt zu verorten. Und das wiederum nicht, um in der Welt aufzugehen oder sich der Welt gleichzumachen und ihr anzudienen, sondern umgekehrt: Um der Welt und den Menschen die Erlösung Christi zu verkündigen und darum die Seelen zur Glückseligkeit anzuleiten. Diese besteht nämlich darin, der himmlischen Berufung zum erlösten und – lutherisch gesprochen – gerechtfertigten Leben, aus Glauben heraus, innezuwerden. Deswegen redet Platon davon, dass der Mensch sich stets als »Mitglied der Herde Gottes auf Erden« zu verstehen habe. Und unsere Kirche sollte über ihre »Hirten« diese Herde Gottes auf Erden hegen und pflegen. Hierzu aber bedarf der Mensch einer metaphysischen Bildung und Bindung, ist doch nach Platon nicht der Mensch, sondern Gott das Maß aller Dinge.[51] Platon nennt diese Haltung *Angleichung an Gott*. Demnach soll der Mensch in und mit seinem Leben das Böse fliehen und so Schritt für Schritt gottähnlich werden, wohl wissend, dass zwischen ihm und Gott die unüberbrückbare Verschiedenheit von Zeit und Ewigkeit besteht. Diese unüberbrückbare Verschiedenheit nennt Paulus dann Sünde, die nur durch Christus überwunden wurde.[52] Allein durch ein Leben in frommer philosophischer Einsicht, verstanden als ein Leben in Gerechtigkeit, Besonnenheit und Frömmigkeit, kann die Gottähnlichkeit erreicht werden. So lehrt Platon in seinem Dialog Theaitetos:

> »Das Böse [...] kann weder ausgerottet werden [...] und es kann auch nicht bei den Göttern seinen Sitz haben; es muß also notwendig in dieser sterblichen Natur und an diesem Ort umgehen. Darum muß man auch versuchen, von hier so schnell als möglich dorthin zu fliehen. Diese Flucht ist aber nichts anderes, als Gott möglichst ähnlich zu werden, und ihm ähnlich werden bedeutet gerecht und fromm werden, verbunden mit Einsicht.«[53]

Und für Aristoteles ist das Ziel allen menschlichen Lebens und Strebens die Gewinnung der *Glückseligkeit*, *Eudaimonia*: »die Glückseligkeit

---

51 Vgl. Platon, Gesetze 716c.
52 Vgl. Römer 6 und 7.
53 Platon, Theaitetos 176a–b.

stellt sich dar als ein Vollendetes und sich selbst Genügendes, da sie das Endziel allen Handelns ist«[54].

Platon und Aristoteles kommen darin überein, dass für den Menschen das Endziel seines Lebens in der *Angleichung an Gott* bzw. in der *Glückseligkeit* besteht. An diese theologische Grundlegung muss unsere Kirche wieder anschließen, will sie als Kirche des Heils und des Seelentrostes ihrer wahrhaftigen Berufung und Einsetzung durch Christus wieder gerecht werden. Die geistigen Grundlagen hierfür sind ja reichlich im Erbe der Reformation vorhanden, etwa wenn Luther – durchaus in Anlehnung an Platon und Aristoteles – formuliert:

»Dieses Leben ist keine Frömmigkeit, sondern ein Fromm-Werden. Keine Gesundheit, sondern ein Gesund-Werden. Kein Wesen, sondern ein Werden. Keine Ruhe, sondern ein Üben. Wir sind es noch nicht; werden es aber. Es ist noch nicht getan oder geschehen, es ist aber im Gang und im Schwang. Es ist nicht das Ende, es ist aber der Weg.«[55]

Findet unsere Kirche nicht mehr zurück zu ihrem Grundauftrag der Seelengewinnung und der Seelsorge zum Heil in Christus, wird sie sich – auf die Länge der Zeit gesehen – selbst auflösen und der Bedeutungslosigkeit, weil Beliebigkeit, preisgeben. Dem kann und muss, um der Wahrheit des Evangeliums willen, gewehrt werden. Einer der entscheidenden Schritte hierzu ist die Wiedergewinnung von Platons Seelenlehre für kirchliches Denken, Leben und Handeln.

VII Platon als Seelenlehrer für die Kirche

In der orthodoxen Kirche wird Platon bis heute eine besondere Ehrerbietung entgegengebracht. Dies zeigen orthodoxe Fresken: So tritt er einmal als prophetischer Zeuge der Auferstehung[56], ein andermal als philosophischer Lehrer der antiken Akademie auf, der zusammen mit seinem Schüler Aristoteles des Menschen Seele zum richtigen Denken und wahrhaftigen Leben anleiten will, die Glückseligkeit zu erlangen.[57]

---

54 Aristoteles, Nikomachische Ethik I, 1097b.
55 Martin Luther, Grund und Ursach aller Artikel 1521, WA 7, 336, 31 f. – Auslegung zu Philipper 3,13.
56 Zu sehen auf einem Fresko an der Nordwand des Klosters Sucevita in der rumänischen Moldau, vgl. ebd., Einbandbild: Platon und Christus.
57 Vgl. »Die Darstellung der antiken Akademie«, Fresko der Griechisch-Orthodoxen

Insofern kann man dem wohl bedeutendsten Gelehrten des hellenistischen Judentums, Philon von Alexandria (20/10 v. Chr.–45? n. Chr.), zustimmen, wenn er anerkennend von »dem großen Platon« schreibt.[58] Deswegen steht es der evangelischen Kirche fraglos an, Platon als Seelenlehrer zuzuhören und von ihm Wahrhaftiges zu lernen. Denn es gibt in Bezug auf den Menschen und seiner Seele nichts Neues.[59]

Leben gibt es nicht einfach so. Es kann nämlich gut oder schlecht geführt werden, gemessen an dem, wie man sein ganzes Leben leben soll.[60] Dies gelingt nach Platon dadurch, dass der Mensch hierbei für sich selbst Sorge trägt. Dies gelingt am besten in der Polis, in der wohlgeordneten Gemeinschaft also, nur da kann das Leben gut geführt werden.[61] Deswegen bedarf das Leben der Erziehung durch ordnende Gesetze.[62] Diese sind dann gut, wenn sie die Seele des Menschen zum Guten hinführen. Das Gute aber ist ohne Gott nicht denkbar. Daher nimmt es nicht Wunder, dass diese ordnende Rolle der Polis im Christentum die Kirche übernommen hat, im Gefolge von Platon. Kirchliches Leben zeigt sich darum vor allem im liturgisch geordneten Gottesdienst und in christlich-diakonischer Gemeinschaft.

Platon entfaltet in seinem Dialog *Philebos* den Gedanken, dass weder ein Leben in höchster Lust noch ein Leben in reiner Vernunft ein gutes Leben gewähren kann. Dieses vermag allein die Einsicht zu verbürgen, die ein Leben aus wahrer Erkenntnis und wahrer Lust zu gestalten vermag.[63] Voraussetzung hierfür ist freilich die philosophische Selbstsorge. Diese eröffnet nämlich den Weg zu einem guten Leben, welches für Platon in die Seelsorge mündet. So sagt Sokrates in seiner Verteidigungsrede:

Pfarrgemeinde Hl. Georgios, Sebastian Rinz-Straße 2a, 60323 Frankfurt/Main: www.orthodoxie.net/frankfurt.

58 Vgl. Philon, de aeternitate mundi, 1, 52; auch 1, 16, hg. von Franz Cumont, Berlin, Boston 2021. – Diesen Hinweis verdanke ich Herrn Prof. Dr. Michael Tilly aus Tübingen.
59 Vgl. zu Folgendem: Richert, Platon und Christus, Darmstadt ³2014, 128–133.
60 Vgl. Platon, Staat 352d.
61 Vgl. Platon, Apologie 37d.
62 Vgl. Platon, Gesetze 326c–e.
63 Vgl. Platon, Philebos 60d–67b.

»Denn, wenn ich umhergehe, tue ich nichts anderes, als euch, jung und alt, zu überreden, nicht so sehr für den Leib zu sorgen noch für das Geld, sondern um die Seele und darum, daß sie möglichst gut werde.«[64]

Der Philosoph Robert Spaemann nimmt diese Geisteshaltung von Platon auf, wenn er schreibt: »Sokrates wurde oft entgegengehalten, dies oder jenes – z. B., dass Unrecht leiden besser sei als Unrecht tun – könne man nicht sagen, ohne ins Abseits zu geraten. Er pflegte darauf zu antworten: »Was man sagen kann, kann ich nicht beurteilen. Wer ist ›man‹? Was alle sagen, ist nicht wichtig, denn alle haben ja nicht nachgedacht. Lass uns lieber sehen, ob wir beide, du und ich, es einsehen.«[65] Dieses Einsehen führt den Menschen in ein seelsorglich geführtes Leben, welches möglichst gut zu werden sucht. So lässt Platon den Sokrates während seines Prozesses Folgendes sagen:

»Mein Bester, du bist doch ein Athener, ein Bürger der größten und an Bildung berühmtesten Stadt. Schämst du dich nicht, daß du dich zwar darum bemühst, wie du zu möglichst viel Geld, zu Ruhm und Ehre kommst, um die Einsicht aber und um die Wahrheit und darum, daß deine Seele möglichst gut werde, dich weder sorgst noch kümmerst?«[66]

Dem Wohl seiner Seele hat der Mensch mit seinem Leben in der Haltung der Einsicht, verstanden als Denken, Verstand und Klugheit, und der Wahrheit Rechnung zu tragen. Beide leiten demnach zu einem seelsorglich-guten Leben an, das letztlich aus der Erkenntnis des wahrhaft Guten entsteht. Bis zum Aufkommen der modernen Psychologie war kirchliche Seelsorge an diesem kirchlich gedeuteten Erkenntniskonzept des wahrhaft Guten, nämlich dem Heils- und Erlösungshandeln Jesu Christi, orientiert und ihm verpflichtet.[67] Denn allein das Wissen um das Gute ist nicht ambivalent, im Gegensatz zu allem anderen Wissen, das sowohl zum Guten als auch zum Schlechten gebraucht werden kann.[68]

---

64 Platon, Apologie 30b.
65 Robert Spaemann, Schritte über uns hinaus. Gesammelte Reden und Aufsätze I, Stuttgart 2010, 14.
66 Platon, Apologie 29e.
67 Schon der Begriff der »Orientierung« ist sprachgeschichtlich der sogenannten »Ostung« der Kirchen geschuldet: Der Altar samt Chorraum ist mit seinem Kruzifix gen Osten als Himmelsrichtung zu Jerusalem ausgerichtet. Hierhin hat sich also die Seele auszurichten.
68 Diese Einsicht erörtert Platon in seinem Dialog Hippias II. Im Sonnengleichnis im Staat 506b–509b erläutert Platon die Idee des Guten als das, was dem Erkennbaren

Das gute Leben zu finden ist daher für Platon die schönste Untersuchung. So sagt Sokrates im Gespräch mit Kallikles über die Frage nach der rechten Lebensweise:

> »Die schönste Untersuchung aber von allen, die es gibt, Kallikles, ist die [...]: wie der Mann sein, was er treiben und wieweit er in seinem Alter danach streben soll und wieweit in seiner Jugend. Denn wenn ich irgend etwas in meiner Lebensführung nicht recht mache, dann sei gewiß, daß ich dabei nicht absichtlich fehle, sondern infolge meiner Unwissenheit.«[69]

Der Mensch lebt zunächst in allgemeiner Unwissenheit über das Ziel des Lebens. Von seiner Selbstsorge angeleitet, erkennt der Mensch freilich, dass er nicht freiwillig irrt. Mithin verfehlt der Mensch auch nicht freiwillig sein Lebensziel. – Ein Gedanke, der sich in transformierter Form im paulinischen Sündenverständnis wiederfindet.[70] – Denn gut leben wollen alle Menschen. Was aber das wahrhaft gute Leben ist, will Platon mithilfe der sokratischen Seelenführung finden, die sich auch der Mäeutik, der Hebammenkunst bedient. Darunter versteht Platon die Kunstfertigkeit des Sokrates, bei einem philosophischen Gespräch von Frage und Antwort einen geeigneten Gesprächspartner die gesuchte Erkenntnis selbst finden zu lassen; ist diese doch in seiner Seele bis dahin unerkannt vorhanden.[71] Denn die lernwillige, unsterbliche Seele kann sich in einem mit Sokrates geführten philosophischen Gespräch durchaus an ihr ursprünglich göttliches Leben mit dem entsprechenden Ur-Wissen erinnern.[72] Darum wird die Hebammenkunst des Sokrates als ein ihm verliehenes Gottesgeschenk bezeichnet, das dem anderen in Form der je richtigen Frage seelsorglich zugutekommt.[73] Folglich ist das

---

Wahrheit mitteilt. Darum denkt Platon das Gute selbst als über dem Sein an Würde und Kraft stehend.

69 Platon, Gorgias 487e–488a.
70 Vgl. Römer 7.
71 Vgl. Platon, Theaitetos 148e–151d, wo Sokrates seine »Hebammenkunst« beschreibt. Als klassisches Beispiel hierfür dient Menon 80d–86c, in dem Sokrates einen bis dahin mathematisch unkundigen Sklaven durch die Hebammenkunst so in die Mathematik einführt, dass der Sklave nunmehr sein mathematisches Wissen als Wiedererinnern (Anamnesis) von latent vorhandenem Wissen versteht. – Vgl. zur Mäeutik allgemein: Christian Schäfer, Platon-Lexikon, Begriffswörterbuch zu Platon und der platonischen Tradition, Darmstadt 2007, 193 f.
72 Vgl. Platon, Phaidon 72b–80d.
73 Vgl. Platon, Theaitetos 150c; 210c; Menon 82d; 85b–d.

gute Leben ohne eine gezielte Seelenpflege nicht zu bekommen. So begreift Platon das Leben als umfassende Aufgabe, die sich über alle Lebenszeiten hinweg dem Menschen stellt, ist der Mensch doch zeitlebens ein beseeltes Wesen. Ziel hierbei ist die *Angleichung der Seele an Gott*, welche nach Platon über die Haltung der Besonnenheit und der Einsicht erreicht werden kann. Wenn diese die Seele leitet, wird sie ein gegenüber Gott und den Menschen pflichtgemäßes Leben führen: ein gerechtes, frommes und tapferes. Das aber zieht nach Platon die Folge nach sich, dass dieser so lebende Mensch selbst gerecht, fromm und tapfer ist.[74] Ist nicht in Luthers Auslegung zum Dritten Artikel des Glaubensbekenntnisses »Von der Heiligung« ein Widerhall von Platons Seelenlehre zu finden?

»Ich glaube an den Heiligen Geist, die heilige christliche Kirche, Gemeinschaft der Heiligen, Vergebung der Sünden, Auferstehung der Toten und das ewige Leben. Amen.

Was ist das? Ich glaube, dass ich nicht aus eigener Vernunft noch Kraft an Jesus Christus, meinen Herrn, glauben oder zu ihm kommen kann; sondern der Heilige Geist hat mich durch das Evangelium berufen, mit seinen Gaben erleuchtet, im rechten Glauben geheiligt und erhalten; gleichwie er die ganze Christenheit auf Erden beruft, sammelt, erleuchtet, heiligt und bei Jesus Christus erhält im rechten, einigen Glauben; in welcher Christenheit er mir und allen Gläubigen täglich alle Sünden reichlich vergibt und am Jüngsten Tage mich und alle Toten auferwecken wird und mir samt allen Gläubigen in Christus ein ewiges Leben geben wird. Das ist gewisslich wahr.«[75]

Und Sokrates stellt fest:

»Demzufolge, Kallikles, muss ohne Zweifel der Besonnene, weil er – wie wir gezeigt haben – auch gerecht, tapfer und fromm ist, ein vollendet guter Mann sein; der Gute aber muss auch selig und glücklich, der Schlechte dagegen, der schlecht handelt, unglücklich sein; das aber wäre der, der sich gerade umgekehrt verhält wie der Besonnene, der Zügellose, den du gepriesen hast. Ich betrachte das so als ausgemacht und behaupte, dies sei wahr. [...] Das ist nach meiner Ansicht das Ziel, das wir in unserem Leben vor Augen haben sollen; und danach müssen wir in unserem Tun alles richten, in unserem eigenen und im öffentlichen Leben, damit Gerechtigkeit und Besonnenheit in dem wohne, der glücklich sein will. Auch dürfen wir unsere Begierden nicht zügellos gewähren lassen und sie zu befriedigen suchen – das wäre ein Übel ohne Ende und ein Leben, wie ein Räuber es führt.«[76]

---

74 Vgl. Platon, Gorgias 507b–c.
75 Martin Luther, Der Kleine Katechismus, Bielefeld [8]2017, 14.
76 Platon, Gorgias 507c–e.

Das so bestimmte gute und glückselige Leben zeichnet sich durch die Tugenden der Gerechtigkeit und Besonnenheit aus, die die Seele als Lebensprinzip zu einem pflichtgemäßen Leben anleiten. Um ein solches hier auf Erden führen zu können, ist Platon an einem ausgewogenen Verhältnis von Seele und Körper des Menschen interessiert. Nur auf diese Weise kann der Mensch wohlberaten leben und handeln. So beschreibt Platon im *Phaidros* die Seele des Menschen in seinem Mythos von der »geflügelten Seele« wie folgt:

> »Die Seele entspringt demnach (246a–256e) einem geflügelten Gespann mit einem Wagenlenker, das den Weg aus der Welt des Werdens nach oben zum Rand des himmlischen Gewölbes sucht. Denn die Schönheit im Diesseits erinnert die Seele an ihre Herkunft, läßt ihr Flügel wachsen und sie nach Rückkehr zum geistigen Bereich streben (Phaedr. 250e–253c). Dies erklärt das dem Menschen eigene Streben nach Wissen. Das Seelengespann des Menschen besteht aus einem trefflichen Pferd und einem schlechten, das unwillig ist und den Wagen zur Erde niederzieht.«[77]

Als »schlechtes Pferd« können demnach die Begierden und die Zügellosigkeit ausgemacht werden, die durch die Besonnenheit indes in ihre Schranken gewiesen werden können. Denn eigentliches Merkmal der menschlichen Seele ist doch ihr Wunsch, das begrenzt irdische Leben zu überwinden und anstelle dessen die göttlich befreiende Himmelsschau zu erleben.[78] Aber erst die Seelsorge eröffnet hierzu den Erkenntnisweg. Denn die Seele denkt Platon mit sich selbst in Spannung lebend, nämlich nach dem »Begehrenden«, dem »Muthaften« und dem »Überlegenden«. Letzterem kommt allein die fürsorgende Herrschaft über die Seele zu.[79] Im *Timaios* lokalisiert Platon diese drei Teile der Seele entsprechend in Unterleib, Brust und Kopf.[80] Ein ausgeglichenes Kräfteverhältnis zwischen Seele und Leib dient indes dem guten Leben:

> »Wenn da die Seele stärker ist als der Leib und sie in ihm in übermäßige Aufwallung gerät, so schüttelt sie ihn völlig durcheinander und erfüllt ihn von innen heraus mit Krankheiten, [...] Oder der umgekehrte Fall, wenn ein großer Leib, der stärker ist als die Seele, mit einem geringen und schwachen Denkvermögen verbunden wurde: [...] so bekommen die Bewegungen des Stärkeren die Oberhand und erweitern ihren Bereich, machen aber die Seele stumpf und ungeleh-

---

77 Michael Erler, Platon, München 2006, 137 f.
78 Vgl. Platon, Phaidros 66d–67a.
79 Vgl. Platon, Staat 439d; 441e.
80 Vgl. Platon, Timaios 69d–70a.

Seele und Glückseligkeit

rig und vergeßlich und rufen dadurch die größte Krankheit, Unwissenheit, hervor.«[81]

Zwar räumt Platon der Seele des Menschen als seinem wahren Selbst den Vorrang ein, aber körperliche Gesundheit kommt der Seele zugute. Demnach ermöglicht erst ein bedachtes Verhältnis von Seele und Leib ein wohlberatenes Leben, welches sich der »Krankheit der Unwissenheit« zu entledigen weiß. Damit unterzieht Platon seinen Lebensbegriff einer grundlegend ethischen Betrachtung: Zum einen ist der Mensch als ein »Mitglied der Herde Gottes auf Erden« zur Leibespflege verpflichtet und gehalten, sich selbst keine Gewalt anzutun.[82] Zum anderen aber muss der Mensch lernen, in Freundschaft mit sich selbst zu leben, ist sein Lebenskern in Wahrheit doch seine Seele, denn für Platon gilt es als ausgemacht, »daß sich die Seele in jeder Hinsicht vor dem Leibe auszeichne und daß in diesem Leben hier einzig nur die Seele das ist, was das Sein eines jeden von uns ausmacht«[83].

Ist die Seele der Inbegriff des Lebendigen, so hat sie einen vorrangigen Lebensstatus inne, dem der Mensch, will er die *Angleichung an Gott* als Lebensziel erreichen, gerecht werden muss. – »Platons Antwort auf Sokrates' Frage: ›Wie soll ich leben?‹ ist eindeutig: Man muß sich auf das wahre und unsterbliche Selbst konzentrieren und mit Hilfe von Philosophie wie Tang oder Muscheln abstreifen, was körperlich und sterblich ist (Rep. 611b–d).«[84]

Ein gutes Leben ist demnach ein philosophisches Leben, welches sich auf die im Tode ereignende Trennung von Leib und Seele vorbereitet, um eine reine Seele zu erhalten. So lässt Platon den Sokrates angesichts seiner bevorstehenden Hinrichtung sagen:

> »Das, wonach wir verlangen und als dessen Liebhaber wir uns ausgeben, der vernünftigen Einsicht nämlich, das wird uns offenbar erst dann zuteil werden, wenn wir gestorben sind, [...] nicht aber im Leben. [...] Und so, rein und von der Unvernunft des Leibes befreit, werden wir dann wohl unter gleichartigen Wesen leben und durch uns selbst die ganze reine Wahrheit erkennen.‹ [...] ›Die Reinigung besteht doch darin, daß wir die Seele [...] so viel als möglich vom Leibe trennen und sie daran gewöhnen, sich allerseits von ihm zurückzuziehen und sich zu sammeln und sowohl in diesem wie im künftigen Leben möglichst

---

81 Platon, Timaios 87d–88b.
82 Vgl. Platon, Phaidon 61c–62c.
83 Platon, Gesetze 959a.
84 Erler, Platon (s. Anm. 77), 139.

allein für sich zu wohnen, gleichsam befreit von den Banden des Leibes?‹ ›Gewiß‹, gab er (= Simmias) zur Antwort. ›Ist es dann nicht das, was wir als Tod bezeichnen: die Erlösung und die Befreiung der Seele vom Leib?‹ ›Allerdings«, sagte er. ›Wie wir aber behaupten, bemühen sich die echten Philosophen jederzeit am meisten und als einzige darum, ihre Seele loszulösen; gerade das ist doch ihr Bestreben, die Loslösung und Trennung der Seele vom Leib.‹«[85]

Demnach ist die *ars moriendi*, die Kunst des Sterbens, ein Kennzeichen eines seelsorglich verantworteten Lebens. Diesen Gedanken legt Platon beispielhaft in seiner *Apologie* und im *Phaidon* vor. Der Träger der ethischen Verantwortung für das Leben ist daher die Seele, ist doch diese der bleibende Teil des Menschen, der nicht in den Tod gefordert ist. Darum ist die Seele zugleich das menschliche Vermögen der Lebenswahl, sodass die Sorge um die Seele im Erwerb des Wissens besteht, die richtige Wahl zu treffen: Ein philosophisches Leben zu führen.[86]

Es ist genau diese Einsicht und Seelenlehre, die sich unsere Kirche wieder zu eigen machen muss, will sie in den Fährnissen des Lebens und der Zeit bestehen, und das eingedenk der Mahnung des Herrn der Kirche, Jesus Christus: »Was hülfe es dem Menschen, wenn er die ganze Welt gewönne und nähme doch Schaden an seiner Seele? Oder was kann der Mensch geben, damit er seine Seele auslöse?«[87]

Darum ist die *Kernaufgabe* der Kirche nicht die Rettung der Welt, sondern die Heiligung der Seelen, also nicht: *Fridays for Future*, sondern *Sundays for Healing*.

---

85 Platon, Phaidon 66e–67d.
86 Vgl. Platon, Staat 616b–619e.
87 Matthäus 16,26.

Gesellschaftsbild

Zeitenwende – Identitätsstreit – Gesellschaftlicher Zusammenhalt – Kulturelles Selbstbewusstsein

Wolfgang Thierse

I

Etwas wird wichtig, wenn es nicht mehr selbstverständlich, nicht mehr sicher ist, wenn es für viele Menschen bedroht erscheint. Das gilt wohl – unübersehbar – für den gesellschaftlichen Zusammenhalt und auch für unsere Demokratie. Die Frage danach, was unsere Gesellschaft verbindet – sie ist wahrlich nicht neu, sie wird immer wieder gestellt und die Antworten darauf füllen viele Akademien und viele Bände. Dieses Zusammenhalts, einer – nach allen Erfahrungen – grundlegenden Voraussetzung guten, gelingenden Lebens, sind wir nicht mehr so gewiss, angesichts verschärfter Konflikte und Auseinandersetzungen, angesichts schmerzlich empfundener sozialer und kultureller Gegensätze in unserer Gesellschaft.

Eine größer gewordene Unsicherheit und Zukunftsungewissheit gilt auch für die Demokratie. Schauen wir ringsum: Unsere vertraute und so selbstverständlich gewordene offene, soziale und liberale Demokratie ist nicht die Regel, sondern die Ausnahme in der Welt. Und auch im Inneren unseres Landes nimmt die Zahl der Demokratie-Kritiker, -Skeptiker, -Feinde unübersehbar zu.

Die Frage also nach dem Zusammenhalt unserer Gesellschaft und nach der Stabilität unserer Demokratie ist von neuer Dringlichkeit. Und dafür gibt es Gründe: Wir leben in einer Zeit sich beschleunigender Veränderungsdramatik, der Gleichzeitigkeit verschiedener krisenhafter und umwälzender Entwicklungen und ängstigender Probleme, die nicht erlauben, einfach so weiterzumachen wie gewohnt.

Ich benenne sie nur in Stichworten:
– die von vielen Menschen als bedrohlich empfundenen Beschleunigungen und Entgrenzungen, ökonomischer, technischer und wissenschaftlicher Art, die der Begriff Globalisierung zusammenfasst;

– die Migrationsschübe, mit den ihnen unvermeidbar folgenden Anstrengungen und Konflikten der Integration;
– die weitere ethnische, kulturelle, religiös-weltanschauliche Pluralisierung unserer Gesellschaft, die keine Idylle sein wird;
– die Veränderungen der Arbeitswelt durch die digitale Transformation und die rasante Entwicklung der künstlichen Intelligenz: was und wen wird sie überflüssig machen, wer bleibt zurück;
– die fundamentale ökologische Bedrohung, die radikale Änderungen unserer Produktions- und Konsumtionsweise und insgesamt unseres Lebensstils verlangt und eine Politik der Abkehr vom Wachstumszwang;
– die Ängstigungen durch Terrorismus, Gewalt, kriegerische Konflikte
– und zuletzt der Aggressionskrieg Putin-Russlands gegenüber der Ukraine mit seinen Folgen für unser Land, unseren Kontinent, unseren Globus.

Im Zusammenhang mit dem letzten Ereignis hat Bundeskanzler Scholz den Begriff Zeitenwende ins öffentliche Bewusstsein gebracht. Es ist mit Sicherheit ein tiefer historischer Einschnitt, eine tiefe Erschütterung, eine höchst folgenreiche Wendung der Geschichte.

Welch Unterschied zu der positiven Wendung der Geschichte 1989/90, nach der wir von einem goldenen Zeitalter des Friedens träumten! Jetzt sind manche, aber wohl noch nicht alle Folgen dieses tiefen negativen Einschnittes sichtbar: eine neue Hochrüstungsphase mit ihren fatalen nicht nur materiellen Kosten, neue (alte?) Konfrontationen, ökonomische und soziale und finanzielle Zuspitzungen und Belastungen. Wie geht es weiter mit der überlebensnotwendigen ökologischen Transformation, die wir brauchen, um die Klimakatastrophe zu verhindern? Was wird aus den sozialen und ökonomischen Ungleichheiten und Ungerechtigkeiten in der Welt?

Und was wird aus unserem deutschen Erfolgsmodell? Die Grundlage für unseren ökonomischen Wohlstand und unsere politische und soziale Stabilität waren ja Verlagerungen: Für unsere Sicherheit waren die USA verantwortlich, unsere Rohstoffbasis war Russland und unser expandierender Absatzmarkt war China. Das machte alles so schön billig. Wir haben die Kosten unseres Wohlstands und unserer Freiheit jedenfalls nicht alle selbst bezahlt! Dass dies so nicht bleiben wird, das wird eine erhebliche Herausforderung für das Innere unserer Gesellschaft, für deren sozialen Zusammenhalt werden! Genau dies ist ein Moment des Krisenhaften an dem, was uns seit dem 24. Februar 2022 beschäftigt. Und das auszusprechen, ist eine Frage der Wahrhaftigkeit. Jetzt wird sich erweisen müssen, ob unsere Demokratie eine Schönwetterdemokratie (gewesen) ist. Denn die Existenzgrundlagen der (»alten«) Bundesrepublik waren doch wirtschaftliches Wachstum und stabile Wohlstandsmehrung. Das begründete und ermöglichte die Stabilität unserer Demokratie. Was wird aus ihr werden, wenn diese Grundlage für nicht absehbare Zeit nicht mehr so sicher ist wie gewohnt. Wenn die materiellen und kulturellen Verteilungskonflikte sich – nicht nur in unserem Land, sondern global – verschärfen? Es ist jedenfalls viel, sehr viel, was individuell und kollektiv zu bewältigen ist: Das Erleben einer »Welt in Unordnung«, einer zersplitterten, gespaltenen Gesellschaft im Streit. Es ist sehr viel, was demokratische Politik für uns und mit uns Bürgern gleichzeitig zu bearbeiten und zu lösen hat.

Das verstärkt auf unübersehbar heftige Weise das individuelle und kollektive Bedürfnis nach neuen (und auch alten) Vergewisserungen und Verankerungen, nach Identität, nach Sicherheit, nach Beheimatung. Allerdings: Die Gefühle der Unsicherheit, der Gefährdung des Vertrauten und Gewohnten, der Infragestellung dessen, was Halt und Zusammenhalt gibt, insgesamt also ökonomische Abstiegsängste und soziale Überforderungsgefühle und kulturelle Entheimatungsbefürchtungen und tiefgehende Zukunftsunsicherheiten – sie sind höchst ungleich verteilt: Einerseits zwischen den Erfolgreichen, auf den Wellen der Globalisierung Surfenden, dem »kosmopolitischen«, urbanen Teil der Bevölkerung und andererseits denen, die sich durch die Modernisierungsschübe bedroht fühlen, die Entfremdungsängste empfinden und die die Veränderungen als sozialen Verteilungskonflikt erfahren. Des Weiteren gibt es neben diesen kulturellen und sozialen Spaltungen auch eine sichtbare West-Ost-Ungleichheit, ein West-Ost-Gefälle, der Sicherheiten und Gewissheiten: nach den ostdeutschen Erfahrungen eines Systemwechsels, eines radikalen Umbruchs sowohl ökonomisch-sozialer wie moralisch-kultureller Art, nach dem vielfachen Erlebnis der Entwertung und des Entschwindens der eigenen Lebenserfahrungen und Lebensleistungen.

Zeiten heftiger Veränderungen und Verunsicherungen, das sind Zeiten für Populisten, also für die großen und kleinen Vereinfacher und Schuldzuweiser, die die verständlichen Sehnsüchte nach Erlösung von ängstigenden Unsicherheiten flott zu befriedigen versprechen. Zumal eben in Ostdeutschland! Dort trifft ja die gegenwärtige Veränderungsdramatik auf Menschen, die die dramatischen Veränderungen seit 1989/90 mit Schmerzen, Opfern, Verlusten noch nicht gänzlich und vor allem nicht alle gleichermaßen erfolgreich bestanden haben. So viel Umwälzung in kurzer Zeit! Und nun die nächste Welle umgreifender Veränderungen! Das eben macht nicht wenige Menschen empfänglich für die einfachen, radikalen Botschaften, für das Angebot alt-neuer konservativ-nationaler Gewissheiten und wütend-aggressiver Abwehr. Eine erfolgreich-gefährliche Mischung – aber nicht nur im Osten Deutschlands, wie man in der Corona-Krise erleben konnte und ebenso in den Reaktionen auf den Aggressionskrieg Russlands.

Denn die zu bewältigenden Veränderungen sind ja insgesamt und im ganzen Land von durchaus erschütternder Qualität: Die Corona-Pandemie hat uns zu neuer Einsicht in unsere Verletzlichkeit gezwungen. Die Beschleunigung der technologischen Entwicklung – man spricht mit Blick auf die Künstliche Intelligenz vom Eintritt ins Exponentialzeitalter – führt uns die »Antiquiertheit des Menschen« vor Augen (um den Titel des berühmten Buches von Günther Anders aus dem Jahr 1979 zu zitieren). Der Aggressionskrieg Putin-Russlands zerstört unsere Hoffnung auf eine durch Regeln und Verträge geordnete und sichere Welt des Friedens. Die anhaltende Migration (aus Armuts- und Konflikt-Gründen) bringt den Westen, bringt Europa an die Grenzen seines humanitär-universalistischen Selbstverständnisses. Und der Klimawandel, die drohende ökologische Katastrophe ist die massivste Herausforderung unseres Zukunftsoptimismus und stellt – vor allem in der jüngeren Generation – die Fortschrittsverheißung des Aufwärts und Mehr infrage. Aber das genau war, das ist doch die Grundannahme, das Fundament der Moderne: Dass der Fortschritt stetig voranschreitet. Wer von uns ist sich dessen wirklich noch sicher?

Der Politikwissenschaftler Peter Graf Kielmansegg hat es in einem Essay (FAZ / 27.3.2023) höchst treffend formuliert: Die Moderne, die »als Projekt der Selbstbefreiung der Menschheit gedacht war und begonnen wurde, schlägt in einen Prozess um, der immer mehr Unfreiheit erzeugt, Zwänge nämlich, denen sich die Menschheit unterwerfen muss. In der sogenannten Klimakrise ist dieser Umschlag mit zerstörender Wucht sichtbar geworden. Die Klimakrise ist es, die der Menschheit jetzt ihre Agenda diktiert, mit einer Dringlichkeit wie sie noch von keiner Herausforderung der Menschheit ausging.« Das Anthropozän, also unser vom Menschen bestimmtes Erdzeitalter könnte, so seine, so unsere Befürchtung, »das Zeitalter der existenziellsten Ohnmachtserfahrung werden«. Der zu begegnen, bedarf es »zum ersten Mal in der Menschheitsgeschichte einer menschheitlichen Anstrengung«. Das, wirklich, ist, so meine ich, das eigentlich Zentrum dessen, was der Begriff Zeitenwende meint und meinen muss!

Die Reaktionen auf die Erschütterungen, Infragestellungen und Herausforderungen unseres gewohnten Lebens sind höchst unterschiedlich. Nichtwahrhabenwollen auf der einen Seite, Verlustwut auf der anderen, trotziges Bestehen auf dem Weiterso hier und apokalyptische Ungeduld da und in jedem Fall die Erwartung, das Verlangen, dass die Politik schnell handelt, schmerzlose Lösungen, ja Wunder vollbringt. Und da demokratische Politik das nicht so kann, wie gewünscht, nehmen Politikerverachtung und Demokratieverdruss zu. Übertreibe ich?

II

Die Stimmung ist jedenfalls gereizter geworden, die Auseinandersetzungen werden schärfer, die Aggressivität nimmt zu. Und es ist nicht mehr nur der altvertraute politische Parteienstreit, nicht mehr nur das Austragen der gewohnten sozialökonomischen Verteilungskonflikte, sondern es ist mehr denn je eine Auseinandersetzung auf kultureller Ebene. Ich meine jedenfalls eine Art Kultur-Kampf-Klima zu verspüren. Ich will das anhand meiner eigenen Erfahrung erläutern.

Vor drei Jahren, im Februar 2021 habe ich in der FAZ einen Essay veröffentlicht, dem die Redaktion den Titel gegeben hat: »Wieviel Identität verträgt die Gesellschaft?« Untertitel: »Identitätspolitik darf nicht zum Grabenkampf werden, der den Gemeinsinn zerstört: Wir brauchen eine neue Solidarität.« Das Echo auf meinen Essay war erstaunlich. In den 30 Jahren meiner öffentlichen Existenz, meines politischen Wirkens habe ich niemals zuvor eine solche Fülle an teils heftigen Reaktionen erlebt. Über tausend Mails, Briefe, Anrufe haben mich erreicht. Noch bis heute werde ich auf meine Stellungnahme angesprochen. Offensichtlich hatte ich einen Nerv getroffen, denn die Reaktionen auf meinen Text haben dessen Intention, also die Aufforderung zur Mäßigung im Streit, auf grelle Weise bestätigt.

Die Zuschriften vermittelten mir eine Stimmungslage, die durch Umfragen immer neu bestätigt werden: Fast die Hälfte der Befragten ist der Auffassung, man könne seine politische Meinung nicht mehr frei äußern. Das halte ich für einen beunruhigenden Befund, gerade weil ich der Überzeugung bin, dass dies eine irrige Auffassung ist. Ein weiteres Umfrageergebnis bestätigte meinen Eindruck aus der Post an mich: Eine deutliche Mehrheit lehnt »gendergerechte Sprache« ab und klagt über sprachliche Tabuisierungen und Verbote. Das zeugt von einer zunehmenden sprachlichen Spaltung unserer Gesellschaft: Auf der einen Seite diejenigen, vor allem in Universitäten und Redaktionen, die sich einer gender- und rassismus-sensiblen Sprache befleißigen, gesteuert durch administrative Vorgaben oder »Leitfäden« für den Sprachgebrauch – auf der anderen Seite das gewöhnliche Volk, das weiter so quatscht wie gewohnt und sich »von oben« belehrt und bedrängt fühlt. Das ist eine sprachliche Entfremdung, die wohl nicht zu mehr sozialer Gemeinsamkeit führen dürfte!

In den vergangenen drei Jahren ist die Debatte, von der mein Text nur ein Teil, vielleicht ein Verstärker war, weiter gegangen, haben sich die Streitfronten verzweigt, ist das Feld der Auseinandersetzungen noch unübersichtlicher geworden. Die Berichte über das kommunikative Klima an den geisteswissenschaftlichen Ressorts der Universitäten vermitteln ein Bild härterer Konfrontationen. Die Einen sprechen von einer sich verstärkenden *cancel culture*, die Anderen bestreiten, dass es diese hierzulande überhaupt gibt. Ein »Netzwerk Wissenschaftsfreiheit« hat sich gegründet. In Medien, in Verlagen übt man sich in immer neuer »Achtsamkeit«, Manuskripte werden auf ihre »Wokeness-Kompatibilität« überprüft. Museen reinigen ihre Kunstwerke von ihren historischen, aber heute womöglich verletzenden Titeln. Eine Meldestelle für »Antifeminismus« ist eingerichtet worden. Der Berliner Tagesspiegel hat eine Queer-Redaktion, die wöchentlich Seiten füllt (eine Kirchenredaktion gibt es bei der Zeitung nicht). Die Filmförderung Schleswig Holstein hat eine Mitarbeiterin eingestellt, die sich nur mit Diversity und Inklusion beschäftigt, und hat, so war zu lesen, eine Diversity-Checkliste eingeführt: »Man kreuzt als Produzent*in an, ob die Geschichte eines Drehbuchs Geschlechterrollen, sexuelle Identitäten, den Alltag in der dritten Lebensphase, Leben mit Behinderung oder anderes betrifft. Man kreuzt an, ob Geschlechter ausgeglichen repräsentiert sind, People of Color vorkommen und vieles mehr.«

Durchaus überraschend gibt es auch immer wieder Aufregungen um Religion – in einer Gesellschaft, die von sich mehrheitlich denkt, sie sei doch so säkular geworden. Man nimmt Anstoß an religiösen Zeichen, an allzu viel sichtbarer Präsenz von Religion in der Öffentlichkeit. Moscheebauten sind nach wie vor umstritten, sind für viele Menschen in unserem Land mindestens gewöhnungsbedürftig. Der Kölner Streit um Muezzin-Rufe ist noch nicht ausgestanden. Und auch die unser Land geschichtlich viel länger prägende christliche Religion trifft es. So meinte man im Berliner Außenministerium, für eine G7-Konferenz im Rathaus Münster ein Kreuz entfernen zu müssen, das ein Zeugnis aus der Zeit des westfälischen Friedens ist. Mit Rücksicht auf wen eigentlich? Ein anderes Beispiel: Die Staatsministerin für Kultur nimmt Anstoß an einem Kreuz, das Teil der historischen Rekonstruktion des Berliner Schlosses ist. Und sie unterstützt ein Projekt, das ein von unten kaum lesbares Band um die Kuppel mit von einem Preußenkönig gemixten Bibelsprüchen überblenden soll. Welch eigentümlicher Kulturkampf! Der weitaus größte Teil der Weltbevölkerung gehört einer Religionsgemeinschaft an, aber in Berlin meint man, sich von Religionszeichen distanzieren und auf die Gefährlichkeit von Religion hinweisen zu müssen, und hält dies für einen Beitrag zu einem globalen kulturellen Dialog. Dabei ist das doch nur und einfach deutscher Provinzialismus!

Der Streit um Gender, um Rassismus, um Postkolonialismus ebbt jedenfalls nicht ab, sondern verschärft sich. Wir erleben die Tabuisierung von bestimmten Worten, die Tilgung von Geschichte, die Radikalisierung von politisch-moralischen Verdächtigungen und auch von Verfeindungen. Dabei bleibt die sehr deutliche Unterscheidung zwischen Identitätspolitik von rechts und von links notwendig und wichtig. »Rechte« Identitätspolitik ist illusionär und gefährlich, weil sie kulturelle Identität als ethnische, völkische Homogenität missversteht und als solche durchsetzen will, deshalb Abgrenzung und Ausgrenzung betreibt bis zu Intoleranz, Hass, und Gewalt gegenüber den »Anderen«, dem »Fremden«. Genau deshalb ist sie entschieden abzulehnen und zu bekämpfen. »Linke« Identitätspolitik dagegen will – als Reaktion auf erfahrene Diskriminierung – Anerkennung und Gleichberechtigung für (bisher) benachteiligte Minderheiten erreichen, verfolgt also ein demokratisches Gleichheitsanliegen. Auf beiden Seiten aber dominieren ethnische Begriffe der Selbstdefinition und Abgrenzung, dominiert die Zuschreibung von Eigenschaften und Ansprüchen, die aus der Zugehörigkeit zu einer bestimmten identitären Gruppe abgeleitet werden. Beide Seiten tendieren dazu, Menschen jeweils auf nur eines ihrer Identitätsmerkmale zu reduzieren.

Insgesamt beunruhigen mich die Schärfen und Ideologisierungen in den Auseinandersetzungen, die zu falschen Frontstellungen führen, zu einem Kulturkampf-Klima. So war zu lesen: »Weiß sein ist der Kern des Rassismus.« Oder: »Rassismus gehört zur DNA unserer Gesellschaft.« Oder »Normalität ist die cancel culture des alten weißen Mannes.« Solcherart immer heftiger vorgetragene Thesen charakterisieren ein Klima, in dem Herkunft, Hautfarbe, Alter, Geschlecht und sexuelle Orientierungen sowohl Betroffenheitsdeklarationen als auch Schuldvermutungen begründen können; in dem wer etwas und aus welcher Betroffenheit sagt, entscheidend wird und weniger das, was jemand sagt und worauf man sich im Streit und nach dem Streit vernünftigerweise verständigen kann.

Es geht in identitätspolitischen Auseinandersetzungen natürlich immer auch um die sehr grundsätzliche Frage: Was hält eine diverse Gesellschaft zusammen? Wie ist die Kommunikation einer vielfältigen Gesellschaft so möglich, dass sie verbindet und nicht entzweit? Ist schon der Streit, der Konflikt selbst das Verbindende, wie Befürworter identitätspolitscher Zuspitzungen behaupten? Ist Identitätspolitik ein notwendiges Mobilisierungsinstrument zum Zweck der »Disruption«, der Konfliktzuspitzung, der Sichtbarmachung von Ungleichheiten mit dem Ziel von deren Überwindung? So wurde mir jedenfalls in Diskussionen entgegengehalten. Eine strategische Essenzialisierung von Identitätsunterschieden sei eben (übergangsweise) notwendig und richte sich nicht gegen den Universalismus der Aufklärung, sondern ziele auf Wahrnehmung, Anerkennung, Überwindung von Benachteiligung, Diskriminierung, Unterrepräsentation.

Nun ist Identitätspolitik wirklich nicht gänzlich neu, jedenfalls sofern sie entschiedene Interessen- und Anerkennungs-Politik ist. Als Sozialdemokrat denke ich zum Beispiel an die Arbeiterbewegung. Aus deren Erfolgsgeschichte zu lernen wäre. Diese aber war eine Geschichte von Reformen, des Gewinnens demokratischer Mehrheiten für die eigenen Ziele und deren Verwirklichung. Und genau das ist auch meine schlichte Lebenserfahrung: Je frontaler der Angriff auf eine Person, ein Kollektiv, je aggressiver und totaler die Kritik – umso stärker die Abwehr, umso geringer die Chance und Bereitschaft zu selbstkritischer

Reflexion und Korrektur! Und meine einfache politische Erfahrung besagt: Wer in einer Demokratie etwas für Minderheiten erreichen will, wer etwas verändern will, der muss dafür Mehrheiten gewinnen! Doch die Mühsal von Verständigungs- und Überzeugungs- und Veränderungsprozessen abkürzen zu wollen, dieser Wunsch mag verständlich sein, aber er muss nicht zum Erfolg führen. Es gilt immer neu die Balance zu finden, weil beides notwendig ist: der energische Einsatz für die Anerkennung und Verwirklichung der jeweils eigenen Identität, der individuellen- und Gruppeninteressen – und ebenso die Bereitschaft und Fähigkeit, das Eigene in Bezug auf das Gemeinsame, auf das Gemeinwohl zu denken und zu praktizieren, also auch das Eigene zu relativieren.

Die Politikwissenschaft kennt die Unterscheidung zwischen demokratisierender und demokratiegefährdender Polarisierung. Das ist eine Unterscheidung, die ich für hilfreich halte. Welcher Art sind die akuten identitätspolitischen, also wesentlich kulturellen Konflikte und wie tragen wir sie so aus, dass sie nicht demokratiegefährdend sind? Wir haben Erfahrungen mit dem Austragen und Lösen sozioökonomischer Verteilungskonflikte. Das Modell sind Tarifkonflikte: In ihnen geht es nicht um alles oder nichts, sondern um mehr oder weniger. Kompromisse sind möglich. Das schafft Vertrauen in die Regeln und die Konfliktpartner. Wie aber ist das bei kulturellen Konflikten? Wie tragen wir die aus und zu welchen Lösungen können wir sie bringen? Stimmt die Beobachtung, es gehe bei kulturellen Konflikten immer ums Ganze, um wahr oder unwahr, um Wahrheit oder Lüge, um Anerkennung oder Nichtanerkennung, um Betroffenheit gegen (Nicht-)Betroffenheit, eben um Identität gegen Identität. In ihnen würden grundsätzliche und aus Sicht der jeweils Betroffenen unverhandelbare, weil moralisch absolute Werte verhandelt. Der ihnen inhärente Purismus erlaube weder relative Positionen noch Kompromisse. Deshalb die Tabuisierung von bestimmten Worten, deshalb sprachliche Verordnungen, deshalb Tilgung von Geschichte, deshalb Radikalität von politisch-moralischen Verdächtigungen, deshalb die Zunahme von Verfeindungen und deshalb insgesamt die extreme Moralisierung der Auseinandersetzung.

Nach drei Jahren, nach vielen Beobachtungen und erhitzten Diskussionen sind meine Fragen nicht geringer und meine Besorgnisse eher größer geworden. Meine grundsätzliche Überzeugung aber ist die gleiche geblieben: Wenn Vielfalt, Diversität, Pluralität friedlich und produktiv gelebt werden sollen, dann müssen sie mehr sein als das bloße Nebeneinander, sich voneinander nicht nur unterscheidender, sondern auch abgrenzender Identitäten und Minderheiten. Dann müssen sie mehr sein als das Gegeneinander von Ansprüchen und Betroffenheiten. Vielfalt erzeugt nicht schon von selbst Gemeinschaftlichkeit. An der und für die müssen wir immer neu und immer wieder arbeiten. (Deshalb bräuchte es nicht nur die Diversity-Beauftragte, sondern auch und eigentlich Gemeinschaftlichkeits-Beauftragte bzw. und besser: die Diversity-Beauftragten verstünden sich der Aufgabe verpflichtet, auf das Gemeinsame in der Vielfalt zu achten!)

Der unabdingbare Respekt vor Vielfalt und Anderssein ist nicht alles. Er muss eingebettet sein in die Anerkennung von Regeln und Verbindlichkeiten, auch von Mehrheitsentscheidungen. Sonst ist der gesellschaftliche Zusammenhalt gefährdet oder wird zerstört durch radikale Meinungsbiotope, tiefe Wahrnehmungsspaltungen und eben auch konkurrierende Identitätsgruppenansprüche. Weil der Zusammenhalt in einer diversen, sozial und kulturell fragmentierten Gesellschaft nicht mehr selbstverständlich ist, muss dieser Zusammenhalt ausdrücklich das Ziel von demokratischer Politik und eben auch und gerade von kulturellen und kommunikativen Anstrengungen sein. Demokratie bedeutet, so habe ich bei einer identitätspolitischen Aktivistin gelesen, dass wir mehr streiten, weil wir mehr Leute sind, die gehört werden wollen. Ja gewiss, aber, so meine Sorge, gibt es noch genug Leute, die bereit sind zuzuhören?

Ich erinnere an die Erfahrung mit der Corona-Pandemie. Das war mehr als der unvermeidliche Streit um Einschränkungen, um verpflichtende Regeln, zum Beispiel um das Pro und Contra einer Impfpflicht (für die und gegen die es nachvollziehbare Argumente gibt). Es war mehr. In vielen Äußerungen (z. B. auch zum Vorschlag einer sozialen Pflichtzeit, den der Bundespräsident gemacht hat) war in den vergangenen Monaten und Wochen wahrzunehmen, wie verbreitet die Vorstellung ist, dass Pflicht gleich Zwang sei, dass Pflicht »bevormundenden Charakter« habe. (Und man denkt dabei an solche Bevormundungen wie Schulpflicht oder Gurtpflicht oder Steuerpflicht und überlegt, wie sehr sie wohl unsere Freiheit einschränken mögen.)

Nicht der Streit ist ärgerlich (er gehört zu einer liberalen Demokratie), sondern mich irritiert die ideologische Überhöhung von Ablehnungen. Sichtbar wird ein problematisches Freiheitsverständnis: Autonomie, (miss-)verstanden als selbstbestimmte, individuelle Selbstverwirklichung gilt ja als der höchste Wert unserer Gesellschaft. Regisseur des eigenen Lebens zu sein, das ist ein schönes Bild dafür – und ein verräterisches: Die Anderen, die Mitmenschen sind dann wohl die Assistenten, gar die Statisten meiner Lebensregie. Freiheit bekommt auf diese Weise Fetisch-Charakter, als habe man sie von Natur aus, als sei sie Eigentum. Und wird so zum Gegenstück des Sozialen, zum Widerpart von Solidarpflichten!

Was mich ärgert, ist die tiefe Politik- und Sozialvergessenheit des grassierenden, oberflächlichen Freiheitsverständnisses! Ist das Herunterdimmen von Freiheit und Wahrheit zu einem Ausdruck von Befindlichkeiten, von Identitätsansprüchen gegen Andere! Wie wollen wir mit einem solchen individualistischen und entsolidarisierenden Freiheitsverständnis, mit einem so subjektivierten Authentizitäts- und Wahrheitsanspruch die vor uns liegenden dramatischen Herausforderungen meistern. Es wäre doch gut, wir würden das lernen: Unseren egozentrischen Freiheitsnarzissmus zu erkennen und zu überwinden! Und Freiheit begreifen und praktizieren als die vernünftige Einsicht in die Notwendigkeiten verantwortlichen Handelns, also auch in Beschränkungen und Regeln. Um der Solidarität mit den verletzlichen Anderen willen, um unserer Demokratie willen und um unserer globalen Zukunft willen.

Schon vor 30 Jahren hat der damalige Bundespräsident Richard von Weizsäcker in seiner Gedächtnisvorlesung für die Geschwister Scholl das Treffende gesagt: »Wenn die Freiheit nur dem privaten Wohlbefinden dient, wenn sie sich lediglich auf einem Markt der Güter und Medien betätigt, der unter unzureichenden moralischen und sozialen Rahmenbedingungen das Vorteilsstreben begünstigt, wenn die Freiheit eine Toleranz ohne Anteilnahme bleibt, wenn sie also die Schicksale der Anderen gleichgültig geschehen lässt, kurz: Wenn Freiheit nicht in Solidarität mündet, dann bleibt sie auf die Dauer nicht lebensfähig«.

III

Wir leben in einer offenen, entgrenzten, globalisierten, Welt. Wir leben nicht auf einer Insel der Seligen. Unser Land ist ein Migrationsland geworden, schon länger. Und darauf müssen wir uns einstellen: Unsere Gesellschaft wird dauerhaft pluralistisch, also ethnisch und religiös-weltanschaulich und kulturell vielfältig und widersprüchlich sein und bleiben und wohl noch viel mehr werden.

Unübersehbar ist: Wachsende Vielfalt in entgrenzter Welt erzeugt nicht von selbst Zusammenhalt und Gemeinschaftlichkeit. An denen und für die müssen wir immer neu und immer wieder arbeiten.

Unübersehbar ist, dass in einer solchen Gesellschaft (gemeinsame) Religion und kulturelle Tradition als verbindende, zusammenhaltende Kräfte deutlich weniger wirksam sind und sein können – zumal sie ohnehin in den Säkularisierungs- und Modernisierungs-Prozessen der letzten 100 Jahre und erst recht der letzten Jahrzehnte erheblich geschwächt worden sind. Das macht Religion und kulturelle Tradition nicht unwichtig oder überflüssig.

Die zunehmende Pluralität ist keine Idylle, wird es auch nicht werden, sondern steckt voller politisch-sozialer und religiös-kultureller Konfliktpotential. Wir müssen – immer wieder neu – lernen, damit umzugehen, möglichst friedlich und produktiv. Denn: Zuwanderung, Migration – wir erleben es gerade wieder – werden Teil unserer Welt bleiben, wenn wir nicht Mauern um unser Land, um unseren Kontinent errichten wollen.

Das heißt vor allem zu begreifen, dass Integration eine doppelte Perspektive verlangt, dass Integration eine doppelte Aufgabe ist: Die zu uns Gekommenen sollen, sofern sie hierbleiben wollen und können, heimisch werden im fremden Land – und den Einheimischen soll das eigene Land nicht fremd werden. Heimisch werden, aber auch heimisch sein und bleiben heißt, die gleiche Chance zur Teilhabe an den öffentlichen Gütern des Landes zu haben, also an Bildung, Arbeit, sozialer Sicherheit, Demokratie und Kultur partizipieren zu können. Es heißt auch, menschliche Sicherheit und Beheimatung zu erfahren, was mehr ist, als Politik allein zu leisten vermag. Es ist Aufgabe vor allem der Zivilgesellschaft, ihrer Strukturen und Gesellungsformen, von deren Einladungs- oder Abweisungscharakter, hängt also von unserem Engagement, unserer Solidarität als Bürger dieses Einwanderungslandes ab.

Wir müssen immer wieder neu die Mehrheit der Deutschen, der insgesamt hier Lebenden für diese Aufgabe gewinnen. Deshalb ist die offene und offensive Verständigung darüber notwendig, in welcher Gesellschaft wir leben wollen. Das ist ja die doppelte Aufgabe, die der Begriff der Integration meint. Sie wird nur dort gelingen, wo beide Seiten, sowohl die zu uns Kommenden, wie auch die Aufnahmegesellschaft

Integration wollen und das Notwendige dafür zu tun bereit sind. Gegen die Mehrheit einer Gesellschaft kann Integration nicht gelingen und ohne die Integrationsbereitschaft und den Integrationswillen der zu uns Gekommenen auch nicht!

Noch einmal sei es gesagt: Eine vielfältige Gesellschaft, eine Gesellschaft der Diversität insgesamt ist keine Idylle. Ich zitiere den Soziologen Aladin El-Mafaalani: »Wenn Integration gelingt, steigert sich das Konfliktpotenzial in der Gesellschaft. Denn egal ob Migranten, Frauen, LGBTIQ, Menschen mit Behinderungen – sie wollen nicht nur einen Teil des Kuchens haben, irgendwann wollen sie auch die Rezeptur mitbestimmen.«

Auch und gerade angesichts der gewachsenen und zunehmenden Diversität unserer Gesellschaft einerseits und der geschwächten Bindekräfte von Religion und Tradition andererseits wird die Antwort auf die Fragen dringlicher: Wer sind wir, was haben wir anzubieten, wozu laden wir ein? Und vor allem: Was verbindet uns, die so verschieden nach Herkunft, Prägung, Orientierung sind? Was ist das gemeinsame Wir? Denn: Vielfalt erzeugt nicht von selbst Gemeinschaftlichkeit, sozialen Zusammenhalt. Es bedarf vielmehr grundlegender Gemeinsamkeiten, die die vielfältig unterschiedlichen Menschen miteinander verbinden.

Zu diesen Gemeinsamkeiten gehört zuerst und selbstverständlich die gemeinsame Sprache. (Sind wir uns dessen noch sicher? Wenn ich an den Umgang mit der deutschen Sprache denke, an die Verachtung ihr gegenüber.) Sodann gehört dazu, selbstverständlich, die Anerkennung von Recht und Gesetz, der Regeln unseres Rechts- und Sozialstaats, die schließlich für alle gleichermaßen gelten. Also der vielgerühmte und gewiss notwendige Verfassungspatriotismus! Und gewiss wird gesellschaftlicher Zusammenhalt auch erzeugt durch die Beziehungen, die wir über den Markt und den Arbeitsprozess miteinander eingehen, als Arbeitskräfte und Konsumenten. Durch Kooperationen, durch das alltägliche Zusammenwirken der Menschen wird der Fortbestand der Gesellschaft gesichert und zugleich erfahren wir uns dabei in unserer Abhängigkeit von den Anderen als Gesellschaftsmitglieder.

Und selbstverständlich gehört auch die sichtbare Anstrengung um soziale Gerechtigkeit, also um die faire Verteilung von Chancen und Pflichten, von Früchten und Lasten zu den elementaren Voraussetzungen gelingenden Zusammenhalts. Dafür zu sorgen ist eine zentrale politische Pflicht, ist die Aufgabe der Institutionen und Instrumente eines funktionierenden sozialen Staats! Dessen wichtigste Aufgabe ja darin besteht, für Sicherheit und für sozialen Ausgleich zu sorgen. Denn je größer die empfundene Ungerechtigkeit und Unsicherheit, je weiter die Schere zwischen Arm und Reich in einer Gesellschaft auseinanderklafft, umso größer die Unzufriedenheit auch und gerade mit der Demokratie, um so gefährdeter, ja unerfüllbarer erscheint deren Freiheitsversprechen für viele Menschen, um so gefährdeter, ja instabiler ist der soziale Zusammenhalt! Das ist doch die Lehre aus den Diktaturerfahrungen des 20. Jahrhunderts: Ungerechtigkeit, Armut und Not gefährden die Demokratie. Und: Gerechtigkeit unter Preisgabe der Freiheit herstellen zu wollen, muss scheitern.

Es gibt einen fundamentalen, geradezu existentiellen Zusammenhang von Gerechtigkeit und Freiheit. Wie die Geschichte der Demokratien und ihrer Zerstörungen zeigt. Gleiche Freiheit für alle – das muss das Ziel, muss die dauernde Aufgabe demokratischer Politik sein, um die sie sich erkennbar, wahrnehmbar bemüht. Das ist gerade in dramatischer Veränderungszeit besonders wichtig, zu deren Dramatik ja die Verschärfung sozialer Gegensätze und der Reichtums-Armuts-Unterschiede gehört. Nur zwei Befunde: Nach dem Oxfam-Bericht von 2020 schädigt das reichste Prozent der Weltbevölkerung das Klima doppelt so stark wie die gesamte ärmere Hälfte der Weltbevölkerung. Und in unserem Land hat das reichste Prozent zwischen 2020 und 2021 tatsächlich 81 Prozent des Vermögenszuwachses erhalten. Ich halte dies für höchst gefährliche Entwicklungen.

Über all dies bisher Genannte, dies eigentlich Selbstverständliche wie Notwendige hinaus, bedarf es grundlegender Gemeinsamkeiten und Übereinstimmungen in dem, was wir Maßstäbe, Normen oder Werte nennen. Es bedarf tendenziell gemeinsamer Vorstellungen von Freiheit und ihrer Kostbarkeit, vom Inhalt und Umfang von Gerechtigkeit, vom Wert und der Notwendigkeit von Solidarität, gemeinsamer oder wenigstens verwandter Vorstellungen von sinnvollem und gutem Leben, von der Würde jedes Menschen, von der Integrität der Person, von Toleranz und Respekt. Das gilt auch für die Kenntnis und Anerkennung der geschichtlichen Prägung unseres Landes, seiner kulturellen und sittlichen Normen, Erinnerungen, Traditionen. So wenig diese umwandelbar sein mögen, so sehr gehören sie doch zum Fundament unserer Gesellschaft. Dieses Fundament bekommt Risse und zerfällt, wenn die Abwehr und Verächtlichmachung von Regeln und Normen, von »Normativitäten« zum Grundgestus des identitären Kampfsports wird, weil diese dem individuellen Selbstausdruck und der Selbstentfaltung der eigenen Identität vermeintlich oder tatsächlich im Weg stehen.

Das nicht unmittelbar politische, sondern ethische und kulturelle Fundament gelingenden Zusammenlebens – das ist nicht ein für alle Mal da, sondern es ist gefährdet, ist umstritten, kann erodieren. Es muss immer wieder neu erarbeitet werden, es muss weitergegeben, vitalisiert, vorgelebt, erneuert werden. Das ist der Sinn des so oft zitierten Satzes des ehemaligen Verfassungsrichters Ernst-Wolfgang Böckenförde: »Der freiheitliche, säkulare Staat lebt von Voraussetzungen, die er nicht selbst garantieren kann.« Die Verantwortung für diese Voraussetzungen, für dieses ethische Fundament unseres Zusammenlebens tragen – über die spezielle Zuständigkeit des Bildungssystems hinaus – alle Bürger, insbesondere aber die kulturellen Kräfte einer Gesellschaft und darin auch und in besonderer Weise die Religions- und Weltanschauungsgemeinschaften und zwar im Dialog, in der Debatte miteinander. Diese Verantwortung ist gewachsen in einer pluralistischer werdenden Gesellschaft! Neben die materiellen, also finanziellen, ökonomischen, sozialen und politischen Anstrengungen müssen also geistige und kulturelle Bemühungen treten, damit Integration und Zusammenhalt gelingen.

IV

Im geistigen Raum, in der Kultur wird über Herkunft und Zukunft, über das Bedrängende und das Mögliche, über Sinn und Zwecke, über das Eigene wie das Fremde reflektiert, kommuniziert, gespielt, und gehandelt. Denn Kultur ist mehr als normativer Konsens, als kollektive Werteübereinstimmung, auch mehr als das Bewusstsein von der Kostbarkeit und der Gefährdung der Freiheit und der Menschenwürde, mehr als der notwendige Verfassungspatriotismus. Das mag sie alles auch sein, aber Kultur ist vor allem der Raum der Emotionen, der Anregung unserer Sinne, Raum des Leiblichen und Symbolischen – wie auch und gerade des Religiösen und des Weltanschaulichen. Und sie ist der Ort der Differenzen, ihrer Schärfung und Milderung zugleich.

Als je konkrete, je bestimmte, je besondere Kultur ist diese aber nicht nur ein Modus, ein Raum von Verständigung, sondern ein immer geschichtlich geprägtes Ensemble von Lebens-Stilen und Lebens-Praktiken, von Überlieferungen, Erinnerungen, Erfahrungen, von Einstellungen und Überzeugungen, von ästhetischen Formen und künstlerischen Gestalten. Als solches Ensemble prägt Kultur mehr als andere Teilsysteme der Gesellschaft die (relativ stabile) Identität einer Gruppe, einer Gesellschaft, einer Nation. Gilt dies nicht mehr in globalisierter Welt? Darf dies nicht mehr gelten in pluralistischen migrantischen Gesellschaften, die doch gerade das Bedürfnis nach Identität verstärken – und dessen Befriedigung zugleich erschweren? Von Hölderlin stammt der treffende Satz: »Das Eigene muss so gut gelernt sein wie das Fremde.«

Aber was ist dieses Eigene? Was ist unser kulturelles Selbst? Dürfen wir danach fragen? Dürfen, ja müssen die Deutschen darüber reden und, ja, auch streiten? Schon allein so zu fragen, trifft nicht selten auf Abwehr und Misstrauen, setzt sich dem Missverständnis aus, man betreibe »kulturellen Protektionismus«. Kulturelle Identität, jedenfalls wenn diese eine Gesellschaft, eine Nation betreffen solle, sei ein reaktionärer Mythos. Nur wenn Individuen und identitäre Gruppen ihre (kulturelle) Identität behaupten und ausleben wollen, sei dies progressiv und modern. Ansonsten betreibe man »Kulturalisierung« von Problemen, die ökonomisch-sozialer Natur und nur als solche lösbar seien. Welch eine Reduktion der wirklichen Problem- und Konfliktsituation einer pluralistischer werdenden Gesellschaft! »Was soll überhaupt das Deutsche sein? Hier zu leben, mehr sollte man darüber nicht sagen müssen.« – So lässt sich eine verbreitete links-liberale Stimmung weitergeben. Aber vielleicht, ja hoffentlich, bleibt es erlaubt, mehr darüber sagen zu dürfen! Heißt das, einer »deutschen Leitkultur« das Wort zu reden? Das muss wahrlich nicht sein, denn der Begriff ist verdorben. Aber der linke Teil des politischen Spektrums unserer Gesellschaft sollte seine Allergie gegen kulturelle Herkünfte und Traditionsbestände, seinen Verdacht gegen kulturelle Identitäts- und Beheimatungsbedürfnisse zu überwinden versuchen.

Die Veränderungen, die wir erleben, machen den Kulturbegriff in der Tradition von Herder, die Fiktion einer homogenen Nationalkultur allerdings endgültig obsolet. Aber ist deshalb Kultur nur noch vorstellbar als Interkultur? Und haben wir die Tendenz zur »Kreolisierung«, zum kulturellen »McWorld«, zum »Kulturplasma«, also zum kulturellen Einheitsstrom – dies alles nicht nur durch Migrationsbewegungen, sondern mehr noch durch ökonomische Globalisierungs-Macht befördert – nicht nur zu konstatieren, sondern gar zu bejubeln? Die Ängste allerdings genau davor, die Abwehr dessen, der Kampf dagegen machen einen wesentlichen Teil der gegenwärtigen kulturellen Globalisierungskonflikte aus, von denen die emotionalen Auseinandersetzungen in Deutschland und die europäischen Wahlergebnisse ein Widerhall sind. Offensichtlich erscheinen in Zeiten von Migrationen und von gewalttätigen Auseinandersetzungen gerade kulturelle Identitäten besonders bedroht. Nationale und regionale Identitäten geraten in Bewegung, aber sie verschwinden deshalb nicht. Sie zu schützen wird ein verbreitetes und heftiges Bedürfnis, global und sogar im eigenen Land. Und gerade Kultur ist der bevorzugte Ort, in dem man sich der eigenen Identität besonders streitig zu vergewissern sucht.

Dies als Kulturalisierung ökonomischer und sozialer Gegensätze zu kritisieren und abzuwehren, halte ich für unangemessen, genauso wie »Interkultur« als eine Art neuer substanzartiger Homogenität zu verfechten. Notwendig ist vielmehr die Unterscheidung zwischen legitimer kultureller Selbstbehauptung einerseits und fundamentalistischer Politisierung kultureller Identität andererseits. Es geht um kulturellen Dialog als Begegnungs- und Verständigungsprozess zwischen Verschiedenen (denn Dialog setzt verschiedene Identitäten voraus) und dabei um die Ausbildung kultureller Intelligenz, also um die Fähigkeit zum Verständnis von Denkmustern und Geschichtsbildern, von Narrativen, Ängsten und Hoffnungen der Anderen, der Fremden. Und diese Fähigkeit ist nicht zu haben ohne ein Quantum an Distanz gegenüber der jeweils eigenen kollektiven Identität.

Dürfen nur die Zu-uns-Kommenden und -Gekommenen ihre kulturelle Prägung verteidigen und zur Geltung bringen oder dürfen die schon länger hierzulande Einheimischen das auch? Das (bisher) Eigene will so gut gelernt sein, wie das (bisher) Fremde: Das gilt doch wohl wechselseitig. Die immer neue, auch kritische Aneignung des Erbes ist notwendig. Das schließt ganz unbedingt ein, dass wir uns aufklärendselbstkritisch der kolonialen Vergangenheit erinnern und sensibel werden gegenüber deren Folgen und Weiterwirkungen, allerdings ohne das Fundament der Aufklärung postkolonialistisch ganz zu zerstören. Wir sollten uns gegen die Generalverdächtigung wehren dürfen, dieses (deutsche und europäische) kulturelle Erbe sei fundamental durch strukturellen Rassismus vergiftet, sei insgesamt patriarchale und kolonialistische Kultur.

Wir sollten darauf bestehen dürfen, dass institutionelle Bilderstürmerei und die Säuberung öffentlicher Orte und des kulturellen Kanons (der ohnehin viel weniger in Stein gemeißelt ist, als viele meinen) nicht zu obligatorischen Voraussetzungen werden für friedliche kulturelle und weltanschauliche Pluralität. Auch nicht kulturelle Mimikry und das Verbergen eigener Traditionen und Prägungen aus gut gemeinter oder ängstlicher Rücksichtnahme gegenüber den mitgebrachten Prägungen und Empfindlichkeiten der in unser Land Gekommenen. Sensibilität ist immer angemessen, Sich-Verstecken nicht! Es sei denn, es ginge nur noch um den kleinsten gemeinsamen Nenner – die Unsichtbarkeit von Religion und das Unsichtbarmachen von widersprüchlicher eigener Geschichte und Kultur. Es sollte jedenfalls keine Pflicht geben, den Zu-uns-Kommenden ein geschichtlich-kulturell gereinigtes Land anbieten zu müssen.

Ein Blick zurück auf unser Erbe zeigt: In den guten und glücklichen Phasen der deutschen Geschichte hat unsere Kultur eine besondere Integrationskraft bewiesen – und in den schlechten Phasen unserer Geschichte war das Land mit Abgrenzung und Ausgrenzung befasst. In der Mitte des Kontinents hat Deutschland in immer neuen Anstrengungen und geglückten Symbiosen Einflüsse aus West und Ost, aus Süd und Nord aufgenommen und etwas Eigenes daraus entwickelt, in gewiss widersprüchlichen und unterschiedlich langwierigen Prozessen (die nicht verordnet oder kommandiert werden können und müssen). Das macht nach meiner Überzeugung die besondere Leistungsfähigkeit der deutschen Kultur aus. Und das ist doch eine gute und fortsetzungswerte Tradition!

Unser kultureller wie auch unser materieller Reichtum heute gründet gewiss auch auf der Zuwanderung von Menschen und Ideen in den vergangenen Jahrzehnten und Jahrhunderten. Was und wer fremd war, blieb es nicht. Das Fremde und die Fremden wurden deutsch, sie veränderten sich und die Deutschen mit ihnen. Kulturelle Integration lohnt sich und sie ist erreichbar und muss nicht in erfolglosem und endlosem Streit enden. Das beweist unsere deutsche Geschichte. Sie zeigt auch: Wer seiner selbst nicht sicher ist, reagiert mit Abwehr und Ausgrenzung, um seine labile Identität zu stabilisieren. Wer aber seiner selbst sicher ist, dem ist Offenheit und Angstfreiheit möglich. Wir Deutschen sollten bitte etwas mehr kulturelles Selbstbewusstsein wagen!

Alle nur »Copien von Anderen«?

Für eine differenziertere Identitätsdebatte im Demokratiediskurs

Ingolf U. Dalferth

I Kants Kritik der Vorurteilskritik

Die Aufklärungsbewegung des 18. Jahrhunderts benannte als eine ihrer zentralen Aufgaben die Kritik der Vorurteile. Niemand sollte überlieferten Ansichten und Verhaltensweisen einfach folgen, alles sollte vielmehr kritisch geprüft und selbst verantwortet werden. Nur dadurch, so meinte man, könnten Menschen auf dem steinigen Weg zur Mündigkeit Fortschritte machen.[1]

Auch Kant war davon überzeugt. Aber er unterzog auch die Vorurteilskritik der Kritik, machte also den wichtigen Schritt von der Kritik der Vorurteile zur Kritik der Vorurteilskritik. Das zeichnete ihn nicht nur als Möchtegern-Weltverbesserer, sondern als Philosophen aus. Und er tat es auf dem einzigen Weg, auf dem im Denken Fortschritte gemacht werden können: indem er Unterscheidungen machte. Man müsse, so betonte er, zwischen »vorläufigen Urteilen« und »Vorurteilen« unterscheiden. »Die vorläufigen Urteile sind sehr nöthig, ja unentbehrlich für den Gebrauch des Verstandes bei allem Meditiren und Untersuchen. Denn sie dienen dazu, den Verstand bei seinen Nachforschungen zu leiten und ihm hierzu verschiedene Mittel an die Hand zu geben.«[2] Sie antizipieren das hoffentlich wahre bzw. rechte Urteil, zu dem man durch den Gebrauch seines eigenen Verstandes kommen kann und soll. Anders Vorurteile. Sie sind Prinzipien »irriger Urtheile [...] und aus Vorurtheilen entspringen nicht Vorurtheile, sondern irrige Urtheile«[3].

---

1 Der Aufsatz bezieht sich durchgehend auf Überlegungen in meinem Buch »Die Krise der öffentlichen Vernunft. Über Demokratie, Urteilskraft und Gott«, Leipzig 2022.
2 Immanuel Kant, Logik, AA IX, 75.
3 Ebd.

Der richtige und wichtige Kampf der Aufklärung gegen Vorurteile geht daher in die Irre, wenn er zum pauschalen Vorurteil gegen das Vorurteil wird. »Zuweilen sind die Vorurteile wahre vorläufige Urtheile«[4], die sich durch den Gebrauch des eigenen Verstandes in »bestimmende Urteile« überführen lassen. Sich darum zu bemühen ist unverzichtbar, wenn man einen Ausgang »aus seiner selbst verschuldeten Unmündigkeit«[5] finden will. Vorurteile pauschal zu verteufeln, ist kein Ersatz für diese eigentliche Aufklärungsarbeit – die eben immer bei einem selbst und nicht vor allem bei anderen stattfindet. Der Kampf muss der »Faulheit und Feigheit«[6] gelten, die bereit ist, »falsche Erkenntnis« ungeprüft hinzunehmen, um sich das eigene Denken und die damit verbundenen Mühen und möglichen Anfeindungen zu ersparen, nicht dem Vorurteil als solchen. Man muss »die falsche Erkenntniß, die aus dem Vorurtheil entspringt, von ihrer Quelle, dem Vorurtheil selbst, unterscheiden«[7]. Falsche Erkenntnisse werden durch den Gebrauch des eigenen Verstandes entlarvt, das Vorurteil aber muss kritisch-unterscheidend behandelt werden, um zu sehen, was daran vorläufiges Urteil und falsche Erkenntnis ist.

Als »Hauptquellen der Vorurtheile« identifiziert Kant »Nachahmung, Gewohnheit und Neigung«.[8] Es ist immer einfacher, seinen Neigungen zu folgen, sich an das Gewohnte zu halten oder in die »Fußtapfen [anderer zu] treten als [die] eigenen Verstandeskräfte an[zu]strengen«[9]. Allerdings gilt das für die Gegenwart nicht weniger als für die Vergangenheit. Vorurteile der Nachahmung, Gewohnheit und Neigung gibt es nicht nur im Blick auf das überkommene Alte, sondern auch im Blick auf das dagegen revoltierende Neue. Es geht also nicht um ein Aburteilen des Überkommenen im Licht einer selbststilisierten revolutionären Avantgarde oder progressiven Moderne: »neue Vorurtheile werden eben sowohl als die alten zum Leitbande des gedankenlosen großen Haufens dienen«[10]. Man ist nicht deshalb von Vorurteilen frei, weil

---

4   Ebd.
5   Immanuel Kant, Beantwortung der Frage: Was ist Aufklärung? AA VIII, 35.
6   Ebd.
7   Kant, Logik (s. Anm. 2), 75.
8   A. a. O., 76.
9   Ebd.
10 Kant, Beantwortung der Frage (s. Anm. 5), 36.

man tut und sagt und denkt, was die *political correctness* der eigenen Zeit nahelegt. Entscheidend ist vielmehr, dass man *selbst denkt* und sich nicht den Meinungen überlässt, die einem die Tradition zuspielt oder die in der Gegenwart als die Spitze des Fortschritts propagiert werden. Sonst werden Menschen immer nur »Copien von Andern [...] und wären alle von der Art, so würde die Welt ewig auf einer und derselben Stelle bleiben«[11]. Es gäbe dann genau das nicht, was man doch anstrebt: einen Fortschritt der Menschheit auf dem Weg zur aufgeklärten Mündigkeit.

II Selbstdenken als Herausforderung der Selbstwerdung

Einübung ins Selbstdenken ist daher der entscheidende Schritt auf diesem Weg, nicht die Einstimmung in die gängige Meinung, nicht das Nach- und Mitmachen dessen, was andere tun und sagen, nicht das bloße Wiederholen der Überzeugungen der eigenen Gruppe, ohne auf Einwände oder andere Stimmen zu achten. All das macht einen nur zum Mitläufer »des gedankenlosen großen Haufens«, wie Kant sagt, bzw. der Herde, wie Nietzsche sagen wird, in der man redet, wie die anderen reden, tut, was andere tun, und sagt, was alle sagen, die dazugehören wollen, aber es macht einen nicht zum kritischen Selbstdenker, der selbst Verantwortung übernimmt für das, was er sagt und tut. Und was für ihn gilt, gilt selbstverständlich auch für sie.

Worum es Kant geht, wird daher missverstanden, wenn man es als »Ausweitung der Subjektzone, also die Einforderung von Selbstverfügung und Selbstbestimmung als Charakteristikum moderner Subjekte« versteht und »das Versprechen der Moderne« im Recht sieht, »sich nicht nur des eigenen Verstandes, sondern auch des eigenen Körpers zu bedienen«[12]. Sich selbst zum Mittel der eigenen Willkür zu machen, ist das Gegenteil der Autonomie, von der Kant spricht. Es ist die Verkehrung von Kants Konzept eigenverantwortlicher Subjekte zu einem romantisierenden Willkürsubjektivismus.[13] Ehe man so handeln könnte, müsste

---

11 Kant, Logik (s. Anm. 2), 76.
12 Paula-Irene Villa Braslavsky, Trans*Personen nehmen das Versprechen der Moderne ernst, Die Zeit Online, 25. Juni 2022 (https://www.zeit.de/kultur/2022-06/paula-irene-villa-braslavsky-trans-gender-soziologie) (26/06/2022).
13 Man muss es noch schärfer sagen: Die Verfügung über den eigenen Körper ist kein

man erst einmal ein Subjekt sein, aber wer Subjekt in Kants Sinn ist, sich also an der Maxime des Guten ausrichtet, selbst denkt, vernünftig urteilt und verantwortlich agiert, der handelt so nicht mehr.

Was aber ist ein Selbstdenker und wie wird man einer, der selbst denkt und urteilt? Nicht schon dadurch, dass man elitär das Gegenteil des »großen Haufens« vertritt, also immer nur das sagt, was die anderen nicht sagen, und negiert, was sie vertreten. Man beruft sich auf seine eigenen Erfahrungen und weist zurück, dass alle nur »Copien von Andern« sind, weil jeder anders ist als alle anderen. Das ist zwar richtig, aber abstrakt. Jeder ist anders als alle anderen, aber keiner lebt allein und jeder, um den es hier geht, ist ein Mensch, Kind seiner Eltern, Bürger eines Staates, Verkehrsteilnehmer, Berufstätiger, Steuerzahler usf. und teilt daher auch gewisse Eigentümlichkeiten mit anderen. Wir sind nicht nur *Individuen*, sondern wir sind Individuen *mit Identitäten*, die wir zum Teil und in unterschiedlicher Intensität mit anderen teilen –

Ausdruck autonomer Selbstbestimmung, sondern die Fortsetzung der Vergegenständlichung, Objektivierung und Instrumentalisierung der Natur am Ort des Menschen. Es ist keine »Ausweitung der Subjektzone«, sondern gerade umgekehrt die Verdinglichung, »Kolonialisierung« und Entmenschlichung seiner selbst. Die Freiheitszone des Subjekts wird nicht erweitert, sondern eingeschränkt, ja vernichtet, wenn man seinen eigenen Körper zu etwas macht, dessen man sich wie einer Sache bedient oder entledigt. Wer ruft »Mein Körper gehört mir« und meint, mit ihm machen zu können, was man will, blendet aus, dass man keinen Körper hat, sondern ein Körper (besser: ein Leib) ist. Wäre das anders, müssten Trans-Personen nicht an dem leiden, was sie sind. Sie leben nicht in einem falschen Körper, sondern sie erleben ihren Körper anders als sich selbst und sich selbst anders als ihren Körper. Die Differenz, die sie erleben, liegt aber in ihrem Sein und besteht nicht zwischen dem, was sie sind, und dem, was sie haben. Sie sind ihr Körper, aber sie erleben sich anders. Im Hinblick auf den Körper ist die Differenz zwischen Haben und Sein aber existenziell entscheidend. Wird sie verwischt, wird die menschliche Fähigkeit untergraben, in der Naturwelt frei zu leben und verantwortlich zu handeln, und damit wird Freiheit zur Chimäre. Der zeitgenössische Körperkult ist daher das Gegenteil dessen, was er vorgibt: Er ist kein Zugewinn an Freiheit durch Überwindung unserer Abhängigkeit von Natur und Biologie, sondern er ist ein Akt der Selbstverdinglichung und als solcher ein Angriff auf unsere Freiheit, weil er uns selbst zum Ding macht, das man gestalten, verbessern, vernichten, wegwerfen und ersetzen kann. Wer sich darüber empört, wie ausbeuterisch und zerstörerisch die Menschen im Prozess der Neuzeit mit der Natur umgegangen sind, sollte sich auch darüber empören, wie sie gegenwärtig mit ihren Körpern – also sich selbst – umgehen.

nicht alle mit allen anderen, aber viele mit manchen, und nicht auf immer gleiche, sondern auf je eigene Weise. Wir sind alle Menschen, aber wir leben unser Menschsein in je partikularer Besonderheit. Das teilen wir mit anderen, auch wenn wir als Individuen anders sind als jeder andere. Von jedem von uns gilt daher »Das ist ein Mensch« (Allgemeinheit), »Das ist ein Mensch« (Besonderheit) und »Das ist dieser Mensch« (Einzelheit), aber nicht in jedem Fall der Verwendung des Demonstrativpronomens dieser verweist dieses auf denselben Menschen, sondern immer wieder auf andere. Wir alle sind daher nicht nur etwas Allgemeines (Mensch, Bürger, Nachkomme, Studierender ...), sondern auch je besondere Fälle eines Allgemeinen (ein Mensch, Bürger, Nachkomme, Studierender ...), vor allem aber konkrete Einzelne (dieser Mensch, Bürger, Nachkomme, Studierende ..., oder kurz: ich, du, wir, ihr). Unsere Identität erschöpft sich nicht in dem, dass wir Fälle von etwas Allgemeinem sind, vielmehr hätten wir gar keine Identität, wenn wir nicht als Einzelne konkret existieren würden.

Das aber besagt, dass wir alle nur sind, was wir sind, weil wir nicht nur ein Fall dessen sind, was wir sind, sondern uns zu dem, was wir sind, auf je eigene Weise verhalten. Nur weil wir das tun, können wir uns auch zu anderen, die mit uns da sind, verhalten. Jeder ist ein besonderer Mensch. Jeder lebt sein Menschsein auf andere Weise. Aber kein Mensch lebt, ohne sich auf seine Weise zu seiner Menschheit zu verhalten, also nicht nur ein Exemplar des Menschen, sondern dieser ganz bestimmte konkrete Mensch unter konkreten Menschen zu sein.

Das sind nicht nur logische Unterscheidungen, auf die man auch verzichten könnte. Damit ist vielmehr eine existenzielle Grundaufgabe verbunden, die man so formulieren kann: Wir alle sind als Menschen geboren, ohne dafür verantwortlich zu sein. Wir haben es nicht gewollt, wir haben es nicht selbst entschieden, und wir müssen es nicht rechtfertigen. Während wir aber alle von Geburt an Menschen sind und damit an den Rechten und Pflichten teilhaben, die wir mit der Würde, ein Mensch zu sein, verbinden, und während alle Menschen zu Gruppen gehören, weil wir Gruppenwesen sind, ist keiner damit auch schon ein Selbst, das verantwortlich lebt, sondern muss das im Verlauf seines Lebens immer erst werden. Das aber geschieht entscheidend dadurch, dass man nicht nur ist, was man ist, sondern sich dazu auch verhält, sein Leben also auf ganz konkrete Weise lebt, erlebt und gestaltet. Menschen können nicht leben, ohne zu erleben, wie sie leben, und weil sie das tun, können und müssen[14] sie sich zu dem, wie sie ihr Leben erleben, auch verhalten und ihr Leben im Rahmen des ihnen Möglichen gestalten. Weil das jeder auf seine Weise tut, ist jeder ein konkret anderer Mensch, also nicht nur wie alle anderen auch ein Einzelfall des Menschen, sondern *dieser konkrete Einzelmensch*, ein Individuum.

Dass wir da sind, individuiert uns, nicht *was* wir sind. Vom Wesen des Menschen führt kein Weg zu seinem Dasein, aber im Wesen ist angelegt, wie wir da sein können. Jeder konkrete Mensch kann menschlich oder nicht menschlich, verantwortlich oder unverantwortlich leben. Die Möglichkeit dazu ist mit dem Menschsein gesetzt, aber auch die Unmöglichkeit, weder das eine noch das andere zu tun. Niemand kann sich dieser Alternative entziehen, jedenfalls nicht, solange er lebt. Jeder steht vielmehr vor der Herausforderung, ein verantwortliches Selbst zu werden, also die Verantwortung dafür zu übernehmen, wie er lebt, auch wenn das nicht jeder will und nicht jedem gelingt. Menschen können verantwortlich leben, und weil sie das können, haben sie die Verantwortung, es auch zu tun und sich nicht mit ihrer natürlichen Verantwortungslosigkeit abzufinden.

Dabei ist allerdings zu beachten: Nicht für etwas verantwortlich zu sein, ist etwas anderes, als verantwortungslos zu sein, also eine Verantwortung, die man hat, nicht zu beachten und sich ihr zu entziehen. Niemand ist selbst verantwortlich dafür, dass er ein Mensch ist und dass er existiert. Für unser Dasein als Menschen tragen wir keine Verantwortung, wohl aber für unser Sosein als Individuen. Jeder Mensch ist verantwortlich dafür, wie er lebt und ob er die Möglichkeit, verantwortlich zu leben, ergreift oder missachtet. Während aber jeder Mensch von Geburt an ein Mensch und Mitglied einer Gruppe ist und damit die Möglichkeit hat, verantwortlich zu leben, muss er ein eigenverantwortliches Selbst immer erst werden.

Wie wird man das? Dadurch, dass man sich zu anderen und zu sich selbst, zu seinem Dasein unter anderen Daseienden und zu seinem Menschsein unter anderen Menschen verhält, indem man sich so darauf bezieht, dass man nicht nur zwischen sich und anderen, sondern im

---

14 Dieses Müssen ist keine moralische Pflicht, die man erfüllen oder auch nicht erfüllen kann, sondern eine existenzielle Aufgabe, der man sich nicht entziehen kann. Wer lebt, verhält sich zu seinem Leben, auch wenn nicht jeder sich jederzeit so dazu verhält, dass er verantwortlich lebt.

Hinblick auf sich selbst zwischen sich als Körper (auf den man sich bezieht, wenn man sich zu sich selbst verhält) und sich als Geist (als der und durch den man sich auf sich bezieht) unterscheidet. Beides gibt es für uns nur in der Unterscheidung voneinander, nicht als separate Realitäten. Im Modus der Passivität heißt sich zu sich verhalten *erleben*, im Modus der Aktivität dagegen *gestalten*, sei es physisch (leibliche Aktivität), sei es symbolisch (geistige Aktivität). Denn in jedem Fall heißt sich zu sich selbst zu verhalten, zwischen sich *als Körper* und sich *als Geist* zu unterscheiden. Die Unterscheidung zwischen Körper und Geist ist keine ontologische oder epistemologische, sondern eine phänomenologische Unterscheidung: *Körper* ist das, was uns Hier und Jetzt im sinnlich-materiellen Leben verankert, *Geist* das, wodurch wir uns vom Hier und Jetzt distanzieren und mental und emotional in die Position anderer versetzen können, und *Selbst* der Akt der Unterscheidung von Körper und Geist und damit unserer Einbindung in die sinnliche Körperwelt und soziale Sinnwelt, den es nur im konkreten Vollzug gibt. Durch diese Unterscheidung wird eine Differenz zwischen Menschsein und Selbstwerden etabliert, die einen befähigt, sich selbst als Körper unter Körpern und als Geist unter Geistern kritisch gegenüberzutreten und sein Leben konkret zu gestalten.

Körper und Geist sind also keine »Teile« oder »Substanzen«, aus denen wir bestünden, sondern sich gegenseitige bedingende Hinsichten auf uns selbst – mein Körper ist der Leib *meines Geistes*, und *mein* Geist ist die *Seele meines Leibes*. Beides bündelt sinnliche bzw. intelligible Funktionen, ohne die wir nicht wären, wer wir sind. Durch meinen Leib gehöre ich zur *sinnlich-materialen Körperwelt*, durch meine Seele zur *sozialen Sinn-Welt des Geistes*. Das erste ortet mich im Hier und Jetzt, das zweite transzendiert das Hier und Jetzt durch meine Einordnung in eine geistige Gemeinschaft mit anderen, die Entdeckung von Vernunft und Freiheit, Möglichkeit und Wahrheit, Zahlen und Gott. Beides gibt es nicht je für sich, sondern nur im Vollzug des Sich-Unterscheidens und Sich-Beziehens, den wir »Selbst« nennen. Das Selbst ist der Prozess, in dem sich durch die Transformation von Sinnlichkeit in Sinn in der endlichen Körperwelt der Sinne (Wirklichkeit) die unendliche Sinn-Welt des Geistes (Möglichkeit) eröffnet. Weil das jeder auf seine Weise tut, ist jeder das Selbst, zu dem er in diesem Prozess in der Gemeinschaft mit anderen wird. Mensch ist man von Beginn seines Daseins an, ein Selbst aber muss man immer erst werden, und Selbstwerdung ist ein fortgesetzter Prozess und nie ein *fait accompli*. Man ist ein Selbst nur, indem man es wird, und man wird es, wenn überhaupt, konkret an je seinem Ort und auf je seine Weise.

III Orientierungspraxis und Identität

Das nötigt dazu, den Identitätsbegriff entlang der Unterscheidung von Körper und Geist, Sinnlichkeit und Sinn zu differenzieren. »Identität« kommt vom lateinischen Wort idem (*eadem, idem*) und das bedeutet: derselbe (dieselbe, dasselbe). Diese Selbigkeit aber tritt in unterschiedlicher Weise in den Blick: so, wie sie für andere erscheint, und so, wie sie für mich selbst erscheint. Paul Ricœur hat in der ersten Hinsicht von *idem*-Identität gesprochen, in der zweiten Hinsicht dagegen von *ipse*-Identität.[15] Derselbe im Sinne von *idem* bin ich aufgrund der Merkmale, anhand derer ich in verschiedenen Situationen als derselbe identifiziert werden kann (identifizieren *als*). Derselbe im Sinne von *ipse* dagegen bin ich aufgrund dessen, wie ich mich selbst sehe und identifiziere (sich identifizieren mit). Beides ist nicht zu verwechseln. Das erste sagt, wer ich *für andere* bin, das zweite, wer ich *für mich selbst* bin. Ich aber sehe mich anders als andere, auch wenn diese mich in verschiedenen Situationen anhand bestimmter Merkmale korrekt als denselben identifizieren. Fremdidentifikation als *idem* anhand von Merkmalen, die ich aufweise und die mir zugeschrieben werden, ist eines, Selbstidentifizierung als *ipse* ein anderes, weil es immer ein Sich-Verhalten zu den *idem*-Identifizierungen einschließt, aber darin nicht aufgeht. Nur durch Selbstwahl wird man ein *ipse*, nur wer ein *idem* ist, kann auch ein *ipse* werden, aber niemand wird allein dadurch ein *ipse*, dass er ein *idem* ist: Das *ipse* ist nicht nur meine Sicht dessen, was andere als *idem* identifizieren, weil es nicht nur auf meine *Wirklichkeit*, sondern auf *meine* Wirklichkeit gerichtet ist, die immer auch die Möglichkeiten umfasst, die zu meiner Wirklichkeit gehören oder mir zugespielt werden. Als *ipse* bin ich mehr, als ich als *idem* bin, weil es immer auch einschließt, was ich sein kann und sein könnte.

---

15 Paul Ricoeur, Narrative Identität, in: Elmar Mittler (Hg.), Heidelberger Jahrbücher, vol. 31, Berlin/Heidelberg 1987, 57–67 (https://doi.org/10.1007/978-3-642-71777-2_5) (1/12/2022); ders., Das Selbst als ein Anderer, München 1996.

Beides, ein *idem* zu sein und ein *ipse* zu werden, setzt voraus, dass man da ist, also wirklich existiert, und zwar so, dass man von anderen als derselbe identifiziert werden kann. Zum Selbst wird man dadurch, dass man sich auf diese *idem*-Beschreibungen bezieht, sie verneint oder sich mit einer oder mehreren von ihnen identifiziert und sich so unter dieser Bestimmung selbst wählt.[16] Nur wer existiert, kann als *idem* identifiziert werden und sich selbst als *ipse* identifizieren. *Idem*-Identifizierungen orientieren sich an Merkmalen, die auch anderen zugänglich sind, sich also in der Perspektive der dritten Person spezifizieren lassen, *ipse*-Identität dagegen ist an die Perspektive der ersten Person gebunden und schließt immer ein Sich-Unterscheiden von der *idem*-Identität ein, die einem zugeschrieben wird: Ich bin anders als ihr meint und nicht nur so, wie ihr mich seht.

Warum ist diese Unterscheidung wichtig? Weil sie auf die erfahrungsbasierten Vereinfachungen verweist, die wir in unübersichtlichen Situationen brauchen, um uns richtig verhalten und mit etwas größerer Wahrscheinlichkeit überleben zu können. Wir müssen auf auffällige Merkmale mit hoher sinnlicher Unterscheidungskraft achten (Bewegung, Farbe, Lautstärke, Gefühl, Geruch, Geschmack), wenn wir uns in potentiell gefährlichen Interaktionssituationen schnell orientieren müssen, um uns angemessen verhalten zu können. Und wir müssen uns selbst von der Situation und allem in ihr unterscheiden, um handlungsfähig zu bleiben. Das erste führt zur Ausbildung von *idem*-Identitäten, das zweite zur Ausbildung von *ipse*-Identität.

Beides ist wohl zu unterscheiden. Die *ipse*-Identität lässt sich in keiner Weise aus einer *idem*-Identität ableiten oder auf diese zurückführen. Sie ist keine Summe von Daten, die uns definieren, sondern ein Resultat dessen, wie wir uns zu solchen Daten verhalten, indem wir konkret existieren und auf bestimmte Weise leben. Beides benötigen wir, um nicht nur Menschen zu sein in der Perspektive der dritten Person (also die Summe der Eigenschaften, die wir mit dem Ausdruck »Mensch« verbinden), sondern um ein verantwortlich agierendes Selbst in der Perspekti-

---

16 Dass man das kann, dass es also für Menschen möglich ist, ein *ipse* zu werden, verdanken sie nicht sich selbst, sondern einem anderen. Im Kern der *ipse*-Identität steht eine Tiefenpassivität, ohne die es keine Aktivität und darauf bezogene Passivität geben könnte und die man nicht ausblenden darf, wenn man das Werden zu einem Selbst und die Entwicklung einer *ipse*-Identität verstehen will.

ve der ersten Person zu werden (also ein Wirkliches, dem diese Eigenschaften nicht nur wahrheitsgemäß zugesprochen werden können, sondern das sich diese Eigenschaften in einer ihm eigentümlichen Auswahl und Weise zu eigen macht): Wir sind Menschen (und nichts anderes) von Geburt, wir *haben* eine Identität, weil wir zu Gruppen gehören, aber wir *werden* ein Selbst (*dieser* Mensch und kein anderer) durch die Art und Weise, in der wir konkret existieren und leben.

Idem-Identitäten werden über äußerlich feststellbare Merkmale aufgebaut, die uns und andere als Fälle eines Allgemeinen bestimmen: Menschen, Frauen, Männer, Migranten, Polizisten, Studenten, Berufstätige. Die Zuordnung zu diesen Allgemeinheiten ist nicht rigide und kann schief gehen, aber das enthebt uns nicht der Notwendigkeit, mit solchen Zuordnungen im sozialen Zusammenleben zu arbeiten. »Ich habe Sie für eine Studentin gehalten, ich wusste gar nicht, dass sie die Rektorin sind« – wir alle kennen solche Situationen. Wir brauchen Vereinfachungsstrategien anhand auffälliger Merkmale, um uns schnell orientieren zu können. Die können misslingen, weil sie nur pragmatischen Gebrauchswert haben. Aber sie gelingen nur, wenn sie mindestens zwei Leistungen erbringen: Sie müssen ein System von Unterscheidungen bieten, die uns helfen, eine Situation zu strukturieren, sie also in bestimmter Weise für uns und andere zu *ordnen*, und sie müssen erlauben, uns in dieser so geordneten Situation zu *orten*, also unsere Position im Verhältnis zu anderen zu bestimmen und uns so in der konkreten Situation zu verankern.

Die Personalpronomen sind ein gutes Beispiel dafür: Niemand kann sprechen oder handeln, ohne zu existieren, und niemand kann »ich« sagen, ohne damit das ganze System der Personalpronomen *ich, du, er, sie, es, wir, ihr, sie* ins Spiel zu bringen. Wer »ich« sagt, kann auch »du«, »er« und »wir« sagen, und wenn er das nicht kann, kann er auch nicht »ich« sagen. Aber wer »ich« sagt, bringt nicht nur dieses kommunikative Orientierungssystem ins Spiel, sondern lokalisiert sich und andere auch konkret in der Situation, in der er es verwendet. Das Ordnen oder Strukturieren einer Kommunikationssituation geschieht durch ein System von Unterscheidungen, die wir alle mit der Muttermilch einüben, auch wenn sie in verschiedenen Sprachen und Kulturen verschieden sind. Das Orten oder Lokalisieren dagegen geschieht dadurch, dass wir dieses System konkret gebrauchen, es also auf uns selbst und auf andere anwenden. Dadurch signalisieren wir anderen, wie wir uns und sie in dieser

Situation verorten. In diesem Sinn verwenden wir raumzeitliche Orientierungssysteme (hier/dort, vorne/hinten, jetzt/dann, gestern/heute/morgen usf.), kommunikative Orientierungssysteme (Personalpronomina) und eine Vielzahl sozialer und kultureller Orientierungssysteme, die unterschiedlich rigide geregelt sind (familiale: Vater, Mutter, Großmutter, Onkel, Tante, Vatertante, Mutteronkel ...; professionelle: Professorin, Student, Sekretär ...; kirchliche: Pfarrer, Gemeinderat, Gemeindeglied ...; politische: Bürger, Regierungsmitglied, Parlamentarier, ... usf.). In jeder Gesellschaft oder Kultur gibt es solche Unterscheidungssysteme. Sie muss man kennen, um sich in entsprechenden sozialen Situationen korrekt verhalten zu können. In dynamischen Gesellschaften wie der unseren sind diese Unterscheidungssysteme aber nicht stabil, sondern verändern sich besonders in sozialen Bereichen oft sehr schnell, so dass man sich nicht mehr ohne weiteres so orientieren kann, wie man es sich im bisherigen Leben angewöhnt hat. Wie man sich konkret orientiert, kann sich immer wieder ändern. In verschiedenen Kulturen und zu verschiedenen Zeiten sind die Orientierungssysteme auch verschieden. Aber *dass* man sich orientieren muss, gehört zum menschlichen Dasein. Die Notwendigkeit, jemand als denselben zu identifizieren, ergibt sich immer wieder in sozialen Situationen, und sozial orientieren muss man sich auch dann, wenn das nicht mehr ohne Weiteres gelingt.

IV Kulturelle Kategorisierungen und Stereotype

Diese alltagsweltliche Unterscheidungs- und Orientierungspraxis führt nun aber in jeder Gesellschaft und Kultur zu einem Phänomen, das gegenwärtig besonders intensiv diskutiert wird: Aus vereinfachenden Orientierungsunterscheidungen anhand äußerer Merkmale werden kulturelle Stereotype, die ganz anders funktionieren. Hautfarbe, Geschlecht, Sprache, Aussehen usf. dienen nicht mehr nur zum schnellen Orientieren in sozialen Situationen anhand gut erkennbarer äußerer Merkmale, sondern werden zu Identitätszuschreibungen und Konstrukten gesellschaftlicher Bedeutung und kultureller Signifikanz, die zwei Prozesse verknüpfen: Sie ordnen Menschen Gruppen zu, deren charakteristische Identität sie zu Stereotypen verfestigen, und sie schaffen durch diese Zuordnung »Fiktionen der Zugehörigkeit«, weil sie die stereotypen Identitätsmerkmale der Gruppe jedem zuschreiben, der zu dieser Gruppe gehört. Man ist dann nicht mehr José, sondern ein Mexikaner, und weil Mexikaner Machos sind, wird das auch von José angenommen. Aus den Orientierungsunterscheidungen des Alltagslebens werden so kulturelle Konstrukte, in denen die entsprechenden Merkmale oder Charakteristika mit historischer Bedeutung, sozialer Signifikanz und politischer Bedeutsamkeit aufgeladen werden. Hautfarbe ist dann nicht mehr nur ein leicht verfügbares Unterscheidungsmerkmal, sondern ein Indikator gesellschaftlicher Position, ökonomischer Macht oder politischen Einflusses, und Entsprechendes gilt auch für andere Alltagsunterscheidungen. Kwame Anthony Appiah hat diese Prozesse in seinen Studien zur Identitätsproblematik differenziert beschrieben und sich vor allem auf die Stereotypbildungen *Religion*, Land bzw. *Herkunft, Hautfarbe, Klasse* und *Kultur (creed, country, color, class, culture)* konzentriert.[17] In all diesen Fällen treten zwei folgenreiche Probleme auf:

Zum einen kommt es zu Abstraktionsprozessen von den konkreten Interaktionssituationen und damit dazu, dass die wahrnehmbaren bzw. beobachtbaren Merkmale zu kulturell signifikanten Zeichen für die Zugehörigkeit zu einer Gruppe werden. Es werden nicht mehr konkrete Menschen anhand bestimmter Unterscheidungen wahrgenommen, sondern diese werden als Glieder einer Gruppe gesehen – als Juden, Muslime oder Christen, als Syrer, Nigerianer oder Chinesen, als Schwarze, Latinex, Kaukasier (Weiße) oder Asiaten, als Arbeiter, Kapitalisten, Angestellte oder Manager, als Westler oder Afrikaner, Indigene oder Kolonialisten, als Somewheres oder Anywheres, als Frauen oder Männer, als beides oder keines von beiden. Diese Gruppen werden jeweils durch bestimmte Merkmale, die auch jedem Mitglied der Gruppe pauschal zugeschrieben werden, stereotyp charakterisiert. Man ist nicht mehr dieser oder jener, sondern Muslim oder Christ, Asiate oder Afrikaner, Indigener oder Kolonialist, Arbeiter oder Kapitalist, Frau oder Mann, Deutscher oder Ausländer. Nicht der einzelne Mensch steht im Fokus, sondern seine Gruppenzugehörigkeit. Und wie man die jeweilige Gruppe charakterisiert und beurteilt, so auch diejenigen, die ihr zugeordnet werden. Chinesen sind arbeitsam, Afrikaner unpünktlich, Frauen unterdrückt und Männer Machos. Das sagt meist mehr aus über die, die

---

17 Kwame Anthony Appiah, Identitäten. Die Fiktionen der Zugehörigkeit, Berlin 2019.

so urteilen, als über die, die so beurteilt werden. Aber es bestimmt das Verhalten zueinander oft mehr, als einem bewusst ist.

Zum anderen wird damit die Grundlage für nicht endende soziale und politische Konflikte gelegt. Gruppen definieren sich immer durch Abgrenzung gegenüber anderen Gruppen. Die Zugehörigkeit zu einer Gruppe schließt daher in der Regel die Zugehörigkeit zu anderen Gruppen aus, jedenfalls zu solchen, gegen die sich die eigene Gruppe abgrenzt. Zwar kann man aufgrund seiner komplexen Identität gleichzeitig verschiedenen Gruppen zugeordnet werden und dementsprechend nicht nur auf eine, sondern auf mehrfache Weise stereotyp beurteilt oder verurteilt werden. Die Debatte um die sog. Intersektionalität, also die Überschneidung verschiedener Kategorien der Diskriminierung gegen eine Person, hat das besonders für Opfergruppen und Tätergruppen konkretisiert. Schwarze muslimische Frauen sind dreifacher Diskriminierung ausgesetzt und alte weiße Männer sind in mehr als einer Hinsicht Übeltäter. Aber das stellt nicht in Frage, sondern setzt gerade voraus, dass die Gruppen, denen man so zugeordnet wird, jeweils von anderen unterschieden sind. Schwarze sind nicht Weiße, Muslime nicht Christen, Frauen nicht Männer. Und weil diese oft binären Unterscheidungen im Hinblick auf konkrete Einzelfälle immer wieder in Schwierigkeiten führen – nicht jeder ist entweder klar das eine oder das andere, sondern manche sind das eine mehr und das andere weniger – wird um diese Gruppen-Stereotypisierungen oft heftig gestritten.

Auf der Ebene stereotyper Gruppenidentitäten sieht die Sache allerdings meist eindeutiger aus als auf der Ebene individueller Menschen. Während sich auf der Ebene der Einzelnen alle darin gleich sind, dass sie anders sind als alle anderen, und sich auf der Ebene der Gesamtgesellschaft alle darin gleichen, dass jeder ebenso dazugehört wie jeder andere, dominiert auf der Zwischenebene der Gruppen und Gruppierungen nicht die Gleichheit, sondern die Differenz. Gruppenidentität ist immer durch Abgrenzung konstituiert, Zugehörigkeit bei einer Gruppe immer durch Nichtzugehörigkeit bei anderen Gruppen. Die Grenzen können schärfer oder weniger scharf gezogen sein. Aber sie sind da, und sie lassen sich nicht auflösen. – In seinen Analysen der Identitätsbildungen am Leitfaden von Religion, Land, Hautfarbe, Klasse und Kultur stellt Appiah drei Gemeinsamkeiten besonders heraus:

1. »Identität geht stets mit Kategorisierungen einher, und wenn wir Identitäten verstehen wollen, müssen wir zunächst einmal eine Vorstel-

lung davon haben, wie solche Kategorien vergeben werden.«[18] Dazu muss man die konkrete Kultur studieren, und nicht seine eigenen Ansichten auf diese projizieren: Unsere Unterscheidungen sind nicht die Unterscheidungen anderer Kulturen.

2. Identitäten »sind für die Menschen bedeutsam. [...] jede Identität bietet Ihnen die Möglichkeit, als ein ›ich‹ unter mehreren ›wir‹ zu sprechen und damit zu einem ›wir‹ zu gehören«[19]. Das ist bedeutsam, weil es einen Grund bietet, »bestimmte Dinge zu tun«[20], sich also so und nicht anders zu verhalten. Identitäten sind deshalb nicht nur deskriptive, sondern normative Bestimmungen, sie sagen nicht nur, was jemand ist, sondern was er deshalb tun oder nicht tun kann. Das zu lernen – also zu lernen, wie man sich als Vater, Mutter, Tochter, Bürger, Studentin zu verhalten hat und wie nicht – ist ein zentraler Teil des Aufwachsens in einer Kultur.

3. Schließlich können Identitäten »auch anderen Menschen Grund geben, etwas für [einen] zu tun [...] Andere können [mir] helfen, nur weil sie eine Identität mit [mir] teilen.«[21] Oder sie können mich in bestimmter Weise benachteiligen, weil sie mir aufgrund meiner Merkmale eine bestimmte Identität zuordnen. Denn »[w]enn Identitäten erst einmal bestehen, neigen Menschen dazu, das Bild eines typischen Angehörigen dieser Gruppe zu zeichnen. So entwickeln sich Klischees«[22]. Und diese haben Einfluss darauf, wie man Angehörige dieser Gruppe behandelt.

Man kann den Rekurs auf Identitäten also »für Zwecke der Solidarität« nutzen oder im Gegenteil zur pauschalen Benachteiligung und Ausgrenzung. Allerdings können »Identitäten [...] einem nicht beliebig aufgezwungen werden, man kann sie aber auch nicht einfach so gestalten, wie man gerade möchte«[23]. Man kann sich verschieden zu ihnen verhalten, sie wichtiger nehmen oder weniger wichtig, sich für sie stark machen oder sie ignorieren. Aber eines geht nicht: »Dass man eine Identität besitzt, berechtigt einen noch nicht, im Namen aller anderen zu sprechen, die dieselbe Identität besitzen. Das Privileg, eine

---

18 A. a. O., 27.
19 A. a. O., 28.
20 Ebd.
21 A. a. O., 31.
22 A. a. O., 32.
23 A. a. O., 40.

Gruppe zu repräsentieren, muss irgendwie verliehen oder erworben worden sein.«[24]

Appiah spricht sich hier gegen eine Entwicklung aus, die in den vergangenen Jahren überall zu beobachten ist: Selbsternannte Aktivisten setzen ihr Anliegen mit dem Anliegen ihrer Gruppe oder – bei Themen wie Klimawandel, CO_2-Ausstoß oder Nuklearwaffen – mit den Anliegen der ganzen Menschheit gleich. Sie unterstellen, dass ihre Anliegen die Anliegen aller sind oder doch sein müssten und leiten daraus das Recht und die Pflicht ab, auch rechtswidrig zu agieren, weil sie die moralischen Anliegen der Menschheit gegen die Borniertheit und Kurzsichtigkeit der herrschenden Klasse und ihrer Politik zur Geltung bringen. Doch was einige antreibt, ist keineswegs immer auch das, was alle antreibt oder antreiben müsste, und was für eine Gruppe gilt, muss keineswegs in jedem Fall auch für jedes Mitglied einer Gruppe gelten. Die eigenen Anliegen lassen sich keineswegs ohne Weiteres mit den Anliegen der Gruppe, zu der man gehört, gleichsetzen, und die Anliegen einer Gruppe werden keineswegs von jedem Mitglied mit den gleichen Gründen oder in der gleichen Intensität vertreten. Es gibt hier Stufen der Übereinstimmung und wo die Grenze zwischen Dabeisein und Nichtmehrdabeisein verläuft, ist nicht in jedem Fall einfach auszumachen. Das ist in demokratischen Prozessen zu berücksichtigen, die deshalb auf relative Mehrheiten für Meinungen und nicht auf homogene Zustimmung oder absolute Gewissheiten bauen. Auf keinen Fall aber kann man aus seiner eigenen Identität das Recht ableiten, im Namen aller anderen, die auch diese Identität besitzen, zu sprechen und zu handeln. Dafür muss man legitimiert sein, und die eigene Überzeugungsstärke ist dafür nicht hinreichend. Spätestens das ist der Punkt, wo Identitätsprobleme zu Problemen der Identitätspolitik werden.

V Identitätspolitik

Alle Politik verfolgt Interessen, aber nicht alle Politik ist Identitätspolitik. Diese ist ein relativ neues Phänomen und bezeichnet ein politisches Handeln, das sich an den Bedürfnissen einer bestimmten Gruppe von Menschen ausrichtet und deren gesellschaftliche Anerkennung und politischen Einfluss zu stärken sucht. Sie orientiert sich nicht nur an

---

24 A. a. O., 42.

Menschrechten und Bürgerrechten, sondern anerkennt »auch Rechte von sozialen Gruppen« – Frauen, queeren Menschen, Trans-Menschen, Farbigen usf. –, »die deren Mitgliedern einzig deshalb zukommen, weil sie Mitglieder der betreffenden Gruppe sind, und die dabei von Menschenrechten und Grundrechten vollkommen unabhängig sind«[25]. Entsprechend wird das »Diskriminierungsverbot der Verfassung, das sich auf die für alle geltenden Rechte bezieht, ergänzt [...] durch ein Gebot für besondere Rechte für diskriminierte Gruppen«[26]. Das relativiert die gemeinsame Rechtsbasis für alle und führt dazu, dass die Gesellschaft in konkurrierende Gruppen auseinanderdriftet. Das ist der Grund, warum sich seit einiger Zeit liberale Denker gegen die Ausbreitung der Identitätspolitik in demokratischen Staaten aussprechen.[27]

Zum »Kampf um Identität kommt es, wenn Menschen die Bedingungen in Frage stellen, die zu einer ungleichen Machtverteilung führen. Die Welt ist voll von belastenden Identitäten, deren Preis darin liegt, dass [Menschen] andere Menschen [...] respektlos behandeln«[28], diskriminieren, entrechten oder ausgrenzen. Der Ruf nach Sonderrechten bestimmter Gruppen wird mit solchen Diskriminierungserfahrungen begründet. Doch es ist eines, Menschen- und Bürgerrechte einzufordern, die einem verweigert werden, obwohl sie allen zustehen, ein anderes dagegen, zur Kompensation erlittenen Unrechts Sonderrechte für die eigene Gruppe zu fordern, die anderen nicht zustehen.[29] Nicht die Gruppenbildung ist das Problem, sondern die daraus abgeleitete Forderung nach Gruppenrechten. In demokratischen Staaten können Einzelne politisch wenig ausrichten. Politik braucht Mehrheiten, und Mehrheiten gibt es nicht ohne Gruppenbildung. Das zeigt sich deutlich beim »Kampf um Teilhabe«[30]. Wo aber jeder um *seine* Rechte kämpft und nicht darum, dass die Rechte aller auch für ihn gelten, und zwar nicht

---

25 Johannes Fischer, Was ist Identitätspolitik? Über einen Irrtum und seine Folgen, 2 (https://profjohannesfischer.de/wp-content/uploads/2021/03/Identit%C3%A4tspolitik1-2.pdf).

26 Ebd.

27 Vgl. Francis Fukuyama, Against Identity Politics. The New Tribalism and the Crisis of Democracy, Foreign Affairs, Vol. 97, 5, 2018, 90–94.96–102.104–114.

28 Appiah (s. Anm. 17), 31.

29 Die nordamerikanische Bürgerrechtsbewegung unter Martin Luther King tat das erste, die Black Panter Bewegung das zweite.

30 Appiah (s. Anm. 17), 69.

anders als für alle anderen, da zerfällt die Gesellschaft in konkurrierende Gruppen, die nur noch den Kampf für ihre eigenen Interessen kennen.

Genau das aber ist der Fall bei identitätspolitischen Gruppenbildungen. Ihre Akteure existenzialisieren bestimmte Aspekte ihrer Identität und machen sie zum Leitfaden ihrer Politik für alle, die diese Aspekte auch aufweisen – ob diese sich mit diesen Aspekten identifizieren oder nicht. Dadurch kommt das zustande, was Appiah »Lies That Bind« oder – im Deutschen – »Fiktionen der Zugehörigkeit« genannt hat. Was er damit meint, lässt sich so sagen: Es ist von ganz entscheidender Bedeutung, ob diese Gruppenzugehörigkeiten am Leitfaden der idem-Identität oder an dem der ipse-Identität ausgebildet und verstanden werden. Im ersten Fall wird man aufgrund seiner äußeren Merkmale Gruppen zugerechnet, die man nicht selbst gewählt hat, sondern in die man eingereiht wird, weil man diese Merkmale besitzt: Man wird als jemand oder etwas identifiziert. Im zweiten Fall wählt man die Gruppen, mit denen man sich selbst identifiziert: Man identifiziert sich mit jemandem oder etwas.

Das zweite ist ein wichtiger Schritt auf dem Weg zu einem eigenverantwortlichen und sich selbst bestimmenden Selbst. Niemand ist nur Einzelner, sondern jeder ist Fall von oft vielfältigem Allgemeinem: Mensch, Familienmitglied, Bürger, Opernliebhaber, etc. Das endet in komplexen Identitäten, zu denen man sich bewusst verhalten muss, um durch sie nicht unbewusst bestimmt zu werden. Das ist eine Kunst, die man lernen kann und praktizieren muss, weil sonst das Projekt der Aufklärung und Selbstwerdung ins Stocken gerät oder scheitert.

Das erste dagegen schafft eine Situation, in der alle nur als »Copien von Andern« agieren oder behandelt werden, weil man sich an dem Set von Merkmalen orientiert, die die Gruppe definieren, und Menschen nur als Mitglieder des Kollektivs beurteilt, dem sie zugeordnet werden, ohne zu fragen, wie sie sich selbst dazu verhalten, ob sie diese Zuordnung für sich selbst für relevant halten oder nicht. Das aber ist das Gegenteil der Selbstwerdung, das Gegenteil der Selbstbestimmung, ohne die es keine Selbstwerdung gibt, und das Gegenteil des Aufklärungsprojekts, das man fortzusetzen beansprucht. Man weist Menschen keinen Weg zur Mündigkeit, wenn man sie nicht als eigenverantwortliche Subjekte, sondern als Mitglieder von Kollektiven behandelt, also in unterschiedlichen Situationen nur als dieselben (idem) identifiziert und nicht in jeder Situation als Selbste (ipse) ernst nimmt.

Ein weiteres kommt hinzu.[31] Schon lange interagieren wir mit anderen nicht mehr nur in Situationen physischer Kopräsenz. Auch unsere Identitäten bilden sich daher nicht nur im Umgang mit konkreten Anderen. Im Zeitalter des Internets haben sich unsere Aktivitäten vielmehr zunehmend vom lokalen Interagieren mit konkreten Personen auf digitale Kommunikation in virtuellen Gemeinschaften weit zerstreuter Akteure verschoben, die überall und nirgends zuhause sind.[32] Doch die globale Internet-Mikropolis (Steve Jones) ist mehr als nur eine technische Ausweitung unserer Kommunikationsradien. Anders als die lokalen Interaktionen zwischen Personen kennt sie nicht die Bedürfnisse und Erwartungen, aber auch nicht die Kontrollen und Korrekturen, die mit diesen einhergehen. Wir kommunizieren digital mit allen möglichen Menschen, die wir nicht oder kaum kennen. Wir schließen uns zu virtuellen Gemeinschaften zusammen, an denen wir digital partizipieren. Aber die ethische Ursituation, durch die schiere physische Präsenz des anderen zur moralischen Verantwortung und damit zur Selbstwerdung genötigt zu sein, findet im Netz nicht statt. Diese Rolle übernehmen Bilder, mit denen man aufrütteln und beschämen will, um Menschen zum Handeln bewegen. Aber Bilder sind manipulierbar, sie zielen auf Emotionen und befördern nicht das kritische Analysieren, sondern verdecken vieles mit dem, was sie zeigen. Die Anonymität des Internets macht es zudem vielen leicht, als Mitglied anonymer Gruppen zu agieren und aus ihrem Herzen keine Mördergrube zu machen. Man sagt, was man denkt, ohne darüber nachzudenken, was man sagt, weil man im Netz fast risikofrei äußern kann, was einem bei einer direkten Begegnung nicht über die Lippen käme. Man agiert nicht als *ipse*, das sich verantworten kann, sondern als *idem*, das keine Verantwortung kennt.

---

31 Vgl. Dalferth, Krise (s. Anm. 1), 64–70.
32 David Goodhart, The Road to Somewhere. The Populist Revolt and the Future of Politics, London 2017; ders., Head Hand Heart: The Struggle for Dignity and Status in the 21st Century, London 2020 spricht von der Verlagerung zentraler gesellschaftlicher Aktivitäten von den »Somewheres« der traditionellen Mittelklasse, die an konkreten Orten arbeiten und wirken, zu den »Anywheres« der akademisch gebildeten Eliten der Wissensgesellschaft, die überall auf der Welt unterwegs sein können. Vgl. Robert D. Putnam, Bowling Alone: The Collapse and Revival of American Community, New York 2000; Paul Collier, The Future of Capitalism: Facing the New Anxieties, London 2018; Andreas Reckwitz, Die Gesellschaft der Singularitäten. Zum Strukturwandel der Moderne, Berlin 2017.

Das Kommunizieren im Internet ist daher zwar weiträumiger und offen für vieles, was man früher nicht wahrgenommen oder zur Kenntnis genommen hätte. Das ist in Gewinn, auf den man nicht mehr verzichten will. Aber es ist auch äußerst täuschungsanfällig, und das ist eine nicht zu verharmlosende Gefahr. Man interagiert ja nicht als konkrete Personen mit konkreten Personen, sondern als Mitglied einer abstrakten Gruppe mit digitalen Repräsentanten der jeweiligen Gruppen, ohne die Interaktion durch andere Mittel (Sehen, Riechen, Hören, Tasten) noch einmal kritisch kontrollieren zu können. Um statistische Informationen zu generieren, mag es genügen, Menschen anhand äußerer Merkmale wie Geschlecht, Ethnizität, Sprache, Religion, Herkunft, Tätigkeit usf. in abstrakte Kollektive zu gruppieren. Aber diese Merkmale sind keine realen Gemeinsamkeiten, aus denen sich gemeinsame Überzeugungen, Interessen, Verpflichtungen oder Verantwortlichkeiten ableiten ließen. Sie sind formale Zuschreibungen, die keine Verantwortungsverhältnisse begründen, charakterisieren also ein *idem* und kein *ipse*.

Niemand ist nur das, was die anderen derselben Gruppe auch sind, und nicht jeder ist das, was einige sind.[33] Nicht alle Weißen sind Kolonialisten, nicht alle PoCs Antirassisten, nicht jede marginaisierte Gruppe ist schon deshalb solidarisch mit allen anderen Marginalisierten, und nicht jeder, der für Vielfalt eintritt und gegen Diskriminierung kämpft, streitet für dieselbe Sache. Stereotype Identitätszuschreibungen gehen oft fehl. Sie beurteilen andere aufgrund äußerer Merkmale als Vertreter virtueller Gruppeninteressen, für die diese sich gar nicht entschieden haben. Und sie verorten sie in Gegensätzen, die sie selbst oft ablehnen. Das *Wir* dieser Gruppen definiert sich ja nicht primär durch die unterstellten Gemeinsamkeiten, sondern vor allem durch Abgrenzung gegen andere. Wir sind wir und die anderen die anderen. Und weil das stets mit Wertungen verbunden ist, behandelt man Menschen als Mitglieder von Opfer- oder Tätergruppen, ohne dass sie selbst dafür verantwortlich wären.

Das hat direkte gesellschaftliche Folgen. Empathie mit den Opfern ist bei uns ein zentraler moralischer Wert, und Opfer ist jeder, der zu einer vulnerablen Gruppe gehört oder andere dazu bewegen kann, ihn so zu betrachten. Dabei ist Empathie als solche noch gar keine morali-

---

33 Dalferth, Krise (s. Anm. 1), 66 f.

sche Haltung.³⁴ Man kann den Standpunkt anderer einnehmen und deren Gefühle verstehen wollen, um sie besser manipulieren zu können. Und man kann sie als Opfer sehen, weil sie einer vulnerablen Gruppe zugeordnet werden, ohne dass sie das tatschlich sind. In beiden Fällen geht es um die *idem*-Identität anderer, nicht um ihre *ipse*-Identität. Mit der Orientierung an stereotypen Gruppenidentitäten tritt an die Stelle des Aufklärungsprojekts der eigenverantwortlichen Selbstwerdung die identitätspolitische Bewusstmachung der mannigfachen Benachteiligungen von Menschen aufgrund ihrer komplexen intersektionalen Gruppenzugehörigkeiten. Nicht die Selbstwerdung von Menschen gegenüber ihren Gruppenzugehörigkeiten steht im Zentrum, sondern die Neuverteilung der Macht zwischen den Gruppen.

VI Irrwege der Identitätspolitik

Das zeigt sich an vielen Punkten der gegenwärtigen Auseinandersetzungen. Ich beschränke mich auf drei Beispiele: die Debatten um Vulnerabilität, Sprachtabus und Geschlechterdiskriminierung.

1. Vulnerabilität

Maria-Sybilla Lotter hat darauf hingewiesen, dass viele gesellschaftliche Konflikte der Gegenwart durch die Verknüpfung einer »Rhetorik der Vulnerabilität« mit identitätspolitischen Vorstellungen bedingt sind. Das zeigt sich etwa dort, wo Kritik unter Verweis auf ihre verletzenden Auswirkungen auf »vulnerable Gruppen« für illegitim erklärt wird.³⁵ Damit sind nicht Gruppen wie Obdachlose, psychisch oder physisch schwer Kranke und Hochbetagte gemeint, deren Mitglieder in der Tat vulnerabel sind. Man unterstellt vielmehr, dass Menschen mit bestimmten Merkmalen, aufgrund derer man früher entrechtet und diskriminiert wurde (dunkle Hautfarbe, Haartracht, Aussehen, Herkunft,

---

34 A. a. O., 266 f.
35 Maria-Sybilla Lotter, Sind »vulnerable Gruppen« vor Kritik zu schützen? Die Funktionen der Redefreiheit für die liberale Demokratie und die Ideologisierung der Vulnerabilität, in: Redefreiheit und Kritik: Müssen wir alles tolerieren, was andere sagen?, Zeitschrift für Praktische Philosophie 9 (2022), 375–398. Ich greife in den Abschnitten a) und b) in Zitaten und ohne zu zitieren ihre Überlegungen auf, ohne zu beanspruchen, etwas zu sagen, was sie nicht besser gesagt hat.

etc.), auch heute als »Schwarze«, »Schwule«, »Schlitzaugen« oder (in England) »krauts« gesehen und behandelt werden, und dass derartige Diskriminierungserfahrungen zwangsläufig die Identiät dieser Menschen prägen. Menschen, die »in der Vergangenheit Diskriminierungserfahrungen ausgesetzt waren oder noch sind«[36], werden »nach äußeren Merkmalen Gruppen zugeordnet, die unabhängig von der Lebenslage der Individuen als ›vulnerabel‹ beschrieben werden«[37]. Mitglieder dieser Gruppe gelten als »besonders vulnerabel und daher auch besonders schutzbedürftig«, ohne dass auf die tatsächliche soziale Position der jeweiligen Individuen geachtet würde.[38]

Dass vulnerable Menschen Zuwendung, Schutz und Unterstützung brauchen, ist keine Frage. Problematisch wird es aber, wenn die Gruppen, zu denen sie gehören, pauschal für vulnerabel gehalten werden oder jedes Mitglied der Gruppe für vulnerabel gilt, ob es das tatsächlich ist oder nicht. Die Rhetorik der Vulnerabilität steht dann in Gefahr, ideologisch zu werden. Das ist immer dort der Fall, wo durch eine moralische Rhetorik der Vulnerabilität »Macht-, Interessen- und Wertkonflikte verschleiert werden, ob es nun um die Erhaltung der Machtinteressen dominanter Gruppen oder um die Durchsetzung der Machtinteressen vormals marginalisierter Gruppen oder ihrer Funktionäre geht«[39]. Da der »Status eines Opfers in einer von christlichen Werten gepägten Gesellschaft [...] zur Solidarisierung einlädt«, ist das ein effizienter Machthebel.[40] Darauf zu setzen, ist politisch oft wirksam, für das demokratische Zusammenleben aber kontraproduktiv. »Wenn Menschen dazu ermutigt werden, sich selbst als hilflose Opfer zu sehen, weil sie nur dann mit der Solidarität anderer rechnen können, wird ihnen eine Alternative zu der Möglichkeit geboten, sich die versagte Anerkennung selbst zu erkämpfen.«[41] Machtinteressen, Interessenkonflikte und Wertkonflikte lassen sich so hinter einer Ideologie der Vulnerabilität verber-

---

36 A. a. O., 378.
37 A. a. O., 379.
38 A. a. O., 378.
39 A. a. O., 389.
40 Ebd.
41 Maria-Sybilla Lotter, Verletzende Worte und die Grenze des Sagbaren, in: Probleme der Streitkultur in Demokratie und Wissenschaft, hg. von Maria-Sybilla Lotter, Freiburg 2023, 159.

gen mit massiven Auswirkungen auf die freie gesellschaftliche Debatte und die Möglichkeiten kritischer Hinterfragung. Wer Menschen aus islamischen Ländern nicht als eine »Vielzahl verschieden denkender Individuen und institutionell organisierter Gruppen« wahrnimmt, »sondern im Lichte der identitatspolitischen Konstruktion einer vulnerablen, von allen Muslimen geteilten islamischen Identität, dem wird Kritik an speziellen islamischen Vorstellungen und Praktiken als ›islamophober‹ Angriff« auf die persönliche Identität von Muslimen erscheinen.[42] Der Kampf gegen die Diskriminierung von Frauen wird dann leicht zur politischen Verfolgung Andersdenkender. »Anstatt dass es um den Schutz einzelner Menschen vor Diskriminierung ginge, wird mit dem Begriff Islamophobie so getan, als wäre der Islam ein Individuum, dem Menschenrechte und Schutz zustünden, obwohl Menschenrechte doch Individualrechte sind. [...] Anstatt aber die Individuen gegen Unrecht zu schützen, wird mit dem Konzept der Islamophobie der Islam zum schützenswerten Subjekt erklärt und Kritik am Islam gilt auf einmal als Rassismus.«[43]

Der Irrtum solcher Debatten besteht zum einen darin, die in der Verfassung garantierten Individualrechte von Individuen auf Gruppen, Organisationen und Gemeinschaften zu übertragen, die damit wie Individuen betrachtet werden. Man kann sie diskriminieren, schädigen, beleidigen und verletzen. Zum anderen wird die Bezugnahme auf die Vulnerabilität von Personen so entdifferenziert und auf immer weitere Bereiche ausgedehnt, dass der Begriff leer zu werden droht. Wenn alle irgendwie vulnerabel sind, dann werden Obdachlose, Alte und Kranke, die es wirklich sind, kaum noch anders gesehen als andere und damit geraten gerade die aus dem Blick, die besondere Aufmerksamkeit verdienten. Nicht die Wirklichkeit verstört, sondern wie man sie wahrnimmt.

2. Sprachtabus

Dass es häufig nicht um Moral, sondern um moralistisch verkleidete Machtfragen geht, zeigt sich auch am Umgang mit der Sprache. Wörter

---

42 Lotter, »Vulnerable Gruppen« (s. Anm. 35), 389.
43 Sama Maani, »Mit dem Begriff Islamophobie gehen wir den Rassisten auf den Leim«: Warum der Begriff Islamophobie keine Option ist, in: Beißreflexe: Kritik an queerem Aktivismus, autoritären Sehnsüchten, Sprechverboten, Berlin 2017, 204–211.

wie Mohr, Indianer, Zigeunermusik, Tropenmedizin, Dschungel, Sklavenhandel, Naturvolk, Eskimo, Häuptling, Amerika, Neue Welt, Orient usf. gelten als Relikte eines rassistischen Kolonialismus, den man mit Sprachzensur, Gewaltandrohung[44] und Strategien betreuten Redens bekämpft.[45] Doch nicht alle gebrauchen die inkriminierten Wörter so, wie

---

44 Um nur ein aktuelles Beispiel zu nennen: Eine Veranstaltung des diesjährigen Sound of the City – Animal Life Festivals in Wuppertal am 20.5.23 war unter dem Titel »Dschungeln« angekündigt. Eine anonyme »community«, die sich dem Kampf gegen Kolonialismus und Rassismus verschrieben hat und jede Diskussion verweigerte, setzte der Festivalleitung ein Ultimatum zur Änderung des Veranstaltungstitels. Andernfalls sei mit massiven Störungen des gesamten Programms zu rechnen. Es genügte nicht, die Veranstaltung in »Dickicht« umzubenennen. Man wollte ein öffentliches Schuldbekenntnis, wie man es aus den Schauprozessen totalitärer Regime kennt. Um die Veranstaltung nicht zu gefährden, schrieb die Festivalleitung: »Dickicht und nicht Dschungeln! Wir möchten uns entschuldigen, da wir unsere Hausaufgaben nicht richtig gemacht haben. Der eigentliche Titel unseres SOUND OF THE CITY Open Airs war DSCHUNGELN. Wir haben aber die kolonialen sowie rassistischen Hintergründe dieses Wortes außer Acht gelassen, weswegen wir uns für eine Umbenennung der Veranstaltung entschieden haben. Dass dies erst nach Hinweisen aus unserer Community geschehen ist, tut uns leid. Das Wort Dschungel ist durch Kolonialisierung geprägt und wurde sowie wird als Bedeutungsübertragung (Susan Arndt – Kolonialismus, Rassismus und Sprache) genutzt, um rassistische Hierarchien zu etablieren. Diesen Mechanismus wollten wir nicht reproduzieren. Uns ist nochmal mehr klar geworden, wie wichtig es ist, Sprache in ihren historischen Kontexten und Machtbeziehungen zu verstehen, um ein sensibleres und inklusiveres Miteinander zu gestalten.« (https://loch-wuppertal.de/progra mm/kalender/dschungeln-sound-of-the-city-animal-life-wuppertal-140.7) Blanke Gewaltdrohung ist hier an die Stelle argumentativer Auseinandersetzung getreten. Nur wenn man den letzten Satz als ironische Zurechtweisung der anonymen Kulturkämpfer versteht, ahnt man das ganze Ausmaß der hier aufscheinenden Auseinandersetzung.

45 Dass man dabei fragwürdige nationale Traditionen der deutschen Geschichte bis in die NS-Zeit und darüber hinaus fortsetzt, wird ignoriert. Vgl. Leo Spitzer, Fremdwörterhatz und Fremdvölkerhaß. Eine Streitschrift gegen die Sprachreinigung, Wien 1918; Peter von Polenz, Sprachpurismus und Nationalsozialismus. Die »Fremdwort«-Frage gestern und heute, in: Benno von Wiese/Rudolf Henß (Hg.), Nationalismus in Germanistik und Dichtung. Dokumentation des Germanistentages in München vom 17.–22. Oktober 1966, Berlin 1967, 79–112; Alan Kirkness, Zur Sprachreinigung im Deutschen 1789–1871. Eine historische Dokumentation, Teil I und II (1975), Mannheim 1975; Anja Stukenbrock, Sprachnationalismus. Sprachrefle-

hier unterstellt wird, und nicht jeder, der sie so versteht, hat sie richtig verstanden. Dass nicht die Intention der Sprecher, sondern das Verstehen der Hörer den entscheidenden Maßstab darstellt für das, was gesagt wurde, ist eine der fragwürdigen Unterstellungen gegenwärtiger Kommunikationskultur. Nichts wird mehr missverstanden, alle, die etwas sagen oder schreiben, werden vielmehr auf das festgelegt, was andere meinen verstanden zu haben.

Doch das ist nicht alles. »In neueren akademischen Debatten über *Hate Speech* und Mikroaggressionen wird diskriminierende Rede *in ihren Wirkungen* sogar physischer Gewalt angenähert, je nachdem, in welcher sozialen Position sich die Betroffenen befinden und ob es schon eine Geschichte von Marginalisierung und Diskriminierung gibt.«[46] Man achtet nicht auf den Inhalt, die Gründe oder die Intention des Gesagten, sondern allein auf seine Wirkungen, und man verwischt gezielt den Unterschied zwischen verletzender Rede im metaphorischen Sinn und realer physischer Gewalt. Unerwünschte Rednerinnen werden von Symposien ausgeladen, weil das, was sie sagen, den Studierenden »actual mental, social, psychological, and physical harm« zufügen könnten.[47] Wer so denkt unterstellt, dass Sprache verletzen kann wie ein Steinwurf oder ein Messerstich. Die Betroffenen dagegen erscheinen als ohnmächtige Opfer. Doch das kann man nur meinen, wenn man zweierlei ausblendet, wie Lotter betont:

Erstens hängt der Erfolg von Hassrede davon ab, dass man sie versteht (wer nicht Deutsch kann, lässt sich auf Deutsch auch nicht beleidigen) und wie sich die Adressaten zu den Beleidigungen verhalten – ob sie sie hinnehmen oder dagegenhalten, »über sie lachen oder sie positiv umwerten«[48]. »Niemand kann heute mehr einen Homosexuellen als Schwulen beleidigen (oder in Nordamerika als »queer«), weil sich die Homosexuellenbewegung das frühere Schimpfwort längst angeeignet und positiv umgewertet hat.«[49] Anders als eine physische Attacke und

---

xion als Medium kollektiver Identitätsstiftung in Deutschland (1617–1945), Berlin 2005; Myron Hurna, Neuester Sprachpurismus. Wie wir sprechen, wenn wir Gutsprech sprechen, Berlin 2021.

46 Lotter, »Vulnerable Gruppen« (s. Anm. 35), 386.
47 Greg Lukianoff/Jonathan Haidt, The Coddling of the American Mind: How Good Intentions and Bad Ideas Are Setting Up a Generation for Failure, New York 2018, 49.
48 Lotter, »Vulnerable Gruppen« (s. Anm. 35), 394.
49 A. a. O., 395.

Verletzung ist eine sprachliche Beleidigung, die wir mit physischen Metaphern als »Verwundung« beschreiben, nicht unabhängig von der kulturellen Situation und der Reaktion des Betroffenen. Man wird nicht verletzt, wenn man die Sprache nicht versteht, in der man beschimpft wird. Und wenn man sie versteht, muss man sich dem Shitstorm auf Twitter oder X nicht aussetzen. Man kann sich abmelden. Auch wenn man nicht physisch verletzt wird, kann man psychisch und sozial verletzt werden, weil man bedroht wird und Angst bekommt oder weil die eigene Reputation so beschädigt wird, dass man familiäre, berufliche und ökonomische Nachteile erleiden muss. Dafür gibt es andere Vermeidungsstrategien als im Fall einer physischen Attacke. Physische Verletzungen und sprachliche »Verletzungen« stellen verschiedene Arten der Gewalt gegen andere dar. Beide sind inakzeptabel. Aber beide sind auch nicht undifferenziert gleichzusetzen und gleich zu behandeln.

Zweitens wird die Dialektik der Macht meist außer Acht gelassen. Nicht nur die Täter üben Macht aus, auch die Opfer haben sie. »Gerade aus seiner Machtlosigkeit«, so Lotter, »kann ein Opfer Macht beziehen, weil sich andere verpflichtet fühlen, ihm zu helfen«.[50] Nietzsche hat die Mechanismen dieser Machtdialektik in seiner Ressentiment-Analyse klarsichtig aufgewiesen.[51] Die Schwachen gewinnen gegen die Starken, wenn es ihnen gelingt, diese moralisch unter Druck zu setzen. Das ist zur zentralen identitätspolitischen Strategie geworden. Sie zeigt sich gegenwärtig exemplarisch im verbreiteten Versuch, bestimmte Ausdrücke zu tabuisieren, so dass sie »nicht einmal mehr zu Bildungszwecken verwendet werden, als ginge von ihnen unabhängig von Kontext und Absicht eine magische Wirkung aus«[52]. Wer heute in den USA das N-Wort benützt, und sei es nur, um zu sagen, dass man es nicht benutzen soll, muss wie Donald McNeill bei der New York Times damit rechnen, seine Stelle zu verlieren. Das N-Wort ist in den USA – und inzwischen auch bei uns – »ein *absolutes* Sprachtabu«[53]. Rechtfertigen muss man das nicht mehr. Die rassistische Scheußlichkeit dieses Wortes liegt ja auf der Hand.

---

50 A. a. O., 395.
51 Vgl. Ingolf U. Dalferth, Sünde. Die Entdeckung der Menschlichkeit, Leipzig ²2021, 337–342.
52 Lotter, »Vulnerable Gruppen« (s. Anm. 35), 393.
53 Ebd.

Vorgänge dieser Art zeigen, wie leicht »wichtige moralische Gefühle wie die Empathie mit Benachteiligten in eine Tyrannei der Werte münden« kann, wie es Nicolai Hartmann in seiner Ethik genannt hat.[54] Es geht nicht um den Schutz vulnerabler Menschen, sondern um einen kulturellen Machtkampf, der über die Reglementierung der Sprache und des Denkens geführt wird, indem man immer wieder neue Tabus propagiert und »ohne Verhandlung mit den Betroffenen« mittels »drakonische[r] Sanktionen« durchzusetzen sucht.[55] Das ist demokratisch ein Unding, weil es den öffentlichen Diskurs ideologisch behindert oder zerstört. Niemand wird durch den Gebrauch dieser Wörter zwangsläufig verletzt, jeder kann weghören. Es geht nicht um Rücksicht gegenüber diskriminierten Menschen oder Solidarität mit vulnerablen Gruppen, sondern um die Durchsetzung eigener Interessen. Wo moralistische Selbstgerechtigkeit herrscht, ist die Bevormundung anderer nicht weit, wenn man die Macht hat und sich die Gelegenheit dazu bietet.

3. Title IX

Das gilt auch für das strategische Entdifferenzieren von Unterscheidungen und die Umdeutung von Regeln und Gesetzen durch identitätspolitische Aktivisten. Das zeigt sich exemplarisch an der Title IX-Debatte in den USA.[56] Nach dem Title IX (also § 9) des *United States Education Amendments* von 1972 darf keine Person in den USA aufgrund ihres Geschlechts (*sex*) von der Teilnahme an Erziehungsprogrammen ausgeschlossen werden, die von der Bundesregierung finanziell unterstützt werden.[57] Da fast alle Bildungseinrichtungen Bundeszuschüsse bekom-

---

54 Ebd. Vgl. Nicolai Hartmann, Ethik, Berlin 1949, 276: »Jeder Wert hat – wenn er einmal Macht gewonnen hat über eine Person – die Tendenz, sich zum alleinigen Tyrannen [...] aufzuwerfen, und zwar auf Kosten anderer Werte [...].«

55 Vgl. René Pfister, Ein falsches Wort. Wie eine neue linke Ideologie aus Amerika unsere Meinungsfreiheit bedroht, München 2022; Aayad Akhtar, Die Gedanken sind nicht mehr frei (https://www.faz.net/aktuell/feuilleton/debatten/ayad-akhtar-ueber-identitaetspolitik-in-amerika-18506051.html?printPagedArticle=true&service=printPreview) (12/12/2022), der viele Beispiele aus Verlagen und dem amerikanischen Bildungswesen gibt.

56 Vgl. R. Shep Melnick, The Transformation of Title IX: Regulating Gender Equality in Education, Washington, D. C. 2018.

57 Title IX lautet: »No person in the United States shall, on the basis of sex, be excluded from participation in, be denied the benefits of, or be subjected to discrimination

men, sind faktisch alle Schulen und Hochschulen betroffen. Eingeführt wurde das Gesetz, um Frauenmannschaften im College-Sport die gleichen Fördermöglichkeiten einzuräumen wie den Männermannschaften. Von feministischen Aktivisten und Aktivistinnen wurden die Regelungen des Gesetzes aber schnell vom Sport auf alle Bildungsbereiche ausgeweitet. Sie wurden nicht nur auf Programme angewandt, die durch Bundesmittel geförderte wurden, sondern auf alle staatlich unterstützen Programme. Und sie wurden nicht nur gegen sexbasierte Diskriminierung ins Feld geführt, sondern auch auf Genderthemen und alle übrigen sexuellen Orientierungen ausgeweitet. Unter der Obama-Regierung wurden die Regelungen ausdrücklich auch für Transgender-Studenten für gültig erklärt, während die Trump-Regierung die Regelungen wieder an den ursprünglichen Wortlaut (sex) binden wollte und die Gerichte die Ersetzung von Sex durch Gender als rechtlich nicht legitimierte Umdeutung kritisierten.

Inzwischen hatte der Prozess an vielen Hochschulen zur Einrichtung von Title IX Abteilungen in der Verwaltung geführt, die sich mit allen Arten von *sex, gender* oder *transgender* basierten Diskriminierungen befassen. Die damit verbundenen Aufgaben politischer Aufsicht über die Bildungseinrichtungen führten zum Aufbau eines vielschichtigen Verwaltungsapparats, zu dem verschiedene Abteilungen innerhalb des 1979 gegründeten Bildungsministeriums (Department of Education) und dem Office of Civil Rights des Justizministeriums (Justice Department) gehören. Das Resultat ist ein dichtes Labyrinth von Initiativen, Richtlinien, Prozessen, Ergebnissen von Ermittlungsverfahren und Verwaltungsvorschriften, die einen ausgeklügelten und detaillierten Verhaltenskodex mit unzähligen Fallen für Unvorsichtige vorschreiben, der jeden Aspekt des Universitätslebens regelt. Kritiker weisen darauf hin, dass dieser Prozess zu einer massiven Machtverlagerung von den Schulen und Universitäten auf den Staat und die Regierung geführt hat mit unerbittlich ansteigenden Kosten für den Bildungsbereich – Tendenzen, denen sich die Universitäten kaum widersetzten, vielleicht aus Angst, als Gegner der Gleichberechtigung dazustehen, oder einfach, weil so viel staatliches Geld auf dem Spiel stand.

---

under any education program or activity receiving Federal financial assistance.« (https://www2.ed.gov/about/offices/list/ocr/docs/tix_dis.html.) (27/6/2022)

Die Umdeutung dieses Gesetzes durch Aktivisten, die es zum Hauptziel von Titel IX erklärten, die Gleichstellung von Männern und Frauen zu erreichen, war nicht korrekt, aber politisch erfolgreich. Allerdings hat es vor allem die Tendenzen der staatlichen Verwaltungen gestärkt, in die Befugnisse der Universitäten einzugreifen. Im Verbund mit der CRT-Debatte, der Rassismus-Debatte und der Dekolonialisierungsdebatte der letzten Jahre hat das dazu geführt, dass eine wachsende Zahl von Staaten in Reaktion auf die identitätspolitische Ideologisierung an Schulen und Universitäten den *tenure track*, also die Lebenszeitanstellung von Professoren und Professorinnen abschaffen, weil diese – so die Begründung – ihre Privilegien zur Ideologisierung der Studenten missbrauchten. Professoren werden verpflichtet, ihre Lehrpläne künftig genehmigen zu lassen und online zu stellen, um Transparenz zu gewährleisten und zu verhindern, dass sie »Ideologie und Politik« in ihre Lehrveranstaltungen einschleusen.

Das sind massive Eingriffe in die Lehrfreiheit. Aber sie sind eine Reaktion darauf, dass Universitätsverwaltungen Professoren und Studenten dazu anhalten, sich als Aktivisten für eine identitätspolitische Diversity-Agenda zu betätigen,[58] dass sie von ihren Angestellten öffent-

---

[58] Als ein Bespiel von vielen möge die Einladung zu einem Preparing Future Faculty Webinar an der Claremont Graduate University vom 23. Juni 2022 dienen: »A diversity statement is a valuable tool when you practice teaching, research, leadership, and most other endeavors. Writing a diversity statement is an opportunity to narrate your journey as a teacher, scholar, and leader and articulate your values, beliefs, goals, and methods as an educator committed to justice, equity, diversity and inclusion, both in the classroom and in larger contexts. This session will highlight important considerations in writing your diversity statement no matter what stage you are in. During this webinar, you will learn: 1. What to include in your Diversity Statements. 2. How to integrate Justice, Equity, Diversity, and Inclusion (JEDI) in your statement. 3. How to communicate your experiences and commitment to embracing diversity and supporting inclusion and equity in education. 4. How to get more help developing your own Diversity Statements.« Wendet man den Blick von Claremont nach Berkeley, dann wird vom Office for Faculty Equity & Welfare in einer ausführlichen »Rubric for Assessing Candidate Contributions to Diversity, Equity, Inclusion, and Belonging« (https://ofew.berkeley.edu/recruitment/contributions-diversity/rubric-assessing-candidate-contributions-diversity-equity) gleich noch detailliert vorgeführt, wie man Kandidatinnen und Kandidaten anhand ihrer JEDI bzw. DEIBJ Angaben zu bewerten hat. (24/1/2023) Es handelt sich also kei-

liche Bekenntnisse zur Unterstützung der Title IX Agenda, der Black Lives Matter-Bewegung, der LatCrit-, der AsianCrit- und anderer sozialpolitischer Bewegungen verlangen und dass sie vorschreiben, dass Lehrpläne nach CRT-/LatCrit-/AsianCrit-Gesichtspunkten umgeschrieben werden, um Mitglieder von Minoritätsgruppen zum Studium zu bewegen.

Nicht nur diese Ziele, sondern die identitätspolitische Fokusverlagerung von Einzelnen auf Gruppen insgesamt sind problematisch. Die Grundrechte einzelner gegenüber dem Staat werden in ihr Gegenteil verkehrt, wenn sie zu Rechten von Gruppen im Gegenüber zu anderen Gruppen umdefiniert werden. Sie identifizieren Menschen mit ihrer Gruppe und nötigen sie damit, sich implizit oder explizit von anderen Gruppen abzugrenzen. Und sie erlauben nicht mehr den Freiraum, anders zu denken, zu reden und zu handeln als die Gruppe. Dass die Partei immer recht hat, ist manchen von uns noch immer wohlvertraut. Es wird keinen Deut besser, wenn dekretiert wird, dass die eigene Gruppe immer recht hat.

VII Linke und rechte Identitätspolitik

Die Problematik individueller und kollektiver Identitätsbildungen, die Abgrenzung gegen andere, die Ausgrenzung von anderen und die Pathologisierung des Nicht-Identischen, ist schon lange bekannt.[59] Aber in den letzten Jahren ist das Wunschbild eines bunten und entspannten Multikulturalismus unter der Regenbogenfahne in das immer schärfere Gegeneinander zwischen linker und rechter Identitätspolitik und linkem und rechtem Rassismus zerfallen.[60] Am Leitfaden von Gender, Postkolonialismus, Diversität und Rassismus wird in wachsender Aggressi-

---

neswegs um ein Einzelphänomen, sondern um eine systematische Ideologisierung der Praxis der Stellenbesetzung an Universitäten.

59 Vgl. Martin Sökefeld, Reconsidering Identity, Anthropos 96 (2001), 527–544; ders., Abgrenzung, Ausgrenzung, Gewalt: Wie viel Identität verträgt der Mensch?, in: Hans Posner/Bruno Reuer (Hg.), Bildung – Identität – Religion. Fragen zum Wesen des Menschen, Berlin 2004, 119–134.

60 Francis Fukuyama, Identity: The Demand for Dignity and the Politics of Resentment, London 2018; Amy Chua, Political Tribes. Group Instinct and the Fate of Nations, London 2019; Hendrik Hansen, Linke und rechte Identitätspolitik. Ein Vergleich der poststrukturalistischen Wende im Linksextremismus mit dem Ethno-

vität über sexuelle, geschlechtliche, ethnische und kulturelle Identität gestritten, ohne dass die Frage nach einer Minimalbasis von Gemeinsamkeiten überhaupt noch gestellt geschweige denn beantwortet werden kann. Schon der Versuch, nach einem Gemeinsamen zu fragen, gilt als hinreichender Anlass, sich über Ausgrenzung zu empören.[61]

Als Wolfgang Thierse versucht hat, das Recht und die Problematik rechter und linker Identitätspolitik zu benennen, wurde ihm mit einem aggressiven Aufschrei in den Social Media und seiner eigenen Partei geantwortet (vgl. seinen Beitrag in diesem Band).[62] Sein Hinweis, »dass nicht nur Minderheiten, sondern auch Mehrheiten berechtigte kulturelle Ansprüche haben und diese nicht als bloß konservativ oder reaktionär oder gar als rassistisch denunziert werden sollten«[63], ging vielen zu weit. Nur wer gegen Mehrheiten ist, kann für Minderheiten sein, und für Minderheiten kann man nur sein, wenn man nichts sagt oder tut, was deren Empfindlichkeiten verletzten könnte. Niemand sollte sich das Recht nehmen, für ihre Anliegen zu sprechen, wenn er es nicht in ihrer Sprache und mit ihren Wertungen tut. Dass keine Minderheit für sich selbst kämpfen kann, ohne sich auch gegen andere zu richten, wird dabei geflissentlich ignoriert.

Doch das Wunschbild von einem schiedlich-friedlichen Nebeneinander der verschiedenen Identitätsgruppen und -grüppchen scheitert an der Realität. Die Welt ist, wie sie ist, und nicht wie wir sie gerne hätten. Solange wir nicht über unbeschränkte Ressourcen verfügen, ist die Bemühung um Teilhabe immer ein Kampf um Teilhabe. In diesem Kampf gibt es wie in jedem Kampf Gewinner und Verlierer. Bei knappen Ressourcen ist der Kampf um Teilhabe nie nur ein Kampf derer, die nicht haben, gegen diejenigen, die haben, sondern zugleich immer auch ein Kampf gegen andere, die um Teilhabe kämpfen. Wenn alle für das Gleiche kämpfen, das aber nicht alle in gleicher Weise haben können, dann kämpfen alle immer auch gegeneinander. Ist das einzige Gemein-

---

pluralismus und Nominalismus der Neuen Rechte, Jahrbuch für Extremismus- und Terrorismusforschung 2019/20, Brühl 2021, 1–44.

61 Mark Lilla, The Once and Future Liberal. After Identity Politics, London 2018.
62 Wolfgang Thierse, Wie viel Identität verträgt die Gesellschaft? Identitätspolitik darf nicht zum Grabenkampf werden, der den Gemeinsinn zerstört: Wir brauchen eine neue Solidarität, FAZ, 22.2.2021. Vgl. Dalferth, Krise (s. Anm. 1), 68 f.
63 Ebd.

same der Kampf um die eigene Identität, dann gibt es keine *defensible differences* mehr, sondern nur noch konkurrierende Gruppeninteressen. Das ist einer der selbstzerstörerischen Mechanismen identitätspolitischer Machtkämpfe, die auf den Kampf aller gegen alle hinauslaufen, wenn die Vernunft nicht rechtzeitig wieder einsetzt.

Die muss vor allem einen fundamentalen Irrtum korrigieren, auf den Johannes Fischer hingewiesen hat.[64] Opfern von Diskriminierung ihre Rechte zu verweigern, ist moralisch verwerflich. Es ist ein Gebot der Solidarität, sich für ihre Rechte einzusetzen. Aber diese Rechte bestehen nicht in Sonderrechten für ihre Gruppe, sondern in den Menschen- und Bürgerrechten, die ihnen verweigert werden. Die moralische Forderung bezieht sich nicht auf ihre Sonderbehandlung, sondern auf ihre Gleichbehandlung in der Gesellschaft. Wird aus dem Status der Diskriminierungsopfer unter Berufung auf Gerechtigkeit die Forderung nach Sonderrechten und Sonderbehandlungen ihrer Gruppe abgeleitet, wie es bei Quotenforderungen geschieht, wird Gerechtigkeit als Gleichheit auf der Ebene der Gruppen missverstanden und über die Rechte anderer Gruppen definiert, und nicht als gleiches Recht für alle unter Bezug auf die Menschen- und Bürgerrechte, die für alle gelten. Doch die Grundrechte einzelner gegenüber dem Staat werden in ihr Gegenteil verkehrt, wenn sie zu Rechten von Gruppen im Gegenüber zu anderen Gruppen umdefiniert werden. Wer das tut und kompensatorische Sonderrechte für diskriminierte Gruppen fordert, versteht Gerechtigkeit als Gleichheit im Verhältnis zu anderen Gruppen und nicht im Verhältnis zu einem Dritten, das für alle in gleicher Weise gilt. Das aber zerstört die Möglichkeit, Gerechtigkeitsdefizite aufzudecken und zu überwinden: Diskriminiert wird man nur, wenn einem verweigert wird, was einem ebenso zusteht wie jedem anderen, aber nicht, wenn man das nicht hat, was ein anderer hat, oder das nicht kann oder darf, was andere können und dürfen. Wo darum gestritten wird, geht es nicht um Gerechtigkeit, sondern um Macht, Einfluss oder Besitz. Machtkämpfe aber entsolidarisieren die Gesellschaft, wenn jede Gruppe Sonderrechte für sich durchsetzen will, anstatt sich für die Grundrechte stark zu machen, die für alle gelten.

---

64   Fischer (s. Anm. 25).

VIII Der Einzelne und der Dritte

Die vergangenen Dekaden haben überdeutlich gezeigt, dass diese durch die identitätsgeleitete Veränderung der Blickrichtung vom Einzelnen auf Gruppen nicht befördert, sondern behindert wird. Wo man sich in erster Linie um sich und seine Gefühle sorgt, um das Gefühl des guten Gewissens, das Gefühl, in seinen Gefühlen nicht verletzt zu sein, das Gefühl, nicht übergangen zu werden, da ist man kaum noch in der Lage, Risken, Möglichkeiten und Wichtigkeiten in unserer komplexen Welt nüchtern abzuschätzen (Burkhard Meißner). Wo es im Kampf der Identitäten vor allem oder nur noch um Gruppenidentitäten geht, die sich alle gegeneinander definieren, atomisiert sich eine Gesellschaft und zerfällt in Gruppen und Grüppchen.[65] Jeder kämpft dann für sich, seine eigene Gruppe und deren Identität. Wo es aber jedem nur um die eigene Gruppenidentität geht, ist das radikale Anderssein der Gruppen das Einzige, was man teilt. Auf dieser Basis lässt sich keine einigermaßen dauerhafte Ordnung begründen. Eine Gesellschaft von sich wechselseitig ausgrenzenden Identitätsgruppen zerstört sich selbst.

Man wird auf diesem Weg aber auch kein Selbst. Selbstwerdung gelingt nicht in der Abgrenzung gegen andere am Leitfaden einer immer genaueren Spezifizierung der eigenen idem-Identität, sondern allein auf dem Weg der Stärkung der ipse-Identität. Nicht der detaillierte Ausbau der idem-Perspektive der dritten Person als komplexe intersektionale Gruppenzugehörigkeit ist die Fortsetzung des Aufklärungsprojekts, sondern gerade umgekehrt die entschlossene Wende zur ipse-Perspektive der ersten Person. Nicht Sensibilität für meine mannigfachen Gruppenzugehörigkeiten und die darin mitgesetzten Abgrenzungen von anderen macht mich zum Selbst, sondern dass ich mich kritisch-unterscheidend zu diesen Zugehörigkeiten verhalte, einige von ihnen akzeptiere, andere ablehne und das, wo nötig, auch wieder revidiere.

Das Sich-selbst-dazu-Verhalten ist der eigentliche Punkt. Erst im eigenen Existenzvollzug wird man zum ipse, nicht durch detailliertere Entfaltung seiner idem-Identität. Das ipse ist eine existenzielle Voll-

---

65 Vgl. Andreas Reckwitz, Digitalisierung und Gesellschaft der Singularitäten (https://www.outube.com/watch?v=JVSIkeolDXo).

zugswirklichkeit und kein Resultat genauerer Wahrnehmung und Beschreibung. Keine noch so detaillierte Beschreibung meiner *idem*-Identität führt zu meiner *ipse*-Identität. Wie aber kann diese dann aufgebaut und gestärkt werden? Es lohnt sich hier, an das zu erinnern, was Kierkegaard im 19. Jahrhundert in Auseinandersetzung mit Hegel betont hatte. Er wies darauf hin, dass Selbstwerdung weder als autarke Selbstschöpfung noch als Partizipation an einem Gemeinsamen gedacht werden kann. Niemand kann sich selbst ins Dasein bringen, aber nur wer da ist, kann ein Selbst werden. Alle Selbstwerdung muss daher der Tiefenpassivität gerecht werden, die jedes Dasein auszeichnet. Man wird aber nicht dadurch ein Selbst, dass man das Menschsein, das man mit anderen teilt, begrifflich immer besser bestimmt. Das, so Kierkegaard, sind nur Begriffsbewegungen im Modus des Möglichen, aber nicht Realitätsvollzüge im Modus des Wirklichen. Jeder Versuch, Selbstwerdung über ein Gemeinsames zu denken, an dem alle auf je ihre Weise partizipieren, scheitert, weil das jeweils angeführte Gemeinsame stets durch die Interessen derer geprägt und bestimmt wird, die es formulieren. Wer die Bestimmungsmacht hat, kann seine Interessen zur Geltung bringen, die anderen nicht. Doch man wird kein Selbst, wenn man so zu werden versucht, wie andere das Menschsein bestimmen. Und man wird es auch nicht durch Teilhabe an der Macht zur Bestimmung des Gemeinsamen. Anstatt das zu fordern, stellt Kierkegaard infrage, dass es nötig sei, sich auf ein gemeinsames Verständnis von Menschsein zu einigen, um wirklich menschlich leben zu können. Jedes derartige Verständnis wird immer durch die Interessen derer kontaminiert sein, die es vertreten. Solange man das Gemeinsame auf der Basis der jeweiligen Gruppenidentitäten zu bestimmen sucht, werden die Abgrenzungen gegenüber anderen Gruppen nur zementiert.

Will man darüber hinauskommen, muss man ein Einzelner werden und nicht nur als Glied einer Gruppe agieren, und ein Einzelner wird man nur, wenn man vom *idem*-Modus zum *ipse*-Modus wechselt. *Idem*-Bestimmungen sind auf Abgrenzungen gegenüber anderem gebaut, weil sich nichts bestimmen lässt, ohne es von anderem abzugrenzen. *Ipse*-Bestimmungen dagegen beschreiben nicht, sondern lokalisieren oder verankern im wirklichen Leben. Sie sagen nicht »x ist F«, sondern »*ich* bin F«, und »*ich*« fungiert hier nicht deskriptiv wie ein Name oder ein Begriff, sondern als ein Indexwort, das einen bestimmten Sachverhalt im Hier und Jetzt lokalisiert oder verankert. Von dieser Verankerung im konkreten Leben her ist die *ipse*-Identität und damit das Selbst aufzubauen.

Das kann Kierkegaard zufolge auf zwei Weisen geschehen. Geschieht es im Modus der ersten Person (Ich vs. Andere), kommt es zu einem egozentrischen bzw. egoistischen Selbst, geschieht es im Modus einer radikal verstandenen zweiten Person (Ich als Du vs. Du – und alle anderen – als Du), kann sich ein wahres Selbst entwickeln. Was heißt das?

Wer sich nur als Ich auf andere bezieht (ich/andere), konstruiert diese und sich selbst immer nur von sich aus, nimmt die anderen also gerade nicht in ihrer Andersartigkeit und Eigentümlichkeit wahr, sondern agiert egozentrisch. Wer dagegen als Du auf ein anderes Ich bezogen ist (du/ich), nimmt sich so wahr, wie er von diesem anderen angesprochen oder behandelt wird, und das ist nichts anderes als ein inverser Egozentrismus. Das ändert sich erst, wenn man sich als Du auf ein anderes Du bezieht (du/du), weil dann keiner dem anderen etwas voraushat, seine Identität also nicht gegen die Identität des anderen in Stellung bringt. Um als Du auf ein Du bezogen zu sein, bedarf es aber eines Dritten, von dem her ich und andere als Du konstituiert sind, ehe wir uns gegenseitig als Ich und Anderer bestimmen. Nur durch diesen Dritten, durch den ich und andere in gleicher Weise zum Du werden, ist wahre Gleichheit gegeben, in all unseren Bestimmungsprozessen und Verhaltensweisen wird dagegen die Differenz dominieren. *Idem*-Identität baut auf Differenzen auf; *ipse*-Identität gründet im Du-Bezug des Dritten, der für jeden der Gleiche ist. Sich daran in seinem Selbstwerden zu orientieren, macht einen zu einem wahren Selbst.

Der Kern der *ipse*-Identität besteht daher darin, ein Du zu sein wie alle anderen auch und deshalb ein Ich oder Selbst im Unterschied zu anderen werden zu können. Man wird ein wahres und nicht nur selbstzentriertes Selbst, wenn man sich in seinem Selbstwerden an diesem Dritten orientiert und sich und alle anderen von ihm her als Du im gleichen Sinn versteht und behandelt. Kierkegaard nennt diesen Dritten den »Mittelbegriff«[66], der niemals in Erscheinung tritt, ohne den aber nichts, was in Erscheinung tritt, wäre und niemand als Du oder Ich oder Wir oder Ihr agieren könnte. Nur wer sich von diesem Dritten her als Du versteht, wird wirklich ein Selbst. Er ist nicht nur eine »Copie von

---

66 Vgl. Ingolf U. Dalferth, The Passion of Possibility. Studies on Kierkegaard's Postmetaphysical Theology, Berlin/New York 2023, 102–104.136.140.

Andern«, aber bestimmt auch andere nicht nur nach seinem Bild oder versucht selbstwidersprüchlich sich selbst zu begründen, sondern lebt als Nächster des Dritten, der auch jeden anderen Menschen zu seinem Nächsten und damit alle Menschen zu Nächsten seiner Nächsten macht. Wahre *ipse*-Identität besteht darin, ein Du zu sein und alle anderen auch als Du im gleichen Sinn zu behandeln – als Du dessen, der alle zu seinen Nächsten macht, mich nicht anders als jeden anderen, und damit radikal uneingeschränkte Gleichheit schafft.

Die Gleichheit vor Gott hebt daher in keiner Weise die irreduzible Verschiedenheit und Vielfalt unserer Identitäten im Verhältnis zueinander auf, aber sie bleibt auch nicht dabei stehen, sondern eröffnet die Möglichkeit, zugleich ganz und gar gleich vor Gott und ganz und gar verschieden voneinander zu sein. Jeder ist anders als jeder andere, keiner ist identisch mit einem anderen, aber alle sind gleich vor Gott.

Menschen haben deshalb nicht nur komplexe Identitäten, sie sind stets auch mehr als das, was andere aus ihnen oder sie selbst aus sich machen. Ihre Gleichheit liegt nicht in der *idem*-Identität ihres Soseins, sondern in der *ipse*-Identität ihres Daseins. Sie sind Gottes Geschöpfe, hier und jetzt an je ihrem konkreten Ort im Leben. Diese Gleichheit im Dasein hebt in keiner Weise ihre Verschiedenheit im Sosein auf. Zum Geschöpf kann sich keiner selbst machen, und deshalb ist es auch keiner mehr oder weniger als ein anderer. Was beim Recht gilt, gilt vielmehr auch hier: Die Menschen sind nicht alle gleich, aber wenn die Menschenrechte überhaupt gelten, dann gelten sie gleichermaßen für alle Menschen und nicht für manche mehr und für andere weniger. Die Menschen glauben auch nicht alle an Gott, aber wenn Gott ihr Schöpfer ist, dann sind sie gleichermaßen seine Geschöpfe, was immer sie glauben und wie immer sie leben. Damit ist noch nicht gesagt, *wie* sie das sind. Als Gottes Geschöpfe können sie gottblind oder gottoffen leben. Sie leben gottblind, wenn sie sich mit den *idem*-Identitäten ihrer Gruppen identifizieren und sich nicht als *ipse* von ihnen distanzieren. Und sie leben gottoffen, wenn sie ihre *ipse*-Identität nicht nur von ihren Beziehungen zu sich und zu anderen, sondern von ihrer Beziehung zur Beziehung des Schöpfers zu ihnen her aufbauen. Auch wenn sie das nicht tun, sind sie nur da, weil diese Schöpferbeziehung besteht. Sie zu bestreiten, heißt zu leugnen, was einem ermöglicht, sie zu bestreiten. Das endet in einem existenziellen Selbstwiderspruch. Dass man trotz dieses Widerspruchs lebt und mit ihm leben kann, zeigt, dass wir mehr sind als das, was wir oder andere aufgrund unserer Identitäten aus uns machen. Wir alle haben komplexe Identitäten. Aber wir stehen und fallen nicht mit ihnen, sondern sind mehr als sie, weil wir Gottes Geschöpfe sind.

Säkularität
und Religionspluralismus

Aufgaben und Möglichkeiten der Kirche

Stefan S. Jäger

Säkularität und Religionspluralismus kennzeichnen als zwei scheinbar gegenläufige Entwicklungen unsere spätmoderne Situation. Der Begriff *secularism* wurde erstmals von George Jacob Holyoake (1817–1906) geprägt, um damit eine von christlich-religiöser Weltauffassung unabhängige Art zu denken und zu leben zu bezeichnen.[1] Seither haben sich Säkularismus, Säkularisierung und Säkularität[2] als diskursleitende Begriffe im Blick auf individuelle, soziale und institutionelle Aspekte und Prozesse abnehmender Bedeutung von Religion und Religiosität in der Moderne etabliert.[3] Spätestens seit Mitte des 20. Jahrhunderts ist jedoch auch eine deutliche Revitalisierung und Globalisierung nichtchristlicher Religionen zu konstatieren, die zu einem religiösen Pluralismus als »Signatur unserer Lebenswelt« (Christoph Schwöbel) geführt hat. An die benannten Phänomenbereiche schließen sich zahlreiche Theorieentwürfe und Diskurse aus staats- und kirchentheoretischer, soziologischer, religionswissenschaftlicher und theologischer Perspektive an, die auch den Hintergrund folgender Überlegungen bilden.

In diesem Beitrag gehe ich der Frage nach, wie sich Säkularität und Religionspluralismus zueinander verhalten und welche Aufgaben und Möglichkeiten sich für Theologie und Kirche daraus ergeben. Die Kirche steht nicht mehr in der Mitte des Dorfes, sondern findet sich zusehends

---

1 Holyoake war der letzte Engländer, der wegen des Vorwurfs des Atheismus eine Haftstrafe verbüßen musste. Im Jahr 1871 veröffentlichte er sein Werk »The Principles of Secularism«.

2 Abgeleitet vom kirchenlateinischen *saeculum* für »Welt« und *saecularis* »weltlich; heidnisch« im Unterschied zu geistlich.

3 Von Säkularismus und Säkularisierung zu unterscheiden ist der Begriff der Säkularisation, der historisch die Umwandlung kirchlicher Besitzungen in Eigentum weltlicher Fürsten bezeichnet (insbesondere nach der Französischen Revolution und in Deutschland durch die große Säkularisation von 1803).

als *ein* Akteur unter anderen innerhalb einer religiös und weltanschaulich mulitpolaren Siedlung wieder. Wie ist das Verhältnis von unterschiedlichen Letztgewissheiten, die jeweils religiösen Unbedingtheitscharakter tragen, in einer säkularen und religionspluralen Gesellschaft zu denken und konstruktiv zu gestalten? Bevor ich entsprechende Überlegungen (II) vorstelle, ist es zunächst notwendig, Säkularität und Religionspluralismus als Kennzeichen des gesamtgesellschaftlichen Kontextes unter historischen und religionssoziologischen Gesichtspunkten in den Blick zu nehmen (I).

I

Säkularität und Religionspluralismus als Abschied vom »Christlichen Abendland«?

Mitte des 20. Jahrhunderts gehörten noch über 95 Prozent der Bevölkerung in Deutschland einer der beiden großen christlichen Konfessionen an. Im Jahr 2022 waren gerade noch 48 Prozent Mitglied in einer evangelischen oder der römisch-katholischen Kirche. Und dieser Prozess der Entkirchlichung schreitet in akzelerierter Weise voran.[4] Statistisch gesehen wird damit eine rund eintausendjährige Christianisierungsgeschichte Europas umgekehrt, wobei die nüchternen Zahlen lediglich den Endpunkt eines vorausgegangenen langen inneren Prozesses der Entfremdung darstellen. Mit dem Relevanzverlust institutionalisierter Religionspraxis wird zugleich eine Erosion des Christlichen im allgemeinen Bewusstsein erkennbar. Ob es sich um die Bedeutung christlicher Feste und der darin zum Ausdruck kommenden Glaubensgehalte handelt oder um ethische Grundorientierungen – auch eine rudimentäre Kenntnis christlicher Tradition(en) kann nicht mehr allgemein und als selbstverständlich vorausgesetzt werden.

Hatte also Dietrich Bonhoeffer recht, wenn er schrieb: »Wir gehen einer völlig religionslosen Zeit entgegen; die Menschen können einfach,

---

[4] Die so genannte Freiburger Studie prognostiziert eine weitere Halbierung dieser Mitgliederzahl bis zum Jahr 2060. David Gutmann/Fabian Peters, #projektion2060. Die Freiburger Studie zu Kirchenmitgliedschaft und Kirchensteuer, Analysen, Chancen, Visionen, Neukirchen-Vluyn 2021. Vgl. auch die Austrittsstudie des Sozialwissenschaftlichen Instituts der EKD von Petra-Angela Ahrens, Kirchenaustritte seit 2018: Wege und Anlässe. Ergebnisse einer bundesweiten Repräsentativbefragung, Baden-Baden 2022.

so wie sie nun einmal sind, nicht mehr religiös sein«[5]? Diese viel zitierte und besprochene Einschätzung und die daraus abgeleitete Prognose nimmt Abschied von der Vorstellung eines religiösen Apriori, das den Menschen zum *homo religiosus* erklärt, der gar nicht anders könne als religiös zu sein. Mit diesem Abschied wird zugleich das Paradigma eines essentialistischen Religionsbegriffs, wie es in evangelischer Theologie vor allem seit Schleiermacher zur Geltung kam und in dem das Christentum als eine geschichtliche Ausprägung von Religion (im Singular!) eingeordnet wurde, abgelöst. Die sich darauf stützenden apologetischen Bemühungen, die an die Religiosität des Menschen als anthropologischem Datum anknüpfen, erweisen sich als nicht mehr plausibel zu machende vergebliche und letztlich unredliche Versuche. Soweit Bonhoeffer, der damit einer der frühen Vertreter der theologischen Zunft ist, die die »Religionslosigkeit des mündig gewordenen Menschen«[6] ernst nehmen und theologisch zu reflektieren versuchen. Angesichts des radikalen Wandels der kulturellen, gesellschaftlichen und religiösen Situation Mitteleuropas, hat in jüngerer Zeit Hans-Martin Barth Bonhoeffers Impuls in seiner Studie zu Konfessionslosigkeit und der Idee eines religionstranszendenten Christseins aufgenommen.[7]

Die statistischen Erhebungen zur Entwicklung der Kirchmitgliedszahlen scheinen zunächst Bonhoeffers Wahrnehmung recht zu geben. Zumal, wenn man in größeren Zeiträumen denkt. Bestätigen die sprichwörtlich leeren Kirchen die Säkularisierungsthese[8], wonach Säkularisierung ein notwendiger und unumkehrbarer Prozess ist, der kausal mit der technisch-wissenschaftlichen Entwicklung und der funktionalen Differenzierung moderner Gesellschaften verknüpft ist? Mit Max Weber wird von einer »Entzauberung der Welt« gesprochen, der damit einen »große[n] religionsgeschichtlichen Prozeß« beschreibt, dessen Anfänge

---

5   Dietrich Bonhoeffer, Widerstand und Ergebung. Briefe und Aufzeichnungen aus der Haft (DBW 8), Gütersloh 2015, 403 (aus dem Brief vom 20.04.1944 an Eberhard Bethge).
6   A. a. O., 557.
7   Hans-Martin Barth, Konfessionslos glücklich. Auf dem Weg zu einem religionstranszendentem Christsein, Gütersloh 2013.
8   Vgl. zu den Diskursen Patrick Heiser, Religionssoziologie (Soziologie im 21. Jahrhundert), Paderborn 2018, 19–73. Henning Wrogemann, Religionswissenschaft und Interkulturelle Theologie (LETh 10), Leipzig 2020, 161–178.

er bereits im alten Israel sieht.⁹ Der Ausdruck »Entzauberung der Welt«, stammt zwar nicht, wie oft irrtümlich angenommen, von Friedrich Schiller, lehnt sich aber an dessen Gedicht »Die Götter Griechenlands« an.¹⁰ Darin beschreibt Schiller den Übergang vom antiken Polytheismus zum Monotheismus und weiter zum technischen Zeitalter als einen Resonanzverlust. Der Religion bleibt nur noch, wenn überhaupt, die Sphäre der Poesie:

> »Wo jetzt nur, wie unsre Weisen sagen,
> Seelenlos ein Feuerball sich dreht,
> Lenkte damals seinen goldnen Wagen
> Helios in stiller Majestät.
> [...]
> Schöne Welt, wo bist du? – Kehre wieder,
> Holdes Blütenalter der Natur!
> [...]
> Alle jene Blüten sind gefallen
> Von des Nordes schauerlichem Wehn,
> E i n e n zu bereichern unter allen,
> Mußte diese Götterwelt vergehn.
> Traurig such ich an dem Sternenbogen,
> Dich, Selene, find ich dort nicht mehr;
> Durch die Wälder ruf ich, durch die Wogen,
> Ach! sie widerhallen leer!
> [...]
> Gleich dem toten Schlag der Pendeluhr,
> Dient sie knechtisch dem Gesetz der Schwere,
> Die entgötterte Natur.
> [...]
> Was unsterblich im Gesang soll leben,
> Muß im Leben untergehen.«¹¹

---

9   Max Weber, Die protestantische Ethik I. Eine Aufsatzsammlung, hg. v. Johannes Winckelmann, 7., durchges. Aufl., Gütersloh 1984, 123.

10 So auch die Anmerkung des Herausgebers a. a. O., 197, Anm. 20. Vgl. Hartmut Lehmann, The Interplay of Disenchantment and Re-enchantment in Modern European History; or, the Origin and the Meaning of Max Weber's Phrase »Die Entzauberung der Welt«, in: Ders., Die Entzauberung der Welt Studien zu Themen von Max Weber, Göttingen 2009, 13, Anm. 15.

11 Friedrich Schiller, Die Götter Griechenlands, Schillers Werke Bd. 1, Die Gedichte nach Schillers letzter Auswahl und Anordnung, hg. v. Reinhard Buchwald/K. F. Reinking, Hamburg 1952, 124–128. Erste Fassung von 1788, hier die zweite Fassung von 1804/05.

Der Glaube an den »Einen« hat die Götterwelt Griechenlands verdrängt. Helios und Selene werden ähnlich wie in 1. Mose 1, wo Sonne und Mond als von Gott geschaffenen Himmelskörpern lediglich bestimmte Funktionen zukommen, entmythologisiert. Schiller stellt in seinem Gedicht der mythischen Lebensfülle die mechanische Kälte einer entgötterten und zum Objekt der Wissenschaft gewordenen Natur gegenüber. Mit der Zeile »Ach! sie widerhallen leer« bringt er einen Resonanzverlust ganz im Sinn einer »stummen Weltbeziehung« zum Ausdruck, wie sie Hartmut Rosa in der von ihm ausgearbeiteten Resonanztheorie beschreibt.[12]

1. Säkularisierung ist nicht gleich Säkularisierung

An dieser Stelle ist eine terminologische Zwischenüberlegung zu wichtigen Differenzierungen nötig. Die Bedeutung von Säkularisierung als Sammelbegriff für eine Vielzahl komplexer und dynamischer Prozesse sowie deren Bewertung ergeben sich aus dem jeweiligen Bezugsrahmen, in welchem entsprechende Phänomene in den Blick genommen werden. Anders gewendet: Worin bestünde das jeweilige Gegenmodell zu Säkularität? Wir dürfen den Abschied vieler Menschen von der institutionalisierten Form von Religion in Gestalt der Mainstream-Kirchen nicht mit einem Abschied von Gott gleichsetzen. Und selbst ein Abschied von Gott im Sinn eines (mono-)theistischen Glaubens kann nicht gleichgesetzt werden mit einem Abschied von Religion und Spiritualität in einem wenn auch noch so diffusen Sinn. Hierbei ist auch die Einsicht hilfreich, dass es sich beim so genannten »Christlichen Abendland« zwar nicht nur, aber auch um eine idealisierende Geschichtskonstruktion der Romantik handelt.[13] Hier sind wichtige Differenzierungen notwendig, um soziologische Daten nicht von einem bestimmten Geschichtsbild her in die eine oder andere Richtung ideologiegeleitet zu deuten.

Die Unterscheidungen, die Martin Riesebrodt für den Phänomenkomplex »Säkularisierung« vorschlägt, scheinen mir dafür eine gute

---

12 Hartmut Rosa, Resonanz. Eine Soziologie der Weltbeziehung, Frankfurt 2019 (2016).
13 So zeichnet Friedrich von Hardenberg alias Novalis in seiner Schrift »Die Christenheit oder Europa« (1799) ein Idealbild eines einheitlichen christlichen Abendlandes, das es historisch gesehen so nie gegeben hat. Bereits Luther konnte z. B. in seiner Schrift »Von weltlicher Obrigkeit« 1523 nüchtern feststellen: »... sondern allezeyt ist der Christen am wenigsten vnd sind mitten vnter den vnchristen.« (Martin Luther Studienausgabe Bd. 3, hg. v. Hans-Ulrich Delius, Berlin 1983, 41).

Diskussionsgrundlage zu sein. Riesebrodt beschränkt den Gebrauch des Begriffs der Säkularisierung »auf eine Transformation *sozialer* Ordnungen, nämlich auf den Prozeß der Emanzipation gesellschaftlicher Institutionen von religiöser Kontrolle.«[14] Damit schließt er sich an einen systemtheoretischen Ansatz an, der Säkularisierung als Folge der funktionalen Differenzierung moderner Gesellschaften versteht. Für die »Transformation von Bewusstseinsstrukturen im Sinne ihrer Rationalisierungen« (als »Verwissenschaftlichung« und »Ethisierung religiöser Vorstellungen«) verwendet Riesebrodt den Weber'schen Begriff der »Entzauberung«.[15] Auf der institutionellen Ebene religiöser Organisation spricht er von »Deinstitutionalisierung« oder »Entkirchlichung« im Sinn einer Individualisierung und Privatisierung von Religion.[16] Diese Unterscheidung verschiedener Phänomenbereiche ist analytisch notwendig und hilfreich, darf aber nicht darüber hinwegtäuschen, dass alle Aspekte eng miteinander verflochten sind.

2. Religionspluralismus als Folge der Globalisierung

Zu der beschriebenen zunehmenden (und zum Teil auch selbstverschuldet akzelerierten) Entkirchlichung lässt sich eine Entwicklung ausmachen, die Martin Riesebrodt als »Rückkehr der Religionen« bezeichnet hat.[17] Religionen wie Buddhismus, Islam, (Neo-)Hinduismus oder ethnische Religionen, die man im 19. Jahrhundert auf dem Zenit europäischer Kolonialherrschaft und evangelischer Missionsbewegung bereits für obsolet erklärt hatte, erleben spätestens seit Ende des Zweiten Weltkriegs und der darauffolgenden Dekolonisation eine kaum für möglich gehaltene Revitalisierung und Modernisierung, häufig eng verknüpft mit anti- und postkolonialer Identitätsbildung. Aber auch das Christentum ist vor allem im globalen Süden durch eine rasante Wachstumsdynamik geprägt, sodass seine außereuropäischen Präsenzen längst das Übergewicht haben und von einer polyzentrischen Weltchristenheit auszugehen ist. Der gegenwärtige Religionspluralismus

---

14 Martin Riesebrodt, Cultus und Heilsversprechen. Eine Theorie der Religionen, München 2007, 245 (kursiv im Original).
15 Ebd. (kursiv im Original).
16 Ebd. (kursiv im Original).
17 Martin Riesebrodt, Die Rückkehr der Religionen. Fundamentalismus und der »Kampf der Kulturen«, München 2000.

stellt gewissermaßen als Rückkoppelungsprozess wesentlich eine Folge der Globalisierung in der Moderne dar, die in hohem Maß von Europa ausging. Zudem nimmt die Kenntnis anderer Religionen in einer auch medial globalisierten Gesellschaft und durch die Etablierung vielfältiger Religionsgemeinschaften sowie deren missionarischen Bemühungen auch in Deutschland zu. Der Historiker Reinhardt Wendt resümiert in seiner Darstellung der Globalisierungsgeschichte:

»Während die klassische katholische und protestantische Mission in Übersee mehr und mehr entwicklungspolitische Aufgaben wahrnimmt und das Feld der geistlichen Überzeugungsarbeit evangelikalen Sekten überlässt, spielt sich in westlichen Ländern etwas ab, was man als Gegenmission bezeichnen könnte. Vertreter anderer Religionen versuchen, Europäer oder US-Amerikaner für ihren Glauben zu gewinnen.«[18]

Durch die schwindende Anschlussfähigkeit und Bindungskraft traditioneller Kirchen verlagert sich eine bleibende Resonanzsehnsucht auch in Richtung anderer Religionen und Sinnangebote. Man könnte hier von einer Verschiebung der »Resonanzachsen« (H. Rosa) sprechen. Die religiöse Diversität durch traditionelle Religionsformationen (»Weltreligionen«) wird verstärkt durch die Popularität neureligiöser Bewegungen und spiritueller Angebote jeder Art von Esoterik über Neo-Schamanismus bis zu neuheidnischen Bewegungen. Der Religionsphilosoph Markus Wirtz spricht paradox von einer »säkularen Religiosität«[19] – ein Begriff, mit dem er zwei verschiedene Phänomenbereiche beschreibt: einerseits eine individualisierte Religiosität im Sinn einer postmodernen »Patchwork-Spiritualität«, die eklektisch auf persönliche Bedürfnislagen zugeschnitten ist. Andererseits sieht er eine »objektivierende Verweltlichung von Religiosität durch ihre Kanalisierung in politische Ideologien [...] sowie die ebenfalls als Religiosität beschreibbare Wissenschafts- und Technikgläubigkeit, die sich etwa in den technizistischen Utopien des Transhumanismus artikuliert [...].«[20] Damit nähert sich die

---

18 Reinhard Wendt, Vom Kolonialismus zur Globalisierung. Europa und die Welt seit 1500, Paderborn ²2016, 390. Es lässt sich auch unschwer aufzeigen, wie christliche Missionsmethoden (einschließlich Bildungswesen, karitative Tätigkeiten, Sozial- und Verkündigungsformen) von anderen Religionen übernommen und adaptiert worden sind.
19 Markus Wirtz, Religionsphilosophie. Eine Einführung, Berlin 2022, 238.
20 A. a. O., 239.

Situation, wie in vielen Regionen der Welt ohnehin gegeben, der weltanschaulich und religiös pluralen Ausgangslage der vorkonstantinischen Christentumsgeschichte an, die sich auch in den Texten des Neuen Testaments widerspiegelt.

3. Abschied von der Säkularisierungstheorie

Ist also die klassische Säkularisierungstheorie, die von einer geschichtsteleologischen Notwendigkeit ausgeht und Religion in immer engere Nischen abdrängt, ein nur noch für Wissenschaftshistoriker interessantes Fossil? Peter L. Berger, der anfangs selbst ein prominenter Verfechter der Säkularisierungstheorie war, hat in späteren Publikationen seine Position grundlegend verändert:

> »My point is that the assumption that we live in a secularized world is false. The world today, with some exceptions [...], is as furiously religious as it ever was, and in some places more so than ever. That means that the whole body of literature by historians and social scientists loosely labeled ›secularization theory‹ is essentially mistaken. In my early work I contributed to this literature.«[21]

Die Ausnahmen, von denen Berger in obigem Zitat spricht, bilden Europa und in gewisser Weise Japan, wo eine starke Säkularisierung keineswegs in Abrede zu stellen ist. Aber die Säkularisierungstheorie als mentalitätsgeschichtliche Großerzählung mit teils monokausalen Erklärungsmustern lässt sich empirisch nicht halten und lebt wesentlich von einer eurozentristisch verengten Perspektive. Auch sind die historischen Entwicklungen deutlich komplexer, nicht-linear und vor allem kontingent, wie z. B. Charles Taylor und Hans Joas aufgezeigt haben.[22] Joas schlussfolgert, dass Säkularisierung keineswegs die notwendige Folge des technisch-wissenschaftlichen Fortschritts in der Moderne ist und analysiert verschiedene »Wellen« der Säkularisierung, die jeweils auch ganz anders hätten verlaufen können und bei denen das institutionell

---

21 Peter L. Berger, The Desecularization of the World. A Global Overview, in: Ders. (Hg.), The Desecularization of the World. Resurgent Religion and World Politics, Washington D. C./Grand Rapids, Michigan 1999, 2. Vgl. ders., Altäre der Moderne: Religion in pluralistischen Gesellschaften, Frankfurt a. M. 2015 (Orig.: The Many Altars of Modernity: Toward a Paradigm for Religion in a Pluralist Age, Boston/Berlin 2014).

22 Charles Taylor, Ein säkulares Zeitalter, Frankfurt a.M. 2009 (Orig. A Secular Age 2007); Hans Joas, Glaube als Option. Zukunftsmöglichkeiten des Christentums, Freiburg i. Br. 2012.

verfasste Christentum zumindest als Katalysator gewirkt und oft keine vorteilhafte Rolle gespielt hat.[23] Ebenso sei nach Joas aber auch die Ansicht, dass es ohne Religion zu einem Verfall von Werten und Moral komme und eine Gesellschaft ohne Religion desintegriere, empirisch nicht aufzuweisen: »Säkularisierung führt bisher nicht nachweislich zu Moralverfall.«[24] Vielmehr gibt es einen Vertrauens- und Relevanzverlust im Blick auf die Kirche als moralischer Autorität, der sich bereits im kulturellen Gedächtnis fortsetzt. Eine Apologetik, die sich an der Notwendigkeit von Religion für die Ethik orientiert, erweist sich als problematisch, ganz abgesehen von der Gefahr einer Moralisierung des Evangeliums. Dies gilt ganz unbenommen der Überzeugung, dass es sich bei christlicher Ethik um eine fundamental lebensdienliche Orientierung an Werten wie Liebe, Frieden, Versöhnung, Freiheit und Gerechtigkeit handelt.

4. *Säkularität und Religionspluralismus in interkultureller und interreligiöser Perspektive*

Um eine eurozentristische Perspektive zu vermeiden, soll hier eine kurze interkulturelle und interreligiöse Reflexion zwischengeschaltet werden. Die Analyse komplexer und kontingenter Säkularisierungsprozesse korrespondiert mit der Beobachtung, dass sich in außereuropäischen Kontexten technischer Fortschritt, naturwissenschaftliches Denken und Religiosität keineswegs ausschließen, sondern sich als unterschiedliche Perspektiven ergänzen und in individuelle und gesellschaftliche Lebensvollzüge integriert werden.

Jede Religionskultur bildet auch ihre eigene, ihr systemisch entsprechende Gestalt von Säkularität aus. Versteht man Säkularität, wie in vorliegendem Beitrag, als Ergebnis von komplexen Säkularisierungsprozessen und versucht diese zu analysieren, so stellt sich die Frage nach dem jeweiligen Referenzsystem, der Umwelt mit ihren spezifischen Kontexten. Es seien zum Vergleich hier exemplarisch nur zwei sehr unterschiedliche Kontexte aus Lateinamerika und Ostasien angeführt. In einem hochreligiösen Land wie Brasilien[25], wo der Anteil der Bevölkerung, der sich als säkular versteht, gegenwärtig auf etwa 15 Prozent

---

23 Joas, Glaube als Option (s. Anm. 22), 70–85.
24 A. a. O., 63.
25 Vergleichbares gilt für andere Länder des globalen Südens, die zeigen, dass Säkula-

geschätzt wird, speist sich die Abwendung von (christlicher) Religion häufig aus der Enttäuschung über eine sogenannte »Wohlstandstheologie« (*Teologia de prosperidade*), die vor allem Gesundheit, ganz irdischen Wohlstand und Erfolg verspricht, wie sie insbesondere in pentekostalen und neo-pentekostalen Kirchen mit einem Bevölkerungsanteil von mittlerweile 30 Prozent vertreten wird. Auch eine teils starke Politisierung der Gemeinden spielt hier eine Rolle, wie die letzten Präsidentschaftswahlen gezeigt haben. Diese Form von christlicher Religiosität wird von einigen brasilianischen Theologen als eine Art der Säkularisierung gedeutet, die innerhalb des christlichen Raumes stattfindet und mit dem frömmigkeitsgeschichtlichen Begriff der »Verweltlichung« bezeichnet werden kann.[26] Die religionsimmanente Verweltlichung trägt auf diese Weise entgegen der ursprünglichen Intention zu einer Säkularisierung als Abwendung vom Christentum bei. Andererseits ist in Brasilien auch eine neue Hinwendung vieler junger Menschen zu liturgischen Formen des römisch-katholischen Ritus zu beobachten. Ein theoretischer Atheismus spielt gesamtgesellschaftlich so gut wie keine Rolle.

Demgegenüber stellt sich die Situation in Japan, wo der Anteil des Christentums nur etwa ein Prozent der Bevölkerung ausmacht und Formen des Buddhismus und des Shintō traditionell vorherrschen, grundlegend anders dar. Hier verbinden sich multiple Religionszugehörigkeit[27] und Säkularität. Die meisten Japaner würden sich als nicht reli-

---

rität primär ein Phänomen nordatlantischer Industrienationen mit ihrer spezifischen Geschichte darstellt.

26 Verweltlichung ist hier zu verstehen als Angleichung an die unter dem Vorzeichen der Sünde stehenden Welt, vgl. z. B. 1. Johannes 2,15a; Jakobus 4,4b; Römer 12,2; Johannes 17,12–16.

27 So betrug die Gesamtzahl der Religionszugehörigkeitsnennungen, bei denen Mehrfachzugehörigkeiten üblich sind, im Jahr 2021 laut offizieller Religionsstatistik *shūkyōnenkan* des Kultusministeriums knapp 180 Millionen bei einer Gesamtbevölkerung von 124,5 Millionen. Dabei entfielen 48,6 % auf shintoistische und 46,4 % auf buddhistische Religionsgemeinschaften. Der Anteil des Christentums betrug 1,1 %. Angaben nach *shūkyōnenkan reisei 4 nenhan*, *bunkachō*, 35. https://www.bunka.go.jp/tokei_hakusho_shuppan/hakusho_nenjihokokusho/shukyo_nenkan/pdf/r04nenkan.pdf (zuletzt aufgerufen am 26.10.2023). Vgl. auch Jan van Bragt, Multiple Religious Belonging of the Japanese People, in C. Cornille, Many Mansions? Multiple Religious Belonging and Christian Identity, Eugene OR 2002, 2–19.

giös bezeichnen. Buddhistische und shintoistische Feste und Riten werden eher als kulturelle Traditionen verstanden und praktiziert. Religionszugehörigkeit wird auch nicht primär über das Individuum als vielmehr über die Familie definiert. Man spricht von Ie no shūkyō, der »Religion des Hauses/der Familie«. Insbesondere reform-buddhistische Formationen haben sich relativ unproblematisch an eine säkulare Situation angepasst, z. B. im Zen und in Vipassanā-Achtsamkeitsmeditation, die auch in westlichen Gesellschaften zunehmend rezipiert werden. Einzelne Vertreter sehen im Buddhismus sogar »die Religion der Postmoderne«, die im Unterschied zu einem traditionellen Glaubensbestand des Christentums und seiner Institutionalisierungen eine attraktive spirituelle Alternative darstelle.[28] Da Buddhismus als nicht-theistische Religionsformation prinzipiell ohne Gottesbegriff auskommt und die Leitdifferenz von »erwacht« und »unerwacht« an die Stelle der Differenz von Transzendenz und Immanenz tritt, ergeben sich grundsätzlich andere Parameter als die für christliche Theologie leitende Unterscheidung von Gott und Welt, Schöpfer und Geschöpf. Die genannten Beispiele zeigen, dass es keine einheitliche Konzeptualisierung von Säkularität gibt, die sich ohne weiteres auf verschiedene Kontexte übertragen ließe.

5. Säkularität als Ermöglichungsraum von Religionspluralismus

Vor dem Hintergrund biblisch-theologischer Verhältnisbestimmung von Gott und Welt, ergibt sich Säkularität als Weltdeutung und Lebensvollzug ohne Gott als deren Grund und Horizont. Dies impliziert aus christlicher Perspektive, dass Vorletztes zu Letztem und Letztgültigem wird und sich in einer weltanschaulich und religiös pluralen Situation konkurrierende Letztbegründungsmodelle und -ansprüche gegenüberstehen. Ein durch Säkularisierung entstehendes Vakuum an tanszendenzbezogener Sinnerschließung und -deutung kann neu durch alternative Sinnangebote gefüllt werden. Insofern entsprechen sich Säkularität und Religionspluralismus, da Säkularität die Bedingung für die Möglichkeit vielfältiger und nebeneinander bestehender Wirklichkeitsdeutungen bildet. In einem weltanschaulich neutralen, freiheitlich-demokratisch verfassten Staatswesen wird diese Möglichkeit vor allem

---

28 So z. B. Ram Adhar Mall, Buddhismus. Religion der Postmoderne?, Hildesheim 1990.

durch das Grundrecht auf Religionsfreiheit garantiert.[29] Dies gilt sowohl für aktive wie für passive Religionsfreiheit, in der Freiheit zu Religion als auch der Freiheit von Religion. Diese ist nur auf der Basis eines prinzipiell säkular verfassten Gemeinwesens möglich. Das eine ist ohne das andere nicht zu haben.[30] Zu glauben (und anders zu glauben) ist ebenso eine Option, wie nicht zu glauben. Insofern ist Religionspluralismus ein Signum des hohen und weltweit gesehen auch immer wieder gefährdeten Wertes und keineswegs gleichermaßen gewährten Rechtes der Religionsfreiheit. Man denke dabei an Länder, in denen Religion in fundamentalistischer Weise identitätspolitisch funktionalisiert wird und anders Glaubende und Denkende nicht, oder nicht ausreichend vor Übergriffen und Ausgrenzung geschützt werden. Hier ist allerdings anzumerken, dass Religionen das Potential haben, ihre Letztgültigkeitsansprüche gesellschaftlich und politisch auch mit Machtmitteln durchzusetzen und in unterschiedlicher Weise eine Affinität zu entsprechenden Funktionalisierungen aufweisen. Wenn ich hier den Begriff der Funktionalisierung verwende, ist das also nicht so zu verstehen, als würde es sich hierbei um etwas handeln, das Religionsformationen ganz wesensfremd und nur von außen oktroyiert wäre. Historisch betrachtet ist keine Religionsformation von entsprechendem Ge- und Missbrauch psychischer und physischer, sozialer und politischer Macht ausgenommen. Weltweit scheint sich diese Tendenz sogar in unterschiedlicher Weise zu verstärken. Hier hat ein weltanschaulich neutral verfasster säkularer Staat auch eine begrenzende und schützende Funktion, wobei der Gefahr einer diese Freiheit verletzenden Übergriffigkeit durch Religionen rechtliche Grenzen gesetzt werden. Der säkulare Staat bietet den Ermöglichungsraum weltanschaulich-religiöser Pluralität, die im Sinne echter Liberalität ein hohes Gut darstellt, das auch die freie Ausübung von Religion einschließlich des jeweiligen intrinsisch motivierten missionarischen Handelns garantiert, sofern

---

29 Grundgesetz Artikel 4: »(1) Die Freiheit des Glaubens, des Gewissens und die Freiheit des religiösen und weltanschaulichen Bekenntnisses sind unverletzlich. (2) Die ungestörte Religionsausübung wird gewährleistet.«

30 Allerdings unterscheiden sich hier auch innerhalb Europas die Zuordnungen von Staat und Religion, wie z. B. der strikte Laizismus in Frankreich im Unterschied zu einem Kooperationsmodell in Deutschland zeigt.

dieses sich im Rahmen der geltenden Rechtsordnung bewegt.[31] Andreas Feldtkeller sieht in dem Impetus zur Selbstausbreitung von Religionen sogar einen wesentlichen Faktor für die Entstehung echter Pluralität:

»Allgemein gesprochen sind Religionen mit dem beschriebenen grenzüberschreitenden missionarischen Impuls ein notwendiger Faktor für die Möglichkeit der Entstehung pluralistischer Gesellschaften. Sie können sich in dieser Wirkung am Besten entfalten, solange sie in der eigenen Gesellschaft Konkurrenz haben möglichst durch andere missionarische Religionen.«[32]

Zugleich können sich Säkularität und Religionspluralismus wechselseitig verstärken, da sich religiöse Letztbegründungen prinzipiell in einer Konkurrenzsituation vorfinden, die den Eindruck von Beliebigkeit entstehen lassen und zu einer Haltung der Indifferenz[33] führen können – eine Tendenz, die auch durch eine pluralistische Theologie der Religionen eher verstärkt wird und keineswegs mit Toleranz verwechselt werden darf. Kann es also eine religiöse Letztgewissheit geben, die sich von deren Unbedingtheitscharakter überzeugt vertreten und gleichzeitig alternative Letztbegründungsansprüche gelten lässt? Dies scheint mir die zentrale Problemstellung zu sein, für die ich in folgenden religionstheologischen und kommunikationstheoretischen Grundsatzüberlegungen eine epistemologisch notwendige doppelte Differenzierung und eine Spiritualität der Selbstunterscheidung vorschlage.[34]

---

31 Ein völlig anderes Verständnis von »Säkularität« unterliegt z. B. den Anti-Konversionsgesetzen in Indien (und in moderater Form in Nepal), vgl. dazu auch Wrogemann, Religionswissenschaft und Interkulturelle Theologie, 172–174, unter Bezug auf die Arbeiten von Marian Burchardt und Monika Wohlrab-Sahr.
32 Andreas Feldtkeller, Pluralismus – was nun? Eine missionstheologische Standortbestimmung, in A. Feldtkeller/T. Sundermeier (Hg.), Mission in pluralistischer Gesellschaft, Frankfurt a. M. 1999, 42. Vgl. auch diesen Sachverhalt kritisch reflektierend Henning Wrogemann, Missionarischer Islam und gesellschaftlicher Dialog, Frankfurt a. M. 2006, 432 f.
33 Vgl. Hans-Hermann Pompe/Daniel Hörsch (Hg.), Indifferent? Ich bin normal. Indifferenz als Irritation für kirchliches Denken und Handeln, Leipzig 2017.
34 Vgl. zum Folgenden ausführlicher mein religionstheologisches Kapitel in Stefan S. Jäger: Buddhismus im Diskurs. Studien zu Resonanz und Dialogizität in christlich-buddhistischen Begegnungen (erscheint 2024).

II

1. Die Relevanz epistemologischer Unhintergehbarkeit von Letztbegründungen

Im Anschluss an die Arbeiten von Markus Wirtz und Henning Wrogemann spreche ich von Letztbegründungen[35], die sich nicht weiter logisch ableiten lassen und somit axiomatisch sind. Innerhalb eines religiös-weltanschaulichen Bezugssystems bilden sie die epistemischen Voraussetzungen, von denen her sich weitere Deutungen und Verhältnisbestimmungen (auch interreligiös) ergeben. Sie bestimmen die Regelhaftigkeit und den Stellenwert konstativer Aussagen in einer bestimmten Religionsformation. Letztbegründungen sind dadurch charakterisiert, dass es keine Möglichkeit gibt, erkenntnistheoretisch hinter sie zurückzugehen. Der epistemologischen Unhintergehbarkeit entspricht eine existentielle, identitätsstiftende Überzeugung als subjektive Gewissheit. Letztbegründungen sind damit nicht nur ultimativ wahr, sondern auch *letztgültig* und implizieren bestimmte Geltungsansprüche. Epistemologische und geltungstheoretische Aspekte bilden einen engen Zusammenhang.[36]

Eine der empirischen Pluralität religiöser Loyalitäten gegenüber Letztbegründungen angemessene Religionstheologie hat von diesen Einsichten auszugehen. Weder Exklusivismus, der andere Letztbegründungen nicht gelten lässt, noch ein vereinnahmender Inklusivismus, auch nicht als meta-inklusivistischer Pluralismus wie bei Vertretern einer pluralistischen Religionstheologie, haben sich als sachgemäß und zielführend dargestellt, da in diesen Modellen das jeweilige Selbstverständnis einer Religion und ihrer Angehörigen, also die religionsimma-

---

35 Markus Wirtz, Religiöse Vernunft. Glauben und Wissen in interkultureller Perspektive, München 2018; Henning Wrogemann, Theologie Interreligiöser Beziehungen, Gütersloh 2015. Wrogemann selbst gebraucht den Begriff der »Letztbegründungsmuster«, a. a. O., 403–411.

36 Aus der faktischen religiösen Pluralität und deren Anerkennung ergeben sich religionspsychologische und toleranztheoretische Fragen, die an dieser Stelle nur angeschnitten werden können, vgl. dazu ausführlicher Rainer Forst, Toleranz im Konflikt. Geschichte, Gehalt und Gegenwart eines umstrittenen Begriffs, Frankfurt a. M ^{6}2020 (2003) und Véronique Zanetti, Spielarten des Kompromisses, Frankfurt a. M. 2022.

nente (emische) Perspektive, zumindest relativiert wird – wenn nicht die andere, so doch die eigene. Mit H. Wrogemann kann daher festgehalten werden, dass Letztbegründungsmuster sogar die Grundlage für interreligiöse Beziehungen bilden.[37] Der prinzipielle Verzicht auf Letztbegründungen oder Versuche deren Dissense zu harmonisieren, stellen keine Voraussetzung für gelingende interreligiöse Lernprozesse und Beziehungen dar. Sie bieten auch aus konflikttheoretischer Perspektive keine tragfähige Möglichkeit für einen dauerhaften Religionsfrieden als Basis für interreligiöse Beziehungen und Kooperationen im Blick auf gesellschaftliche und globale Herausforderungen. Religiös begründete Konflikte ergeben sich vielmehr dort, wo andere (oder auch eigene) religiöse Letztbegründungsaussagen prinzipiell negiert oder relativiert werden. Vorurteile und Klischees, die auch zu gegenseitigen Verunglimpfungen führen, konnten vor allem im letzten halben Jahrhundert durch genauere Kenntnis des religiös Anderen abgebaut werden, woran religionswissenschaftliche Studien und interreligiöse Dialogbemühungen wesentlichen Anteil haben. Die Analyse von Diskursen erweist sich dabei als wichtiger methodischer Zugang zu einer adäquaten Wahrnehmung religiöser Transformations- und Rezeptionsprozesse und bildet eine notwendige Voraussetzung für sachgemäße religionstheologische Arbeit und die Gestaltung interreligiöser Beziehungen, wozu auch die differenzierte (Selbst-) Wahrnehmung der Positionalität und Situiertheit der Dialogpartner gehört. Interreligiöser Dialog wird jedoch von vornherein belastet, funktionalisiert oder sogar verweigert, wenn damit die Aufgabe oder zumindest Einklammerung eigener Wahrheitsgewissheit impliziert wird. Damit würde interreligiöser Begegnung und Beziehung gerade das Proprium entzogen. Vielmehr kann nur aufgrund *wechselseitiger* Anerkennung von Letztbegründungen eine Vertrauensbasis gebildet werden, auf der dann auch Dissense offen angesprochen und gewürdigt werden können. Für den interreligiösen Dialog und interreligiöse Beziehungen ist daher ein Modell erforderlich, das religiöse Loyalitäten gegenüber Letztbegründungen als solche anerkennt und respektiert. Es gilt eine gemeinsame Kommunikationsebene zu finden, auf der über die jeweiligen Letztbegründungen *als solchen und unter Voraussetzung dieser* gesprochen werden kann.

---

37 Wrogemann, Theologie Interreligiöser Beziehungen, 401.

2. Eine doppelte Unterscheidung

Ich halte in dieser Hinsicht eine doppelte Unterscheidung für relevant. Zum einen die Differenzierung der beiden Perspektiven *emisch* und *etisch*, d. h. der religionsimmanenten Innenperspektive mit ihrer eigenen Regelhaftigkeit und der Außen- bzw. Beobachterperspektive. Diese Unterscheidung korrespondiert der epistemologischen Unhintergehbarkeitsstruktur. D. h. es ist kein Standpunkt jenseits der empirischen religiösen Pluralität möglich, wie ihn das berühmte indisch-buddhistische Gleichnis vom Elefanten zum Ausdruck bringt oder auch der Neo-Hinduismus und die pluralistische Religionstheologie voraussetzt. Bei Aussagen, die die faktische Pluralität von Letztbegründungen transzendieren wollen, um sie von einem übergeordneten Standpunkt aus zu verstehen, handelt es sich ebenfalls um eine emische Perspektive, die nicht ohne metaphysische Annahmen auskommt. Solche Denkfiguren dienen in diskurstheoretischer Perspektive in der Regel der Durchsetzung von Geltungsansprüchen aufgrund der angenommenen Superiorität des eigenen (höheren) Standpunktes. Wichtig ist die Anerkenntnis, dass die eigene Perspektive nicht die einzig mögliche ist, selbst wenn ich andere für defizitär oder gar falsch halten sollte.

Zweitens erweist sich damit verbunden die Unterscheidung von religiöser Kommunikation (Reden *aus* Glauben, Zeugnis), und Kommunikation *über* Glauben (Meta-Kommunikation, Dialog) als hilfreich. Während religiöse Kommunikation im Modus des Zeugnisses geschieht und immer aus der Innenperspektive stattfindet, findet interreligiöser Dialog auf einer meta-kommunikativen Ebene statt, wo emische und etische Perspektiven aufeinandertreffen und wechselseitig reflektiert werden. Ein wichtiger Aspekt ist hier die Einsicht in die eigenen epistemischen Voraussetzungen, was bereits ein gewisses Maß an Selbstreflexivität erfordert. Markus Wirtz überlegt sogar, ob Religionsphilosophie eine Art Moderatorenrolle übernehmen könnte, die sich »als eine *externe* Reflexionsinstanz [...] darum bemüht, mit den Mitteln der Vernunft interreligiöse Dissense argumentativ nachzuvollziehen, hinsichtlich ihrer epistemischen Voraussetzungen zu analysieren und im besten Fall sogar begründete Vorschläge zur Lösung interreligiöser Konflikte, sofern sich diese auf religiöse Primärkomponenten beziehen, zu unterbreiten.«[38] Abgesehen davon, ob religiöse Konfliktparteien vernunftbe-

---

38 Wirtz, Religiöse Vernunft, 435 (kursiv im Original).

gründete Lösungsvorschläge akzeptieren würden, erscheint mir der Gedanke einer externe Reflexionsinstanz weiterführend zu sein. Neben philosophischer wäre hier auch an externe religionswissenschaftliche Expertise zu denken.

In der Vergangenheit waren innerhalb der christlichen Theologie und der Kirche Debatten häufig durch die falsche Alternative von Dialog oder Zeugnis belastet. Dabei wurde/wird nicht beachtet, dass es sich bei Dialog und Zeugnis um zwei verschiedene Ebenen und Sprechakte handelt, die sich zwar wechselseitig bedingen, aber nicht verwechselt werden dürfen. Das gemeinsame Zeugnis bildet die Grundlage und den Inhalt von interreligiösen Dialogen, und durch den Dialog wird das Zeugnis auf seine Verstehbarkeit hin geprüft und setzt sich bewusst einer etischen Perspektive aus. Nur auf diese Weise können auch Missverständnisse geklärt und Vorurteile überwunden werden.

In einem wechselseitigen Bemühen, das jeweilige Selbstverständnis möglichst adäquat zu erfassen, ist genuines Interesse und empathisches Zuhören, das auch sensibel für Zwischentöne und Unausgesprochenes ist, eine wichtige Voraussetzung. Sich darum zu bemühen, ist auch ein Ausdruck von Respekt und Wertschätzung.

3. Pluralitätskompetenz und eine Spiritualität der Selbstunterscheidung

Dieses Verständnis des Verhältnisses von Dialog und Zeugnis in interreligiöser Beziehung setzt eine Kompetenz der Selbstunterscheidung als Metareflexion voraus, die aus der Unmittelbarkeit religiösen Selbstbewusstseins zurücktreten kann und damit einen Raum schafft, in dem auch andere religiöse Letztbegründungen als solche respektiert werden können. Diese Kompetenz, die auch als Pluralitätskompetenz bezeichnet werden kann, ist als ein Ziel religiöser Bildung zu fördern. Pluralitätskompetenz ist dabei gerade nicht zu verwechseln mit Indifferenz oder der Aufgabe bzw. Relativierung eigener Gewissheiten, sondern es geht um das verantwortliche Gestalten interreligiöser Beziehungen aufgrund der sachlichen Wahrnehmung religiöser Konsense, Konvergenzen und Dissense, gerade wenn es um die letzten Fragen des Glaubens und Lebens geht. Eine Spiritualität der Selbstunterscheidung, wie ich sie hier einbringen möchte, korrespondiert dabei mit der Grundfrage von Toleranz, die auch als »Paradox der Toleranz« bezeichnet wurde, nämlich »die personale Einstellung der Toleranz als Duldung von etwas, das aus normativen Gründen *sowohl abgelehnt als auch befürwortet wird.*«[39] Anstelle von Duldung spreche ich lieber von der Anerkennung von Letztbegründungen, deren praktische Konsequenzen im Blick auf ein förderliches Miteinander konkret ausgehandelt werden müssen. Hier kann mit Véronique Zanetti das Konzept des Kompromisses weiterführend sein. Für Zanetti besteht das wesentliche »Strukturmerkmal [...], das auch den Kern des Kompromisses bildet« in dem »gleichzeitige[n] Bestehen von Akzeptanz und Ablehnung«[40]. Die Diskussion um Akzeptanz und Ablehnung kann an dieser Stelle nicht geführt werden.

Für unseren Zusammenhang ist jedoch wesentlich, dass sich aus toleranz- und kompromisstheoretischer Sicht keine Notwendigkeit ergibt, auf die eigene Gewissheit religiöser Letztbegründung zu verzichten oder diese zu relativieren und dies auch von anderen einzufordern, da die Überzeugung der eigenen Position nach Zanetti sogar »eine Grundbedingung der Toleranz« darstellt.[41] Das schließt nicht aus, dass Überzeugungen bzw. Gewissheiten sich in der Begegnung mit anderen religiösen Wirklichkeitsdeutungen und Lebensentwürfen im Lauf des Lebens entwickeln und verändern (vgl. dazu den nächsten Abschnitt), aber dies darf keine Voraussetzung bilden. Die Grenzen der Toleranz ergeben sich in ethischer Perspektive aus unhintergehbaren Wertsetzungen (z. B. die Unversehrtheit der Person und die Unantastbarkeit menschlicher Würde etc., wie sie auch im Grundgesetz der Bundesrepublik Deutschland festgeschrieben sind).

Widerstände gegen diese Form der reflexiven Selbstunterscheidung kommen häufig aus einer Angst vor dem Verlust religiöser Unmittelbarkeitserfahrung oder Identitätsmuster und bisheriger Gewissheiten durch eine Infragestellung aus etischer Perspektive und der möglichen Relativierung der eigenen als letztgültig erkannten Wahrheit. Dabei sind immer kognitive und affektive Aspekte zu beachten. Häufig geht es bei dieser Angst um den Versuch, die eigene religiös begründete Identität zu sichern (individuell oder kollektiv). Das ist jedoch nur um den Preis kognitiver und affektiver Restriktion möglich, bei der die eigenen Systemgrenzen möglichst undurchlässig gehalten werden. Solche Dynamiken finden sich in allen Religionsformationen. Hier sehe ich auch

---

39 Zanetti, Spielarten (s. Anm. 36), 87 (kursiv im Original).
40 A. a. O., 88.
41 A. a. O., 89.

eine wesentliche Ursache für die Entwicklung fundamentalistischer Einstellungen. Aber auch die machttheoretische Dimension ist zu beachten, da es immer auch um Deutungshoheiten und Einflusssphären geht, die unter Umständen sehr konkrete soziale und politische Auswirkungen haben können.

Aus christlich-theologischer Perspektive gründet die Möglichkeit einer Selbstunterscheidung in der Rechtfertigung, die einen existentiellen Standpunkt extra nos ermöglicht. Rechtfertigung verstanden als bedingungsloses Angenommensein aus Gnade, oder, mit Kierkegaard gesprochen, Glaube als das sich durchsichtig Gründen des Selbst »in der Macht, von der es gesetzt worden ist«[42], bildet die Basis für die Möglichkeit religiöser Selbstunterscheidung als Konstituens einer Rationalität des Glaubens, die sich in der Begegnung mit dem religiös Anderen bewährt. Die entscheidende Frage ist, ob es nicht nur kognitiv, sondern auch spirituell und damit affektiv gelingt, die eigene emische Perspektive als solche zu identifizieren und existentiell und kommunikativ zu transzendieren.

Epistemisch ist diese Selbstunterscheidung angezeigt durch den »eschatologischen Vorbehalt«, wie er von Paulus z. B. in 1. Korinther 13 formuliert ist. Paulus verbindet dies mit einer theologischen Erkenntnislehre, in der er die Subjekt-Objekt-Struktur der Erkenntnis umkehrt: »Jetzt erkenne ich stückweise; dann aber werde ich erkennen, gleichwie ich erkannt bin.« (1. Korinther 13,12; vgl. auch 1. Korinther 8,1–3; Galater 4,9!) Christliche Gewissheit gründet daher nicht in einer vollkommenen Erkenntnis, sondern in dem existentiellen Wissen, von Gott erkannt worden zu sein. Der eschatologische Vorbehalt wird religionstheologisch dort nicht beachtet, wo religiöse Pluralität durch metaphysische Theorien abschließend erklärt wird und entsprechende Folgerungen daraus abgeleitet werden. Subjektive Gewissheit, letzte Loyalität und Respekt und Toleranz gegenüber anderen Letztbegründungen bilden theologisch eine Entsprechung und ermöglichen eine Antwort auf das Paradox der Toleranz.

---

42 Vgl. Sören Kierkegaard, Die Krankheit zum Tode, Hamburg 2005 (1848), 137. Hier kann auch auf Paulus Gal 2,20 »Ich lebe, doch nun nicht ich, sondern Christus lebt in mir ...« und den Schlussabschnitt von Luthers Freiheitsschrift von 1520 hingewiesen werden: »... dass ein Christenmensch nicht sich selbst lebt, sondern in Christus und seinem Nächsten. In Christus durch den Glauben, im Nächsten durch die

4. Fremdheit, Resonanz und interreligiöser Dialog

Abschließend komme ich noch einmal auf das Phänomen interreligiöser Resonanzerfahrungen zurück, die in einer religionspluralen Situation ermöglicht werden. Diese können auch ein wesentliches Motiv für Dialogbemühungen darstellen. Für Hartmut Rosa ist es gerade die Fremdheitserfahrung, die zu allererst Resonanz ermöglicht:

> »*Resonanzfähigkeit* gründet auf der vorgängigen Erfahrung von Fremdem, Irritierendem und Nichtangeeignetem, vor allem aber von Nichtverfügbarem, sich dem Zugriff und der Erwartung Entziehendem. In der Begegnung mit diesem Fremden setzt dann ein dialogischer Prozess der (stets partiell bleibenden) Anverwandlung ein, der die Resonanzerfahrung konstituiert.«[43]

Interreligiöse Begegnung ist zunächst eine Begegnung mit dem religiös Anderen und vorerst Fremden. Wird das Andere als Bedrohung des Eigenen empfunden, so kommt es zu einer repulsiven Reaktion, die Beziehung verhindert. Solche Formen der Nicht-Beziehung sind häufig durch Angst motiviert. Angst ist aber, wie Rosa pointiert formuliert »ein geradezu paradigmatischer ›Resonanzkiller‹«.[44] Hier besteht aber auch umgekehrt die Gefahr, dass eine andere Religion zur Echokammer des Eigenen und eigener Resonanz-Sehnsüchte wird, wodurch eine echte Begegnung ebenso verhindert wird. Resonanzerfahrungen können zwar wichtige Auslöser für ein vertieftes Interesse sein, müssen aber auch kritisch reflektiert und auf ihren Gehalt hin überprüft werden.

Resonanzerfahrungen in der interreligiösen Begegnung können auch die jeweils eigene Tradition neu und vielleicht ungewohnt zum Klingen bringen, den Resonanzraum erweitern und zu Korrekturen von dysfunktionalen Entwicklungen anleiten. Bisher vernachlässigte oder vergessene Aspekte können eine neue Relevanz in veränderten Situationen gewinnen. Dadurch bietet eine religionsplurale Situation auch Entwicklungschancen für die Resonanz- und Sprachfähigkeit christlichen Glaubens.

Liebe. Durch den Glauben fährt er über sich in Gott. Aus Gott fährt er wieder unter sich durch die Liebe und bleibt doch immer in Gott und göttlicher Liebe.« Martin Luther, Von der Freiheit eines Christenmenschen, hg. u. kommentiert v. Dietrich Korsch (GTCh 1), Leipzig 2016, 67.

43 Rosa, Resonanz, 317 (kursiv im Original).
44 A. a. O., 206.

Damit ist gerade nicht gesagt, dass man sich das Andere im Sinne einer Nostrifizierung zu eigen machen soll. Mit Anverwandlung, von der Rosa spricht, kann nicht gemeint sein, dass das Fremde dem Eigenen assimiliert wird, so dass es sich vom Eigenen nicht mehr wirklich unterscheidet. Fragen nach Anverwandlung und Nostrifizierung ergeben sich auch bei sogenannter religiöser »Bi-Identität«. In der Regel geht es dabei um eine erweiterte religiöse Identität, die sich als Hybrid aus verschiedenen Traditionen entwickelt oder um das Oszillieren zwischen den Traditionen. Dabei wird es auch immer »intrasubjektive Kompromisse« (V. Zanetti) geben. Anverwandlung, wie ich es hier verstehe, bedeutet, das Eigene in der Begegnung mit dem Fremden aus einer neuen Perspektive, mit neuen Facetten sehen zu lernen. Das kann zu einer Erweiterung und Vertiefung der eigenen Tradition und Spiritualität führen – und dadurch bleibt das Eigene lebendig und dynamisch. Eine Verweigerung der Begegnung mit religiös Anderen führt hingegen zu einer Erstarrung und Petrifizierung des Eigenen, das resonante Beziehungen verhindert und so nicht mehr sprechend und damit auch selbst nicht mehr ansprechend ist. Damit kommt es aber auch zu einer Entfremdung vom Eigenen, das nur noch in bestimmten Formen bewahrt werden soll, aber gerade so seine Anschlussfähigkeit verliert.

III Ausblick

Säkularität und Religionspluralismus bilden zwei der großen Herausforderungen für Theologie und Kirche am »Nachmittag des Christentums« (Tomáš Halík). Zugleich bieten sie die Chance notwendiger Rück- und Neubesinnung auf das Proprium christlicher Existenz und ihres damit gegebenen Auftrags. Eine zur Minderheit gewordene Kirche muss sich in Beziehung setzen zu anderen Religionen und Weltdeutungen, die ebenfalls ihren Ort suchen und beanspruchen. Aufgrund der sich weiter verstärkenden multikulturellen und multireligiösen Situation in Deutschland, bildet die Arbeit von Religionswissenschaft und Interkultureller Theologie einen unverzichtbaren Beitrag für eine durch wissenschaftliche Expertise fundierte Gestaltung und Begleitung religiöser Bildungsprozesse. Weder der Versuch, den gewohnten Status quo so lange wie möglich, bei gleichzeitig geordnetem Rückzug, aufrecht zu erhalten, noch die Aufgabe der eigenen Wahrheitsgewissheit zugunsten eines prinzipiellen weltanschaulich-religiösen Pluralismus können dabei zielführend sein. Vielmehr ermöglicht und fordert die Situation eine realistische Prüfung der Zukunftsmöglichkeiten gegenwärtiger Gestaltungen des Christlichen und einer Kirche, die an ihrem Auftrag orientiert ist, wie es z. B. bleibend in der sechsten These der Barmer Theologischen Erklärung formuliert ist: »Der Auftrag der Kirche, in welchem ihre Freiheit gründet, besteht darin, an Christi Statt und also im Dienst seines eigenen Wortes und Werkes durch Predigt und Sakrament die Botschaft von der freien Gnade Gottes auszurichten an alles Volk.«[45] In diesem Sinn ermöglichen Säkularität und Religionspluralismus einen Freiheitsraum, in dem sich Kirche mit ihrem Auftrag entfalten kann.

---

45 These 6: Diese Freiheit wird näher begründet in der folgenden Verwerfung: »Wir verwerfen die falsche Lehre, als könne die Kirche in menschlicher Selbstherrlichkeit das Wort und Werk des Herrn in den Dienst irgendwelcher eigenmächtig gewählter Wünsche, Zwecke und Pläne stellen.«

Geschichtsbild

Warum es historische Gerechtigkeit nicht geben kann

Meditation über den Weltgeist als Gerichtsvollzieher

Egon Flaig

Wer sich auf die Frage nach »historischer Gerechtigkeit« einlässt, kann das nicht seriös tun, ohne sich zurückzubesinnen auf einen geschichtsphilosophischen Problemkomplex von irritierender Gewalt. Gemeint ist der mitteleuropäische Extremismus der Zwischenkriegszeit. Der lastet wie ein Alb auf den Gehirnen jener redemptorischen Avantgarde, die mit futuristischen Gesten sich daran macht, den großen Aufruf der »Internationale« zu erfüllen: »Du passé faisons table rase!«

Gewiss, die menschliche Geschichte stellt sich dar als eine ununterbrochene Abfolge von Katastrophen, welche das innehaltende Denken in jene Traurigkeit, Verzweiflung oder immunisierte Gleichgültigkeit stoßen, gegen die Hegel seine Panazee einsetzte. Daher rührt jener Bedarf, auf den Nietzsche verweist: »Wer nicht begreift, wie brutal und sinnlos die Geschichte ist, der wird auch den Antrieb gar nicht verstehen, die Geschichte sinnvoll zu machen.«[1] Die Katastrophe ist der Normalfall im Strom der menschlichen Geschehnisse. Daher ist es begreiflich, dass jede Geschichtsphilosophie tangential eine eschatologische Zone streift. Stellt sie doch die Frage nach dem Sinn des Gesamtprozesses.

Aus dem katastrophischen Zusammenhang auszubrechen – zu diesem Schluss gelangten die extremistischen Denker – kann unter dem Banner des Fortschritts nicht gelingen, weder mit einer politischen Revolution noch mit der kontinuierlichen Verbesserung der Rechtsverhältnisse. Der Ausbruch aus diesem Verhängnis kann sich nur ereignen mittels einer apokalyptischen Destruktion jedweder Ordnung und jedweden Rechts. Dafür standen Max Stirner, Michail Bakunin und jener

---

[1] Friedrich Nietzsche, Nachgelassene Fragmente, in: Kritische Studienausgabe (G. Colli/M. Montinari), München 1988, Bd. VIII, 57. Hierzu: Heinz-Dieter Kittsteiner, Listen der Vernunft, Frankfurt a. M. 1998, 7–42.

religiös gefärbte Anarchismus, der bei Lukács, Bloch und Walter Benjamin Chiliasmus und Diktatur mischte.² Diesem geistigen Mutterboden ist die Idee der »historischen Gerechtigkeit« entsprossen. Ihr Nährstoff ist die sich ausbreitende Vorstellung, die Menschheit müsse einen globalen moralischen »Reset« durchführen, und die Vergangenheit müsse »erlöst« werden. Die Pflicht der nachfolgenden Generationen, die Vergangenheit zu erlösen, hat Hermann Lotze ersonnen und konzeptuell entfaltet.³ Nicht zuletzt Heidegger hat in seiner berüchtigten Rektoratsrede diesem Leitmotiv gehuldigt, mahnend, dass die jetzt Handelnden »das Vergangene in seiner verpflichtenden Kraft zu befreien« hätten.⁴ Walter Benjamin hat den Gedanken übernommen und als apokalyptische Losung propagiert. Die konzeptuellen Bestände des lautstarken Postulates, wir müssten die Vergangenheit einholen ins Recht, entstammen dieser bedingungslosen Entschlossenheit, aus der Geschichte auszubrechen, um sie zu erlösen. Der enorme geistesgeschichtliche Erfolg dieser Denkart im 20. Jahrhundert verdunkelt allerdings ihre diskursive Bedingtheit und geschichtsphilosophischen Konstituenten.

Wie hängt der Gedanke, es lasse sich die Vergangenheit ins Recht einholen, zusammen mit der Sehnsucht nach dem erlösenden Ausbruch? Der Antwortbereich zu dieser Frage lässt sich einkreisen, wenn verdeutlicht wird, was den Treibstoff für jenen existentiellen Protest lieferte, welcher sich im chiliastischen Extremismus der deutschen Zwischenkriegszeit Ausdruck verschaffte. Vordergründig könnte es so scheinen, als sei es ein Entsetzen gewesen – über die Unbeherrschbarkeit des geschichtlichen Prozesses sowie über die Zwanghaftigkeit seiner

---

2   Norbert Bolz hat in zwei bahnbrechenden Aufsätzen die gnostischen Kerne in der späten Philosophie Adornos herausgearbeitet sowie die apokalyptische Geschichtsauffassung Blochs skizziert. Vgl. ders., Erlösung als ob – über einige gnostische Motive der kritischen Theorie, in: Jacob Taubes, Religionstheorie und Politische Theologie, Bd II (Gnosis und Politik), München 1984, 264–289, sowie ders., Mystische Theokratie, in: Taubes, Religionstheorie, Bd. III (Theokratie), München u. a. 1987, 93–320. Vgl. auch: Anson Rabinbach, In the Shadow of the Catastrophe. German Intellectuals between Apocalypse and Enlightenment, Berkeley, Los Angeles 1997.

3   Hermann Lotze, Mikrokosmos. Ideen zur Naturgeschichte und Geschichte der Menschheit, Leipzig 1909, Bd. III, 22 f.48 f.247.275. Hierzu: Kittsteiner, Listen (s. Anm. 1), 150–181.

4   Martin Heidegger, Rektoratsrede, in: Gesamtausgabe, Bd. XVI, 200.

Richtung.⁵ Doch diese Sicht bedarf eines zweiten Hinsehens. Gegen die Unbeherrschbarkeit gewann nämlich die Machbarkeit der Geschichte eine zunehmende Plausibilität. Denn die konstitutionellen Revolutionen und Reformen, welche im 19. Jahrhundert – nach Jürgen Osterhammel – eine »Verwandlung der Welt« herbeiführten, vermittelten den Akteuren mitnichten den Eindruck, der geschichtliche Lauf sei weder kontrollierbar noch gar beeinflussbar. Die Welt globalisierte sich rascher und wurde von einer menschenrechtlich motivierten oder orientierten Umwälzung erfasst; unter deren Triebwerken war die »abolitionistische Revolution« das stärkste und unermüdlichste.⁶

Die Abschaffung der Sklaverei vollzog sich an mehreren Stellen der transatlantischen Welt vom Ende des 18. Jahrhunderts bis zum amerikanischen Bürgerkrieg. Der dafür eingesetzte politische und militärische Aufwand war enorm; vor allem Großbritannien, später auch Frankreich setzten über Jahrzehnte kontinuierlich substantielle Teile ihrer Flotten ein.⁷ Die Abolition der Sklaverei erbrachte den tiefsten Bruch in der Weltgeschichte. Sie war mitnichten ein anonymer Prozess, der sich der menschlichen Kontrolle entzog, sondern ein hochgradig intentionaler Eingriff, koordiniert, planvoll und mit einem programmatisch fundier-

---

5 So Heinz-Dieter Kittsteiner, Out of Control. Über die Unverfügbarkeit des historischen Prozesses, Berlin 2004.
6 Olivier Grenouilleau, La révolution abolitionniste, Paris 2017.
7 Jahrzehntelang kontrollierten britische Kriegsschiffe eigene und fremde Schiffe, und machten Großbritannien zum Weltpolizisten – mit unaufhörlichen Verstößen gegen internationales Recht. Nach 1841 patrouillierten regelmäßig bis zu 60 Kriegsschiffe in afrikanischen Gewässern, zuvorderst britische, aber auch französische und US-amerikanische. Ab 1849/50 setzte die britische Marine eine weitgehende Blockade der westafrikanischen Küste durch und erdrosselte tatsächlich den dortigen atlantischen Sklavenhandel. Von 1807 bis 1867 wurden insgesamt 1287 Sklavenschiffe abgefangen; englische Kapitäne, die man beim Transportieren von Sklaven ergriff, wurden gehenkt. 90% der gesamten Last trugen die Briten, deren Marine zu diesem Zweck 15% ihrer Schiffe verwandte. In einer neueren Darstellung resümieren die Autoren: »Insgesamt wendeten die Briten ein halbes Jahrhundert lang rund 250.000 Pfund pro Jahr oder [...] rund 2 bis 6 % ihres gesamten Marinebudgets auf [...]«. Von 1816 bis 1862 kostete die Unterdrückung des Sklavenhandels ebensoviel wie die britischen Händler von 1760 bis 1807 am Verkauf von versklavten Afrikanern verdient hatten (Jochen Meißner/Ulrich Mücke/Klaus Weber, Schwarzes Amerika. Eine Geschichte der Sklaverei, München 2008, 193).

ten langen Atem. Diese absichtliche Korrektur eines menschheitsgeschichtlichen Missstandes war vor allem dem Willen geschuldet, menschenrechtliche Imperative in konkreten Rechtsverhältnissen zu verwirklichen. Es ging um Gerechtigkeit – Gerechtigkeit in der Geschichte. Damit sind wir dort angelangt, wo unser Thema die Bühne betreten kann – inmitten der Kollision unterschiedlichster Weltsichten. Hier erscholl die triumphale Gewissheit, die konstitutionell verfasste und industriell ausgestattete Menschheit sei imstande, das menschliche Geschehen einer immer umfassenderen Machbarkeit zu unterwerfen. Dort rüstete sich eine revolutionäre Gestimmtheit, die im Verlauf der menschlichen Geschehnisse keineswegs einen allmählichen Fortschritt im Bewusstsein der Freiheit erblickte, sondern eine entfremdende Selbstläufigkeit, deren unausweichlicher Zwang der einen Seite zumindest noch politische Hebel für eine gründliche Korrektur bot, der anderen Seite hingegen das Antlitz einer diabolischen Gewalt zeigte, die man in toto brechen und zerstören musste.[8] Je mehr diese Widersprüchlichkeit sich verschärfte, desto größer wurde die intellektuelle Neigung, die Postulate der Gerechtigkeit ins Uferlose auszudehnen – über die ganze Menschheit hinweg und in die Tiefe der Zeit hinein.

---

8   Karl Marx brachte es fertig, beides zu kombinieren. Seine Geschichtsphilosophie enthält eine verstörende Portion Determinismus; die Bourgeoisie, so lesen wir im *Kommunistischen Manifest,* »produziert vor allem ihre Totengräber. Ihr Untergang und der Sieg des Proletariats sind gleich unvermeidlich« (MEW, Bd. IV, 474). Dieser Determinismus wird im Sozialismus radikal gebrochen. Denn nun soll die Geschichte nicht mehr »naturwüchsig« vor sich gehen, sondern sie wird »einem Gesamtplan frei vereinigter Individuen subordiniert« (vgl. Deutsche Ideologie, MEW, Bd. I, 72). Nach der proletarischen Revolution werden die Menschen zu Herren ihrer eigenen Geschichte. Eine solche Herrschaft des Menschen über die gesellschaftlichen Bedingtheiten hatte bereits Kant erwogen. Marx treibt diese menschliche Herrschaft noch weiter; die Menschen werden zu regelrechten Neuschöpfern der Welt. In einem solchen Triumph der menschlichen Machbarkeit ist natürlich auch die Hegelsche Dialektik in der Geschichte außer Kraft gesetzt. Hierzu: Heinz-Dieter Kittsteiner, Geschichtsphilosophie und Politische Ökonomie. Zur Konstruktion der historischen Zeit bei Karl Marx, in: Kittsteiner, Listen (s. Anm. 1), 110–131.

I »Unendliche Verantwortlichkeit« – Dostojewskij und Levinas

Keine andere Idee birgt soviel Fanatismus wie die Idee der Gerechtigkeit. Nun verkündigt uns die Bergpredigt: »Glückselig, die nach der Gerechtigkeit hungern und dürsten, denn sie werden gesättigt werden.«[9] Gewiss. Aber in letzter Radikalität mit Sicherheit nicht auf diesem Planeten. Zwar müssen Menschen, um nicht zu verzweifeln, von ihrem jeweiligen politischen Verband erwarten, dass er sich um Gerechtigkeit bemüht, weswegen Kant meint: »Wenn die Gerechtigkeit untergeht, so hat es keinen Wert mehr, dass Menschen auf Erden leben.«[10]

Allerdings beweist Iwan Karamasoff in Dostojewskijs Roman seinem Bruder Aljoscha, dass vollkommene Gerechtigkeit nicht herstellbar ist – weder auf der Erde noch im jenseitigen Reich der Erlösung; denn nicht einmal Gott kann Gerechtigkeit schaffen, ohne die Schöpfung vollständig zu widerrufen. Nicht leben zu können ohne Gerechtigkeit und doch ohne vollständige Gerechtigkeit leben zu müssen, ist für jedwedes Denken mit allgemeinen oder gar universalen Ansprüchen unerträglich. Doch sobald das Denken vollkommene Gerechtigkeit als herstellbar konstruieren will, verfängt es sich in unlösbaren Aporien. Um eine staatliche Gemeinschaft auf der Basis von Gerechtigkeit herzustellen, musste Platon in seiner Politeia die politische Freiheit restlos eliminieren. Und seither zeichnen sich die Utopien der Gerechtigkeit dadurch aus, dass sie allesamt Diktaturen sind. Um Gerechtigkeit denken zu können, benötigt das Denken das Instrument des Maßes; doch kaum versuchen wir die Idee zu denken, gleitet unser Denken in die Maßlosigkeit.

Stichwortgeber für die momentan attraktivste Maßlosigkeit ist der Philosoph Emmanuel Levinas geworden. Er hat die grenzenlose Verantwortung zum Prinzip erhoben. Entnommen hat er sie aus Dostojewskijs *Die Brüder Karamasoff*. Dort lehrt der Staretz Sossima:

> »Daß ein jeder von uns schuldig ist für alle und alles auf Erden, darüber besteht kein Zweifel, und dies nicht nur durch seinen Anteil an der allgemeinen Weltschuld, sondern ein jeder von uns ganz persönlich für alle Menschen und für

---

9 Matthäus 5,6.
10 Metaphysik der Sitten, II. Teil, 1. Kapitel 1E, in: Werke in sechs Bänden (W. Weischedel) Darmstadt 1983, Bd. IV, 453.

jeden einzelnen Menschen auf dieser Erde [...] Erst nach dieser Einsicht kann sich unser ergriffenes Herz zu jener unendlichen Liebe weiten, die die ganze Welt umspannt und keine Sättigung kennt. Dann wird auch jeder von Euch die Kraft haben, die ganze Welt durch seine Liebe zu erringen und mit seinen Tränen die Sünden der Welt abzuwaschen.«[11]

Die großartige Idee der menschlichen Zusammengehörigkeit – hinweg über Zeiten und Länder – ist hier in einer Radikalität gedacht, die sogar über die Bergpredigt hinausgeht. Dieses Dostojewskij-Axiom wischt die Zeithorizonte menschlichen Lebens weg. So wäre die großartige Idee von Hermann Lotze sofort einlösbar: dass nämlich die Lebenden die Pflicht hätten, die Vergangenheit zu erlösen. Ferner kollabiert die Sphäre des Politischen augenblicklich und vollständig. Denn in der bergpredigthaften Hingabe für die Mitmenschen ertrinkt jedwede Selbstbehauptung, sowohl die individuelle als auch die kollektive. In diesem Zustand wird es sinnlos, Fristen zu bedenken. Treffend nannte Blaise Pascal die Voraussetzung für ein Leben entlang der Seligpreisungen: »Tun wir so, als hätten wir nur acht Tage zu leben.«

Wenn die Folgen des eigenen Tuns ausufern – und das geschieht, sobald jeder einzelne »schuldig ist für alle und alles auf Erden« –, dann können sie nicht mehr bedacht werden. Ist aber die Zurechenbarkeit stillgelegt, dann ist weder verantwortliches Handeln möglich noch heldisches Einstehen für die eigenen Entschlüsse. Wenn Folgen und Tun in keinerlei sinnhaftem Zusammenhang mehr stehen, dann erodiert der Boden jeder konsequentialistischen Moral, und dann erlischt alle Tragik. Eine solche uferlose Mitverantwortung hat auch Karl Jaspers ins Auge gefasst, als er die unterschiedlichen Arten von Schuld erörterte, denen sich die Deutschen nach dem Zusammenbruch des NS zu stellen hatten. In seinem Buch Die Schuldfrage (1946) bezeichnet er sie als »metaphysische Schuld«: »Es gibt eine Solidarität zwischen Menschen, welche einen jeden mitverantwortlich macht für alles Unrecht und alle Ungerechtigkeit in der Welt.«[12] Wollte die Menschheit diese moralische

---

11 Fjodor Dostojewskij, Brüder Karamasoff, München 1985, 264 f.
12 Karl Jaspers, Die Schuldfrage. Für Völkermord gibt es keine Verjährung, München 1979, 21. Jaspers hat konzeptuelle Mühe, diese metaphysische Schuld abzugrenzen von der moralischen. Jedenfalls rekurriert er auf einen gefühlten Schuldzusammenhang, der sich aus der »Substanz des Menschseins« ergebe: »Daß irgendwo zwischen Menschen das Unbedingte gilt, nur gemeinsam oder gar nicht leben zu können,

Schuld vermeiden, zwänge uns die bedingungslose Mitmenschlichkeit dazu, sofort unser Leben aufs Spiel zu setzen, um Unrecht zu verhindern. Im Klartext: Die Menschheit hätte schon längst aufgehört zu existieren. Jaspers hat diese entgrenzte Mitverantwortlichkeit streng abgesondert von allen rechtlichen Gesichtspunkten. Auch Emmanuel Levinas stand unter dem Eindruck der Dostojewskijschen Allschuld. Er formte aus ihr sein Theorem der »grenzenlosen Verantwortung« für »den Anderen«. Diese absolute Pflicht ruht auf einem guten Grund: Weil wir von »Anderen« geschaffen wurden, sind wir für »Andere« geschaffen; noch vor unserem Eintritt in die Existenz unterliegen wir dem Gebot, für den »Anderen« da zu sein, für ihn Verantwortung zu übernehmen, und zwar eine grenzenlose. Das ist kein kategorischer Imperativ, sondern ein göttliches Gebot, welches unbedingten Gehorsam verlangt. Dieses Diktum entzieht dem Wort »Verantwortung« seine Qualität als Kategorie. Kategorien definieren heißt sie begrenzen. Eine »unbegrenzte Verantwortung« ist ein logisch widersinniger Begriff, bar aller kategorialen Qualität. Eben darum taugt er den Aktivisten der »historischen Gerechtigkeit« zum Schlagwort, zu moralischer Gefühlsdogmatik mit beträchtlichem Mobilisierungswert. Dass hier politische Theologie lauert, ist nicht zu überhören. Levinas zog die äußerste Schlussfolgerung und verkehrte die griechische Rangfolge zwischen Wahrheit und Moral ins Gegenteil: Die Pflicht – nämlich für den »Anderen« grenzenlos verantwortlich zu sein – steht höher als die Wahrheit; die Ethik steht höher als die Ontologie. Damit führte er den eliminatorischen Antihellenismus von Leo Schestow fort – nämlich Jerusalem gegen Athen zu stellen, um Athen zu entwerten. Auch Levinas half mit, den Begriff der »Wahrheit« unter dem Dauerfeuer der Gegenaufklärung zum Rückzug zu zwingen.[13] Er vermied es jedoch, seinen Messianismus

---

falls dem einen oder anderen Verbrechen angetan werden [...], das macht die Substanz ihres Wesens aus.« (22) Diese Substanz ist mitnichten eine Tatsache, die für alle Menschen evident wäre. Sie ist ein philosophisches Axiom. Das Gegenargument von Ludger Heidbrink lautet: »Aus der Zugehörigkeit des Menschen zum Prozeß der Geschichtlichkeit resultiert nicht notwendigerweise die Verpflichtung zur solidarischen Anteilnahme am Schicksal derjenigen, die auch geschichtliche Lebewesen sind.« Vgl. Ludger Heidbrink, Kritik der Verantwortung. Zu den Grenzen verantwortlichen Handelns in komplexen Kontexten, der Verantwortung, Weilerswist 2022, 240.

13 S. ders., Totalité et Infini. Essai sur l' extériorité, Den Haag 1971, 90. Ein eliminatorischer Antihellenismus spricht sich aus bei: Leo Schestow, Athen und Jerusalem. Ver-

politisch zu überfrachten. Sein Diktum, wonach »alle Personen der Messias sind«, sofern sie sich nicht der Last entziehen, welche das Leiden der anderen uns auferlegt,[14] wollte er nicht gelten lassen für das zivische Leben in der demokratischen Republik. Indes, die logische Voraussetzung für diese Aussage ist eben, dass jeder Mensch grenzenlos verantwortlich ist – und dass sein erlösendes Handeln sich nicht bloß räumlich entgrenzt, sondern auch zeitlich, obschon diese Dimension von Levinas nicht erwogen wird. Aber sein Diktum war nun einmal in der Welt.

Trotzdem beharrte er darauf, dass auch eine solche individuelle Fürsorge ohne Grenzen den Verlauf der menschlichen Geschehnisse erheblich verändern könne: »Daß die unbegrenzte Verantwortung für den anderen – eine totale Entkernung des Selbst – sich in die konkrete Geschichte übersetzen kann, das denke ich.«[15] Dieser Impetus des französischen Philosophen wirkt sich aus auf das Vokabular und die Vorstellungen jener Aktivisten, die sich zur Herstellung von »historischer Gerechtigkeit« gesammelt haben. Die Wortführer hätten nicht so leicht die diskursive Hegemonie gewonnen, wenn nicht der Term »Verantwortung« in den 1970er und 1980er Jahren einen so starken Auftrieb gewonnen hätte, dass Hans Jonas ihn zum »Prinzip« erhob.[16] Weil die unbeabsichtigten Nebenfolgen der technischen Entwicklung zu katastrophischen Effekten führten, war es geraten, das Konzept Verantwortung abzutrennen von der Zurechenbarkeit der Folgen individuellen Handelns. Die Diskussionen entfernten den Inhalt von Verantwortung vom individuell-kausalen Verursacherprinzip und unterzogen den Term einer ontologisch-metaphysischen Substantialisierung, wonach eine »transsubjektive Entität« mit verpflichtendem Anspruch auf Fürsorge, Bewahrung und Achtung an den Menschen herantrete.[17] So wurde das Konzept

---

such einer religiösen Philosophie (1938), Berlin 1994. Levinas rezensierte das Buch (Révue des Etudes juives, Juli–Dezember 1937, 141).

14 Emmanuel Levinas, Difficile liberté. Essais sur le judaïsme, Paris 1976, 120.

15 Emmanuel Levinas, De Dieu qui vient à l' idée, Paris 1992, 131 f. Hierzu die scharfe Kritik von Ludger Heidbrink: ders., Kritik (s. Anm. 12), 174–179.

16 »Handle so, daß die Wirkungen deiner Handlung verträglich sind mit der Permanenz echten menschlichen Lebens auf Erden.« (Hans Jonas, Das Prinzip Verantwortung. Versuch einer Ethik für die technologische Zivilisation, Frankfurt a. M. 1984, 36)

17 So Ludger Heidbrink, Zum Problem historischer Verantwortung, in: Philosophisches Jahrbuch 103 (1996), 225–247, 229. In seiner »Kritik der Verantwortung« de-

»Verantwortung« umgeprägt und seine Reichweite vergrößert; und so entstand ein geistiges Klima, in dem die grenzenlose Verantwortlichkeit von Levinas eine Plausibilität erlangte, die ihr rein logisch gar nicht zukommen konnte. Im Zuge einer sich entgrenzenden Verantwortlichkeit hielten die Dämme des rationalen Geschichtsverständnisses nicht mehr stand, als die »Historische Gerechtigkeit«, verstärkt von postkolonialem Ideenzustrom, hochbrandete.

Indes, wie soll die Idee der Gerechtigkeit in die Geschichte hineinwirken? Wie lässt sich »historische Gerechtigkeit« überhaupt als logisch konsistentes Konzept denken? Es ist evident, dass der Term »Gerechtigkeit« dazu drängt, nach Schuld zu suchen, Schuldige beim Namen zu nennen und Urteile zu fällen. Wer korrektive Gerechtigkeit für Vergangenes fordert, wird schnell geneigt sein, ganze Epochen zu stigmatisieren und ganze Kulturen zu dämonisieren. Ist der intellektuelle und moralische Preis dafür nicht zu hoch?

II Die Aporien einer diachronen Gerechtigkeit

Über den Aufmärschen der Aktivisten flattern die Fahnen der Erlösung. Die Parolen zitieren Vergangenes, wie John Torpey konstatiert, »in redemptory tones«.[18] Hermann Lotzes Gedanke, die »Vergangenheit zu erlösen«, hat eine beachtliche weltpolitische Motorik gewonnen. Allerorten erklingt der Ruf nach »redemptive politics«. Die apokalyptischen Vokabeln aus dem extremen Deutschland der 20er Jahre sind nun weltweit hoffähig geworden.[19] Zwar ist die Bewegung zersplittert, zumal ihr Denken sich über heterogene Themen erstreckt – nicht bloß die Sklave-

---

monstriert Heidbrink, wie die sich verselbständigenden technischen Prozesse die Menschen unter Druck setzen, ihre moralische Selbsterhaltung dadurch zu behaupten, dass sie die normative Bewertung der Geschehnisse unentwegt ausdehnen. Der »Siegeszug des Verantwortungsprinzips« sei das »Symptom der normativen Ratlosigkeit hochkomplexer Gesellschaften«. Vgl. Heidbrink, Kritik (s. Anm. 12), 20.

18 John Torpey, Making whole what has been smashed. On Reparation Politics, Cambridge, Mass./London 2006, 15.

19 Zur Herkunft der Schlagworte vgl. Norbert Bolz, Auszug aus der entzauberten Welt. Philosophischer Extremismus zwischen den Weltkriegen, München 1989, sowie Egon Flaig, Apokalyptische Politik und gnostischer Rückzug. Zu den Auswirkungen auf die historischen Kulturwissenschaften, in: Archiv für Kulturgeschichte 98 (2016), 259–296.

rei, sondern auch Klima, Fauna und Flora; doch obschon die Ziele erheblich divergieren und oft konträr sind, stimmen alle Strömungen in dem Willen überein, die »Vergangenheit« als politisch verwertbares Kapital zu nutzen. Die Kalkulationen um den Schadensersatz sind strittig und obendrein makaber, unvermeidlicherweise. Viele Aktivisten lehnen darum finanzielle Reparationen entschieden ab;[20] andere lehnen Reparationen zwar für die Sklaverei als unplausibel ab, nicht aber für die Folgen der Rassensegregation.[21] Zudem wird sowohl darüber gestritten, wer reparationspflichtig sein sollte, als auch darüber, wer zu entschädigen sei. Auch wollen manche Akteure die Forderungen so lenken, dass sie selbst nicht davon bedroht werden: Auf dem OAU-Gipfel von 1993 bemühte sich der tunesische Delegierte, die anderen Afrikaner davon abzubringen, Reparationen für die Sklaverei zu fordern; stattdessen sollte man für den Kolonialismus Entschädigung verlangen. Das Motiv war offenkundig: Wenn es zu Reparationen für die Sklaverei käme, würden die arabischen Länder in enormem Ausmaß zahlungspflichtig.[22] Die Ansprüche sind gerechtigkeitstheoretisch inkonsistent; der Focus huscht von der korrektiven Gerechtigkeit hin zur distributiven.[23] Das lässt sich aufweisen am prominentesten Beispiel, nämlich an der schwarzafrikanischen Sklaverei. Erwägt man Reparationen für dieses »historische Unrecht«, dann stellen sich fünf Aporien ein:

Erstens: Wer soll für die Reparationen aufkommen? Wenn man den Begriff des Unrechts handhabt, dann müssen jene mehr zahlen, die das größere Unrecht angerichtet haben. Es gibt zwar keine Richterskala des Leidens in der Geschichte, aber es gibt zweifelsohne eine Skala jener Schäden, die Menschen anderen Menschen vorsätzlich zufügen. Bei der Sklaverei sind drei Vorgänge von unrechtmäßigem Charakter zu unterscheiden: zuerst das gewaltsame Sklavenmachen, dann der Sklavenhandel mit seinen Deportationen und schließlich die Sklavenhaltung mit

---

20 John McWhorter, Blood Money: Why I don't want Reparations for Slavery, in: American Enterprise, July/August 2001, 19–22.
21 Boris Bittker, The Case for Black Reparations, New York 1973.
22 »The role of North Africans and Middle Easterners – not to mention Sub-Sahara African themselves – in the slave trade threatened to muddy the historical waters«, so: John Torpey, Making whole what has been smashed: Reflections on Reparations, in: JModH 73 (2001), 333–358, 353.
23 Lawrie Balfour, Reparations after Identity Politics, in: Political Theory 33, 2005, 786–811.

ganz unterschiedlichem Gebrauch der radikal unfreien Menschen. Am meisten müssten jene zahlen, die freie Menschen versklavten. Denn Kriege zur Versklavung sind Kriege besonderer Art. Sie zielen nicht darauf, dem Feind Land zu rauben oder ihm seine außenpolitische Souveränität zu beschneiden, sondern darauf, die Menschen selbst zu fangen und zu deportieren. Daher ist die Gegenwehr verzweifelt, die Massaker sind von dramatischen Ausmaßen. Menschen fangen, ihre Dörfer und Städte erobern und dabei eine erhebliche Quote der Besiegten töten, die Überlebenden als Sklaven abtransportieren, das ist ein fürchterlich gewaltsamer und extrem grausamer Vorgang. Werden solche Razzien mehrfach wiederholt, dann führt das notwendigerweise zum totalen Erlöschen der bejagten Stämme.

Versklavungskriege sind tendenziell oder de facto Genozide, auch dann, wenn die Versklaver dies gar nicht beabsichtigen. Wir können nur ahnen, wie viele afrikanische Ethnien genozidär verschwanden; aber sehr wahrscheinlich haben die Versklaverstämme Hunderte von Ethnien im Laufe von 13 Jahrhunderten ausgerottet. Nun wissen wir, dass in Afrika nur die Portugiesen den kurzfristigen Versuch machten, selbst Menschen zu versklaven. Die Versklaver vom 6. bis zum 19. Jahrhundert waren afrikanische, sehr kriegerische Ethnien und ab dem 10. Jahrhundert die moslemischen Emirate im Sahel-Gürtel. Demnach müssten vor allem Ethnien in Mali, im Tschad, im Sudan, aber auch in Ghana, Nordnigeria und Benin unvorstellbare Summen an die Nachfahren ihrer Opfer entrichten – weit mehr als die sklavenimportierenden Zonen. Zu diesen zählt vor allem der islamische Kulturraum nördlich der Sahara, an zweiter Stelle die transatlantischen europäischen Ex-Kolonien.[24]

Die zweite Aporie ist gravierender: An wen sollen die Wiedergutmachungen gehen? Wollte man die heute existierenden Ethnien pauschal für das historische Unrecht der Sklaverei entschädigen, dann ergäbe sich eine Widersinnigkeit. Denn die jetzt existierenden Ethnien sind Überlebende einer langen Ära grausamster Versklavungskriege – vom 7. bis zum 19. Jahrhundert –, unterbrechungslos geführt von moslemischen Emiraten im Sahel und von Versklaverstaaten wie etwa den Reichen Dahomey, Benin oder Ashanti. Gerade die ehemaligen Versklaverethnien, falls sie nicht selber besiegt und bejagt wurden, was etwa den

---

24 Zum Umfang der Sklaverei vgl. Egon Flaig, Weltgeschichte der Sklaverei, München ³2018, 88–91.96–99.101–107.141–151.193–198.

Yoruba zustieß, haben als historische Sieger überlebt. Würden Reparationen für die Sklaverei gezahlt – von wem und wofür, das bleibe dahingestellt –, dann ginge der Löwenanteil dieser Summen just die Nachkommen der Versklaver.

Die dritte Aporie ist jedem Historiker vertraut, der sich mit sogenannten Opfergruppen beschäftigt. Wir können das Konzept des »Nachfahren« nicht naiv anwenden; wir müssen es dekonstruieren. Der Grund ist schlicht: Wenn wir uns als »Nachfahr von« begreifen, dann wählen wir unter unseren Tausenden von Vorfahren einige wenige aus. Es ist immer Willkür im Spiel, wenn man sich als »Nachfahr von« definiert; und immer eine Selektion. Jene Afro-Amerikaner, die sich als »Nachfahren von Sklaven« definieren und meinen, damit seien sie eine Opfergruppe, täuschen sich darüber hinweg, dass ihre Vorfahren in den USA maximal über sieben Generationen Sklaven waren, meistens über fünf Generationen, dass sie aber seit 1865 in der fünften Generation Nachfahren von freien Menschen sind. Nach Michael Schefczyk ist es ein Irrtum, anzunehmen, »die Zugehörigkeit zu einem Kollektiv, das historisches Unrecht erlitten hat, reiche aus, um eine Person als Betroffene einzustufen«[25]. Zudem vergessen jene Afroamerikaner, dass sie vor dem 18. Jahrhundert Vorfahren in Afrika hatten, die nicht nur zu besiegten und versklavten Stämmen« gehörten, sondern auch zu versklavenden Ethnien. Es ist absolut unklar, wie viele der von den etwa 300.000 in die spätere USA verkauften Sklaven selber Sklavenjäger oder Nachfahren von solchen waren. Wenn diese Menschen heute nach Kompensation für damals rufen, dann sind sie umgekehrt auch in der Pflicht, für die Verbrechen ihrer Vorfahren Kompensation zu leisten. Dekonstruiert man das Konzept des »Nachfahren«, dann verliert das Konzept »historische Gerechtigkeit« seinen realhistorischen Anhaltspunkt und wird zum bloßen Schlagwort.

---

25 Michael Schefczyk, Verantwortung für historisches Unrecht. Eine philosophische Untersuchung, Berlin/New York 2012, 366. Die Diskussionen, wer als »Betroffener« zu gelten habe, sind ebenso uferlos wie fruchtlos. Lukas Meyer, Autor der Studie »Historische Gerechtigkeit« spricht von »direkten Opfern« und nennt deren Nachfahren »mittelbare Opfern« (ders., Historische Gerechtigkeit. Möglichkeit und Anspruch, in: Jahrbuch für Politik und Geschichte 1, 2010, 11–28). Demnach wären freilich sämtliche jetzt lebende Menschen in irgendeiner Hinsicht »mittelbare Opfer«. Es handelt sich also um ein Schlagwort, nicht um ein definitionstaugliches Konzept.

Die vierte Aporie ist die nächstliegende: Wenn wir das Wiedergutmachen ernsthaft betrieben, dann gerieten wir in einen unendlichen Regress bis Adam und Eva. Michael Zeuske schätzt, dass Sklaverei schon mindestens seit fünf Jahrtausenden existiert. Wie soll die jetzige Menschheit für all dieses historische Unrecht einstehen, haften und es finanziell kompensieren? Es ergäbe sich eine Schuldknechtschaft bis ans Ende der Zeiten.

Die fünfte Aporie ist die verhängnisvollste für alle gerechtigkeitstheoretischen Erörterungen: Woher wollen wir wissen, wer ein Nachkomme von Versklavungs-Opfern vor 2000 Jahren ist und wer nicht? Das zu wissen ist nicht nur deswegen unmöglich, weil uns die Dokumente fehlen, sondern weil die menschlichen Kollektive ihre Identitäten laufend veränderten und fast nirgendwo kulturelle Gemeinsamkeiten mit ihren biologischen Vorfahren bewahrten. Die bittere *conclusio* lautet: Alle Reparationen würden an die memorialen Sieger gehen – nämlich an diejenigen Gruppen, die sich erfolgreich als Nachfahren derjenigen Opfer präsentieren, von denen sie ihre eigene Identität *qua mémoire* herleiten. Jede Reparation privilegiert das erinnerte Unrecht gegenüber dem nichterinnerten und erzeugt neue Ungerechtigkeit. Reparationen privilegieren nicht bloß die Sieger in den unaufhörlich tobenden Memorialkämpfen finanziell, sondern sie belohnen sie überdies symbolisch und moralisch für die skrupellose Propagierung von krassesten Unwahrheiten in den gedächtnispolitischen Schlachten. Diese Kämpfe nötigen die Wissenschaft wie die Öffentlichkeit dazu, den selbstgebastelten Legenden von Ethnien und Kulturen zu glauben, als seien es rechtsfähige Dokumente. Wo bleibt das Recht jener Hunderten von Ethnien, die im Laufe der Geschichte genozidär ausgelöscht wurden und von denen wir überhaupt keine Dokumente und keine Nachricht haben? Jene Reparationen würde ihre Auslöschung offiziell bekräftigen und absegnen; sie würden definitiv entwürdigt und vernichtet.

Ziehen wir ein Fazit aus diesen Aporien. Wer über die Missetaten der Vergangenheit zu einem Urteil kommen will, bedarf eines Richterstuhls. Hegel und Schiller benötigen ihn nicht, weil vor ihren Augen das Weltgericht sich im geschichtlichen Prozess selbst vollzieht. Nach einem historischen Tribunal rufen hingegen jene Ankläger, die sich selbst zu Richtern aufschwingen. Doch wer sind die Ankläger? Es sind »Fürsprecher«, die »Fürsprache« halten; sie sprechen als »Opfernachfahren« »für« ihre Vorfahren, und als moralische Aktivisten teils gegen die ihrigen. Diese Inanspruchnahme gründet sich auf gedächtnispolitisch fabrizierter fake history, die mit der historischen Wahrheit wenig zu tun hat. Der weitaus größte Teil von historischem Unrecht in den letzten sechstausend Jahren ist niemals dokumentiert worden. Wie sollen wir Unrecht wiedergutmachen, von dem wir gar nichts wissen, obschon es vielleicht noch schlimmer war als die uns bekannten Fälle? Wir sitzen in der Falle der historischen Ignoranz und werden uns niemals aus ihr befreien können. Da Wiedergutmachung überhaupt nur möglich ist, wo Erinnerungen und Wissen vorhanden sind, ist historische Gerechtigkeit im eigentlichen Sinne uns Menschen nicht zugänglich. Aber eine Kategorie ist nur eine solche, wenn sie als streng strukturierter Begriff fungiert. Folglich ist »historische Gerechtigkeit« ein Unbegriff, ein Nonsense-Postulat.

Die Diskussionen um die Rückgabe der Benin-Skulpturen illustriert diesen makabren Sachverhalt paradigmatisch. Als 2022 das Horniman Museum in London sowie die Universitäten Oxford und Cambridge beschlossen, Kunstwerke aus Benin dem nigerianischen Staat zu übereignen, protestierte eine afroamerikanische »Restitution Study Group«: Eine solche »Repatriierung« bereichere just die Nachfahren der Versklaver und der Sklavenverkäufer und demütige die Versklavten erneut: »Nigeria und das Königreich Benin haben sich nie für das Versklaven unserer Vorfahren entschuldigt. Sie zeigen keine Reue und erheben den Anspruch, Opfer zu sein.« Ein solcher Protest war vorhersehbar und wurde vorhergesagt. Es hat die Aktivisten so lange nicht interessiert, bis die offenkundig problematischen Rückgaben der deutschen Regierung vom Herbst 2022 öffentlich thematisiert wurden.

Alle Gerechtigkeit ist dadurch bedingt, dass ihre Herstellung prinzipiell möglich sei, obschon nicht lückenlos verwirklichbar. Korrektive Gerechtigkeit ist also nur denkmöglich, wenn man sicher sein kann, wer die realen Täter waren und dass die realen Opfer noch leben. Für die Nachgeborenen ändern sich alle Fragen. Der Begriff der Gerechtigkeit lässt sich nur mit Mühe länger als eine Generation in die Vergangenheit ausdehnen. Streckt man seine Ansprüche weiter, dann gerät man in Aporien, die weder philosophisch noch juristisch zu lösen sind. Das lässt sich veranschaulichen an zwei rechtsphilosophisch umstrittenen Konzepten: nämlich der völkerrechtlichen Interventionspflicht und dem widersprüchlichen Gehalt des »Nutznießertums« in den Diskussionen über Wiedergutmachung.

Eine geschichtsphilosophisch verunglückte Vokabel ist der »bystander«. David Wyman brachte ihn 1984 auf, um eine Mitschuld der USA am Holocaust zu behaupten. Er beabsichtigte, den Begriff der Schuld und die Reichweite der Verantwortung auszuweiten. Leider hatte schon Karl Jaspers eine Mitschuld der Alliierten für das Handeln des NS-Regimes erwogen.[26] Wyman bemühte sich, der Vokabel eine völkerrechtliche Qualität beizulegen. Samantha Power griff Wymans Argument auf und wandte es auf den Genozid in Ruanda an;[27] sie verschob allerdings die Gewichtung erheblich: Wyman belastete die Westmächte als »bystanders«; aber er entlastete das NS-Regime als »perpetrator« nicht; Power tat genau das; sie gebrauchte den Begriff, um die afrikanischen Täter zu entlasten.[28] Aus dem Bystander-Konzept hat sich blitzschnell das völkerrechtliche Konzept einer Pflicht zur Intervention entwickelt, nämlich die inzwischen sehr umstrittene »Responsibility to Protect« (R2P). Allerdings ist diese Idee schon zwei Jahrhunderte alt; sie entstand im Gefolge der »abolitionistischen Revolution«. Diesem Gebot gehorchte Großbritannien seit 1807 – mit dem Ziel, in Afrika die Versklavungskriege und den Handel mit Sklaven zu unterdrücken; die britische Marine kontrollierte völkerrechtswidrig Tausende von Schiffen vor der westafrikanischen Küste, um ein humanitäres Prinzip durchzusetzen.[29] Gerade weil die britischen und später auch die französischen Regierungen keine »bystanders« sein wollten, mussten sie über fast ganz Afrika ein Netz von Protektoraten legen, woraus sich der »Kolonialismus« formte.[30] Der britische und französische Kolonialismus in Afrika ergab sich letztlich

---

26 Jaspers, Schuldfrage (s. Anm. 12), 66, 89.

27 David Wyman, The Abandonment of Jews: America and the Holocaust, 1941–1945. New York 1984.

28 Samantha Power, Bystanders to Genocide, in: Atlantic Monthly, September 2000. Desgleichen ließ die OAU prüfen, ob man für den Genozid in Ruanda Reparationen vom Westen verlangen könne, was erwartungsgemäß bejaht wurde »The international community must be made to understand the need for reparations for its complicity in the calamities of the past decade.« Vgl. Rwanda. The preventable genocide. Executive summary: OAU Panel of eminent personalities ... (29.5.2000). Letter of Transmittal, E. S. 68.

29 Vgl. Anm. 7. Hierzu: Davide Rodogno, Humanitarian Intervention in the nineteenth Century, in: The Oxford Handbook of Responsibility to Protect, hg. von A. J. Bellamy/Tim Dunne, Oxford 2016, 19–37.

30 Susan Miers, Britain and the Ending of the Slave Trade. London 1975; M. A. Klein,

aus einer »responsability to protect«. Auch die deutsche Kolonialmacht gehorchte diesem humanitären Imperativ, als sie den Aufstand der arabischen Sklavenhalter auf Sansibar 1888 niederschlug.[31] Wer das »Bystander«-Konzept politisch gebraucht, muss logischerweise den humanitären Interventionismus der Kolonialmächte in Afrika gutheißen, andernfalls bleibt es ein entleerter Kampfbegriff. Gewiss, ein solches Interventionsgebot wird schnell grenzenlos und es eignet sich bestens zur imperialistischen Expansion. Aus diesem Grund ist die »Responsibility to Protect« in den letzten anderthalb Dekaden zunehmend in die Kritik geraten und steht als völkerrechtliches Prinzip unter massivem Zweifel.[32]

Nun zum Konzept des »Nutznießers«. Manche Aktivisten halten es für aussichtsreicher, die »beneficiaries« der Sklaverei zu belangen, als sich dem Bumerang-Effekt auszusetzen, den der Begriff »perpetrator« im Falle der afrikanischen Sklaverei ausgelöst hat. Dagegen spricht, dass dabei unweigerlich Motive distributiver Gerechtigkeit das hehre Anliegen der korrektiven Gerechtigkeit besudeln. Zudem tendieren die Aktivisten dazu, den Benefiziär gleichzusetzen mit dem »Täter«, oder ihn gar zum Hauptschuldigen zu machen, um den »Täter« zu entlasten – eine Taktik, welche die moralischen Regeln sämtlicher Kulturen missachtet.[33] Schließlich enthält die rechtliche Kontur des »beneficiary« un-

---

Slavery and Colonial Rule in French West Africa. Cambridge 1998; S. Miers/R. L. Roberts (Eds.), The End of Slavery in Africa. Madison, Wisc. 1988.

31 Der deutsche Beitrag zur Unterdrückung der Sklaverei in Ostafrika ist ausgiebig dokumentiert in: Claudia Lederer, Bakaschmars Fluch. Untersuchungen zu Ursache und Hintergründen des »Araberaufstandes« (1888–1890), Saarbrücken 2012.

32 Vgl. Tomoko Yamashita, Responsibility to protect as a basis for »Judicial Humanitarian Intervention«, in: Beyond Responsibility to protect, in: Richard Barnes/Vassilis P. Tzevelekos (Hg.), Beyond Responsibility to protect. Generating Change in International Law, Cambridge u. a. 2016, 367–392. Fundamental ist: Heidbrink, Kritik (s. Anm. 12).

33 »Where the focus is on perpetrators, victims are necessarily defined as the minority of political activists; for the victimhood of the majority to be recognized the focus has to shift from perpetrators to beneficiaries.« Denn es gehe nicht um »criminal justice«, sondern um »social justice«. So Mahmood Mamdani, Degrees of Reconciliation and Forms of Justice, zitiert bei John Torpey (Ed.), Politics and the Past. On Repairing Historical Injustices. Lanham u. a. 2003, 10. Dazu Torpey, Making whole (s. Anm. 18), 44–46.67.

heilbar destruktive Konsequenzen für die »Historische Gerechtigkeit«. Einerseits handelt es sich um eine Realkategorie, denn realiter hat es Nutznießer von Verbrechen immer gegeben. Andererseits wird das Nutznießertum von Verbrechen desto ungewusster, je größer der zeitliche Abstand wird; über mehr als eine Generation hinweg lassen sich »beneficiaries« nur auffinden mit kontrafaktischen Überlegungen, die nicht zwingend sind.[34] So ist es unmöglich nachzuweisen, dass die jetzige Situation der Afroamerikaner sich tatsächlich dem »lasting impact« eines vergangenen Übels schulde. Das Wort »Benefiziär« gewinnt den Status eines Begriffs nur in einem sachlogischen Zusammenhang. Alle historischen Entwicklungen – jede Veränderung – haben zur Folge, dass einige gewinnen, andere verlieren. Die Veränderungsschübe erzeugen unablässig Benefiziäre von historischem Unrecht. Die Zweischneidigkeit des Begriffs wird offenkundig, wenn man ihn nicht auf Untaten, sondern auf rettende Konsequenzen von vergangenen Untaten bezieht. Wenn es um »Nutznießertum« geht, sind Gegenrechnungen zwingend; und die nötigen uns, Missetaten zu verrechnen mit Wohltaten.

Der afroamerikanische Journalist Keith B. Richburg stieß ein Dankgebet aus, als er der in den Flüssen treibenden Leichen des Genozids in Ruanda ansichtig wurde; er dankte dafür, dass seine Vorfahren in Ketten in die USA deportiert wurden: »Gott sei Dank bin ich nicht dabei. Gott sei Dank, daß meine namenlosen Vorfahren, die in Ketten und Fußeisen über den Ozean gebracht wurden, es lebend herausgeschafft haben. Gott sei Dank, daß ich Amerikaner bin!« Richburg lenkt den Blick auf einen selten thematisierten Sachverhalt: Personen sind nur dann von historischem Unrecht geschädigt, wenn dieses Unrecht nicht zugleich Bedin-

---

34 Dazu Stephan Kershnar, »Are the Descendants of Slaves owed Compensations for Slavery?«, in: Journal of Applied Philosophy 16, 1999, 95–101, und George Sher, Transgenerational Compensation, in: Philosophy & Public Affairs 33, 2005, 181–200.

35 Vgl. K. B. Richburg, A black American in Africa, in: Washington Post. National Weekly Edition 10.–16.4.1995. Zitiert nach: A. Schlesinger, Die Spaltung Amerikas. Überlegungen zu einer multikulturellen Gesellschaft, Stuttgart 2020, 143. Aus dem Stoßgebet macht Ellen Frankel Paul ein rechtsphilosophisches Argument. Vgl. dies., Set-Asides, Reparations, and Compensatory Justice, in: John Chapman (Hg.), Compensatory Justice, New York/London 1991, 97–139, 119. Der Gedanke findet sich bereits in Hegels Vorlesungen zur Philosophie der Geschichte, vgl. ders., Werke in zwanzig Bänden (E. Moldenhauer/K. M. Michel), Frankfurt a. M. 1970, XII, 125.

gung ihrer Existenz ist.³⁶ An diesem Argument findet auch die »absolute Verantwortung« ihre Grenze, nämlich die behauptete Verantwortung für die nicht intendierten und nicht einmal vorhersehbaren Nebenfolgen menschlichen Handelns.³⁷

Wem Hegels Dialektik nicht fremd ist, dem ist dieser oft übersehene aber historisch enorm gewichtige Sachverhalt vertraut. Um das Ausmaß des Schadens durch die Sklaverei in den USA zu ermessen, ist der Vergleich mit den Zuständen im heutigen Afrika erforderlich, unter welchen die Afroamerikaner nicht leiden müssen.³⁸ Keine Reflexion über globale Konnektivität kommt vorbei an der Schlussfolgerung von Seymour Drescher von 2009, wonach sich die afrikanischen Ethnien ohne europäische Interventionen gegenseitig ausgerottet hätten.³⁹ Die Alternative zu Dreschers Aussage ist simpel: Die heutigen Afrikaner wären weit überwiegend Sklaven, wenn Briten und Franzosen nicht interveniert hätten. Die Schlussfolgerung ist unbequem: Die freien Afrikaner von heute verdanken ihre Freiheit just den abolitionistischen Interventionen von Briten und Franzosen. Das wird inzwischen offenherzig ausgesprochen. Jene »Restitution Study Group«, welche die Rückgabe der Benin-Skulpturen kritisiert, hat daher die britische Strafexpedition gegen Benin von 1897 gutgeheißen: »Sie beendete das Verkaufen und das Opfern versklavter Menschen, welche 300 Jahre lang ›Strafexpeditionen‹ des Königreiches Benin erlitten.«⁴⁰ Damit wird der historische Dank an das Britische Empire zum rechtsphilosophischen Thema. Sollen die Briten von den Afrikanern einen Kostenausgleich verlangen für die Ret-

---

36 Das hat Stephan Kershnar herausgearbeitet (s. Anm. 34).
37 Vgl. Heidbrink, Kritik (s. Anm. 12), 163-174.
38 Vgl. Jeff Jacoby, The Reparation Calculation, in: URL = http://www.jewishworldreview.com/ jeff/jacoby020601.asp.
39 Seymour Drescher, Abolition. A History of Slavery and Antislavery. Cambridge 2009, 372-312, 377.
40 Vgl. Restitution Study Group, Benin Bronzes: Who has the moral right to decide? Open Letter 16.8.2022 (https://historyreclaimed.co.uk). Ganz offen verteidigt Rebecca Habermas das Recht der Versklaverdynastie von Benin, die Kunstwerke zurückzufordern, die sich dem Erlös der Millionen von versklavten und als Sklaven verkauften Menschen verdankten. Die postkoloniale Historie leistet unverhohlene Apologie der afrikanischen Versklaver. Vgl. dies., Benin Bronzen im Kaiserreich – oder warum koloniale Objekte soviel Ärger machen, in: Historische Anthropologie XXV (2017), 327-352.

tung vor Versklavung? Eine *solche* Rechnung wäre logisch. Da gemäß dem Postulat der »historischen Gerechtigkeit« Untaten in der Geschichte finanziell und moralisch abzugelten sind, müssen auch Wohltaten bezahlt werden, finanziell und moralisch. Nach der Logik des Benefice-Konzepts müssten beträchtliche Summen an jene Hochkulturen gezahlt werden, die andere mit Wissen und Fertigkeiten beliefert haben. Die Verbesserung des Rechtszustandes auf dem ganzen Globus folgt weit überwiegend westlich-liberalen Rechtsprinzipien und westlichen Institutionalisierungen. Sämtliche andere Kulturen sind in dieser Hinsicht »beneficiaries« der westlichen Errungenschaften. Sie müssten folglich Nutzungsgebühren dafür bezahlen. Die logische Struktur des Begriffs verlangt danach. Denn inzwischen wird die Frage erörtert, ob »Ausbeutung« vorliege, sobald eine Kultur Wissen aus der anderen bezieht.[41] Andernfalls wäre ein Rückruf aller Kulturtransfers die rechtlich angemessene Konsequenz. Doch Kulturtransfer ist eine unvermeidliche Folge der Kommunikation zwischen menschlichen Gruppen in der Geschichte. Ihn rückgängig zu machen hieße, die gesamte menschliche Geschichte zu widerrufen. Diese Absurdität entkommen wir nur, wenn wir uns von der Verrechtlichung der Geschichte verabschieden: »Historische Gerechtigkeit« ist mithin ein Nonsense-Postulat. Dass es als erwägungswürdiges Konzept in die fachwissenschaftlichen Diskussionen eindringen konnte, indiziert das Ausmaß des »Verlustes der Geschichte« (Alfred Heuß) in der historischen Disziplin.

III Gespaltene Menschheit –
moralisch kompetent und inkompetent

In der bisherigen Literatur stellt Michael Schefczyks Traktat »Verantwortung für historisches Unrecht« einen Meilenstein dar. Mit beeindruckender Konsequenz stellt der Autor das Thema in einen bedingungslos universalistischen Horizont. Seinen Universalismus feit er gegen Einsprüche mit dem Hinweis auf eine epochale Wende: Wir seien seit der Gründung des Völkerbundes in eine »kantische Ära« eingetreten; nun werde »die Utopie von der Einholung der menschlichen Geschichte ins Recht« aktuell. Dem lässt sich entgegnen, dass eine solche Utopie radikal

---

41 Michael Brown, Can Culture be copyrighted?, in: Current Anthropology 39, 1998, 193–222 (mit Diskussion).

antikantianisch ist; Schefczyk folgt einem Trend von Fachleuten des internationalen Rechts, auf groteske Weise sich auf Kant zu berufen, ohne die geschichtsphilosophischen Überlegungen des Königsbergers zu kennen. Dennoch leistet er die einzige systematische Erörterung von Schuld und Haftung für vergangene Verbrechen, seitdem Karl Jaspers 1946 und 1962 dazu fundamentale Gedanken vorgelegt hat. Zu den drei Fragen – wer ein Anrecht auf Wiedergutmachung habe, wem die Pflicht zur Wiedergutmachung obliege und wofür solche überhaupt zu leisten sei – formuliert der Autor drei Antworten, denen Historiker und Philosophen ihre Aufmerksamkeit schenken sollten. Erstens besteht Schefczyk darauf, dass nur jene von »historischem Unrecht« Betroffenen ein Anrecht auf Restitutionen, Reparationen oder Kompensationen haben, die sich selbst der Geltung universalistischer Ansprüche unterwerfen. Zweitens gelangt er zu einer konsistenten Antwort auf die Frage, wie lange ein »Täterkollektiv« für verübte Verbrechen haftet. Drittens trifft er eine folgenreiche Unterscheidung von historischem Unrecht, für welches Wiedergutmachung – im weitesten Sinne und entlang einer Skala von Varianten – zu leisten ist, und historischem Übel, für welches Kompensation nicht denkbar ist.

Wer ist anspruchsberechtigt? Korrektive Gerechtigkeit wird wirksam bei schädigendem Unrecht; das ist zwingend. Doch diese Gerechtigkeit setzt voraus, dass die Menschheit bereits eine moralische Gemeinschaft ist und sich auf dem Wege befindet, auch eine rechtliche zu werden. Wer die gemeinsamen universalen moralischen Überzeugungen nicht teilt, kann auch nicht teilhaben an rechtlichen Ansprüchen, welche sich aus diesen Überzeugungen ergeben. Wer Reparationen beansprucht, für den gilt: »Die Begründung des eigenen Standpunktes« darf nicht »auf intellektuelle Ressourcen zurückgreifen [...], die mit dem Ziel einer geteilten moralischen Ordnung von vornherein unvereinbar sind«. Fehlt diese Voraussetzung, dann sind Forderungen nach Wiedergutmachung widersinnig.[42] Die Konsequenzen sind gravierend: Damit scheiden sämtliche multikulturalistischen und ethnopluralistischen Bewegungen als Anspruchsteller aus, weil sie notwendigerweise kulturrelativistischen Maximen anhängen. Für den Kulturrelativismus kann es kein »historisches Unrecht« geben; denn solches ist nur unter univer-

---

42 Schefzcyk, Verantwortung (s. Anm. 25), 371, 8.9 f.

salistischen Prämissen denkbar.⁴³ Es kann also nicht »entschädigt« werden, wer an diesen universalen Werten nicht teilhat. Diese Richtlinie entzieht sämtlichen auf »Recognition« basierenden Bewegungen das Recht, Ansprüche zu stellen. Paradoxerweise wären die nach »Anerkennung« verlangenden Diskurse gar nicht möglich gewesen ohne die Menschenrechts-Revolution nach dem Zweiten Weltkrieg. Doch ihre Identitätspolitik gebraucht deren Errungenschaften nun antiuniversalistisch; und damit greift sie die Basis jener Prinzipien an, auf die sie sich beruft.⁴⁴ Gemeinsame Rechtsnormen sollen die eigene Gruppe nicht binden, und das Prinzip der zivischen Gleichheit soll nicht gelten.⁴⁵ So zielen die meisten Identitätspolitiken auf einen Sonderstatus für die eigene Gruppe; dementsprechend werden Ansprüche anderer Kollektive als nachrangig abgetan, was die berüchtigte »Opferkonkurrenz« in Gang setzt. Die Obsession der Besonderheit des »eigenen« Leidens speist eine Mythomatik, welche notwendig zu Leugnungen treibt, weil das Opfersein dazu verleitet, anderen ein vergleichbares Ausmaß an Leid abzustreiten.⁴⁶ Bezeichnenderweise hat der kenyanische Historiker Ali Mazroui gegen den memorialen Status der Shoah aufgerechnet: »Twelve years of Jewish hell – against several centuries of black enslavement.«⁴⁷ Aber – just seine Familie betrieb in Mombasa jahrhundertelang in größtem Stile Sklavenhandel. Nicht grundlos warnt Michael Schefczyk vor der »Gefahr der Degeneration des Kampfes um Anerkennung in einen Zustand kriegerischer Rechtlosigkeit«⁴⁸. Denn der imaginierte Opferstatus radikalisiert den Identitätskult umso mehr, als Reparationen ihn beglaubigen: »No

---

43 A. a. O., 8 f.37.19 f. Ähnlich: Egon Flaig, Abolition und Weltgeschichte. Geschichtstheoretische Überlegungen zu einer weltgeschichtlichen Besonderheit, in: E. Herrmann-Otto (Hg.), Sklaverei und Zwangsarbeit zwischen Akzeptanz und Widerstand. Sklaverei – Knechtschaft – Zwangsarbeit 8. Hildesheim: Olms, 2011, 178–244, 235: Die Menschheit ist nur dann eine einzige Menschheit, wenn die Semantik der Menschenrechte allen anderen übergeordnet ist.
44 Torpey, Making whole (s. Anm. 18), 29.
45 Vgl. Brian Barry, Culture and Equality, Cambridge, Mass. 2001.
46 Hierzu: Ulrike Jureit, Opferidentifikation und Erlösungshoffnung. Beobachtungen im erinnerungspolitischen Rampenlicht, in: Dies./Christian Schneider, Gefühlte Opfer. Illusionen der Vergangenheitsbewältigung, Stuttgart 2010, 17–110.
47 Ali A. Mazroui, Who Should Pay for Slavery?, in: World Press Review 40/8 (1993), 22.
48 Schefczyk, Verantwortung (s. Anm. 25), 372.

restitution has lifted the burden of victimhood, instead it has routinized it.«[49] Aus diesem Grund breitet sich die Vokabel »Rasse« so pestilenzartig in allen Diskursen aus. Weder das »Geschlecht« noch die »Klasse« sind imstande, ihre »Identität« durch den Wandel der Generationen zu bewahren; die »Rasse« hingegen scheint die Kontinuität des Kollektivs über die Generationen hinweg zu garantieren. Deshalb gewinnen memorialtechnisch diejenigen Gruppen am meisten, die sich auf die »Rasse« berufen. Reparationen bestärken die Einkapselung in eine dauerhafte rassische »Opferrolle« – in einer fatalen Wechselwirkung aktivieren sie die »Rassenidentität« und steigern das »Rassenbewusstsein«. Der allerorten ansteigende Rassismus resultiert aus einer Identitätspolitik, die sich in hohem Maße der »historischen Gerechtigkeit« verdankt. Inzwischen hat sich die Hoffnung, durch Reparationen lasse sich Versöhnung herstellen, als schiere Illusion erwiesen. Wendy Brown und andere sind zur Ansicht gelangt, dass die Forderungen nach Reparationen eine Politik des Ressentiments ins Leben gerufen haben und dass sie eigentlich auf Rache zielen.[50] Genau das bezweckte Frantz Fanon in seinem Testament Les damnés de la terre: Versöhnung mit gleichen Rechten soll es nicht geben; die Hierarchien sollen nicht beseitigt, sondern umgedreht werden; die Ersten sollen die Letzten sein, und die Letzten sollen die Ersten sein. Letzten Endes dienen die identitätspolitischen Ansprüche auf Reparationen dem Fanonschen Programm – nicht zu irgendeiner »Gerechtigkeit«, sondern zur Mobilisierung von Hass und zur Vollstreckung von Rache.

Kommen wir zur zweiten Frage: Wie lange soll das Kollektiv der Täter für das Unrecht haften?[51] Um den Begriff der historischen Verant-

---

49 David Horowitz, The latest Civil Rights Disaster. Ten Reasons why Reparations for Slavery are a bad Idea for Black People – and racist too, in: Salon, 30.5.2000; Tommie Shelby, Foundations of Black Solidarity: Collective Identity or Common Oppression?, in: Ethics 112 (2001), 231–266.

50 Wendy Brown, States of Injury: Power and Freedom in Late Modernity, Princeton 1995, 27; ebenso Martha Minow, Between Vengeance and Forgiveness: Facing History after Genocide and Mass Violence, Boston 1998.

51 Rolf Zimmermann schreibt lapidar: »Es ist nicht möglich, einen Begriff von historischer Verantwortung generationenübergreifend festzuschreiben.« Vgl. ders., Historische Verantwortung, in: Handbuch Verantwortung (hg. Von L. Heidbrink/C. Langbehn/J. Loh), Wiesbaden 2017, 626–641, 633.

wortung logisch zu entfalten, knüpft Michael Schefczyk an den von Jaspers entworfenen Problemaufriss an:[52] Bei kollektiven Verbrechen sind jene sofort zu bestrafen, die kriminelle Schuld auf sich geladen haben. Die politisch und moralisch Schuldigen hingegen bleiben in der Verantwortung für das Handeln ihres Staates; sie haften für die Untaten, und zwar auch die Nachfahren. Diese Haftung hängt an der Eigenschaft als Staatsbürger; sie hat daher eine politische, keine moralische Qualität. Zur Temporalität der Verpflichtung gegenüber den Opfern und gegenüber den Betroffenen hat Jaspers keine Aussagen gemacht.[53] Nun findet Schefzcyk prinzipielle Gründe für eine Limitierung, indem er Jaspers Gedanken weiterführt: Nicht Staaten haften für politische Verbrechen, sondern politische Gemeinschaften, also die Staatsbürger der betreffenden Staaten.[54] Während Staaten ihre völkerrechtliche Identität bewahren, wechseln die sie tragenden politischen Gemeinschaften ihre Identität – und zwar im Rhythmus der Generationen.

An dieser Stelle muss die Reflexion zwei Schritte zurückgehen, um sich des konzeptuellen Bodens zu vergewissern, auf dem der Gedankengang sich bewegt. Eine Haftung dieser Art kann es nur geben, falls ein Kollektivsubjekt namens Volk existiert. Denn ohne einen zureichenden politischen Zusammenhalt sind die unterschiedlichen Sektoren einer Gesellschaft mitnichten willens, gemeinsame Opfer zu bringen für Untaten der vorangegangenen Generationen. Wie Ludger Heidbrink feststellt, lässt sich keine historische Verantwortung begründen »ohne die Verankerung des Verantwortungswillens in einer Sphäre des politischen Gemeinsinns [...] Der Wille zur historischen Verantwortung lässt sich nicht aus abstrakten Verpflichtungen ableiten, sondern bedarf der Verankerung in einem ›kommunitären‹ Verständnis von Geschichte.«[55] Ein solches Verständnis ist jedoch nur vorauszusetzen bei politischen Gemeinschaften oder bei religiösen Gemeinschaften, deren Zusammengehörigkeit besonders intensiv ist und sich in die politische Dimension erstreckt. In der westlichen Kultur ist die vorrangige politische Gemeinschaft üblicherweise das Volk von Staatsbürgern. Wenn ein Staat in

---

52 Schefczyk, Verantwortung (s. Anm. 25), 98–119
53 A. a. O., 308 ff.311. Die Auseinandersetzung mit Michael Ridge, Janna Thompson und Jeremy Waldron ist hier nebensächlich (276.314).
54 A. a. O., 282 f.
55 Heidbrink, Zum Problem (s. Anm. 17), 241.246.

seiner Eigenschaft als politische Gemeinschaft haftet, dann muss diese Gemeinschaft auch substanziell existieren. Wird die substantielle Qualität einer Gemeinschaft angezweifelt, dann verflüchtigt sich just jenes Kollektivsubjekt. Das heißt umgekehrt: Nur wenn es ein Volk von deutschen Staatsbürgern gibt, besteht auch eine Haftung. Für Karl Jaspers war die substantielle Existenz dieses Volkes sonnenklar, obschon kein Staat mehr existierte, dessen Bürger die Deutschen hätten sein können. Auch für Schefczyk scheint diese substanzielle Existenz nicht fragwürdig zu sein. Doch inzwischen gibt es andere Stimmen. Darum ist es so wichtig, diesen Zusammenhang explizit festzuhalten. Es ist riskant, den Begriff der politischen Gemeinschaft abzuweisen. Wer das tut, für den entsteht das Dilemma wählen zu müssen zwischen grenzenlosem Haften und völligem Ende des Haftens. Denn wenn die politische Gemeinschaft als sinnvoller Begriff nicht mehr existiert, dann fällt entweder die Haftung auf den Staat zurück und bleibt an ihm hängen, solange er existiert, oder es gibt überhaupt kein Kollektivsubjekt mehr, welches historische Verantwortung trägt, und demzufolge auch keine Haftung.[56] Schefczyk jedenfalls setzt das haftende Kollektivsubjekt voraus; und es geht ihm um plausible Gründe, weshalb dieses nicht ewiglich haften kann. Wenn die Haftung eine zeitlich begrenzte ist, dann ist der maßgebliche Faktor, um die Haftungsdauer zu bemessen, die Abfolge der Generationen: Eine politische Gemeinschaft setzt sich zusammen aus vier Generationen zu je zwanzig Jahren; drei Generationen sind politisch verantwortlich; ihr Mittun oder ihr Nichthandeln ermöglichten die Verbrechen ihres Staates; die jüngste Generation trägt dafür keine

---

56 Wie heikel dieser Sachverhalt ist, ist abzulesen an der terminologischen Verlegenheit, in der Rolf Zimmermann sich verfängt beim Versuch, das Kollektivsubjekt einerseits politisch festzustellen, anderseits es in kulturelle Fragmente zu zerlegen. Vgl. ders., Historische Verantwortung (s. Anm. 51), 630. In der Tat haben Einwanderungsländer die besondere Aufgabe, die Einwanderer in die einheimische Memorialkultur zu integrieren. Wenn Immigranten die Geschichte ihrer neuen Heimat nicht zu ihrer eigenen machen, dann empfinden sie keine Bereitschaft, historische Verantwortung anzuerkennen und mitzutragen. Die Haftung löst sich dann in dem Maße faktisch auf, wie der Wechsel der Generationen zugleich einen tiefgreifenden kulturellen Wandel mit sich bringt. Welches demokratietheoretische Gewicht einer hinreichenden kulturellen Homogenität zukommt, zeigen die prägnanten Sätze bei Ernst-Wolfgang Böckenförde, Wissenschaft, Politik, Verfassungsgericht. Aufsätze u. biogr. Interview von D. Gosewinkel, Frankfurt a. M. 2011, 289 f.

Verantwortung. Im Wechsel der Generationen ist spätestens nach 40 Jahren die Mehrheit der politischen Gemeinschaft nicht mehr verantwortlich für das begangene Unrecht. Nach 60 Jahren ist die letzte der damals aktiven Generationen am Aussterben. Damit erlischt die historische Verantwortung für das betreffende Unrecht.[57] Erhöbe man dieses Resultat zu einer völkerrechtlichen Richtlinie, dann ergäbe sich, dass die Bundesrepublik für den sogenannten Völkermord an den Hereros seit 1965 nicht mehr haftet – falls es sich dabei überhaupt um ein Verbrechen handelte.[58] Jedenfalls entfaltet Schefczyk seine Argumentation auf dem Fundament jener Kategorie, die für Historiker maßgeblich ist, wenn es um kulturgeschichtliche Halbwertszeiten und Verfallsdaten geht – nämlich auf der der »Generation«.[59] Aber eben darum hat das Gerede von einer nun eingetretenen Ära des Kantischen Universalismus just mit Kant nichts zu tun. Die kantische Geschichtsphilosophie beharrt darauf, dass der menschliche Fortschritt hin zur »weltbürgerlichen Gesellschaft« Zeit benötige, historische Zeit im Wechsel der Generationen, welche durch Erziehung von Stufe zu Stufe höher steigen.[60] Diesen Historismus Kants missachten die Befürworter von diachroner Geltung universaler Prinzipien von Gerechtigkeit. Doch innerhalb des Horizontes einer theoretisch fundierten Geschichtswissenschaft gibt es dazu keine Alternative.

Kommen wir zur dritten These. Historisches Unrecht soll gesühnt werden; doch was ist »historisches Unrecht«? Michael Schefczyk unterscheidet zwischen historischem Übel und historischem Unrecht. Dieser

---

57 Schefczyk, Verantwortung (s. Anm. 25), 281–287.
58 Hierzu in Bezug auf die USA: Torpey, Making whole (s. Anm. 18), 44. Die vielen Varianten, gemäß denen sich diese Temporalisierung modifizieren lässt – aufgrund einer bunten Vielzahl an Gesichtspunkten – sind für meine Überlegungen nebensächlich.
59 Karl Mannheim, Das Problem der Generationen (1928), in: Ders., Wissenssoziologie. Auswahl aus dem Werk (hg. K. H. Wolff), Neuwied/Berlin 1964, 509–565.
60 »Vielleicht daß die Erziehung immer besser werde, und daß jede folgende Generation einen Schritt näher tun wird zur Vervollkommnung der Menschheit; denn hinter der Edukation steckt das große Geheimnis der Vollkommenheit der menschlichen Natur [...] Dies eröffnet den Prospekt zu einem künftigen glücklicheren Menschengeschlechte.« Vgl. I. Kant, Über Pädagogik, in: Kant (s. Anm. 10), VI, 700; ähnlich: I. Kant, Erneuerte Frage: Ob das menschliche Geschlecht im beständigen Fortschreiten zum Besseren sei?, in: Streit der Fakultäten II § 6 u. § 9.

Unterschied ist eine Innovation mit kardinalen Rückwirkungen auf die Diskussionslage. Bisher habe die philosophische Literatur, so bemängelt Schefczyk, »bemerkenswert wenig Energie« investiert, um die Frage zu klären, wie »historisches Unrecht« zu bestimmen sei.[61] Es geht um verletzte basale Rechte des Menschenseins – durch Mord, Folter, Versklavung, Verstümmelung, Vertreibung, Raub; sie sind elementar und heißen »natürliche Rechte«. Werden solche »natürlichen« Rechte missachtet, dann handelt es sich um ein Übel, falls die Schädiger nicht wissen, dass sie ein Verbrechen begehen; und es handelt sich um ein Unrecht, falls ihnen das bewusst ist. Historisches Unrecht liegt also dann und nur dann vor, wenn Menschen in der Vergangenheit die natürlichen Rechte anderer Menschen verletzten und wussten, dass sie verbrecherisch handeln. Alles hängt von diesem Bewusstsein ab, und das ist ein kulturell bedingtes.[62] Eine folgenschwere Differenz tut sich auf: Schefczyk sondert »moralisch kompetente« Kulturen von »moralisch inkompetenten Kulturen« ab. Ein großer Teil der Untaten in der menschlichen Geschichte wurde verübt von Angehörigen »moralisch inkompetenter« Kulturen; diese Untaten sind kein historisches Unrecht, sondern historisches Übel. Alle diese Übel entziehen sich einer nachträglichen Verrechtlichung; für sie kann es keine Reparationen geben. Historisches Übel bringt keine Schuld mit sich; historisches Unrecht hingegen bedeutet Schuld für die Täter, Verantwortlichkeit und auch Haftung für die Nachgeborenen.

Es kommen dem Historiker mindestens zwei Bedenken. Zum einen ist die Annahme fragwürdig, dass es »Rechte« gibt, »die allen Menschen zu allen Zeiten aufgrund ihres Menschseins zukommen«, und zwar von basalem Charakter.[63] Diese »natürlichen Rechte« postuliert der Autor,

---

61 Schefczyk, Verantwortung, 17 (s. Anm. 25). In der Tat ist das »bemerkenswert« und wurde auch bemerkt. Der Grund für diese Vermeidung springt ins Auge: Eine Klärung dieses Begriffes würde die weit meisten Ansprüche sofort zunichte machen.

62 An dieser Stelle weicht Rolf Zimmermann von Schefczyk ab. Vgl. ders., Historische Verantwortung (s. Anm. 51), 626–641, 629.

63 »Ich gehe davon aus, daß es elementare moralische Rechte gibt, die in dem Sinne natürlich sind, daß sie durch Gesellschaften nicht außer Kraft gesetzt werden können. Ihre Geltung ist unabhängig von gesellschaftlichen Setzungen, Konventionen oder Verabredungen.« Vgl. Schefczyk, Verantwortung (s. Anm. 25), 21.

ohne die großen Diskussionen um das Naturrecht zu berücksichtigen. Damit werden diese Rechte zu einem Axiom – ohne jede Herleitung und jenseits von Kritik. Eine solche Bedingungslosigkeit des Ausgangspunktes ist insofern annehmbar, als wir uns in der Praxis an menschenrechtlichen Prinzipien orientieren oder orientieren sollen. Problematisch bleibt, dass diese Setzung ohne verbürgende Instanz auskommen soll, da ja der Rekurs auf das »Naturrecht« unterbleibt. Wie sollen jene Rechte dann aber »gelten«? Wo sie doch über Jahrtausende nirgendwo galten? Geltung wäre demzufolge ein überhistorischer Begriff. Indes, Normen und rechtliche Prinzipien haben nicht denselben Objektivitätswert wie transzendentale Kategorien. Und dass alle Menschen von Natur aus frei sein sollen ist nicht so evident wie dass 2+2=4 sind.[64] Keinesfalls handelt es sich um »zu entdeckende Wahrheiten«, wie Schefczyk behauptet; vielmehr sind es kulturell vorgegebene Maßstäbe, von den amerikanischen Gründungsvätern in der Declaration of Independence vom 4. Juli 1776 geadelt als »these truths«. Politische Prinzipien – und solche sind es – sind freilich keine wissenschaftlichen Wahrheiten, welche zu entdecken wären. Sie gehören nicht in den Bereich der veritas, sondern in den Bereich jener existentiellen Wahrheit, welche etwa Heidegger am Herzen lag. Es sind inkorporierte moralische und politische Annahmen, die wir für wahr halten, weil sie unseren semantischen Horizont abstecken.

Gravierender ist das zweite Bedenken. Zwar ist es wichtig, zwischen Kulturen, in denen die »natürlichen Rechte« normativen Rang besitzen, und solchen, in denen sie fehlen, zu unterscheiden. Dennoch ist die Terminologie des Unterscheidens hier problematisch. Bewertet man die kulturelle Praxis, anderen Menschen jene »natürlichen Rechte« zuzuerkennen, als »moralische Kompetenz«, dann reserviert man das Wort »moralisch« für die eigene Kultur; man bezieht somit die eigene kulturelle Bedingtheit nicht in die Reflexion ein. Es verdinglicht sich die kognitive Gewohnheit zu einer quasi-natürlichen »Intuition«. Doch sämtliche menschlichen Kulturen werden zusammengehalten von spezifischen Moralen, und sie müssen daher ihre Mitglieder zu moralischer Kompetenz innerhalb ihres Normensystems erziehen. Ihre kulturellen Semantiken lassen sich nicht dermaßen missachten. Die Kulturen zu unterteilen in »moralisch kompetente« und »moralisch inkompetente«, widerspricht jener Prämisse Schefczyks, wonach ein langer historischer

---

64 Schefczyk rekurriert auf den Naturzustand von John Locke, vgl. a. a. O., 25 ff.

Prozess erforderlich war, um diese »Wahrheiten« zu entdecken. Der
binäre Schematismus von »kompetent« und »inkompetent« annulliert
just diesen Prozess.⁶⁵ Daher entstehen Schwierigkeiten, sobald der Zeitpunkt zu bestimmen ist, ab dem moralische Kompetenz beginnt oder
ein Unrechtsbewusstsein entsteht. Das Paradebeispiel bietet die Geschichte der Sklaverei. Es macht einen Unterschied, ob diese zwar als
rechtlich einwandfreie Institution gilt, aber einzelne kritische Stimmen
sie in Frage stellen, oder ob sie von starken Strömungen moralisch diskreditiert wird – wie das in den britischen Kolonien Neuenglands der
Fall war –, oder ob ihre Befürworter sich gezwungen sehen, regelrechte
Apologien vorzulegen, um die übermächtig werdende Kritik zu parieren.⁶⁶ Das erste Auftauchen von Kritiken an der Sklaverei genügte keineswegs, um sämtliche Menschen, die von der Kritik hörten, binnen
kurzem davon zu überzeugen, dass die Sklaverei ein Verbrechen ist.⁶⁷
Nach Schefczyk erreichte die britische Gesellschaft um 1800 das Stadium
moralischer Kompetenz. Er behauptet, »daß auch die am Sklavenhandel
beteiligten Portugiesen spätestens Ende des 18. Jhs. wissen mußten, daß
sie natürliche Verbrechen begehen«⁶⁸. Demnach hätte es ausgereicht, die
moralische Unhaltbarkeit zu entlarven, um den historischen Akteuren
die Einsicht einzutrichtern, dass ihre Praxis ein eklatantes Unrecht darstellte. Ab diesem Augenblick mussten sie ein schlechtes Gewissen
haben und wider besseres Wissen handeln; und darum begingen sie nun
wissentlich Verbrechen. Dieser Gedankengang ist fehlerhaft, weil er kardinale Umstände außer Acht lässt. Denn die Befürworter der Sklaverei
waren der Kritik an der Institution keineswegs wehrlos ausgeliefert. Sie
hatten ausgiebige sozialphilosophische und juridische Gründe auf ihrer
Seite. Wenn man annimmt, die Sklaverei sei aus Bequemlichkeit und aus
bloßem Eigennutz weiterhin praktiziert worden, nun aber mit schlechtem Gewissen, dann macht man aus den harten semantischen Kämpfen

---

65 Rolf Zimmermann betont den »Gegensatz überhistorischer und historischer
  Moralsystematik« (ders., Verantwortung [s. Anm. 72], 629); doch er vermag keine
  Argumente zugunsten der letzteren ins Feld zu führen.
66 Schefczyk streift die Unterschiedlichkeit dieser geistesgeschichtlichen Situationen
  nur kursorisch. Vgl. ders., Verantwortung (s. Anm. 25), 37–39.
67 Das nennt Schefczyk die »Bekanntheits-Normierung« (38 f.), an deren Unzulänglichkeit er aber nicht konsequent festhält.
68 A. a. O., 52.

um die Legitimität der Institution eine Quisquilie und man konstruiert eine zynische Phase des Geschichtsprozesses, in welcher eine substanzielle Quote der Eliten einer Kultur mit vollem Bewusstsein kriminell handelte. Das heißt, den Prozess nicht als historischen zu denken.

Vielleicht kommt hier ein Manko des ausschließlich juridischen Denkens zum Vorschein, eines Denkens ohne Rechtsgeschichte: Es gerät in Schwierigkeiten, sobald die Geltung von Normen und die temporalen Bedingungen logisch zu verknüpfen sind. Alle Gerechtigkeit erfordert einen Zeithorizont, der für die Lebenden ein semantisches Kontinuum darstellt. Es geht nicht bloß um die Ungewissheit, welche zunimmt, je weiter wir uns zeitlich von den Geschehnissen entfernen, sondern es geht vor allem um unsere Maßstäbe, die sich wahrnehmbar oder unmerklich im zeitlichen Wandel verschieben. Daher ist es eine kardinale Bedingung von Gerechtigkeit, den Horizont chronologisch und semantisch rigoros zu verengen. Das hat beunruhigende epistemologische Folgen: Das rein juridische Denken benötigt absolute Synchronie, um für seine Probleme logisch kohärente Lösungen zu finden.

Wer semantische Horizonte missachtet, braucht auch philosophische Argumente nicht ernstzunehmen. Gegen die aristotelische Theorie des Sklaven von Natur aus wendet Schefczyk ein: »Es ist unwahrscheinlich, dass er schlechterdings unfähig war, den Gedanken zu fassen, daß auch Barbaren nicht versklavt werden sollten. Wahrscheinlicher ist, daß ihm die praktischen Schlußfolgerungen, die aus diesem Gedanken für seine Gesellschaft zu ziehen wären, als derart unattraktiv (und insofern ›undenkbar‹) erschienen, daß es nur um seine Abwehr gehen konnte.« Es habe keiner »überdurchschnittlichen intellektuellen Fähigkeiten« bedurft, »um die Fadenscheinigkeit und Inkonsistenz der aristotelischen Konzeption natürlicher Sklaverei zu durchschauen«[69]. Nun hielt sich eine ganze Reihe von Philosophen an die aristotelische Doktrin, so Avicenna und Ibn Khaldun; und Sepúlveda griff auf sie zurück, als er 1550 in Valladolid mit Bartolomé de las Casas über die Versklavung der Indianer debattierte. Leider wurde der zentrale Teil des Traktats mit dieser Terminologie und dieser Argumentation leichtherzig aus der Wissenschaft entlassen – in abrupter Wende gegen Ethnologie, Politische Anthropologie, Historie, Philosophiegeschichte und auch gegen die Rechtsgeschichte.

---

69 A. a. O., 54.39.

Kommen wir zu den Konsequenzen, die sich aus dieser Dichotomie ergeben. Wie sollen als »kompetent« zu verstehende Kulturen umgehen mit jenen Kulturen, die sich nicht auf den Boden der »natürlichen Rechte« stellen? Schefczyk macht kurzen Prozess: »Die Angehörigen moralisch inkompetenter Kulturen« begehen zwar kein »Unrecht«, doch sie verursachen gravierende Übel. Sie sind – wofür bereits John Locke sie gehalten hat – »dangerous and noxious creatures«: »Sie müssen unschädlich gemacht und erzogen werden, doch verdienen sie keine Strafe.«[70] Damit belastet der Rechtsphilosoph die moralisch kompetenten Kulturen mit einer doppelten globalen Mission. Erstens müssen sie die »inkompetenten« Ethnien und Staaten militärisch unterwerfen, um ihnen die Fähigkeit zu nehmen, ihre Nachbarn anzugreifen und zu versklaven. Daraus ergäbe sich eine Politik des Interventionismus, die weit über die Gebote der »R2P« hinausgehen. Wenn ein derartiges Interventionsgebot *ius cogens* wird, entsteht sofort ein neuartiger Typ von Unrecht, nämlich das Versäumnis zu intervenieren. Ein solches Unrecht ergibt sich zwangläufig, wenn man das Postulat einer »unendlichen Gerechtigkeit« mitsamt einer »unendlichen Verantwortung« überführt in Grundsätze für völkerrechtliche Normen.[71] Nun befürwortet der Rechtsphilosoph ein solches Interventionsgebot nicht. Doch seine weltgeschichtliche Dichotomie von moralisch kompetenten und inkompetenten Kulturen erzeugt dieses Gebot *per consequentiam*: Die inkompetenten Kulturen befinden sich außerhalb des Rechts; und die kompetenten unterliegen der Pflicht, die inkompetenten daran zu hindern, die natürlichen Rechte anderer zu verletzen.

Zweitens ergibt sich ein Gebot, traditionale Kulturen zu zerstören. Zwar behauptet Schefczyk, die Einsicht in die »natürlichen Rechte« der

---

70 A. a. O., 11. Wollen sie Schaden anrichten, muss man sie abwehren und von ihnen Kompensation erzwingen (30 f.).

71 Zwar gehen die juristischen Diskussionen über die betreffenden internationalen Konventionen seit geraumer Weile in die entgegengesetzte Richtung. Die Erfahrungen im Irak, in Libyen und in Syrien haben dazu beigetragen, den interventionistischen Gehalt von R2P zu entschärfen oder um seine militärische Komponente zu bringen. Doch eine Menge von Aktivisten versteht die R2P in ihrem Sinne, und will daraus eine grenzenlose Verantwortung von zwingendem Charakter entnehmen. Vgl. hierzu: Markus B. Beham/Ralph R. A. Janik, A »Responsibility to Democratise«? The Responsibility to protect in Light of Regime Change and the »Pro-Democratic« Intervention Discourse, in: Barnes/Tzevelekos (s. Anm. 53), 71–80.

anderen Menschen sei nicht angeboren;[72] vielmehr würden diese Rechte nach und nach »erkannt« wie mathematische Wahrheiten; und dazu bedürfe es eines langen historischen Prozesses.[73] Das Erwachen der Menschheit zu moralischer Kompetenz habe somit einen historischen Index.[74] Doch anderseits konzipiert er die Geschichte der Menschheit als eine Geschichte des Versperrens von moralischen Einsichten. Wenn die moralisch inkompetenten Kulturen die Menschen an der Einsicht in die anderswo entdeckten »Wahrheiten« hinderten, dann müssten die kompetenten Kulturen eine zivilisierende Mission übernehmen und die inkompetenten Menschen in einem umfassenden Prozess der Umerziehung von ihren bisherigen vorurteilsbeladenen Prinzipien und Normen befreien. Das hieße aber, deren normative Systeme gravierend umzustülpen. Nun hatten die Briten und die Franzosen in Afrika versucht eben das zu tun – obschon auf weit weniger umfassende und konsequente Art als hier befürwortet. Demzufolge wäre das zivilisatorische Projekt des Kolonialismus – im Nachhinein – auf dieselbe Weise gutzuheißen wie die sozialdemokratischen Parteien Europas dies einst taten. Auch wenn sich die Debatten nicht wiederholen, so folgen die Thesen doch der argumentativen Matrix jener Kontroversen. Eduard Bernstein erwog, ob Herders Prinzip vom kulturellen Eigenrecht nicht auch für die kolonialisierten Völker gelten müsse, und antwortete mit »Nein«: die Kolonisierung beende vielenorts die »Barbarei« und integriere die rückständigen Völker in die globale Zivilisation. Karl Kautsky lehnte anfangs die kapitalistische Kolonialpolitik ab und hoffte, die »rückständigen« Völker ließen sich im Rahmen des siegreichen Sozialismus an die Errungenschaften der modernen Zivilisation heranführen; doch später schloss er sich Bernstein an – was ihn ebenfalls zum Kolonialapologeten machte.[75] Auch Bebel befürwortete in einer Rede vor dem Reichstag am 1.12.1906 die zivilisierende Mission des Kolonisierens. Andere widersprachen. Die

---

72 Schefczyk, Verantwortung (s. Anm. 25), 49.
73 A. a. O., 42.49.
74 Dem großen Königsberger war der Gedanke eines allmählichen Fortschritts nicht unvertraut, wie Schefczyk (44 f.) selber bemerkt. Vgl. Kant (s. Anm. 10), VI, 357–365. 699 f.
75 Vgl. M. Oberlack, »Zwischen Internationalismus und Eurozentrismus« – die deutsche Sozialdemokratie und das Problem einer »humanen Kolonialpolitik«, in: H. Gründer (Hg.), Geschichte & Humanität, Hamburg 1994, 49–60. Hierzu: Flaig, Abolition und Weltgeschichte (s. Anm. 43), 206–213.

sozialistische Bewegung vor 1914 schwankte zwischen dem ethnopluralistischen Respekt vor anderen Kulturen, wie die Romantik ihn verlangte, und dem aufklärerischen Anspruch einer Weltzivilisation, wonach die »rückständigen« Völker zu erziehen seien.[76] Die geschichtsphilosophischen Dilemmata haben somit auch Michael Schefczyk eingeholt; und auch sein Traktat rechtfertigt die humanitäre Unterwerfung der Welt auf geradezu klassische Weise. Inzwischen hat sich auf desaströse Weise gezeigt, wie illusorisch das Projekt der gewaltsamen Angleichung fremder Kulturen an menschenrechtliche Standards ist. Der Preis dafür, »die Geschichte ins Recht einzuholen«, wächst nicht allein zu gigantischen finanziellen Ausmaßen, sondern lässt sich vor allem moralisch und politisch nicht mehr verkraften.[77]

Verhängnisvoll für die gesamte Theorie ist jedoch eine historische Paradoxie: Je moralisch kompetenter eine Kultur wird, desto mehr wird sie »schuldig«. Verdeutlichen wir. Nach Schefzcyk wurde die Sklaverei etwa seit Beginn des 19. Jahrhunderts zu einem Unrecht. Aber wo? Just nicht dort, wo man sie praktizierte. Dort beließ die »dominante Normierung« die betreffende sklavistische Kultur in ihrer »Inkompetenz«; deshalb bleiben die Akteure dort unschuldig. Folgerichtig sind retrospektiv die Täter aus Überzeugung freizusprechen. Anders verhält es sich mit jenen Kulturen, in denen ein Abolitionismus entstand, und wo engagierte Gruppen mit größten intellektuellen und moralischen Anstrengungen darum kämpften, eine legitime soziale Institution zu einem Unrecht zu machen. Diese Kulturen wurden »moralisch kompetent«; nach Schefczyk wäre dort Sklavenhändlern wie Sklavenhaltern das Verbrecherische ihres Tuns bewusst gewesen; folglich verübten sie »historisches Unrecht«. Die Konsequenz lautet: Just jene Staaten haften für die Sklaverei, die sich dazu durchrangen, dieses Übel abzuschaffen.[78] Zu

---

76 Samir Amin, Eurocentrism, New York 1989, 250 sieht sich derselben Frage gegenüber, weil die geschichtsphilosophischen Axiome konvergieren (die Einheit der Menschheit muss sich realisieren in einem gemeinsamen Rahmen und dazu benötigt sie einen menschenrechtlichen Universalismus).

77 Daher bemühen sich Völkerrechtler, die zu Interventionen treibenden Faktoren abzuschwächen. Vgl. Davide Rodogno, Humanitarian Intervention in the nineteenth Century, in: The Oxford Handbook of Responsibility to Protect, hg. von A. J. Bellamy/Tim Dunne, Oxford 2016, 19–37; Tomoko Yamashita, »Judicial Humanitarian Intervention« (s. Anm. 32).

78 Zu diesem Kampf vgl. nun: Grenouilleau, révolution abolitionniste (s. Anm. 6).

diesem Widersinn wird getrieben, wer die Geschichte so sehr ins Recht hineingeholt hat, dass ihr die genuin historische Qualität abhandenkommt. Von dieser Tilgung der Geschichte soll unten die Rede sein. Zunächst ein Fazit: Das Wort »historische Gerechtigkeit« drückt eine diffuse Vorstellung mit sehr widersprüchlichem Inhalt aus. Streng genommen ist es eine Schimäre. Sie lässt sich nicht in einen logisch strukturierten Begriff übersetzen. Sie hat keinerlei Wurzeln in der kantischen Philosophie, und sie entstammt auch nicht aufklärerischem oder historistischem Denken. Diese Schimäre hat fast gar nichts zu tun mit jenem Begriff von Schuld und Verantwortung, den Karl Jaspers skizziert hat – obschon die Vorkämpfer der »historischen Gerechtigkeit« sich häufig auf Jaspers berufen; es lässt sich aufweisen, dass diese Bezugnahmen logisch und sachlich nicht gerechtfertigt sind. Das konzeptuelle Monster »historische Gerechtigkeit« entstand aus der Kombination zweier Theoreme. Verknüpft man die quasireligiöse Idee Hermann Lotzes, wonach die vergangenen Generationen erlöst werden wollen von den jeweils lebenden, mit der »grenzenlosen Verantwortlichkeit« von Emmanuel Levinas, dann gelangt man zu einer uferlosen »Verantwortung für die Vergangenheit«. Wenn diese entgrenzte Verantwortung definiert wird im Sinne einer korrektiven Gerechtigkeit, dann gelangt man mindestens zur »Verantwortung für vergangenes Unrecht« – zu einem Konzept also, das in engen Grenzen verkraftbar ist –, oder man gelangt zur Schimäre der »historischen Gerechtigkeit«. Dieses konzeptuelle Ungetüm wird genährt von einem ansteigenden Ressentiment gegen die westliche Kultur, welches sich hie und da äußert als unverhohlener Hass und als wütendes Verlangen nach Rache. Dies ist umso bemerkenswerter als sämtliche zentralen Begriffe der postkolonialen Ideologie dem Ideenreservoir der europäischen Kultur entstammen; sie wurden überwiegend geprägt zwischen der Spätaufklärung und den antikolonialistischen Kämpfen der 60er Jahre des 20. Jahrhunderts.[79] Aufschwung hat die Vorstellung einer die Geschichte durchwaltenden Gerechtigkeit erhalten, als in den 90er Jahren des 20. Jahrhunderts die

---

79 Jörn Rüsen, The horror of Ethnocentrism: Westernization, Cultural Difference, and Strife in Understanding Non-Western Pasts in Historical Studies, in: History and Theory 47 (May 2008), 261–269. Diese konzeptuelle Abhängigkeit ist fundamental und lässt sich zeigen an den Schriften von Aimé Césaire, Frantz Fanon, Edward Saïd und Dipesh Chakrabarty.

Interventionen sich häuften – und zwar unter menschenrechtlichen Parolen. Vielen schien es, als wolle eine Ära der humanitären Interventionen beginnen, und nicht nur Habermas und Gleichgesinnte sprachen mit vollem Ernst vom »Weltrecht«. Dieser Kontext plausibilisierte eine Schimäre, deren Sinnwidrigkeiten selten und nur zurückhaltend der Kritik unterzogen wurden, obwohl sie sich immer zu erkennen gegeben haben.

IV Entgrenzte Verantwortung und entwertete Wahrheit

Vom Ende der Historie zum Ende der Geschichte

Anlässlich des französischen Historikerstreits von 2005/2006 um die Sklaverei und die Lex Taubira wurde die Vereinigung Liberté pour l' Histoire gegründet. Deren erster Präsident René Remond warnte davor, dass die forcierte Erinnerungspolitik darauf abzwecke, die Jurisdiktion auf die fernste Vergangenheit auszudehnen, eine solche Verrechtlichung setze alle Verjährungen außer Kraft und unterstelle unvordenkliche Vergangenheiten den Gerichten der Gegenwart: »Der Aufstieg der Verrechtlichung impliziert, daß alle politischen Akte zur Angelegenheit des moralischen Gewissens werden; sie bezeugt die Geburt einer kollektiven Verantwortlichkeit der Menschheit im planetarischen Maßstab.«[80]

Rémond hat den Finger auf jenes Gebot von Emmanuel Levinas gelegt, welches gespenstisch die Gehirne der westlichen Aktivisten heimsucht und als politisch-moralisches Schlagwort mobilisiert. Aber ist es logisch konsistent und politisch machbar? Zumal in räumlicher und zeitlicher Unbegrenztheit? Bedingung wäre eine überkantische Allsymphatie mit umfassender, globaler und diachronischer Geltung des kategorischen Imperativs. Doch ein solche Geltung ist eine pure Illusion. Die unterschiedlichen Kulturkreise auf dem Globus haben überhaupt keine gemeinsame Auffassung dessen, was ein Verbrechen gegen die Menschlichkeit ist. Das wird ersichtlich an der Sklaverei. Vergessen wir nicht, dass die Kairoer Erklärung von 1994 im Artikel 25 sämtliche menschenrechtlichen Bestimmungen der Scharia unterstellt. Im gesamten islamischen Kulturraum gibt es keine einzige Fatwa, die grundsätzlich die Sklaverei verböte; sie könnte jederzeit wieder eingeführt

---

80 René Rémond, L' Histoire et la Loi, in: Etudes 404 (2006), 763–773, 765.

werden, da die Scharia sie erlaubt. Wir sollten uns nicht darüber wundern, wie geltungslos die vielen auf universale Prinzipien ausgerichteten internationalen Konventionen geblieben sind. Diese binden nur jene Staaten und Kulturen, die für menschenrechtliche Diskurse empfänglich sind. Das sind die Staaten des westlichen Kulturkreises.[81]

Es ist apriori klar, dass ein solcher Trend zur Herstellung von »kollektiver Verantwortlichkeit der Menschheit im planetarischen Maßstab« zu Verfälschungen der historischen Wahrheit führt, und zwar in einem unvorstellbaren Ausmaß.[82] Als Alfred Heuß 1959 vom »Verlust der Geschichte« sprach, glaubte er, dass die historische Erinnerung sich verflüchtige; denn die wissenschaftliche Historie in der Moderne zerstöre die – ritualisierte und kommemorative – Erinnerung, vermöge aber nicht, diese zu ersetzen. Pierre Nora hat ein Vierteljahrhundert später das gleiche gesagt: Die »Histoire« zertrümmere die »Mémoire«. Inzwischen hat sich das Gegenteil erwiesen: Überall wuchert es von »groupes mémoriels«, welche grimmig und anklägerisch ihre Erinnerungspolitik treiben – mit fast ausnahmslos wahrheitswidrigen Narrativen. Wer diese Mythen als solche benennt, riskiert, dass die »Betroffenen« die Einwände einer »white perspective« zurechnen; sie benutzen den »Rassenstandpunkt« so wie Marxisten früher den »Klassenstandpunkt«. Wissenschaftliches Argumentieren ist damit ausgehebelt.[83] Elazar Barkan empfiehlt, die widerstreitenden historischen Gedächtnisse verfeindeter Gruppen zu versöhnen: Das einträchtige Bemühen, vergangene Ungerechtigkeiten zu reparieren »can fuse polarized antagonistic histories into a core of shared history to which both sides can subscribe«[84]. John

---

81 Die Lex Taubira von 2001 stempelt ausschließlich die von Europäern betriebene Sklaverei zum »crime contre l' humanité« und spricht so indirekt alle anderen Sklavereien frei. Dieses Gesetz ist ein beredtes Dokument dafür, daß rechtliche Eingriffe auf der Basis eines menschenrechtlichen Vokabulars keineswegs notwendigerweise auf universale Geltung menschenrechtlicher Prinzipien zielen. Sie können ganz im Gegenteil einseitige Schuldzuweisungen vornehmen, zumal absurdester Art. Hierzu: E. Flaig, Memorialgesetze und historisches Unrecht. Wie Gedächtnispolitik die historische Wissenschaft bedroht, in: Historische Zeitschrift 302 (2016), 297–339.
82 Hierzu Flaig, a. a. O.
83 So etwa Balfour, Reparations (s. Anm. 23), 789. Dazu Torpey, Making whole (s. Anm. 18), 21.26.72 ff.
84 Elazar Barkan, The Guilt of Nations: Restitution and Negotiating Historical Injustices, New York 2000, XXII.

Torpey nennt das – angelehnt an Habermas – eine »communicative history«, bestehend aus »mutually acceptable accounts«. Aber wie soll sich historische Wahrheit aus Verhandlungen ergeben? Handelte es sich darum, unumstrittene Fakten auf eine neue Weise zu interpretieren und die Interpretationen einander anzunähern, dann könnte die Fachwissenschaft beipflichten. Indes, die Aktivisten trachten danach, der Geschichtswissenschaft ihren Status abzusprechen und die fachdisziplinäre Autonomie aufzukündigen: »the process of ceding their hardwon autonomy, a historical achievement of central importance to the conduct of scholarly inquiry«. Die Aktivisten opfern die Wissenschaftlichkeit »in favor of a more dialogic conception of truth«.[85] Wahrheit als Resultat von dialogischer Übereinkunft? Ein solches Konzept schaltet die Leitidee der Wissenschaft aus: Wenn Wahrheit wird nicht mehr forschend gesucht und erkannt, sondern »ausgehandelt« wird, dann sind die wissenschaftlichen Regeln des Bewahrheitens außer Kraft gesetzt.

Dieser Trend verstärkt sich; er erhöht den sozialen und politischen Druck; da die Aktivisten dreist Gehör einfordern: »The projects of reparation, remembering, and reconciliation involve the right to tell stories and have them listened to respectfully.«[86] Gewiss, die Aktivisten mögen das Recht haben, ihre Mythen zu erzählen. Aber woher soll ihr Recht stammen, dass andere diesen Narrativen zuhören müssten? Ein solches Recht hieße, einen politisch verordneten Gesinnungszwang zu legitimieren. Die Tiefenstruktur dieser Zumutung enthält eine nicht ungefährliche Eschatologie. Wenn die sogenannten Opfergruppen ihr Leid und ihre Klage vor einer Öffentlichkeit ausschütten dürfen, die nicht nur zuhören muss, sondern dem Gehörten obendrein aus Respekt nicht widersprechen darf, dann vollzieht sich zweifelsohne ein therapeutisches Geschehen. Das ist der eigentliche Zweck. Zwar geht es auch darum, die angeblich Geschädigten zu entschädigen; vor allem aber sollen die »Verletzten« des Geschichtsprozesses geheilt werden. Diese Heilung selbst wird zur Heilung der kranken Welt. In dieser eschatologischen Dimension wird die Therapie des gedächtnispolitischen Lügens zum menschheitsverbindenden Anliegen. Denn es gibt keine symptomatischen Unterschiede zwischen den imaginären Verletzungen von

---

85 Torpey, Reflections (s. Anm. 22), 350.
86 Charles Maier, Overcoming the Past?, in: Torpey, Politics (s. Anm. 33), 295–304, 303.

sogenannten Opfergruppen und den erinnerten Verletzungen jener Gruppen, deren Vorfahren tatsächlich Schlimmes erlitten haben.[87] Sobald die Wahrheit nicht mehr die Leitidee für die globale Verständigung der Menschheit ist, gerät der intellektuelle Austausch unter den Terror semantischer Willkür. Das hatte sich angekündigt. Es war Emmanuel Levinas, der die »unendliche Verantwortlichkeit« jedes Menschen logisch absicherte, indem er die Ontologie der Ethik unterstellte und damit das Verhältnis von Wahrheit und Gerechtigkeit auf den Kopf stellte: »La vérité suppose la justice.«[88] Würde diese Sentenz zur Richtschnur, dann wäre die Gerechtigkeit tot, entweder weil die unendliche Verantwortlichkeit alle Gerechtigkeit auf dostojewskijsche Weise absorbierte und überflüssig machte – man könnte in Hegelschen Termen von einer »Aufhebung« der Gerechtigkeit sprechen –, oder weil die sogenannten Opfergruppen beliebige Wahrheiten zu ihren Gunsten fabrizierten und die »Wahrheiten« ihrer Konkurrenten und ihrer wissenschaftlichen Feinde einfach auslöschten. Jedenfalls laufen wir Gefahr, hineinzugleiten in eine kulturelle Weltlage, wo der Verlust der Geschichte sich tatsächlich und rasch vollzieht – nicht als Verlust der Erinnerung (Mémoire), sondern als Verlust des Wissens und des Erforschens (Histoire) jener Sachverhalte, denen Objektivität zukommt, unabhängig davon, wie Historiker subjektiv zu ihnen stehen.

Dieser Verlust lässt sich näher spezifizieren; er besteht vor allem im Vergessen von fünf historischen Existenzialen. Erstens vergessen wir, dass alle kulturellen Errungenschaften mit Mühe und auch mit Dulden und Leiden errungen wurden, als Ergebnis von historischer »Arbeit«. Zweitens will unser medial versorgtes Bewusstsein ausblenden, dass die Menschheit nichts in ihrer Geschichte gratis erhielt, dass für jede Errungenschaft hohe Kosten zu entrichten waren, oft sehr hohe; denn bei jedem kulturellen Wandel wird unweigerlich bisher Gültiges verworfen und auf bisher Kostbares verzichtet. Drittens verschließen wir die Augen vor der Verlierbarkeit von Errungenschaften. Alles ist verlierbar – die Demokratie ebenso wie die Menschenrechte oder die Wissenschaft –; nichts ist garantierter Besitz für immer. Viertens behindern die dominierenden Diskurse die Einsicht in die Unerfüllbarkeit. Egal wie die

---

87 Vgl. E. Flaig, Warum gibt es kein historisches Trauma? Einen Nonsense-Begriff verabschieden, in: MERKUR 747 (2011), 670–681.
88 Levinas, Totalité (s. Anm. 13), 90.

Menschen kulturell erzogen sind, ihre Wünsche sind tendenziell unerfüllbar, weil die irdischen Gegebenheiten ihrer Verwirklichung harte Grenzen setzen; die Ressourcen sind ausgleichslos knapp. Fünftens vernebelt die jetzige geistige Atmosphäre die Sinnqualität menschlichen Handelns, Sprechens und Denkens – und zwar auch des schrecklichsten Tuns. Sinnhaftes ist grundsätzlich verstehbar, egal ob es sich um Fremdes oder um Vergangenes handelt. Die dominierende Gesinnung exkludiert jedoch jenen Sinn, den die barbarischsten Grausamkeiten für die Verüber haben und erklärt sie schlichtweg für »sinnlos«. Eine solche moralisch diktierte Beschränkung unseres noetischen Horizontes ist wissenschaftlich vollkommen inakzeptabel. Denn die abscheulichsten Taten sind innerhalb einer spezifischen kulturellen Semantik sehr wohl »sinnvoll«, obgleich dieser Sinn uns moralisch unerträglich vorkommt.[89] Indes, es entsteht ein Dilemma, sobald wir solche Untaten daraufhin befragen, welche Funktion im Gesamtprozess der menschlichen Geschichte ihnen zukomme. Ihre unbezweifelbare Sinnhaftigkeit widerspricht jener Zielgerichtetheit, die wir – im kantischen Sinne – dem historischen Prozess ansinnen. Und wir wagen es nicht mehr, an eine List der Vernunft zu appellieren, damit diese noch die schlimmsten Ereignisse mit dem Stempel der historischen Notwendigkeit quittiert.

Obendrein erbringt der Trend zur Herstellung von »kollektiver Verantwortlichkeit der Menschheit im planetarischen Maßstab« besondere Syndrome in jenen Kulturräumen, die sich am menschenrechtlichen Universalismus auszurichten suchen. Hier produziert er moral-politische Delirien. Ein markantes Symptom ist, dass die Vergangenheit zu einem »matter of atonement« geworden ist: Das Eingeständnis von vergangener Schuld präsentiert sich nun als erwartbare performative Geste. Das imaginierte historische Unrecht hat öffentliche Abbitten eingefordert und eine Welle von Abbitten über die westliche Welt schwappen lassen. Mit ihr verbreitet sich jene pseudoreligiöse Gestimmtheit, wonach das Eingeständnis von Schuld einen moralischen Neubeginn bewirke. Das mag zutreffen, wie das Reuekonzept Max Schelers suggeriert, für moralische und individuelle Schuld.[90] Hochproblematisch

---

89 Diese historischen Existentiale habe ich erörtert in: Flaig, Die Niederlage der politischen Vernunft. Wie wir die Errungenschaften der Aufklärung verspielen, Springe 2017, 46 f.
90 Max Scheler, Reue und Wiedergeburt (1921), Bern 1954.

werden die Schuldeingeständnisse dort, wo moralische Schuld nicht vorliegt:

> »Solche Schuldbekenntnisse – falsch, weil selber noch triebhaft und lusterfüllt – haben in ihrer Erscheinung einen unverkennbaren Zug: Da sie [...] aus dem gleichen Machtwillen genährt sind, spürt man, wie der Bekennende sich durch das Bekenntnis einen Wert geben, sich vor anderen hervortun will. Sein Schuldbekenntnis will andere zum Bekennen zwingen.«[91]

Hat nicht Jürgen Habermas ein prächtiges Exempel für dieses Verhalten geboten, als er im Historikerstreit Michael Stürmer und Franz Oppenheimer beschuldigte, sie »wollten uns mit einer Floskel wie ›Schuldbesessenheit‹ die Schamröte über dieses Faktum austreiben«?[92] Gegen solche strategisch eingesetzte Bigotterie hat Karl Jaspers die Schuld strikt eingegrenzt und sie an diejenige Generation geknüpft, die für die Untaten direkt verantwortlich war. Vor allem aber hat er eigens betont, dass die Haftung der Nachgeborenen keinerlei moralische Dimension besitze: »Aber diese Haftung als solche betrifft nicht die Seele.«[93] Desgleichen hat Hannah Arendt den Umgang mit moralischer Schuld in der politischen Öffentlichkeit für desaströs gehalten – zu Recht, wie das Exempel von Habermas zeigt.[94] Im Klartext: Den Schuldbegriff solchermaßen ausweiten heißt den Begriff der Moral selber unterminieren. Der Begriff der moralischen Schuld lässt nicht zu, dass Nachfahren sich entschuldigen für ihre Vorfahren. Entschuldigungen lassen sich nicht delegieren.[95] Sie wären nicht nur sinnlose Gesten, sondern geradezu verwerflich.

---

91 Jaspers, Schuldfrage (s. Anm. 12), 77.
92 Jürgen Habermas, Eine Art Schadensabwicklung. Die apologetischen Tendenzen in der deutschen Zeitgeschichtsschreibung, in: »Historikerstreit«. Die Dokumentation der Kontroverse um die Einzigartigkeit der nationalsozialistischen Judenvernichtung, München 1987, 62–76, 75 f. Hierzu: Egon Flaig, Die »Habermas-Methode« und die geistige Situation ein Vierteljahrhundert danach. Skizze einer Schadensaufnahme, in: Mathias Brodkorb (Hg.), Singuläres Auschwitz? Ernst Nolte, Jürgen Habermas und 25 Jahre »Historikerstreit«, Adebor Verlag 2011, 67–93, 81.
93 Jaspers, Die Schuldfrage (s. Anm. 12), 45.
94 Andrew Schaap, Guilty Subjects and Political Responsability: Arendt, Jaspers and the Resonance of the »German Question« in Politics of Reconciliation, in: Political Studies 49 (2001), 749–766.
95 Nicolas Tavuchis, Mea culpa. A Sociology of Apology and Reconciliation, Stanford 1991, 49.

Denn sie enteignen die »Vorfahren« moralisch und verschaffen den jetzt Lebenden eine unbegrenzte moralische Ermächtigung. Sind wir berechtigt, sämtliche Epochen und sämtliche Kulturen vor der Abschaffung der Sklaverei als verbrecherische Gebilde zu betrachten und alle jene Menschen zu Kriminellen zu stempeln, für die man bloß Abscheu empfinden kann? Indem wir die Sinnsysteme vergangener Kulturen von Grund auf missachten und jene Generationen selbst als moralische Wesen verachten, versetzen wir sie in eine radikale Alterität. Damit negieren wir den Begriff einer einheitlichen Menschheit. Obendrein ertrinken wir in einem nie dagewesenen Wahn der Machbarkeit, der einem religiösen Imperativ gehorcht: Die jetzige Generation soll mittels Wiedergutmachungen die Vergangenheit »erlösen«, damit eine messianische »Allversöhnung« sich ereigne. Man will die Welt gottgleich neu erschaffen. Der Wahn der Machbarkeit vermag sich schwindlig zu steigern, sobald die Jetztzeit herausgesprengt wird aus dem Verlauf der Geschichte. Sollte die Weltgeschichte sich in dieser Form des Weltgerichtes erfüllen, dann hörte die menschliche Gattung auf, als diachrone Gesamtheit ideell zu existieren.[96]

Zu diagnostizieren ist mithin eine kulturelle Schizophrenie: Jenes Schuldigsprechen der Vergangenheit ist ja nur möglich, weil wir Maß-

---

96 Lutz Wingert hat die Ansicht vertreten, wir seien aus Gründen der Reziprozität verpflichtet, ehemals Lebende so zu behandeln als seien sie Angehörige einer umfassenden moralischen Gemeinschaft; ihnen stehe restitutive Anerkennung ihrer menschenrechtlichen Gleichheit zu, und sie hätten den berechtigten Anspruch, daß begangenes Unrecht nachträglich abgegolten werde. Vgl. ders., Haben wir moralische Verpflichtungen gegenüber früheren Generationen? Moralischer Universalismus und erinnernde Solidarität, in: Babylon. Beiträge zur jüdischen Gegenwart 7 (1991), 78–94, 83–93. Ein solcher Universalismus negiert vollständig die radikalen Diskontinuitäten der Weltgeschichte. Die Menschheit kann keine moralische Gemeinschaft sein, weil die abgelebten Generationen und Kulturen ihre eigenen Moralen hatten, die sich von den unsrigen scharf und unversöhnlich unterscheiden. Die menschliche Verbundenheit ist eben von genuin welthistorischer Qualität; sie überspannt die tiefen Gräben, die uns moralisch und kulturell trennen. So wie die Verfechter der historischen Gerechtigkeit ganze Kulturen und Generationen als Verbrecher außerhalb des Menschseins stellen, so vereinnahmt Wingert jene moralisch. Aber auf diese Weise enteignet er sie als kulturelle Wesen, die sie tatsächlich waren, und er löscht sie aus als moralische Subjekte, welche freilich einer anderen Moral folgten als wir es tun. Die tatsächliche Verbundenheit ist eine historische; diese realisiert sich in der Fürsorge für die kommenden Generationen und in der

stäbe anlegen, die wir nicht hätten, wenn die vergangenen Epochen sie nicht historisch geschaffen hätten, *nämlich als Erbe für uns*. Das lässt sich selbstverständlich bestreiten – nämlich dann, wenn man den »Fortschritt« aus der Liste tauglicher geschichtsphilosophischer Begriffe ausradiert, und wenn man die menschliche Geschichte als chaotisches Geschehen auffasst, dem keinerlei Sinn innewohnt. Wer das tut, sollte sich hüten, das Wort »Gerechtigkeit« in den Mund zu nehmen, wenn über den Geschichtsprozess geredet wird. Wer hingegen im kantischen Sinne akzeptiert, dass universale menschenrechtliche Prinzipien erst in einem langen Prozess zu intellektueller, moralischer und politischer Gültigkeit gelangen konnten, kommt schwerlich umhin, den Begriff »Fortschritt« als ernstliche Kategorie in die historische Bilanz einzusetzen. Falls eine solche Rechnung nicht von imaginären Größen durchsetzt ist, dürfte das Resultat anders aussehen als die Wortführer der »historischen Gerechtigkeit« uns weismachen wollen. In seiner großen Darstellung des 19. Jahrhunderts kommt Jürgen Osterhammel zum Urteil:

> »Hatten die Europäer in der frühen Neuzeit noch einen tiefen Graben zwischen die heimischen Rechtsgebiete auf dem europäischen Kontinent und die rechtlichen Verhältnisse in den Überseekolonien gelegt, so führte der Hochimperialismus zumindest auf diesem Gebiet einen einheitlichen Rechtsraum herbei. Nirgendwo in den Imperien der Briten oder Niederländer, Franzosen oder Italiener war es statthaft, andere Menschen zu kaufen, zu verkaufen, zu verschenken oder ihnen ohne staatliche Beauftragung, also im Strafvollzug, schwere körperliche Grausamkeiten zuzufügen.«[97]

Ist das nun Kolonialapologetik? Wenn nicht, war dann völlig falsch, was Bernstein, Kautsky und Bebel hinsichtlich der kolonialen Mission behaupteten oder erhofften? Jedenfalls lässt sich die sachliche Richtigkeit der obigen Aussage bei zureichender Dokumentation empirisch überprüfen. Falls sie zutrifft, wäre hier ein Fortschritt von globalem Ausmaß zu fassen, den jede Wissenschaft anzuerkennen hat, sofern sie die wissenschaftlichen Regeln einzuhalten gewillt ist. Freilich gilt dann der Satz: Fortschritt gibt es nicht umsonst; im Begriff selber sind seine Kosten inbegriffen. Und diese Kosten erhöhen sich, wenn der Fortschritt

---

Weitergabe ungeheurer kultureller Errungenschaften. Und für diese Verbundenheit forderte Kant vor allem eines: Dankbarkeit.

97 J. Osterhammel, Die Verwandlung der Welt. Eine Geschichte des 19. Jhs., München 2009, 1191.

sich verallgemeinert. Jeder Begriff des Fortschritts schleppt die Inkaufnahme der Kosten seiner Universalisierung mit sich. Wie unterscheiden sich aber Inkaufnahme und Rechtfertigung? Inkaufnahme heißt: Die Übel bleiben als solche semantisch unangetastet; sie sind weder zu verharmlosen, noch zu rechtfertigen noch zu ästhetisieren. Trotzdem waren bestimmte Übel notwendige Stationen auf dem Wege zu menschenrechtlich geschützten Zuständen. Notwendigkeit ist eine Kategorie, die sich der moralischen Bewertung entzieht – in gleicher Weise wie etwa die Gravitation. Selbst Hegel rechtfertigte nicht die Sklaverei an sich, im Gegensatz zu Aristoteles.[98]

Wenn wir die Menschenrechte gebrauchen, um vergangene Epochen zu verdammen, dann vergessen wir, dass diese Menschenrechte ein Erzeugnis der europäischen Kultur sind, entstanden im jahrhundertelangen Kampf gerade auch gegen die Sklaverei. Wir verdanken just diesen Generationen, die wir anprangern, dass wir so sein dürfen, wie wir sind, dass wir so denken können, wie wir denken. Wir widerrufen damit die nichtbiologische Verbundenheit mit den Generationen vor uns, eine Verbundenheit, die Kant in die griffige Formel goss: »Dankbarkeit ist Pflicht [...] Was die Extension dieser Dankbarkeit angeht, so geht sie nicht allein auf Zeitgenossen, sondern auch auf die Vorfahren, selbst diejenigen, die man nicht mit Gewißheit namhaft machen kann.«[99] Undankbarkeit tilgt genau jenen Prozess, dem wir es verdanken, dass wir universale moralische Maßstäbe besitzen, durch die wir heute in der Lage sind, Verbrechen gegen die Menschlichkeit festzustellen. Diesen Prozess auszulöschen hieße nicht allein, die Geschichtswissenschaft zu liquidieren, sondern die jetzige Generation zum absoluten Subjekt ohne kulturelle Genese zu erheben und die Geschichte selbst auszulöschen.

---

98 Denn der Mensch ist an sich frei; und darum ist seiner Ansicht nach die Sklaverei ein Zustand, der dem »absoluten Recht« widerspricht. Vgl. die prägnant herausgearbeitete Antinomie der Sklaverei in: Hegel, Philosophie des Rechts, § 57, in: Hegel, Werke (s. Anm. 35), VII, 123 f. Allerdings rechtfertigt Hegel die Funktion der Sklaverei im geschichtlichen Prozess. Die marxistische Geschichtsauffassung beließ es nicht dabei; vielmehr schufen sich die Revolutionäre – um Grausamkeiten und Massaker mit gutem Gewissen anrichten zu können – eine Moral zweiter Art. Dasselbe taten auch einige antikolonialistischen Protagonisten wie etwa Aimé Césaire und Frantz Fanon. Zur Moral der Apokalypse vgl. Flaig, Apokalyptische Politik (s. Anm. 19).
99 Metaphysik der Sitten, II. Teil § 33, in: Kant (s. Anm. 10) IV, 592.

Vom Unheil der Heilsgeschichte

Karl Löwith und die theologische Urteilskraft in der Postmoderne

Thomas A. Seidel

> *Prüft aber alles und das Gute behaltet*
> (1. Thessalonicher 5,21)

Vor siebzig Jahren, 1953, erschien die deutsche Übersetzung des Großessays »Weltgeschichte und Heilsgeschehen« (»Meaning in History«, 1949) des deutsch-jüdischen Philosophen Karl Löwith. Die folgenden Überlegungen wollen diesen »Denker der kosmischen Gelassenheit« (Konstantin Sakkas) und seine faszinierende, bis heute aktuelle Darstellung und Kritik unserer westlichen, linearen Geschichtsbetrachtung in Erinnerung rufen. Eine solche Vergegenwärtigung ist hermeneutisch zentral. Sie folgt einem fundamentalen Impuls der Aufklärung. Sie will die Zeitgenossen zu einem Austritt aus ihrer selbstverschuldeten Amnesie und Leichtgläubigkeit einladen und zu einer »alteuropäischen« philosophisch-theologischen und politikgeschichtlichen Bildungsreise verlocken. Inmitten kurzatmiger, kulturmarxistisch inspirierter Medienwelten, kulturprotestantisch propagierter Hypermoral und protegierter Säkularapokalyptik (»Fridays for future«, »Letzte Generation«) oder weltwirtschaftsweit forcierter neoliberal-cartesianischer Utopien (»Great Reset«, »Homo Deus«) fragen wir anhand der Person und des Analyseansatzes von Karl Löwith nach den geistesgeschichtlichen und zeitgenössischen Konturen der Postmoderne ebenso wie nach den Quellen einer intellektuell redlichen und politisch angemessenen theologischen Urteilskraft. Dabei gehen wir drei Fragestellungen nach: Wer ist Karl Löwith, was hat ihn geprägt? (Teil I) Was sind die Grundlinien und Thesen von »Weltgeschichte und Heilsgeschehen«? (Teil II) Welche Folgerungen ergeben sich aus Löwiths Analyse einer spezifisch westlichen Geschichtsphilosophie für unsere Beurteilung der »geistigen Situation der Zeit«? Und was kennzeichnet die Konturen einer bekenntnistreuen und zeitgemäßen lutherischen Theologie, die Gottvertrauen, Urteilskraft und Weltverantwortung ermöglicht? (Teil III)

I »Man wird nicht ein Anderer, man bleibt auch nicht einfach derselbe«

Biografische Wegmarken Karl Löwiths

Der letzte europäische Philosoph
(Enrico Donaggio über Karl Löwith)

Ein halbes Jahrhundert ist vergangen, seit Karl Löwith nach einem wechselvollen, durch Brüche und Umbrüche gezeichneten, arbeitsreichen Akademiker-Leben am 26. Mai 1973 in Heidelberg verstarb. 1954 attestierte sein akademischer Lehrer Martin Heidegger (1889–1976) dem international erfahrenen und geschätzten Löwith »Vom *Denken* hat er keine Ahnung, vielleicht haßt er es.«[1] Vorausgegangen war diesem Zeugnis gekränkter Eitelkeit eine kritische Würdigung Löwiths in »Heidegger – Denker in dürftiger Zeit«.[2] Von erkennbar anderer Qualität als das Nach-Treten seines vormaligen Lehrers ist das Nach-Denken des »nichtarischen«, vom NS verfolgten Schülers. Im Rückblick auf sein erzwungenes Exil notiert Löwith in einer akademisch gefassten, lebensklugen Selbstreflexion:

> »Wie wenig diese Emigration in fremde Länder mit anderen Denkweisen, wie wenig überhaupt die Geschicke der Geschichte das Wesen eines erwachsenen Menschen und auch eines Volkes zu verändern vermögen, das wurde mir erst nachträglich klar. Man lernt zwar einiges hinzu und man kann den Restbestand des alten Europa nicht mehr ebenso ansehen, wie wenn man sich nie von ihm entfernt hätte, aber man wird nicht ein Anderer, man bleibt auch nicht einfach derselbe, aber man wird, was man ist und innerhalb seiner Grenzen sein kann.«[3]

Karl Löwith wurde am 9. Januar 1897 in München als Kind einer jüdischassimilierten, kulturbürgerlichen Familie geboren. Sein Vater, der angesehene Maler Wilhelm Löwith, ist (aus einer aus Böhmen stammenden jüdischen Familie zum Protestantismus konvertiert) im Jahr 1902 von

---

1   Der 30-jährige Löwith hatte sich 1928 als einer der ersten Schüler Heideggers mit der Studie »Das Individuum in der Rolle des Mitmenschen« in Marburg habilitiert. Siehe: Karl Löwith – Wikipedia, aufgerufen, am 1.8.2023.
2   Karl Löwith, Heidegger. Denker in dürftiger Zeit, Frankfurt a. M. 1953.
3   Karl Löwith, Curriculum vitae (09.01.1959), MS, 2, zitiert nach Manfred Riedel, Der Doppelblick des Exils. Deutschland und Europa im Geschichtsdenken von Karl Löwith, bisher nur in Italien veröffentlichter Vortragstext, Rom 1997.

Prinzregent Luitpold von Bayern zum königlichen Professor an der Akademie der Bildenden Künste in München berufen worden. Seine Mutter, Margarete Löwith, geb. Hauser, hatte sich am 19. Juli 1942 im sogenannten Judenlager Milbertshofen München das Leben genommen. Da war ihr Sohn nach Jahren der Flucht und Schutzlosigkeit in der Sicherheit des amerikanischen Exils, am Theologischen Seminar in Hartford, Connecticut, angekommen.[4] Neben dieser leidvollen, familiär-konfessionellen und exilgeprägten Grenzgängerschaft waren es Erlebnisse seiner Jugendzeit als Schüler, Student und Soldat und zum Teil traumatische Erfahrungen, die sein Leben zweiteilten, in ein Leben *vor* und ein Leben *nach* Hitler, vor und nach 1933.[5]

»Eigentlich biographisch ist das Leben in der ersten Person singularis, das je eigene Leben des Menschen«, hielt der junge Löwith 1928 fest.[6] Sein oben erwähntes *Curiculum vitae* beginnt mit dem Ausbruch des 1. Weltkriegs im Jahre 1914, als sich der knapp 18-Jährige in München freiwillig zum Militärdienst meldet.[7] Im Mai 1915 wird er an der österreichisch-italienischen Front nach schwerer Verwundung gefangen genommen. Zu folgenschweren Einschnitten führen auch der Lazarettaufenthalt im Grenzland zwischen Leben und Tod und eine zweijährige Gefangenschaft, die Löwith Leidens-Zeit und Reflexions-Raum geben für eine im Mannesalter ausgeformte Haltung, die man »stoisch-inspirierte Gelassenheit« nennen könnte.

Das Studium der Philosophie und Biologie wurde durch die Wirren der Novemberrevolution von 1918 und die Münchener Räterepublik 1919 beeinträchtigt. Löwith wich nach Freiburg aus. Die (innere und äußere) Unruhe legte sich für kurze Zeit nach der Inflation 1923, während einer Zwischenphase relativer Stabilisierung in der Weimarer Republik und eskalierte dann erneut mit dem Anwachsen des Nationalsozialismus

---

4   In einem Brief aus dem Jahr 1948 an Leo Strauss beschrieb Löwith seine Situation am Seminar in Hartford als die »eines auf dem trockenen Sand der protestantischen Theologie nach Wasser und Luft schnappenden Fisches«. 1949 wurde er an die New School for Social Research in New York berufen, wo er bis zu seiner Rückkehr nach Deutschland, 1952, tätig war.

5   Karl Löwith, Mein Leben in Deutschland vor und nach 1933, Stuttgart 1986; als Suhrkamp tb 1989; neu hg. Stuttgart 2007.

6   Karl Löwith, Das Individuum in der Rolle des Mitmenschen. Ein Beitrag zur anthropologischen Grundlegung der ethischen Probleme, München 1928, 3.

7   Zum Folgenden, u. a. Riedel, Doppelblick des Exils (s. Anm. 3).

Ende der 20er Jahre. Sie kulminierte mit Hitlers Machtergreifung, die Löwith aus Deutschland vertrieb.

Zu jenem eindrucksvoll unprätentiösen Wissenschaftler und Weltweisen, der erkannt hat, »was man ist und innerhalb seiner Grenzen sein kann«, ist Löwith außerhalb Deutschlands geworden: durch seinen ersten Flucht- und Studienort Rom, sein Leben und die Lehre an der Kaiserlichen Universität von Sendai, Japan, am Theologischen Seminar in Hartford, USA, und an der New School for Social Research in New York. Seine großen, bis heute bedeutsamen Bücher sind alle während der Emigration entstanden: in Rom eine systematische Auslegung von »Nietzsches Philosophie der ewigen Wiederkehr des Gleichen« (1935) und die Monografie über »Jacob Burckhardt. Der Mensch inmitten der Geschichte« (1936), in Japan »Von Hegel zu Nietzsche« (1941). Mit dem Aufsatz »Politischer Dezisionismus« publizierte er 1935 unter dem Pseudonym Hugo Fiala seine in der Schmitt-Forschung bis heute beachtete Kritik an Carl Schmitt.[8] Diese Reflexionen und Publikationen münden im amerikanischen Exil in sein zentrales Werk »Meaning in History« (1949).[9] Der Vermittlung von Hans-Georg Gadamer (1900–2002) ist es zu verdanken, dass Löwith 1952 in das geteilte Deutschland, in die junge Bundesrepublik, zurückkehrte. Er lehrte bis zu seiner Emeritierung 1964 an der Universität Heidelberg.

Ein prominenter Schüler Karl Löwiths, Manfred Riedel (1936–2009), verweist darauf, dass eine »Schlüsselgeschichte« von Löwiths philosophischer Biografie bis heute unterbelichtet geblieben sei.[10] Sie dokumentiere den biografisch erlebten und erlittenen Bruch der deutschjüdischen Kultursymbiose. Löwith hat diesen »Umbruch« 1940 im japanischen Exil reflektiert. Mit der Veröffentlichung seiner »Lebensbeichte«: »Mein Leben in Deutschland vor und nach 1933« ist er sichtbar

---

8   Karl Löwith (alias Hugo Fiala), Politischer Dezisionismus, in: Internationale Zeitschrift für Theorie des Rechts 9 (1935), 101–123.
9   Karl Löwith, Meaning in History. The Theological Implications of the Philosophy of History, Chicago/London 1949; s. dazu Kapitel II »Grundlinien und Thesen ...«.
10 Riedel, Doppelblick des Exils (s. Anm. 3); siehe auch: Manfred Riedel, System und Geschichte. Studien zum historischen Standort von Hegels Philosophie. Frankfurt a. M. 1973; ders., Nietzsche in Weimar. Ein deutsches Drama, Leipzig 1997; ders., Nietzsches Lenzerheide-Fragment über den Europäischen Nihilismus. Entstehungsgeschichte und Wirkung, Zürich 2000.

geworden.[11] Die genannte »Schlüsselgeschichte« ereignete sich bereits 1920:

»Die Zeit ›nach Hitler‹ begann für mich schon während meiner Freiburger Studienjahre. Der Umbruch geschah für mich in einem der Öffentlichkeit unhörbaren kleinen Ereignis, bei dem sich nichts weiter ereignet hat als ein Nein. Ich habe es in den darauffolgenden Jahren verdrängt, weil es mich im Mittelpunkte getroffen hat. Ich hatte meinen besten Freund aus der Zeit vor dem Kriege seit 1914 nicht mehr gesehen. Er hatte nach dem Kriege geheiratet und war nicht in München gewesen, als ich nach Freiburg ging. Als ich 1920 in den Universitätsferien wieder nach München kam, wollte ich ihn besuchen. Ich läutete an der Tür der Pension, in der er wohnte, und ließ mich melden. Nach einer auffallend langen Wartezeit erschien seine Frau, um mir zu sagen, es täte L.[udovici, d. Vf.] sehr leid, aber er könne mich nicht sprechen; ob ich denn nicht wüsste, dass er ›bei Hitler‹ sei. Ich schwieg und stieg die Treppe hinab und habe ihn seitdem nie wieder gesehen [...] Von diesem Augenblick an begann für mich der Nationalsozialismus und mit ihm die Trennung von Deutschen und Juden.«[12]

»Mein Leben in Deutschland vor und nach 1933« ist ein »dramatisches Dokument«, wie Reinhart Koselleck (1923–2006) im Vorwort zur deutschen Erstausgabe 1986 anmerkt, eine Art Zwischenbilanz, »in gedämpftem Zorn und steigender Verachtung« gegenüber der unfassbaren nationalsozialistischen Selbstherrlichkeit, ein Zeitzeugenbericht von berührender Kraft und großer Authentizität. Die vom NS rassegesetzlich verordnete »Trennung«, die Fixierung auf die jüdische Identität des (lutherisch getauften) Kulturprotestanten hinterlässt merkliche Spuren im Denken und Fühlen Löwiths. Er offenbart mit diesem Text von 1940 die intentionalen Gründe und thematischen Konturen seines Lebensweges als heimatloser *public intellectual*. Es war der Weg »des philosophierenden Historikers in die konsequente Skepsis« und zugleich »der Weg des geschichtlich reflektierenden Philosophen zu einer Sicht der Welt, die aller Geschichte vorausliegt«, hält Koselleck zusammenfassend fest.[13]

Seit 2021 liegt mit der Löwith-Biografie des italienischen Philosophen und Historikers Enrico Donaggio eine detailgenaue, gut lesbare

---

11 Löwith, Mein Leben in Deutschland (s. Anm. 5), vgl. bes. die Erläuterungen zum Anlass und zur Intention des Berichtes durch die Witwe Ada Löwith, 194 f.
12 A. a. O., 130. In dieses Jahr 1920 fällt auch der Tod des von Löwith verehrten Max Weber.
13 Reinhart Koselleck, Vorwort, zu: Löwith, Mein Leben in Deutschland (s. Anm. 5), XIII.

»Wegbeschreibung« vor.[14] Donaggio verweist darauf, dass in dem »japanischen« Jahr 1940 Löwiths Auseinandersetzung mit der »Revolution des Nihilismus« in Deutschland und Europa in eine neue Phase getreten sei. Sie findet (nach der vorangegangenen intensiven Auseinandersetzung mit Nietzsche, Kierkegaard und Burckhardt) ihren Niederschlag in dem Buch »Der europäische Nihilismus« (1940) und ihre vertiefte, wirkmächtige Bearbeitung in seinem großen Wurf »Von Hegel zu Nietzsche« (1941). Damit führte Löwith sich selbst und seiner (japanischen) Leserschaft vor Augen, dass die europäische Zivilisation »kein Gewand ist, das man je nach Bedarf ausziehen könnte, sondern sie hat die unheimliche Kraft, den Körper und selbst die Seele des mit ihr Bekleideten nach sich zu formen.«[15] In dieser »Bekleidung« erscheine auch die Ambivalenz der abendländischen Moderne, deren rückwärtsgewandter Fortschritt »seine vernichtende Zivilisation nun über die ganze Erde verbreitet.«

Dies sei nicht das Europa, an dem er als Deutscher teilhabe und das es wert sei, »in Schrift und Lehre verbreitet zu werden«. Europäer »im alten und wahren Sinn« gäbe es jetzt nur noch »verstreut und vereinzelt.«[16] Löwith suchte und fand diese »Europäer im alten und wahren Sinn«, d. h. mit einem »Sinn für das rechte Maß« ausgestattete Denker, in Burckhardt, Goethe und Hegel. Bei ihnen erkennt er ein mächtiges Gegenmittel gegen den von Marx, Kierkegaard und Nietzsche praktizierten »Kult der Extreme«. Doch der Weg, der »von Nietzsches Magie des Extrems über Burckhardts Mäßigkeit zu Goethes maßvoller Fülle zurücksteigt«[17] sei, so konstatiert er in einer Mischung aus Pathos und Resignation, für immer versperrt: »Die Zeit als solche ist dem Fortschritt verfallen und nur in den Augenblicken, in denen die Ewigkeit als die Wahrheit des Seins erscheint, erweist sich das zeitliche Schema des Fortschritts wie des Verfalls als historischer Schein.«[18]

---

14 Enrico Donaggio, Karl Löwith. Eine philosophische Biografie, Stuttgart 2021 (zuerst 2004 Italien); siehe auch die Löwith-Biografie von Wiebrecht Ries: Karl Löwith, Stuttgart 1992, und Burkhard Liebsch, Verzeitlichte Welt. Variationen über die Philosophie Karl Löwiths, Würzburg 1995.
15 Karl Löwith, Der europäische Nihilismus. Betrachtungen zur geistigen Vorgeschichte des europäischen Krieges, Heidelberg 1940, 535, zitiert nach Donaggio, Löwith (s. Anm. 14), 147.
16 A. a. O., 148.
17 Karl Löwith, Von Hegel zu Nietzsche, Zürich/New York 1941, 558, zitiert nach Donaggio, Löwith (s. Anm. 14), 148.

Mit diesem eigentümlich theologisch-philosophisch-metaphorischen Gedanken intoniert der »geistig gebildete heimatlose«[19] Deutsche und Europäer Karl Löwith die zentrale Frage seiner amerikanischen Forschungszeit: »Bestimmt sich das Sein und der ›Sinn‹ der Geschichte überhaupt aus ihr selbst, und wenn nicht, woraus dann?«[20] Diese Frage aus dem Vorwort »Von Hegel zu Nietzsche« (1941) wird im Vorwort der deutschen Ausgabe von »Weltgeschichte und Heilsgeschehen« (1953) leitmotivisch wiederholt. Denn, so nimmt er bereits eingangs das Fazit vorweg: »Am Ende führt der Nachweis des theologischen Sinnes unseres geschichtsphilosophischen Denkens über alles bloß geschichtliche Denken hinaus.«[21]

Intensive Zeit für das Nachdenken über den »theologischen Sinn unseres geschichtsphilosophischen Denkens« gewann Löwith nach seiner Flucht aus Japan. Paul Tillich (1886–1965) und Reinhold Niebuhr (1892–1971) hatten dafür gesorgt, dass er ab 1941 eine Anstellung am »Hartford Theological Seminary«, Connecticut, erhielt. Mit der Beförderung zum Professor für Religionssoziologie 1945 übernahm er ab dem Sommersemester 1946 Vorlesungen zur Einführung in die Philosophie und zur Religionsgeschichte.[22] Die mit diesen Lehrverpflichtungen verbundene Vertiefung seines profunden Wissens, seine Auseinandersetzung mit der frühchristlichen Patristik, die Festigung der englischen Sprache und der intensive briefliche Austausch mit Weggefährten wie Leo Strauss, Rudolf Bultmann, Hans-Georg Gadamer, Erik Peterson, Jacob Taubes, Eric Voegelin u. a. ermöglichten die Abfassung eines Klassikers der philosophischen Literatur des 20. Jahrhunderts. 1949 lag er mit dem Wechsel an die »New School for Social Research«, New York, vor.[23]

---

18 Ebd.
19 Karl Löwith, Kierkegaard und Nietzsche, Frankfurt a. M. 1933, 77, zitiert nach Donaggio, Löwith (s. Anm. 14), 148.
20 Löwith, Von Hegel zu Nietzsche (s. Anm. 17), 4, zitiert nach Donaggio, Löwith (s. Anm. 14), 149.
21 Karl Löwith, Weltgeschichte und Heilsgeschehen. Die theologischen Voraussetzungen der Geschichtsphilosophie, Stuttgart 1953, zitiert nach der Ausgabe im Springer-Verlag 2004.
22 Siehe Donaggio, Löwith (s. Anm. 14), 151 f. In einem Brief an Leo Strauss (1948) beschrieb sich Löwith als »einen auf dem trockenen Sand der protestantischen Theologie nach Wasser und Luft schnappenden Fisch« (155).
23 Löwith, Meaning in History (s. Anm. 9).

II »Die Zeit als solche ist dem Fortschritt verfallen«
Grundlinien und Thesen von »Weltgeschichte und Heilsgeschehen«

> Die Rolle der Geisteswissenschaften für die
> Zukunft Europas beruht auf dem historischen Bewußtsein
> (Hans-Georg Gadamer)

Neben der philosophischen Anthropologie stellt die kritische Revision neuzeitlicher Geschichtsphilosophie ein Themenfeld dar, dem Karl Löwith seine lebenslange Aufmerksamkeit gewidmet hat. Der Untertitel des Essays »Weltgeschichte und Heilsgeschehen« präzisiert sein Forschungsinteresse und das publizistische Anliegen: »Die theologischen Voraussetzungen der Geschichtsphilosophie«. Der kritische Blick Karl Löwiths erfasst nicht nur den verschlungenen Weg des spekulativen Denkens von Augustinus bis Hegel, sondern auch den Nach-Aufklärungs-Bruch des 19. Jahrhunderts mit der abendländischen Metaphysik, die in Nietzsche und Heidegger ihre spätesten Protagonisten hat.

Für die Lektüre von »Weltgeschichte und Heilsgeschehen« ist es hilfreich, die komplexe, lebenslang mitlaufende Auseinandersetzung Löwiths mit diesen beiden Protagonisten im Hinterkopf zu behalten. Eine grundlegende Distanzierung von Heidegger, dem zunächst bewunderten Lehrer, ist für Löwith spätestens mit dessen vorbehaltlosem Eintreten für den Nationalsozialismus (für alle Welt evident mit seiner Heidelberger Rektoratsrede von 1933) unvermeidlich gewesen. Löwith stimmt mit Karl Barths theologischen Argumenten für einen »Widerstand gegen die reißende Zeit« überein. Um Urteils- und Widerstandskraft zu bewahren, »hätte die Philosophie nicht von ›Sein und Zeit‹ handeln müssen, sondern vom Sein der Ewigkeit«[24]. Der finale Bruch mit Heidegger, dem von Löwith so genannten »Theologen ohne Gott«, der die grundlegenden Kategorien des Christentums verweltlicht und entwurzelt habe, erfolgt 1953 mit »Heidegger. Denker in dürftiger Zeit« – gewiss nicht zufällig zeitgleich mit dem Erscheinen von »Weltgeschichte und Heilsgeschehen.«[25]

---

24 Donaggio, Löwith (s. Anm. 14), 157.
25 Löwith, Heidegger (s. Anm. 2).

Der »Zarathustra« und »Anti-Christ« Nietzsches stehen für die heiße Begeisterung und jugendfreundschaftliche Identifikation des evangelisch getauften, doch gleichermaßen jüdisch wie christlich Abstand haltenden Jugendlichen ebenso wie für die intensive Beschäftigung mit diesem wortmächtigen Philosophen-Propheten. Mit der Fertigstellung von »Weltgeschichte und Heilsgeschehen« scheint das gelegentliche Pathos und die Unruhe der Beschäftigung mit Nietzsche einer distanzierten Gelassenheit gewichen zu sein. Dem dissidentischen Pfarrersohn aus Röcken räumt Löwith kein eigenes Kapitel ein. Dieser bekommt lediglich eine Art finale Kurzbetrachtung in »Anhang II«. Dort verweist Löwith darauf, dass der am Beginn seiner geistigen Umnachtung stehende Nietzsche in seiner »geistigen Passion« einer pseudoantiken »Wiederkehr des Seins«, die er wesentlich aus seinem »Widerwillen gegen das zeitgenössische Christentum« geschöpft habe, letztlich bei dem Baseler Skeptiker Burckhardt anklopft, um ihm in theatralischer Manier sein »Selbstopfer« anzuzeigen und seine Rolle als »Narr der neuen Ewigkeiten« zu beichten. Jacob Burckhardt hält sich gegenüber Nietzsche bedeckt. Für Löwith wird der Skeptiker Burckhardt zum Introdukteur und heimlichen Intendanten von »Weltgeschichte und Heilsgeschehen«. Wie schaut die konzeptionelle Gestalt des Bandes aus?

Bereits in der »Einleitung« zeichnet Löwith mit kräftigen Strichen die Grundlinien. Er benennt Voltaire als denjenigen, der mit der Einführung des Begriffs »Geschichtsphilosophie« die radikale Enttheologisierung bisheriger Geschichtsbetrachtungen vornimmt. Das Leitprinzip des Nachdenkens soll, so Voltaire, von nun an »nicht mehr der Wille Gottes und die Vorsehung, sondern der Wille des Menschen und seine vernünftige Vorsorge« sein.[26] Löwith macht Appetit auf den »Hauptgang«, indem er seine Leser schon vorab in die zentralen Thesen seiner historisch-philosophischen Recherche einweiht:

> »Daß wir [...] überhaupt die Geschichte im Ganzen auf Sinn und Unsinn hin befragen, ist selbst schon geschichtlich bedingt: jüdisches und christliches Denken haben diese maßlose Frage ins Leben gerufen. Nach dem letzten Sinn der Geschichte ernstlich zu fragen, überschreitet alles Wissenkönnen und verschlägt uns den Atem.«[27]

---

26 Löwith, Weltgeschichte (s. Anm. 21), 11.
27 A. a. O., 14 (siehe auch: Friedrich Meinecke, Vom geschichtlichen Sinn und vom Sinn der Geschichte. Frankfurt a. M. 1939).

Die Griechen waren diesbezüglich weitaus bescheidener. Sie seien »von der sichtbaren Ordnung und Schönheit des natürlichen Kosmos ergriffen gewesen.« Für sie wäre eine »Philosophie der Geschichte« ziemlich widersinnig gewesen, da Geschichte zuerst und vor allem als politische Geschichte verstanden wurde und somit als Handlungsfeld von Staatsmännern und politischen Historikern. Im Gegensatz zu unserem heutigen Verständnis habe auch der Begriff »Revolution« ursprünglich »einen natürlichen, kreisförmigen Umlauf [bezeichnet], aber keinen Bruch mit einer geschichtlichen Überlieferung.«[28] Im krassen Gegensatz dazu bedeute den Juden und Christen Geschichte vor allem Heilsgeschichte. Die »Fülle des Sinnes« sei damit eine »Sache einer zeitlichen Erfüllung.«[29] Löwith sieht im Judentum den dynamischen Quellgrund dieses Denkens: »Am leidenschaftlichsten war eine solche Erwartung bei den jüdischen Propheten lebendig.«[30]

Nach einer eher stichwortartigen Beschreibung des griechischen Denkens im Gegensatz zum heilsgeschichtlichen Pathos der alttestamentlichen Prophetie, vorgeführt anhand von Herodot, Thukydides und Polybios sowie dem Verweis auf moderne Geschichtsdenker wie Burckhardt, Hans Kohn, Hermann Cohen, Ernst Troeltsch sowie die in den 1940er Jahren rege diskutierten Arnold Toynbee oder Oswald Spengler (beide skeptisch betrachtet) fasst er am Ende seiner Introduktion die Hauptthesen zusammen:

> »Die griechischen Historiker erkundeten und erzählten Geschichten, die um ein großes politisches Ereignis kreisten; die Kirchenväter entwickelten aus der jüdischen Prophetie und der christlichen Eschatologie eine Theologie der Geschichte, die sich an dem überhistorischen Geschehen von Schöpfung, Inkarnation, Gericht und Erlösung orientiert; der moderne Mensch dachte eine Philosophie der Geschichte aus, in dem er die theologischen Prinzipien im Sinne des Fortschritts zu einer Erfüllung säkularisierte [...].«[31]

Mit Jacob Burckhardt (1818–1897) und dessen »philosophischem Verzicht auf Geschichtsphilosophie« startet Löwith nun seine intellektuell und sprachlich überaus reizvolle und lehrreiche Tour d´Horizon. Er skizziert die relevanten geschichtsphilosophischen Entwürfe in umgekehrter

---

28 Ebd.
29 A. a. O., 15.
30 A. a. O., 16.
31 A. a. O., 29.

chronologischer Folge: Von Burkhardt zurück bis Augustinus (354-430) und Paulus Orosius (385-418).

Für diese gegen-chronologische Konzeption eines historiografischen Rückweges gibt es zwei Gründe: einen didaktisch-publizistischen und einen biografisch-hermeneutischen. In didaktischer Hinsicht geht Löwith (m. E. zurecht) davon aus, dass der innovative und moderat provokante Ansatz des prominenten Kunsthistorikers und Renaissance-Forschers Burckhardt und der klare, nüchterne Ton der »Weltgeschichtlichen Betrachtungen« (postum veröffentlicht) für heutige Leser verständlicher ist als manche der älteren metaphysisch-theologischen Denkfiguren. Zum anderen hat es den Anschein, dass Löwith die biografisch-wissenschaftliche Grunderfahrung Burckhardts, nämlich die eines »rapiden Traditionsverfalls« und die Furcht vor einem drohenden »Bruch mit allem, was an der europäischen Überlieferung kostbar ist« teilte. Sein »beinahe verzweifeltes Festhalten an der Kontinuität« sei letztlich Ausdruck seiner Sorge vor einem »noch unbeendeten ›Zeitalter der Revolutionen‹ [...], das mit der Französischen Revolution begann und in unseren Tagen bis zu den bolschewistischen, faschistischen und nationalsozialistischen Revolutionen fortschreiten sollte«[32]. Deshalb goutiert Löwith auch die Burckhardtsche »Kontinuitätsthese«: »Bewußte historische Kontinuität schafft Tradition und befreit zugleich von ihr.«[33] - Im Anschluss an den Burckhardt-Auftakt gliedern elf weitere philosophische Miniaturen (auf das Thema »Geschichtsphilosophie bzw. -theologie« fokussierte Autorenbeschreibungen) den Essay in folgender Reihenfolge:

Zunächst nimmt er den wirkmächtigsten Linkshegelianer und Gründer der kommunistischen Bewegung Karl Marx (1818-1883) in den Blick, daran anschließend den vorausgehenden Antipoden Georg Wilhelm Friedrich Hegel (1770-1831). Mit dem Kapitel IV »Fortschritt contra Vorsehung« liefert Löwith knappe, gut lesbare Reflexionen zu Pierre-Joseph Proudhon (1809-1865), August Comte (1798-1857), Marquis de Condorcet (1743-1794) und Robert Jaques Turgot (1727-1781). Die Kapitel V bis X sind Voltaire (1694-1778), Giambattista Vico (1668-1744), Jacques Bossuet (1627-1704), Joachim von Fiore (1130-1202), Augustinus von Hippo (354-430) und Paulus Orosius (385-418) gewidmet. Mit dem

---

32 A. a. O., 32.
33 Ebd.

Kapitel XI »Die biblische Auslegung der Geschichte« schließt Löwith, wie er einräumt, »nur zögernd« die Reihe der Geschichtsphilosophien und -theologien ab. Er stützt sich dabei vor allem auf den Neutestamentlicher Oskar Cullmann (1902–1999) und dessen 1946 erschienenes Werk »Christus und die Zeit«.[34]

Wenn man diesen Weg lesend abgeschritten hat, wird man sagen können: Theologische Geschichtsentwürfe und apokalyptische Szenarien auf ein *telos*, ein sinnhaftes Ziel der Geschichte hin, sind bis Hegel und Comte der Regelfall gewesen. Dieses *telos* wird, so Löwith, auch durch den im 17. Jahrhundert aufkommenden Fortschrittsgedanken nicht verdrängt, sondern substituiert. Waren die Joachimiten, die Nachfolger des Ordensgründers Joachim von Fiore, am Wechsel zum 13. Jahrhunderts *post natum Christi* noch vom Anbruch eines dritten (letzten), geistigen Zeitalters überzeugt (die Ära des Heiligen Geistes im Gegensatz zu jener des Gott-Vaters und des Sohn-Erlösers) und betrachtete man zu jener Zeit die gesamte historische Entwicklung als von der Vorsehung geleitet, so wird dieser Gedankengang bei Vico und bei Bossuet noch auf Gott hin interpretiert. Voltaire, der französische Aufklärer und enge Berater des preußischen Königs, macht sich über diese seiner Meinung nach kurzsichtige Betrachtungsweise von Geschichte lustig. Er unterscheidet Vernunftwissen von Offenbarungsglauben und betrachtet, wie bereits angesprochen, den Geschichtsverlauf keineswegs als von einer höheren Macht, sondern von kontingenten Umständen und ihrer entschlossenen Formung durch geniale Männer (wie zum Beispiel von ihm selbst und von Friedrich dem Großen) abhängig.

Bei Hegel wird Gott durch den »Weltgeist« ersetzt, der sich jedoch ebenso der Vorsehung bedient wie bis dato der biblische *creator mundi*: Hegel führt die »List der Vernunft« ein, die auserwählte Personen dazu benutzt, eine vernünftige Zukunft zu verwirklichen. Diese List der Vernunft wird, nun allerdings in radikal innerweltlicher *telos*-Weise, auch von Marx übernommen. Im Sinne des »wissenschaftlichen Materialismus« sei die Herrschaft des Proletariats ebensowenig zu verhindern wie das »jüngste Gericht« und die Wiederkunft Christi. In ähnlicher Weise ist diese *telos*-Säkularisierung auch bei Comte zu finden.

---

34 Oskar Cullmann, Christus und die Zeit. Die urchristliche Zeit- und Geschichtsauffassung, Zürich 1946; thematisch korrigiert und erweitert in: Heil als Geschichte: Heilsgeschichtliche Existenz im Neuen Testament, Tübingen 1965.

Erst bei Burkhardt wird von einem derartigen Geschichtsdenken Abstand genommen. Er betrachtet die Geschichte unter dem Aspekt einer vom aufmerksamen und kundigen Zeitgenossen erkennbaren Kontinuität. Die Verteilung von Glück und Unglück unterliegt dem Zufall. Vom Christentum übernimmt er nur noch die (vorgestellte) spirituelle Kraft und moralische Integrität der frühen Christen. Den Sündenfall des westlichen Christentums erkennt er darin, dass es sich zu stark in die weltlichen Belange hineinziehen ließ. Im Unterschied zu den übrigen Autoren bietet er keinerlei geschichtsphilosophische Auflösung an. Der Begriff des *telos* ist bei ihm obsolet geworden.

Nach diesem Durchgang und einem Seitenblick auf »Die biblische Auslegung der Geschichte« fasst Löwith unter der Überschrift »Beschluß« seine eingangs skizzierte These noch einmal zusammen: »Das Problem der Geschichte ist innerhalb ihres eigenen Bereichs nicht zu lösen. Geschichtliche Ereignisse als solche enthalten nicht den mindesten Hinweis auf einen umfassenden, letzten Sinn. Die Geschichte hat kein letztes Ergebnis.«[35] Es sei der Bruch mit der Tradition am Ende des 18. Jahrhunderts gewesen, »der der modernen Geschichte und unserem modernen historischen Denken das revolutionäre Gepräge gab«[36]. Sein Fazit lautet, kurz und knapp: »Daß das christliche Saeculum weltlich wurde, rückt die moderne Geschichte in ein paradoxes Licht: sie ist christlich von Herkunft und antichristlich im Ergebnis.«[37]

Doch mit diesem Fazit lässt es Löwith nicht bewenden. Im anschließenden »Nachwort« geht er dem Paradoxon nach, indem er zunächst einräumt, dass der Versuch, die Herkunft der Geschichtsphilosophie von der heilsgeschichtlichen Eschatologie historisch aufzuweisen, mitnichten die Probleme unseres geschichtlichen Denkens löse. Dieser Versuch würde uns nun »vor ein neues, radikaleres Problem [stellen]«: »Denn nun erhebt sich die Frage, ob die »letzten Dinge« wirklich die ersten sind, und ob die Zukunft den maßgebenden Horizont des menschlichen Daseins bildet.«[38]

---

35 Löwith, Weltgeschichte (s. Anm. 21), 205.
36 A. a. O., 208.
37 A. a. O., 127.
38 A. a. O., 218. An dieser Stelle sei der Hinweis gegeben, dass Löwith für »Weltgeschichte und Heilsgeschehen« in starkem Maße von Jacob Taubes großartigem Werk

In einem weiteren Anlauf versucht Löwith der Eigenart christlichen Denkens und christlicher Existenz auf die Spur zu kommen. Er wendet sich gegen theologische Entwürfe einer existenzialistischen oder symbolischen (*realized*) Interpretation (neutestamentarischer) Eschatologie (Rudolf Bultmann, Charles Harold Dodd) und beharrt auf der (seiner Meinung nach) ehemals kraftvoll-weltfernen und hoffnungsfroh-futurischen »Naherwartung« der frühen Christenheit, die sich über Jahrhunderte »als seltsam beständig und unabhängig von der rationalen Wahrscheinlichkeit oder Unwahrscheinlichkeit eschatologischer Ereignisse« erwiesen habe. Mit explizitem Verweis auf den französischen katholischen (streng antiprotestantischen) Schriftsteller, Apokalyptiker und Verehrer der »Lectio divina« Léon Bloy (1846–1917)[39] charakterisiert Löwith die Menschheit als »in einem christlichen Zeitalter« lebend immer nur dann, wenn sie willig und fähig war (oder ist), »in *Hoffnung* zu leiden«.[40] Bei aller Wertschätzung für diese nichttriumphale christliche Position hält Löwith es demgegenüber jedoch mit dem »gesunden Menschenverstand« und der Vernunft, die es unternimmt, den Glauben an eine »zuverlässige Kontinuität« des historischen Prozesses einzuüben: »Dieses Vertrauen in die historische Kontinuität bestimmt auch unser praktisches Verhalten im Angesicht von Katastrophen: sie scheinen uns nicht endgültig und absolut, sondern zeitlich und relativ.«[41] Demgegenüber sei, so Löwith, der »neuzeitliche Geist« unentschieden, »ob er christlich oder heidnisch denken soll«. Er sähe die Welt mit zwei verschiedenen Augen, mit dem »des Glaubens und mit dem der Vernunft«. Daher sei seine Sicht auf die Welt und die Weltgeschichte »not-

---

»Abendländische Eschatologie« (1947) und dessen theologischen Bezügen (Hans Urs von Balthasar, Karl Barth, Rudolf Bultmann u. a.) profitiert hat, wie umgekehrt auch Jakob Taubes erkennbar von Löwith (insbesondere »Von Hegel zu Nietzsche«, 1943) und Hans Jonas (»Gnosis und spätantiker Geist«, 1934) beeindruckt und beeinflusst ist. Vgl. dazu: Jakob Taubes, Abendländische Eschatologie (mit einem instruktiven Nachwort von Martin Treml), Berlin 2007.

39 Lectio divina = eine der Lehre vom vierfachen Schriftsinn verwandte betend-meditative Bibellesung: Lectio divina – Wikipedia
40 Löwith, Weltgeschichte (s. Anm. 21), 219.
41 A. a. O., 2020, daran anschließend hält er fest: »Es ist eine zynische Wahrheit, aber nichtsdestoweniger eine Wahrheit, daß auf Zerstörungen Wiederaufbau und auf Massenmorde höhere Geburtsraten folgen.«

wendigerweise trübe, verglichen mit dem entweder griechischen oder biblischen Denken«[42].

An dieses Nachdenken im Anschluss an das vorangegangene philosophische Nachdenken in der »Einleitung«, den elf philosophisch-historischen Kapiteln, dem »Beschluß« und dem »Nachwort« schließen sich überraschenderweise zwei weitere knappe Reflexionen an. Im »Anhang I – Verwandlungen der Lehre Joachims« (von Fiore) konstatiert Löwith, dass mit und seit Gotthold Ephraim Lessing (1729–1781) der Joachimsche Glaube an eine Offenbarung oder Erlösung durch den Gedanken der Erziehung ersetzt wird. Er geht knapp auf Johann Gottlieb Fichte (1762–1814), Hegel, Marx, Schelling und russische Denker wie Dostojewski, Krasinsky und Mereschkowski ein, bevor er zu der Conclusio gelangt:

> »Die großen Schrittmacher der Geschichte ebnen anderen die Wege, die sie selber nicht gehen. So bereitete Rousseau den Weg für die Französische Revolution, Marx für die russische und Nietzsche für die faschistische Gegenrevolution; aber weder würde sich Rousseau in Robespierre, noch Marx in Lenin und Stalin, noch Nietzsche in Mussolini und Hitler wiedererkannt haben.«[43]

Im »Anhang II – Nietzsches Wiederholung der Lehre von der ewigen Wiederkehr« geht Löwith auf den deutschen Propheten-Philosophen ein, der am Anfang seines eigenen philosophischen Nachdenkens stand und ihn sein Forscherleben lang immer wieder beschäftigt hat.[44] Hier nun beschränkt sich der ausgewiesene Nietzsche-Kenner auf zwei wesentliche Charakteristika: Zum einen auf die obsessive gegenchristliche Motivation Nietzsches. Zwar seien etliche, auch gegenwärtige Philosophen mit der antiken Lehre der ewigen Wiederkehr vertraut gewesen, doch nur der Dissident aus dem Röckener Pfarrhaus habe die in ihr liegenden schöpferischen Möglichkeiten für die Zukunft erkannt und intensiv bewirtschaftet. Diese lagen »im Gegenzug gegen ein Christentum, das auf Moral reduziert war«. Zum anderen erwuchs aus eben dieser autoaggressiven und expressiven Kraftanstrengung keine Überwindung, keine Re-Formation, sondern eine eigenwillige Kontra-Formation

---

42 A. a. O., 222.
43 A. a. O., 227.
44 Auslegung von Nietzsches Selbst-Interpretation und von Nietzsches Interpretationen (Dissertation 1923); Kierkegaard und Nietzsche. Oder theologische und philosophische Überwindung des Nihilismus (1933); Nietzsches Philosophie der ewigen Wiederkunft des Gleichen (1935); Von Hegel zu Nietzsche (1941).

des Christentums. »Weit davon entfernt, echt heidnisch zu sein, ist Nietzsches neues Heidentum [...] dem Wesen nach christlich, weil es antichristlich ist.«[45]

Mit diesem kurzen Abschiedsblick auf Nietzsche beendet Löwith seine Untersuchungen zu den »theologischen Voraussetzungen der Geschichtsphilosophie«.

III »PRÜFET ABER ALLES, UND DAS GUTE BEHALTET« (1. Thessalonicher 5,21)
RISIKEN DER POSTMODERNE UND IHRE THEOLOGISCHE BEARBEITUNG

> *In der Zeit einer großen Krisis genügt es nicht, in die nahe Vergangenheit zurückzublicken, um das Rätsel der Gegenwart einer Lösung näher zu bringen: man muß das Stadium des Wegs, an das der Mensch gelangt ist, mit seinen Anfängen konfrontieren, soweit man sie sich zu vergegenwärtigen vermag.*
>
> (Martin Buber)

Nachdem wir im ersten Kapitel den Weg der philosophischen Biographie von Karl Löwith nachgegangen sind und nach lebensweltlichen Brüchen und wissenschaftlich-geistigen Prägungen gefragt haben, lag im zweiten Kapitel der Fokus auf seinem (zu Unrecht im außerakademischen Raum weitgehend unbekannten) »Klassiker der philosophischen Literatur der Gegenwart«,[46] dem Buch »Weltgeschichte und Heilsgeschehen«. Diese doppelte Suchbewegung eröffnete uns spannende Einsichten in die geistige Physiognomie und das Werk eines deutsch-jüdischen Intellektuellen, dem es gelang, den Katastrophen seiner Zeit philosophierend standzuhalten.

Im dritten und letzten Kapitel nehmen wir nun eine Würdigung und Vergegenwärtigung von Person und Werk Löwiths vor. Wir wählen dafür einen Dreischritt, indem wir folgenden Fragen nachgehen: 1. Welche Folgen hat das mit den NS-Verbrechen verbundene Ende der deutsch-jüdischen Kultursymbiose und was kennzeichnet die geistige

---

45 Löwith, Weltgeschichte (s. Anm. 21), 237. Noch deutlicher wird Löwith in: Mein Leben in Deutschland (siehe Anm. 5), 8: »Er [Nietzsche] ist wie Luther ein spezifisch deutsches Ereignis, radikal und verhängnisvoll.«
46 So das Urteil des Löwith-Biografen Ries: Karl Löwith (s. Anm. 14), 1.

Situation der Postmoderne in Deutschland vor und nach 1989/90, mit dem skeptischen Blick Löwiths betrachtet? 2. Was macht die spezifische Position und hermeneutische Methode Löwiths wertvoll und inspirierend für historische Analyse, philosophische Praxis und politisches Engagement heute? 3. Wie könnte eine zeitgemäße theologische Antwort auf die aktuellen Fragen nach Heil oder Unheil, Sinn oder Unsinn von Geschichte unter den Bedingungen der Postmoderne aussehen?

1. Der »Restbestand des alten Europa« –
Postmoderne und Säkularapokalyptik

Im »Curiculum Vitae« von 1959 reflektiert Löwith den »Restbestand des alten Europa«.[47] Der resignierte Blick ergibt sich für ihn aus den Erfahrungen der Emigration »vor« Hitler, doch besonders einschneidend aus der authentischen Erfahrung der »deutschen Katastrophe« (Friedrich Meinecke) »mit« und »nach« Hitler.[48] Das von Löwith bereits im Jahr 1920 dokumentierte (existenzielle und geschichtsnotorische) Ende der deutsch-jüdischen Kultursymbiose markiert den Anfang eines folgenschweren kulturell-geistigen Aderlasses Europas. Mit dem mörderischen NS-Verbrechen der Shoah veränderte sich die Wahrnehmung und Fortentwicklung jener ereignisreichen, durchaus auch ambivalenten Geistesgeschichte vom 18. Jahrhundert bis in die erste Hälfte des 20. Jahrhunderts, die man gemeinhin Moderne nennt. Insbesondere für Deutschland selbst bezeichnet das Ende der deutsch-jüdischen Kultursymbiose ein humanes und kulturelles Desaster, auf beiden Seiten des geteilten Landes. Martin Buber weitet den Blick und spricht 1945, am Ende des Zweiten Weltkrieges, in seinem Buch »Pfade in Utopia« von »der bisher größten Krisis des Menschengeschlechts«[49].

Der »Kalte Krieg« wurde (und wird bis heute) in Teilen als Kulturkampf um die historisch angemessene und politisch sinnvolle Bewer-

---

47 Löwith, Curriculum vitae (s. Anm. 3).
48 Friedrich Meinecke, Die deutsche Katastrophe. Betrachtungen und Erinnerungen, Wuppertal 1945.
49 Martin Buber, Pfade in Utopia, Heidelberg 1945/1950, 235. Buber unternimmt hier, im Anschluss an die Darstellung der Genese der kommunistischen Bewegung, eine Erläuterung des Begriffs der »Utopie«, um im Schlussteil in Abgrenzung zu Marx und Bakunin ein Bekenntnis »zur Wiedergeburt der Gemeinde« (der kleinen, überschaubaren kommunalen oder auch religiösen Gesellschaftsform) abzulegen (242–

tung jener »größten Krisis« und damit um den »wahren Antifaschismus« geführt: der kommunistische Osten hatte sich (seit 1961) mit einem »antifaschistischen Schutzwall« vom »Staat der Bonner Ultras« bzw. dem »nicht-sozialistischen Ausland« abgegrenzt und seine Bürger in das (utopisch-dystopische) Experiment der »Diktatur der Arbeiterklasse« gepresst. »Entnazifizierung« bezeichnete in der SBZ/DDR nicht nur den notwendigen Elitentausch von damals sogenannten »belasteten« NS-Verantwortungsträgern, sondern auch den »Generalschlüssel« für eine – weit über die alliierten Vereinbarungen hinausgehende« »antifaschistisch-demokratische Umwälzung«, sprich kommunistische Machtergreifung.[50] Nach einer Phase des Beschweigens von Krieg und NS-Verbrechen, jener später sogenannten »bleiernen Zeit« der fünfziger Jahre, haben weite Teile des bürgerlich-akademischen Kriegskinder-Milieus der alten Bundesrepublik ihren Generationenkonflikt ab 1968 politisiert, indem sie gegen den »Nazi-Staat BRD« (in der Zeit einer sozialliberalen Koalition unter Willy Brandt!) protestierten. Auf ihrem »langen Marsch durch die Institutionen« (1967, Rudi Dutschke) verklärten sie (aus der risikofreien Ferne des »freien Westens«) den stalinistischen Staat »DDR« zu einem beispielgebenden sozialistischen Gesellschaftsprojekt. Der dem ab den 1960er Jahren im akademischen Milieu sich herausbildenden postmodernen Zeitgeist angepasste, überaus produktive Schüler der »Frankfurter Schule« Jürgen Habermas wurde zum maßgeblichen kultur- und sozialpolitischen Stichwortgeber für einen pseudoliberalen Westmarxismus. Dieser ideelle Ansatz beruht erkenntnistheoretisch auf einer Ablehnung der Korrespondenztheorie der Wahrheit, wirtschaftswissenschaftlich auf einer theoretisch fragwürdigen Sicht des Kapitalismus und ethisch auf einer modernisierten Fassung der Kantschen Gesinnungsethik. Die Entwicklung der bürgerlichen Gesellschaft im 20. Jahrhundert beschrieb er in seiner Habilitationsschrift »Strukturwandel der Öffentlichkeit«.[51]

---

248). Vgl. Friedemann Richert, Der endlose Weg der Utopie. Eine kritische Untersuchung zur Geschichte, Konzeption und Perspektive utopischen Denkens, Dissertation 1999/2001 Augustana Hochschule Neuendettelsau.

50 Vgl. dazu Thomas A. Seidel, Im Übergang der Diktaturen. Eine Untersuchung zur kirchlichen Neuordnung in Thüringen 1945–1951, Stuttgart 2003, 321 ff.,

51 Jürgen Habermas, Strukturwandel der Öffentlichkeit. Habilitation, Frankfurt a. M. 1962. Horkheimer hatte Habermas als Marxisten identifiziert, nachdem Habermas

Diesem Strukturwandel der Öffentlichkeit korrespondierte ein Strukturwandel der Innerlichkeit. Kaum einer der deutschen Theologen und Historiker, sieht man von Reinhart Koselleck, Eberhard Jüngel oder Wilfried Härle ab, wohl aber deutsche Philosophen wie Karl Jaspers, Hans-Georg Gadamer, Eric Voegelin, Manfred Riedel, Christoph Türcke, Hans Blumenberg, Robert Spaemann sowie Odo Marquard haben scharfsinnig darauf hingewiesen. Marquard sprach bereits 1978 von einer bemerkenswerten »Übertribunalisierung« und ihren psychosozialen Folgen. Der Säkularisierungsprozess seit dem Beginn der Neuzeit habe sich weiter radikalisiert. Der Mensch bzw. die Gattung Mensch wird nunmehr umfassend verantwortlich für den Lauf der Welt. Noch das komplexeste globale Phänomen ist keine schicksalhafte Zumutung mehr, mit lediglich partiellen Verantwortungsanteilen des Menschen. An Gottes statt wird der einzelne Mensch (und vor allem der im globalen Westen lebende »alte, weiße Mann«) alleinverantwortlich und »wegen der Übel der Welt absolut Angeklagter«. Als solcher gerät er »unter absoluten Legitimationsdruck«.[52] Auch im Christentum stand respektive steht der Mensch unter »Sünden-Anklage«. Allerdings, so Marquard, sei diese »absolute Anklage christlich zugleich absolut ermäßigt: durch die göttliche Gnade«[53]. Heute stünden wir »gnadenlos unter totalem Rechtfertigungsdruck«:

> »Zum exklusiven menschlichen Lebenspensum wird: vor einem Dauertribunal, bei dem jeder Mensch zugleich als Ankläger und Richter agiert, die Entschuldigung dafür leben zu müssen, daß es ihn gibt, und nicht vielmehr nicht, und daß es ihn so gibt, wie es ihn gibt und nicht vielmehr anders.«[54]

In unterschiedlicher Intensität und ideologischer Ausprägung bestimmte diese mentale Übertribunalisierung weite Teile des akademischen Milieus in den reichen Ländern der nördlichen Erdhalbkugel. Am

---

einen Forschungsbericht zu Marx und dem Marxismus verfasst hatte. In diesem Text hatte Habermas die Einheit von kritischer Theorie und revolutionärer Praxis als ein »Apriori« des Marxismus bezeichnet. Als Direktor des Instituts erwirkte Horkheimer daraufhin, dass Adorno seinen Assistenten Habermas entließ. Hauptwerk von Habermas: Theorie des kommunikativen Handelns, Frankfurt a. M. 1981.

52 Odo Marquard, Der angeklagte und der entlastete Mensch in der Philosophie des 18. Jahrhunderts, in: Ders. Abschied vom Prinzipiellen. Philosophische Studien, Stuttgart 1981, 39–66.
53 A. a. O., 49.
54 A. a. O., 50.

Ende der deutschen Teilung, 1989, im Jahr der Friedlichen Revolution in Ostdeutschland und im gesamten staatssozialistischen Ostblock, beklagte der Freund und Kollege von Karl Löwith, Hans-Georg Gadamer, zudem noch den zeitgleichen Niedergang der humanistischen Bildung und das Schwinden der ehedem herausragenden internationalen Bedeutung der Geisteswissenschaften in Deutschland.[55] Er bezog sich dabei in erster Linie auf die geistige Lage in der »alten Bundesrepublik«, die DDR blieb unkommentiert, unsichtbar hinter dem »Eisernen Vorhang« verborgen. Die Universitäten des freien Westens würden zunehmend politisiert und funktionalisiert. Der Wechsel von der (klassischen) Moderne zur Postmoderne präge und verändere die Zeitläufte und die Gesellschaft.

Die damit in Zusammenhang stehenden soziokulturellen und zivilreligiösen Fragmentierungen und Polarisierungen wirken fort.[56] Ausgehend von einer eher links-liberalen, anti-rassistischen, identitätspolitischen »wokeness-Bewegung«[57] an zahlreichen Universitäten der USA seit Mitte der 2010er Jahre, scheinen sich diese Tribunalisierungs- und Polarisierungsprozesse im Kontext jüngerer Krisen (»Flüchtlings-Krise«, »Klima-Krise«, »Corona-Krise«, »Ukraine-Krise«, »Israel-Krise«) eher noch zu verschärfen. Was kennzeichnet die gegenwärtige gesamtdeutsche Situation in Kultur und Bildung, Wissenschaft und Wirtschaft, Politik und Religion? Wo sind Spuren einer religiös affizierten, westlich linearen Geschichtsphilosophie besonders auffällig und lesbar?

---

55 Hans-Georg Gadamer, Die Zukunft der europäischen Geisteswissenschaften, in: Das Erbe Europas. Frankfurt a. M. 1989, 35–62. Siehe auch: Die kulturellen Werte Europas, hg. v. Hans Joas und Klaus Wiegandt, Frankfurt a. M. 2005.

56 Vgl. u. a. Dirk Oschmann, Der Osten. Eine westdeutsche Erfindung, Berlin 2023; Wolfgang Sander, Europäische Identität. Die Erneuerung Europas aus dem Geist des Christentums, Leipzig 2022.

57 Interessant im Zusammenhang der nordamerikanischen Ursprünge und gegenwärtigen Ausdifferenzierung der »wokeness-Bewegung« ist die These von Ian Buruma (in: Doing the work. Die protestantische Ethik und der Geist der wokeness, Lettre international, Herbst 2023, Nr. 142, 18 ff.), dass die mentalen, kulturgeschichtlichen Quellen für dieses Phänomen bei den verschiedenen Gruppen der Puritaner und Evangelikalen der USA zu suchen seien. Er meint feststellen zu können, dass im Unterschied zur ersten »Great Awakening« die derzeitige »Puritanismus-Welle« nicht auf »naive Landbewohner begrenzt sei«, sondern auch »eine hochgebildete urbane Schickeria erfaßt« habe.

Das postmoderne »Ende der großen Erzählungen« (Jean-Francois Lyotard) und die Dynamik der Individualisierung haben den Konsens zu den bisherigen gesellschaftlichen Institutionen, politischen Praktiken, religiösen Überzeugungen, Ethiken und Denkweisen vor allem in den sozial gehobenen (akademischen, wirtschaftlichen) Milieus weitgehend aufgehoben und die Gesellschaft in eine Vielzahl von nicht miteinander zu vereinbarenden Wahrheits- und Gerechtigkeitsbegriffen fragmentiert. Die Hoffnung von Lyotard, Michel Foucault, Jaques Derrida, Richard Rorty u. a., dass mit diesem Prozess eine tolerante Sensibilität für Unterschiede, Heterogenität und Pluralität wachsen würde, verkehrt sich zunehmend in ihr dystopisches Gegenteil. Dass Löwith sich hinsichtlich derartiger intellektueller Gedankenspiele keine Illusionen machte, sondern die »paradoxen«, »anti-christlichen« und damit antiintegrierenden Folgen forcierter Säkularisierung erahnte, hatten wir gesehen. Der vormalige Bischof und EKD-Ratsvorsitzende Wolfgang Huber hat diesen Vorgang etliche Jahre später, 2005, mit Blick auf die Kirchen folgendermaßen kommentiert:

> »Die postmoderne Auflösung aller Meta-Erzählungen findet die Kirchen in einem Zustand vor, den man ohne Übertreibung als einen Zustand der Glaubenskrise bezeichnen kann. Insbesondere die evangelischen Kirchen haben sich im Sog eines allgemeinen Säkularisierungsprozesses Tendenzen zur Selbstsäkularisierung ausgeliefert. Es fehlt ihnen häufig an der Konzentration auf das, was allein sie vertreten können: die Orientierung an der Wirklichkeit Gottes und das Vertrauen auf seine Zukunft.«[58]

Diese Zeitansage Wolfgang Hubers trifft gewiss zu, er selbst hat diesen Prozess ein gutes Stück befördert, aber wohl auch erlitten. Günter Thomas konnte jüngst einige Ursachen und Begleitumstände aufführen, die den Weg der evangelischen Kirche zu einer »moralischen Agentur« von der Mitte des 20. Jahrhunderts bis heute markieren: vom »späten« Bonhoeffer über Karl Barth und einer modifizierten Auslegung der 2. These der Barmer Theologischen Erklärung bis zu Wolfang Hubers »Plädoyer für die Institution Kirche als Verband und Akteur der Zivilgesellschaft«.[59] Thomas' Skizze führt uns vor Augen, dass »Selbstsäku-

---

58 Wolfgang Huber, Rede beim Abend der Begegnung in Braunschweig, am 17.1.2005, siehe: evangelisch – profiliert – wertvoll – EKD.

59 Günter Thomas, Die Kirche als moralische Agentur. Wege des deutschen Protestantismus in der zweiten Hälfte des 20. Jahrhunderts, in: Evangelische Kirchen und

larisierung« und »moralische Agentur-Werdung« korrespondierende Phänomene sind: Je entschiedener der Weg einer kulturprotestantisch-institutionellen Moralisierung beschritten wurde (bzw. wird), um so ausgreifender sind die Folgen der (Selbst)Säkularisierung spürbar und auch messbar.[60]

Die Konturen und Kollateralschäden einer »dauererregten«, »infantilen« »hypermoralischen« Gesellschaft« sind in den zurückliegenden Jahren von linksliberaler bis rechtskonservativer Seite ausführlich beschrieben worden.[61] Während eine forcierte Selbstsäkularisierung der großen Kirchen Raum greift und die religiös-institutionelle, kulturelle Überzeugungs- und Bindungskraft abnimmt (verbunden mit erheblich gestiegenen Kirchenaustrittszahlen), offenbart sich die Durchdringung nahezu aller Lebensbereiche mit medial aufgeheizten Formen des Sensationalismus und diverser (Endzeit-)Ängste als verkappte »Fortsetzung religiöser Epiphanie« (Christoph Türcke), als mitunter politisch-emotional hochaufgeladene Zivilreligion.[62] Hans Blumenberg sprach in diesem Kontext von einer »Selektion des weltlich Erträglichen aus der Theologie«. Man kann diese Zivilreligion mit Norbert Bolz auch als »eine

---

Politik in Deutschland. Konstellationen im 20. Jahrhundert. Hg. v. Stefan Alkier, Martin Keßler und Stephan Rhein, Tübingen 2023, 349.

60 Siehe die von EKD und katholischer Bischofskonferenz erhobenen Zahlen Kirchenmitgliedschaftsuntersuchung (KMU-VI), vorgestellt auf der EKD-Synode in Ulm am 14.11.2023; hier ein Kommentar dazu von Ralf Frisch »Die evangelische Patientin«, auf: Die evangelische Patientin | zeitzeichen.net.

61 Christoph Türcke, Erregte Gesellschaft. Philosophie der Sensation, München 2002; ders., Hyperaktiv! Kritik der Aufmerksamkeitsdefizitkultur, München 2012; Alexander Grau, Hypermoral. Die neue Lust an der Empörung, München 2017; ders. Entfremdet. Zwischen Realitätsverlust und Identitätsfalle, Springe 2022; Alexander Kissler, Die infantile Gesellschaft. Wege aus der selbstverschuldeten Unreife, Hamburg 2020; Bernd Stegemann, Die Moralfalle. Für eine Befreiung linker Politik, Berlin 2018.

62 Wolfgang Huber hatte dazu ausgeführt: »Auf den Säkularisierungsprozess der Gesellschaft haben wir geantwortet mit einer *Selbstsäkularisierung der Kirche.*« Rede vom 29.03.2000 unter der Überschrift »Kirche in der Zeitenwende. Vorschläge zur Reform der Kirche« im Hamburger Übersee-Club, siehe: www.ueberseeclub.de. Sehr gut thematisch aufgearbeitet in: Thomas Brechenmacher, Im Sog der Säkularisierung. Die deutschen Kirchen in Politik und Gesellschaft (1945–1990). Berlin-Brandenburg 2021.

Schwundstufe eines Christentums« verstehen, das nicht mehr wegen seines selbstbewusst vertretenen Wahrheitsanspruchs und seiner seelsorgerischen Kompetenz, sondern nur noch wegen seiner ethisch und politisch (system-)stabilisierenden Funktion ernst genommen wird.[63]

Gemäß dem ironischen Bonmot von G. K. Chesterton »Wenn Menschen aufhören, an Gott zu glauben, glauben sie nicht an nichts – sie glauben an irgendetwas« gehört neben Sensationsgier und panischer Angst auch, wie gesagt, die zunehmende Moralisierung zahlreicher Debatten zum gegenwärtigen zivilreligiösen »Portfolio«. Alexander Grau stellt in seinem Buch »Hypermoral« Beobachtungen darüber an, welche Intentionen und Folgen mit der Moralisierung nahezu aller gesellschaftlichen und politischen Fragen verbunden sind. Die »Hypermoralisierung« diene im Kern einer allgemeinen, oberflächlichen Emotionalisierung; sie entlaste vor den Anstrengungen des persönlichen Nachdenkens und einer klaren Argumentation und gehöre zu den Instrumenten der Massenmobilisierung im Kampf um die öffentliche Meinung.[64] Auf diesem medialen Feld würde die Überbetonung von Moral eine rhetorische Ausgangsposition schaffen, mit der man politische Gegner leicht diskreditieren und ausgrenzen kann. Somit sei der mit großem Gewissheitspathos vorgetragene Glaube an das Gute die letzte Gewissheit jener, die an gar nichts mehr glauben. Moral wird zur Religion.[65]

Grundlegendes zu diesem Problem wurde bereits 1969 ausgeführt. Arnold Gehlen (1904-1976) hatte mit seinem Buch »Moral und Hypermoral. Eine pluralistische Ethik« inmitten der heftigen Auseinandersetzungen der 68er Studentenbewegung vor den katastrophischen Folgen eines Humanitarismus gewarnt, der eine tendenziell ethische Alleinherrschaft beanspruche, andere Ethosformen verdränge und partikulare Interesse als weltweite Anliegen ausgebe.[66] Einen theologisch reflektier-

---

63 Norbert Bolz, Die Avantgarde der Angst, Berlin 2020.
64 Alexander Grau, Hypermoral (s. Anm. 61), 13. Grau entwickelt seine Thesen in Auseinandersetzung mit Arnold Gehlens Werk »Moral und Hypermoral« (Frankfurt 1969).
65 A. a. O., 14.
66 Siehe: Thomas A. Seidel, Humanität, Humanismus und die Entdeckung der Menschlichkeit, in: Ders./Sebastian Kleinschmidt, Coram Deo versus Homo Deus. Christliche Humanität statt Selbstvergottung, Leipzig 2021, 58.

ten Überblick zur aktuell-destruktiven Relevanz der Prognosen von Gehlen liefert der Themenband »Morphologie der Übermoral. Zum Moralismus in gesellschaftlichen und theologischen Debatten«.[67] In seinem Eröffnungsbeitrag verweist Daniel Straß auf einen, auch für Karl Löwith grundlegenden philosophischen Gewährsmann: Friedrich Nietzsche ist es, der auf den Nihilismus als die finale Perspektive jenes (kulturprotestantischen) Moralismus hinweist: »Wer Gott fahren läßt, hält umso strenger am Glauben an die Moral fest [...]. Man glaubt, mit einem Moralismus ohne religiösen Hintergrund auszukommen: aber damit ist der Weg zum Nihilismus notwendig.«[68] Noch schärfer als der antichristliche Nietzsche benennt Dietrich Bonhoeffer in seinem Ethik-Fragment die »abendländischen Gottlosigkeit« als Quelle für jene (pseudo)religiösen Erscheinungsformen der Gegenwart:

> »Die Befreiung des Menschen als absolutes Ideal führt zur Selbstzerstörung des Menschen. Am Ende des Weges, der mit der französischen Revolution beschritten wurde, steht der Nihilismus. Die neue Einheit, die diese Revolution über Europa brachte und deren Krisis wir heute erleben, ist daher die »abendländische Gottlosigkeit«. [...] Sie ist nicht die theoretische Leugnung der Existenz Gottes. Sie ist vielmehr selbst Religion und zwar Religion aus Feindschaft gegen Gott.«[69]

Selbst wenn man eine solchermaßen fundamental-theologische Kulturverfall-These nicht oder jedenfalls nicht in dieser Unbedingtheit teilt, so lässt der aufmerksame, an Löwith geschulte Blick auf den allgegenwärtigen Klima-Diskurs doch die Frage aufkommen, ob hier nicht eine breite untergründige Spur einer religiös affizierten, westlich linearen Geschichtsphilosophie ablesbar ist? Eine *zivilreligiöse* Spur, in der sich (atheistisch-religiöser) Nihilismus und (postmoderner) Moralismus mit bemerkenswerter Dynamik verbinden und beschleunigen?

Beispiel Klima-Krise: Während die Dringlichkeit des Umwelt- und Klimaschutzes und die Notwendigkeit eines möglichst breiten und intelligenten Maßnahmenkatalogs für eine Begrenzung des Klimawandels im Kontext einer ökologisch nachhaltigen Wirtschaft, die diesen

---

67 Morphologie der Übermoral. Zum Moralismus in gesellschaftlichen und theologischen Debatten, hg. v. Detlef Hiller und Daniel Straß, Leipzig 2023.
68 Zitiert nach a. a. O., 13.
69 Dietrich Bonhoeffer, Ethik (Fragmente), zitiert nach: ... wenn Gott Geschichte macht. 1989 contra 1789, Hg. v. Ulrich Schacht/Thomas A. Seidel, Leipzig 2015, 58 f.

Namen verdient, von keinem halbwegs aufgeweckten Zeitgenossen bestritten wird, trägt der Schüler- und Jugendprotest »Fridays for Future« oder die »Letzte Generation« unverkennbar säkularapokalyptische Züge. Kai Funkenschmidt hat unlängst unter der Überschrift »Wer rettet die Welt?« die »Heilsversprechen der Umwelt- und Klimabewegung« historisch eingeordnet, religionskritisch analysiert und die tendenziell demokratiegefährdenden Konsequenzen ihrer »rückwärtsgewandten Vision vom guten Leben« beschrieben.[70] Am Ende seines Aufsatzes konstatiert er, dass in schwierigen, unübersichtlichen Zeiten »die Sehnsucht nach starken Führungsfiguren und nach Eindeutigkeit besonders hoch« sei. »Kinderpropheten« hätten dabei in der Geschichte immer wieder eine Rolle gespielt.[71] Und in der Tat drängt sich die historische Assoziation des »Kinderkreuzzugs« auf.

Mit Verwunderung nehmen wir zur Kenntnis, dass manche Analysten, wie bspw. der Filmhistoriker Josef Schnelle, in ihrer historistischen Spurensuche nach dem Kinderkreuzzug von 1212 zwar das tödliche Desaster jener apokalyptischen Ereignisse andeuten, jedoch die schreckliche, verachtenswerte Instrumentalisierung dieser Kinder durch ideologiegetriebene, fanatische Erwachsene nicht nur unterbelichten (um in der Filmmetapher zu bleiben), sondern vielmehr ausgerechnet diese Kinder-Proteste als Zukunftsmodell in den Fokus nehmen und propagieren. So habe sich »die Vorstellung vom Kreuzzug der Kinder [...] zu einer bis heute wirkmächtigen Legende« ausgewachsen. Neben Andrzej Wajdas Film »Die Pforten des Paradieses« (1968) und diversen trivialliterarischen Versuchen der Fiktionalisierung in Romanen, wie zum Beispiel in dem des Fassbinder-Vertrauten Peter Berling, habe auch Bertolt Brecht ein entsprechendes Gedicht verfasst, mit dem Titel »Kinderkreuzzug 1939«. Schnelle kommt zu dem Schluss:

> »So wird es auch den Teilnehmern aller Kinderkreuzzüge gegangen sein: Wenn schon die Erwachsenen die Zukunft nicht in die Hand nehmen wollen, warum nicht mit all ihrer ›Kraft der Unschuld‹ die Kinder? Das ist der wahre Kern der Erzählung vom Kinderkreuzzug, und den hat erst kürzlich die 16-jährige Schwedin Greta Thunberg mit ihrem Aufruf zum Schulstreik für eine Verbesserung der Umwelt als Star eines neuen ›Kinderkreuzzuges‹ wiederbelebt, bis

---

70 Kai Funkenschmidt, Wer rettet die Welt? In: Hiller/Straß, Morphologie der Übermoral (s. Anm. 67), 163 ff.
71 A. a. O., 188.

hin zu einem Auftritt beim Weltwirtschaftsforum in Davos. Wenn es ihn womöglich nie gab, dann müsste der Kinderkreuzzug vielleicht gerade heute neu erfunden werden.«[72]

Einer solchermaßen romantisierenden Neuerfindung des Kinderkreuzzuges, die umstandslos Weltgeschichte und Weltzukunft als politisches Heilsgeschehen ideologisch-medial bewirtschaftet, muss politisch und (im Kontext dieses Beitrags) theologisch widersprochen werden. Wir tun das im letzten Abschnitt in Aufnahme eines biblischen, von Bonhoeffer u. a. ausgelegten Bildes: dem unserer biologischen und theologischen Geschöpflichkeit – als »Kind Gottes«. Wahrscheinlich hätte die öko-apokalyptische zivilreligiöse Denkfigur eines neuen Kinderkreuzzuges auch den entschiedenen Einspruch des Protagonisten dieses Aufsatzes gefunden. Ein abschließender Blick auf den »Denker skeptischer Gelassenheit« soll diese Vermutung plausibel machen.

2. *»Im Mit-ein-ander-sein neutralisiert sich das Leben«* –
Karl Löwith als Denker skeptischer Gelassenheit

Es ist gewiss nicht verwunderlich, dass der Philosoph Karl Löwith auch Kritik erfahren hat. Mit seiner spezifischen (in Teilen asiatisch inspirierten) Moderne-Kritik hat er sich einen Platz zwischen allen Stühlen gewählt. Konstantin Sakkas wies unlängst darauf hin, dass Löwiths Denken in einem prinzipiellen Konflikt »mit der ›rechten‹ und der ›linken‹ Modernekritik [steht], die beide bei allem antihistoristischen Affekt aus dem Historismus nicht herauskommen«[73].

---

72 Josef Schnelle, Kreuzzug der Abgehängten, in: Gab es den Kinderkreuzzug von 1212 wirklich? – Politik – SZ.de (sueddeutsche.de), vom 30.3.2019; vgl. dazu die Reden der schwedischen Klima-Aktivistin Thunberg;: Greta Thunberg, Ich will, dass ihr in Panik geratet! Meine Reden zum Klimaschutz, Frankfurt a. M. 2019. Ihr schwärmerischer Antikapitalismus und aggressiver Antisemitismus, den sie wohl mit zahlreichen Aktivisten teilt, blieb bis zum 7. Oktober 2023, dem Tag des Pogroms der Hamas in Israel, unkommentiert. Seit sie allerding danach (und wohl bis heute) diese Position unverändert vertritt, kommen Zweifel auf. Es hat den Anschein, dass die von den Medien sakralisierte »Ikone« der Klimabewegung dem wichtigen Anliegen des Umweltschutzes in Deutschland und weltweit schweren Schaden zugefügt hat. Siehe: Pauline Voss in der NZZ vom 17.11.2023: Greta Thunberg: Ihr Antisemitismus passt zu ihrem einfachen Weltbild (nzz.ch).

73 Konstantin Sakkas, NZZ vom 26.05.2023, siehe Geschichte hat kein Ziel: Karl Löwith als Denker des Anthropozäns (nzz.ch).

Allerdings sind die folgenden Kollegen Löwiths allesamt Konservative, nur in verschiedenen Schattierungen. Das wäre zum Beispiel Reinhart Koselleck, der Löwiths »Neutralität« und Indifferenz (vorsichtignachsichtig) problematisiert.[74] Eine etwas anders nuancierte konservative Perspektive nahm Eric Voegelin (1901–1985), ein anderer geschichtsphilosophisch-ambitionierter Kollege Löwiths, ein. Der Briefwechsel im amerikanischen Exil (1944ff) zwischen den beiden deutsch-jüdischen Kollegen offenbart, dass Voegelin zwar die Kritik an den »politischen Religionen« teilte, den skeptischen Ansatz Löwiths allerdings (noch) nicht.[75] Er wollte (in Vorbereitung auf sein eigenes Opus magnum »Order and History«[76]) bei dem großen Wurf einer jüdisch-inspirierten (Heilsordnungs-) Geschichtsphilosophie bleiben, »gereinigt« allerdings von den »christlich-theologischen Defiziten Augustins« und den »modernen progressivistisch-ideologischen Verformungen« durch Comte, Hegel, Marx et alii.[77] Festzuhalten ist allerdings, dass Voegelin etwa in der Mitte seiner Arbeit an »Order and Historiy« in bemerkenswert selbstkritischer Weise auf die skeptische Position Löwiths eingeschwenkt ist.[78]

Wieder eine andere Spielart konservativen Denkens finden wir beim Heidegger-Schüler Günther Anders (1902–1992), der bereits 1941 eine scharfe Kritik zu Löwiths Buch »Von Hegel zu Nietzsche« verfasste, in der er dem Philosophen-Kollegen einen antiquierten »bürgerlichen Ewigkeitsstandpunkt« vorwarf.[79] Auch wenn Günther Anders kein

---

74 Löwith hat die Dissertation von Koselleck, Kritik und Krise (1954) als Zweitgutachter betreut.
75 Vgl. Eric Voegelin, Die politischen Religionen, Stockholm 1939.
76 Eric Voegelin, Order and History (1941 ff.), 10 Bde., auf Deutsch erschienen unter »Ordnung und Geschichte«, München 2001–2005.
77 Vgl. Karl Löwith, Eric Voegelin, Briefwechsel, in: SINN UND FORM 2007, 764–794.
78 Die Bände VIII bis X der deutschen Ausgabe revidieren die bisher in den Bänden I bis VII entwickelte Konstruktion einer »Geschichts-Ordnung«. Jetzt entlarvt Voegelin die »Hexereien« und »Träume«, welche die Geschichtstheoretiker oder »Geschichtsphilosophen« verschiedener Provenienz anwenden, um dem »Ganzen« einen Sinn anzudichten. Es handelt sich um spirituelle Herrschsucht, die dieses irre Denken dominiere. Er konstatiert: Es gibt »keine Geschichte, die von ihrem Anfang bis zu ihrem glücklichen oder unglücklichen Ende erzählt werden kann« (Eric Voegelin – Wikipedia).
79 Sakkas, NZZ vom 26.05.2023.

Westmarxist war wie Adorno oder Habermas, sondern ein konservativer Kulturpessimist, sind seine Technik- und Medien-Kritik und sein Engagement gegen die Atombombe und gegen Atomenergie, die er in einem explizit anti-akademischen Gestus und im hohen Ton jüdisch-prophetischer Säkularapokalyptik vortrug, für die links-grüne deutsche Umweltbewegung bis heute sehr einflussreich. Die umfassend gebildete Nachdenklichkeit des Historikers Koselleck, die Suche nach »ordnenden Phänomenen im Geschichtsverlauf« bei Voegelin oder die analytisch klare Anti-Apokalyptik Löwiths gerieten dagegen ins mediale Abseits.

Einer der Gründe dafür ist sicherlich, dass Löwith weder im amerikanischen Exil noch in den Jahren danach in Deutschland zum Netzwerk des Westmarxismus gehörte, das mit Max Horkheimer (1895–1973), Theodor W. Adorno (1903–1969), Herbert Marcuse (1898–1979), Jürgen Habermas (1929) u. a. die für die damals »junge« und heute sogenannte »alte« Bundesrepublik stil- und politikprägend wurde.

Fragt man nach den Hintergründen der argumentativen Unaufgeregtheit und bemerkenswerten Menschlichkeit von Karl Löwith, so wird man bereits fündig, wenn man einen Blick in seine Habilitationsschrift wirft: »Das Individuum in der Rolle des Mitmenschen«. Ziemlich unbescheiden hob der 31jährige Heidegger-Schüler an, einen »Beitrag zur anthropologischen Grundlegung der ethischen Probleme« zu leisten.[80] Mit deutlichen Bezügen zu dem von ihm (seit 1917 und lebenslang) verehrten Max Weber[81] und zur zeitgenössischen Dialog-Philosophie (Martin Buber 1878–1965, Franz Rosenzweig 1886–1939, Ferdinand Ebner 1882–1931) hielt er fest: »Im Mit-ein-ander-sein neutralisiert sich das Leben des Individuums zur unbestimmt-bestimmten Lebendigkeit des Lebens.«[82]

Das Streben nach »Neutralität« kennzeichnet fortan, auch und gerade in den von den Nazis erzwungenen Stationen des Exils, sein wissenschaftliches Movens und seine persönliche Identität und Integrität. In der Auseinandersetzung mit dem lutherischen Dissidenten und Existenzialisten Sören Kierkegaard warf er bereits 1933 die Frage persönlicher

---

80 Karl Löwith, Das Individuum in der Rolle des Mitmenschen. Ein Beitrag zur anthropologischen Grundlegung der ethischen Probleme, München 1928.
81 Karl Löwith, Max Weber und Karl Marx, München 1932. In seinem Lebensbericht fügt er zu dem bewunderten Weber noch Albert Schweitzer hinzu, dessen »Zauber der Mäßigkeit« und »Ernst des Friedens« in nachhaltig beeindruckten.
82 Löwith, Das Individuum (s. Anm. 80), 19 f.

Selbstverortung auf: »Ich stecke den Finger ins Dasein – es riecht nach gar nichts. Wer bin ich? Was soll das heißen: Welt? [...]. Wer hat mich in das Ganze hineingelockt und läßt mich nun da stehen? Wer bin ich?«[83] Im Unterschied zu Rudolf Bultmann, Karl Barth, Dietrich Bonhoeffer u. a. lässt Löwith diese identitäre, existenzielle Frage unbeantwortet. Er verbleibt in konfessorischer Schwebe, in einer Art stoischer Indifferenz.[84] Sein Lebensbericht von 1940 endet zwar mit einem verheerenden Urteil über sein Heimatland im Würgegriff Hitlers und des NS: »Deutschland ist nicht das Herz von Europa oder der Christenheit, sondern der Mittelpunkt seiner Auflösung.«[85] Und doch wird verständlich, dass Löwith sich einer eindeutigen »radikalen« Zuschreibung enthält: »Auch von mir haben manche Freunde eine radikale Lösung erwartet, im Sinn eines Rückgangs zum Judentum oder einer Entscheidung für das Christentum [...] oder auch einer politischen Festlegung.«[86]

Ein gedeihliches, solidarisches Zusammenleben der Menschen sei vielmehr auf »Geduld und Nachsicht, auf Skepsis und Resignation« angewiesen.[87] So ist es nicht verwunderlich, dass Karl Löwith entweder, mit nachsichtig-überheblicher Ignoranz betrachtet, als »bürgerlicher Denker ohne Klassenstandpunkt« bekämpft oder (immerhin) als Philosoph mit »Eleganz, Mitte und Maß« charakterisiert wurde. Auf verschiedenen (interessengeleiteten) Wegen konnte auf diese Weise vermieden werden, Löwiths argumentative Schärfe und wissenschaftliche Radikalität wirklich ernst zu nehmen.

Enrico Donaggio weist zurecht darauf hin, dass Löwiths Denken »als einer der radikalsten Angriffe auf die Gründungsmythen der westlichen Denkweise gelesen werden [kann], so etwa auf den Mythos, wonach der Mensch seine eigene Geschichte ist und macht«[88]. Löwith führt diese geschichtsphilosophische Entmythologisierung, diesen radikalen, d. h.

---

83 Löwith, Kierkegaard und Nietzsche (s. Anm. 19), 55.
84 Der verfolgte Dietrich Bonhoeffer antwortet 1944, in der Tegeler Haft, am Ende seines Prosa-Gedichts »Wer bin ich?«: »Wer bin ich? Einsames Fragen treibt mit mir Spott. Wer ich auch bin, Du kennst mich, Dein bin ich, o Gott!«, siehe: Dietrich Bonhoeffer: »Wer bin ich« (dietrich-bonhoeffer.net).
85 Löwith, Mein Leben in Deutschland (s. Anm. 5), 135.
86 A. a. O., 134.
87 A. a. O., 132.
88 Donaggio, Löwith (s. Anm. 14), 195.

an die Wurzeln gehenden Angriff weder in der Sache noch im Stil mit prophetischem Zorn. Auch nicht mit apokalyptischem Pathos, aufklärerischem Zynismus, hegelschem Weltgeist-Holismus, marxistischem Weltrettungswahn, nietzscheanischem Furor oder heideggerschem antimetaphysischen, fundamentalontologischen Raunen, sondern mit »einem politischen Sinn für Proportionen«, der eine Humanitas der Haltung, eine Ethik oder Weisheit der Begrenzung möglich macht, »die in Anbetracht des kollektiven Leidens nicht gleichgültig bleibt«[89].

Der moderate, allem Eifer abholde »fromme Agnostiker« Karl Löwith lässt uns teilnehmen an einem europäisch und international geschulten und gebildeten Lehr- und Lernprozess und an einem überaus geistreichen inneren Dialog zwischen Glauben und Vernunft, Theologie und Philosophie, Tradition und Moderne. Damit ist und bleibt dieser »Denker skeptischer Gelassenheit« für heutige und für künftige Generationen ein spannender, Nachdenken weckender Gesprächspartner. Ein solchermaßen umfassend gebildeter menschlicher Skeptizismus wie der von Karl Löwith schützt vor Aberglauben und Ideologien ebenso wie vor dem Unheil politischer Heilslehren.

Wir nehmen nun Löwiths Exegese des christlichen Zeitverständnisses, seinen insbesondere durch Augustinus und Oscar Cullmann geprägten Blick auf christliche Eschatologie noch einmal aufs Korn, um abschließend zu fragen, wie eine tragfähige theologische Antwort auf die Fragen nach Sinn oder Unsinn von Geschichte und Geschichtsphilosophie heute aussehen könnte?[90]

> Siehe, jetzt ist die Zeit der Gnade, siehe, jetzt ist der Tag des Heils!
> (2. Korinther 6, 2)

3. »... wenn Gott Geschichte macht« – Heillose und heilsame Konsequenzen christlicher Zeitauffassungen

Löwiths historische, philosophische und im weiteren Sinne theologisch-soteriologische Fragen und Auseinandersetzungen tragen im Kern ein lebenslanges Nachdenken über das okzidentale (westlich-lateinische), orientalische (östlich-griechische) und asiatische (fernöstliche, insbesondere japanische) Verständnis von Zeit in sich. Im Zusammenhang seiner Beschäftigung mit Augustinus kommt er auf eine folgenschwere

---

89 A. a. O., 194.
90 Oskar Cullmann, Christus und die Zeit (s. Anm. 34).

»christliche Revolution der Zeitauffassung« zu sprechen. Diese tauche in dessen wirkmächtigem »De civitate Dei« (»Der Gottesstaat«) und vor allem seinen »Confessiones« (»Bekenntnisse«) auf und kleide sich in die Frage, »wo die Zeit ursprünglich zu Hause« sei. Augustinus' Antwort lautet nach Löwith:

> »In der unsichtbaren Ausdehnung des menschlichen Geistes (in seiner Aufmerksamkeit, die die Gegenwart vorstellt; in seiner Erinnerung, die die Vergangenheit vergegenwärtigt; in seiner Erwartung, die die Zukunft vorwegnimmt), aber nicht außerhalb des Universums, d. h. nicht in den Bewegungen der Himmelskörper, die das sichtbare Vorbild für die klassische Konzeption von Bewegung und Zeit sind.«[91]

Das Kapitel IX von »Weltgeschichte und Heilsgeschehen« hebt unter der Überschrift »Augustin. Die Widerlegung der antiken Weltdeutung« mit der These an, die im Zentrum seines Buches steht:

> »Die christliche Geschichtsdeutung richtet ihren Blick auf die Zukunft als den zeitlichen Horizont eines bestimmten Zieles und einer letzten Erfüllung. Alle modernen Versuche, die Geschichte als ein sinnvoll gerichtetes, wenn auch nicht abgeschlossenes Fortschreiten auf eine innerweltliche Erfüllung hin darzustellen, gründen in diesem theologischen, heilsgeschichtlichen Schema.«[92]

Wir können und wollen dieser These nicht widersprechen, sondern sie lediglich, mit Löwith gegen Löwith, korrigieren, ergänzen und präzisieren. Dabei gilt es festzuhalten, dass es zuerst und vor allem eine genuin jüdische Geschichtsdeutung und Zeitauffassung ist, die »ihren Blick auf die Zukunft als den zeitlichen Horizont eines bestimmten Zieles und einer letzten Erfüllung« richtet.[93] Und es sind keineswegs die Kirchenväter, die »aus der jüdischen Prophetie und der christlichen Eschatologie eine Theologie der Geschichte [entwickelten], die sich an dem überhistorischen Geschehen von Schöpfung, Inkarnation, Gericht und Erlösung orientiert«[94]. In besonderer Weise ist es eben jener, dem griechischen Denken und der oströmisch-byzantinischen Logos-Theologie relativ weit entfernte Augustinus von Hippo und seine Schüler, wie zum

---

91 Löwith, Weltgeschichte (s. Anm. 21), 175, bezugnehmend auf Augustinus »Gottesstaat« XI,6 und »Bekenntnisse«, 24.28 ff.
92 A. a. O., 173.
93 A. a. O., 16: »Am leidenschaftlichsten war eine solche Erwartung bei den jüdischen Propheten lebendig.«
94 Ebd.

Beispiel Orosius, dem Löwith (an sein Augustinus-Portrait im Essay anschließend) ein eigenes Kapitel widmet, die jene Geschichtstheologie entwickeln. Für beide spätantiken, anti-heidnischen Kirchenväter ist Geschichte nicht deswegen ein Heilsgeschehen, weil sie »aus der Knechtschaft Ägyptens« befreit (2. Mose 20,2), sondern weil sie (in einseitiger Aufnahme und Auslegung von Genesis 3,1–24) die Geschichte »eines sündigen Geschlechts ist«, das »mit der Erbsünde befleckt« ist und »durch die ›Fackel der Begierde‹ die Welt in Brand gesteckt hat«. Darum könne die Geschichte seiner Erlösung »nur aus Zucht und Strafe bestehen, was ebenso gerecht wie gnädig ist«[95]. An diese buchstäblich exklusive geschichtstheologische Sichtweise bzw. heilspädagogische Radikalsicht und weniger an die theologischen Stimmen der anderen »Großen Kirchenväter« des Ostens und des Westens, wie Hieronymus, Gregor, Ambrosius, Chrysostomos, Basilius, Gregor von Nazianz oder Athanasius, knüpft fortan das Gros der mittelalterlichen Theologen der Kirche(n) des Westens vor allem an.

Wir haben bereits an anderer Stelle, nämlich im Kontext der Kritik global gehypter Dystopien unserer Tage (»Homo Deus«), auf die anthropologisch und sozial problematischen, zum Teil verheerenden Folgen der Harmatologie (der Sündentheologie) Tertullians (150–220 n. Chr.) mit der wirkmächtigen Fortschreibung durch Augustinus für die »westliche Denkgeschichte« hingewiesen.[96] Dieses sehr spezifische, einseitige Erbsündenverständnis verdunkelt den guten Sinn des biblischen Sünden-Gedankens. Wir kommen später noch einmal darauf zurück.[97]

Die tendenziell negative Anthropologie Augustins, seiner Schule und deren Folgewirkungen erklärt m. E. auch, zumindest in Teilen, den kirchenkritischen bis antichristlichen Furor, der sich in schwärmerisch-weltfernen oder in säkular-revolutionären, diesseitigen Heilsprojekten ausdrückt (von Müntzer bis Joachim von Fiore zu Machiavelli, Voltaire, Rousseau, Hobbes und von Marx über Lenin zu Stalin oder von Nietzsche zu Hitler) und der vor allem im 20. Jahrhundert als ideologischer Treibstoff industriellen Massenmordes wirkte.[98]

---

95   A. a. O., 188/189.
96   Siehe Seidel, Humanität, Humanismus (Anm. 66), 69.
97   Vgl. Ingolf Dalferth, Sünde. Die Entdeckung der Menschlichkeit, Leipzig 2020. Vgl. den beitrag von Annette Weidhas in diesem Band.
98   Siehe: Jean-Jacques Chevallier, Denker, Planer, Utopisten. Die großen politischen Ideen. Frankfurt a. M. 1966 (franz. Original 1949).

In der jüngeren (Geschichts-)Philosophie finden sich allerdings, neben massiver Augustinus-Kritik z. B. bei Bertrand Russell oder Peter Sloterdijk[99], auch positive Bezugnahmen auf die Geschichtstheologie des heiligen Augustinus. Zu diesen zählt Hannah Arendt (1906–1975), die deutsch-jüdische Philosophin, Zeit- und Schicksalsgefährtin und Heidegger-Schülerin wie Karl Löwith. Bereits in ihrer Dissertation von 1928 hat sie sich intensiv mit dem Liebesbegriff Augustins auseinandergesetzt und ist immer wieder auf diesen lateinischen Kirchenvater zurückgekommen.[100] »Initium ut esset, creatus est homo« – damit ein Anfang sei, wurde der Mensch geschaffen, konstatiert Augustin. Was diesem Gedanken Attraktivität verleiht, sei weniger »die christliche Revolution der Zeitauffassung« (Löwith), jenes Votum gegen die zyklische Zeitvorstellung der Antike und für die lineare Zeit menschlichen Daseins. Worauf Augustinus im Kontext des Gedankens der Gottebenbildlichkeit abzielt, und was Hannah Arendt ganz offensichtlich fasziniert, ist die Einmaligkeit individueller Existenz. Jeder Mensch ist ein Anfang. Doch während für Augustinus die Einzigartigkeit dieses Anfangs nur der Anlass ist, um auf das wahre Leben in der Zusammengehörigkeit mit Gott hinzuführen, zur Erlösung in Christus, was über das innerweltliche Leben hinausweist, versucht Arendt die mit der Natalität sich ankündigende Möglichkeit, den Sinn des Lebens hier und jetzt offen zu halten und zu erneuern, politisch zu wenden. Ihr Gedankenexperiment besteht darin, die Geburt, deren Sinn der Anfang ist, und das Politische, dessen Sinn die Freiheit ist, zusammenzudenken. Damit versucht sie auf untaugliche Weise zu einer humanen Säkularisierung der augustinischen Geschichtstheologie beizutragen.[101] Der Versuch scheitert, weil Erlösung im Glauben bei Augustinus mit der Sphäre des Politischen inkompatibel ist.

---

99 Siehe Bertrand Russel, Warum ich kein Christ bin (1927; dt. Dresden 1932, erw. 1957). Religion im Allgemeinen, insbesondere aber das Christentum, hielt Russell für ein Übel, eine »Krankheit, die aus Angst entstanden ist«, Augustinus für eine Psychopathen, dessen Sexualmoral er geißelt. Weniger scharf, aber in der Sache ähnlich im Blick auf Augustinus vgl. Peter Sloterdijk, Die schrecklichen Kinder der Neuzeit: über das anti-genealogische Konzept der Moderne. Berlin 2014.

100 Siehe Hannah Arendt: Elemente und Ursprünge totaler Herrschaft, Berlin/Wien 1955; Vita activa, Stuttgart 1960; Vom Leben des Geistes, Stuttgart 1977.

101 Siehe: hannaharendt.net, Ausgabe 1, Band 4–Mai 2008: »Auch der Philosoph ist ein Liebhaber Gottes.« Diesen Hinweis verdanke ich Dorothea Höck.

Diese ist auch im Zusammenhang mit Augustinus Schrift »De civitate Dei« (ausgehend von Matthäus 21,22) zu verstehen, der darin eine fundamentale Scheidung einführt, ohne die unsere heutige (westliche) verfassungsrechtliche Trennung von Staat und Kirche nicht denkbar wäre.[102] Für jene klare Trennung der »Regimente« plädiert, auf der Linie von Augustinus und Luther, auch Dietrich Bonhoeffer:

> »Obrigkeit [weltliches Regiment] und Kirche [göttliches Regiment] sind durch denselben Herrn gebunden und aneinandergebunden. Obrigkeit [äußere Gerechtigkeit: Böse bestrafen und Erziehung zum Guten] und Kirche [Wächteramt] sind in ihrem Auftrag voneinander getrennt. Obrigkeit und Kirche haben denselben Wirkungsbereich, die Menschen. Keines dieser Verhältnisse darf isoliert werden. Aus dieser klaren Trennung der Aufträge resultiert die religiöse Neutralität des Staates.«[103]

Doch abgesehen von diesen keineswegs nebensächlichen Aspekten hat es den Anschein, dass es der traditionsbildenden Kraft des augustinisch geprägten heilsgeschichtlichen Denkens zu verdanken ist, dass in der römisch-katholischen Kirche wie in den Kirchen und Konfessionen der Reformation andere, durchaus starke, attraktive Elemente neutestamentlicher Zeitauffassung und Eschatologie in den Hintergrund getreten sind – bis zum heutigen Tag. Dies ist möglicherweise auch einer der Gründe dafür, dass Löwith, ganz auf diese west-theologischen Mainstream-Linien schauend, bestimmte Topoi und Aspekte einer christlicheschatologischen Zeitauffassung nicht wahrnimmt und sie somit auch nicht als denkbare Korrektive neben seine Hauptthese stellt. Er lässt uns in seinem »Curriculum vitae« (CV) wissen, dass er seine eigene Zeitauffassung lediglich in gewisser Weise geweitet, sozusagen transzendenzoffen gemacht habe.

Insbesondere im Zusammenhang seiner Konfrontation mit Heideggers Analyse von Zeitlichkeit und Geschichtlichkeit, ausformuliert in »Martin Heidegger und Franz Rosenzweig, ein Nachtrag zu ›Sein und Zeit‹«, konnte er diese chronologische Weitung seinen Lesern kenntlich machen. Dabei habe sich ihm die eigene Erkenntnis bestätigt, die er

---

102 Martin Luther führte diesen Ansatz des Kirchenvaters Augustin in seinen Überlegungen »von den zwei Regimenten« fort. Vgl. dazu Thomas A. Seidel, Darum muss man die beiden Regimente sorgfältig voneinander unterscheiden, in: Unterwegs zu Luther, Weimar 2010, 207 f.

103 Bonhoeffer, Ethik (s. Anm. 69), 39 ff.

bereits in »Von Hegel zu Nietzsche« (1941) formuliert hatte: »ohne einen Horizont von Ewigkeit gibt es so wenig eine Zeitlichkeit, wie ohne einen Bezug zum All eine vereinzelte, eigene Existenz«[104].

Die Vorstellung einer Einübung in den heilsamen, meditativen Gedanken einer präsentischen Eschatologie, in das existenzielle »Jetzt« der Erlösung, der Befreiung, des Heils, wie es, im Zusammenhang des *memento mori* (Psalm 90,12), in der monastischen Theologie und Praxis seit Athanasius dem Großen (251–356 n. Ch.) und Benedikt von Nursia (480–547 n. Chr.) sowie der mittelalterlichen Mystik gepflegt wurde und wird, lag jedoch dem Analytiker und Kritiker einer linearen, heilsgeschichtlichen Zeitvorstellung ebenso fern wie die anthropologisch-kosmologische Theosis-Praxis der byzantinischen Orthodoxie.[105] Was ist der Grund dafür, dass dem neugierigen und forschungsfreudigen Wissenschaftler diese Aspekte vorborgen geblieben sind?

Unsere Recherche führt uns zu dem Schluss, dass er aus den Gesprächen und dem Schriftwechsel mit seinen theologischen Kollegen wie Tillich, Niebuhr, Bultmann zwar die Gewissheit mitnahm, dass »der Nachweis des theologischen Sinnes unseres geschichtsphilosophischen Denkens [am Ende] über alles bloß geschichtliche Denken«[106] hinausführt. Doch unabhängig davon habe er sich (insbesondere in Hartford, USA, in den Jahren seiner Arbeit an »Weltgeschichte und Heilsgeschehen«) wie ein »auf dem trockenen Sand der protestantischen Theologie nach Wasser und Luft schnappender Fisch« gefühlt.[107] Entweder konnte Löwith seine »Wüstensand-Existenz« gegenüber den Kollegen nicht ausreichend problematisieren, oder es ist eben keinem seiner protestantischen Freunde in den Sinn gekommen, ihn darauf hinzuweisen, dass das »Jetzt«, von dem die Evangelien, die Apokalypse (Offenbarung) des Johannes oder auch der Apostel Pauls sprechen: »Siehe, jetzt ist die Zeit der Gnade, siehe, jetzt ist der Tag des Heils!« (2. Korinther 6,2) anders

---

104 Löwith, Mein Leben (s. Anm. 5), 183, und Löwith, Von Hegel zu Nietzsche (s. Anm. 17), 558. »Die Zeit als solche ist dem Fortschritt verfallen und nur in den Augenblicken, in denen die Ewigkeit als die Wahrheit des Seins erscheint, erweist sich das zeitliche Schema des Fortschritts wie des Verfalls als historischer Schein.«
105 Siehe: Seidel, Humanität, Humanismus (Anm. 66), dort das Unterkapitel »Vergöttlichung« statt »Selbstvergottung«, 62 ff.
106 Löwith, Heilsgeschichte (Anm. 21).
107 Siehe Anm. 4.

»gefüllt« und gefühlt ist, als das historisch kontingente »Jetzt«, von dem der »religiös unmusikalische« (Max Weber) Löwith sprach.[108] Löwith wusste um das Menschlich-Allzumenschliche, um die (Sünden-)Ambivalenz menschlichen Seins. Er war gereift in den katastrophischen Umbrüchen seines Lebens in »dürftiger Zeit«[109] und ohne Zweifel im Bilde über das, was der Mensch der »Natur« (der eigenen wie der ihn umgebenden) antat und womöglich noch antun würde. Sein CV von 1959 beendete er in stoisch-antiapokalyptischer Manier, man möge sich »mit Kant über diesen fortschreitenden Verfall mit dem Hinweis trösten, dass dieses ›Jetzt‹ der letzten Zeit, in welcher der Untergang der Welt vor der Tür zu stehen scheint, so alt ist wie die Geschichte selbst«[110].

Neben den o. g. evangelischen Theologen in der Zeit des amerikanischen Exils war Oscar Cullmann (1902–1999) Löwiths wichtigster theologisch-neutestamentlicher Gewährsmann. Insbesondere dessen Buch von 1946 »Christus und die Zeit. Die urchristliche Zeit- und Geschichtsauffassung« hat ihn offenkundig so stark beeindruckt, dass er in Abwandlung der Formulierung des dritten Hauptkapitels »Heilsgeschichte und allgemeines Weltgeschehen« den deutschen Titel für seinen eigenen Essay formulierte: »Weltgeschichte und Heilsgeschehen«.[111] Wirft man einen Blick in das Werk von Cullmann, fallen einem die chronologisch-theologischen Parallelen zu Löwith sofort ins Auge. So finden wir z. B. im 1. Hauptkapitel »Die fortlaufende Heilslinie« die Untersuchungen Cullmanns zur »linearen Geschichtsauffassung der biblischen Offenbarungsgeschichte und die zyklische des Hellenismus«[112].

Was allerdings bei dem ausgewiesenen, ökumenisch agilen und international geschätzten Neutestamentler im Hintergrund bleibt, ist die wichtige Einsicht in jenes einzigartige Zusammenspiel von präsenti-

---

108 Klassisch formuliert von Schleiermacher, in: Über die Religion. An die Gebildeten unter ihren Verächtern, 90: »Die Unsterblichkeit darf kein Wunsch sein, wenn sie nicht erst eine Aufgabe gewesen ist, die ihr gelöst habt. Mitten in der Endlichkeit eins werden mit dem Unendlichen und ewig sein in einem Augenblick, das ist die Unsterblichkeit der Religion.« Siehe in diesem Zusammenhang auch den Entwurf einer »therapeutischen Theologie« Eugen Bisers, zusammengefasst bei Gunther Wenz, Heilung und Lebensheil im Angesicht des Todes, Göttingen 2015.
109 Siehe Löwith, Heidegger (s. Anm. 2).
110 Löwith, Mein Leben (s. Anm. 5), 193.
111 Oskar Cullmann, Christus und die Zeit (s. Anm. 34).
112 A. a. O., 60 ff.

scher und futurischer Eschatologie im Neuen Testament, auf das in der christlich-westlichen Exegese und Auslegungsgeschichte immer wieder einmal hingewiesen wurde und wird. Zuletzt hat Margarethe Strauss in ihrer eindrucksvollen Arbeit vom »Ende der alten und Anfang der neuen Welt« (mit Blick auf die Johannesoffenbarung) darauf aufmerksam gemacht, dass es trotz des dominanten apokalyptisch-futurischen Charakters der Offenbarung unzweifelhaft ist, dass »Christi Advent Präsens und Futur [umgreift]. Die Erwartung seiner verheißenen Zukunft lässt sich von Erinnerung ebenso wenig trennen wie diese von hoffnungsvoller Erwartung«[113].

Diese zeittheologische Einsicht gibt uns nun die Gelegenheit, abschließend noch einmal in religions- und ideologiekritischer Weise auf das oben beschriebene mediale Lob der Kinderkreuzzugs-Legende und ihrer gegenwärtigen »Neu-Erfindung« im Kontext der Schüler- und Jugendproteste von »Fridays for Future« und der »Letzten Generation« zu sprechen zu kommen. Wir tun dies, indem wir auf einen neun Jahre jüngeren akademischen Zeitgenossen Löwiths und dessen Bezug zu Heidegger, sein Verständnis von »Kindschaft«, von Mensch-Sein und seinen Widerstand gegen die NS-Diktatur verweisen.

Nicht nur Hannah Arendt und Karl Löwith haben sich kritisch mit Martin Heideggers NS-Affinität und seinem Verständnis von Zeitlichkeit in dessen Aufsehen erregender (unvollendeter) Schrift »Sein und Zeit« (1927) auseinandergesetzt. Jahre vor Löwith tat dies ein junger, damals 24-jähriger Akademiker: Dietrich Bonhoeffer (1906–1945).

Deutlich radikaler als der Heidegger-Schüler Löwith 1953 betrachtet der soeben promovierte evangelische (von Luther inspirierte und von Adolf von Harnack, Reinhold Seeberg und Karl Barth beeinflusste) Theologe bereits 1930 den Versuch Heideggers, »über die Analyse der Geschichtlichkeit des Daseins die Zeitlichkeit jeden Seinsverständnisses aufzudecken, als gescheitert«[114]. Ob »bewusst atheistisch« oder nicht, sei dahingestellt, meint Bonhoeffer. Er erkannte in »Sein und Zeit« eine

---

113 Margarethe Strauss, Ende der alten und Anfang der neuen Welt. Eschatalogie in der Johannesoffenbarung, München 2022.
114 In dieser Weise summiert der Herausgeber der Werke Bonhoeffers, Hans-Richardt Reuter, im Nachwort zu »Akt und Sein« (s. Anm. 115), 168. Bonhoeffer selbst formuliert: »Bei der Frage nach der Kontinuität wird deutlich, daß Heideggers Existenzbegriff für ein Verständnis des Seins im Glauben unbrauchbar bleibt.« (A. a. O., 93)

»Philosophie der Endlichkeit«, der eine profunde »christliche Zeitphilosophie« gegenübergestellt werden müsse, die aus der Begegnung des konkreten Menschen mit der Offenbarung Gottes in Jesus Christus erwächst. Seinem eigenen Entwurf gab er, in jugendlichem Selbst- und Sendungsbewusstsein und in erkennbarer Anlehnung an Heidegger den Titel »Akt und Sein« (1931).[115]

Auch wenn Bonhoeffer mit seiner Habilitationsschrift keine ausgeformte christliche Zeitphilosophie liefert, so zeigen die Umrisse doch deutlich, dass mit »Akt und Sein« ein anderer, gewissermaßen nichtchronologischer, existenzieller und ekklesiologisch umsetzbarer Offenbarungsbegriff eingeführt wird, der das gnadenreiche »Jetzt« betont. Im zweiten Kapitel legt er dar, dass er »in der Auslegung von Offenbarung die Kirche als Lösung« des »Akt-Sein-Problems« begreift. Eine instruktive, auch für Nichtakademiker gut lesbare Reflexion dieses Gedankens publiziert er acht Jahre später 1939 (nach seiner Zeit als Leiter des Predigerseminars der Bekennenden Kirche in Finkenwalde) mit dem inzwischen auch international erfolgreichen und wirksamen Bestseller »Gemeinsames Leben«.[116] Während der Lektüre dieses Buches kann in uns die heilsame Sehnsucht geweckt und die spirituelle Erfahrung vertieft werden, dass »Christi Advent Präsens und Futur« umgreift.

Wir erkennen in diesem Gedankengang Bonhoeffers eine erste tragfähige theologische Antwort auf die Fragen nach Sinn oder Unsinn von Geschichte und Geschichtsphilosophie heute. Warum? Weil auf diesem theologisch-praktischen, mystagogischen Weg christlicher Nachfolge[117] die ideologieoffene, machtpolitisch anfällige Automatik einer einlinigen, thematisch aufsteigenden religiösen oder säkularen Heilsgeschichte als ebenso untauglich zurückgewiesen werden muss wie die einlinige, absteigende Unheilsgeschichte religiöser oder säkularer Apokalyptik. Diese theologische Perspektive hält klare, tolerante und streitbare Äquidistanz. Sie hält Abstand gegenüber religiösen »Schwärmern« (wie Joachim v. Fiore, Thomas Müntzer, Quentin Ceasar u. a.) ebenso wie gegenüber säkularen »Politpietisten« (wie Lenin, Sarah Wagenknecht, Greta

---

115 Dietrich Bonhoeffer, Akt und Sein. Transzendentalphilosophie und Ontologie in der systematischen Theologie, erscheint zuerst im September 1931, als Heft 2, im 34. Band der Gütersloher Reihe »Beiträge zur Förderung christlicher Theologie«.
116 Dietrich Bonhoeffer, Gemeinsames Leben, München 1939.
117 Dietrich Bonhoeffer, Nachfolge, München 1937.

Thunberg u. a.). Ein Christenmensch, der aus jener inneren Freiheit lebt, wird sich mit der menschlichen Skepsis des »Denkers der kosmischen Gelassenheit« Karl Löwith bestens vertragen, ja, sie werden sich wechselseitig befruchten.

In einem weiteren biblisch-anthropologischen Zentralbegriff und in der Art und Weise, wie Bonhoeffer diesen aufnimmt, sehen wir eine zweite tragfähige theologische Antwort auf die Fragen nach Sinn oder Unsinn von Geschichte und Geschichtsphilosophie heute: im Begriff der »Kindschaft« und in seiner damit kombinierten Auslegung von »Jugend« und »Elternschaft«, im Kontext von Bonhoeffers Schuldbekenntnis-Entwurf für die Kirche seiner Zeit.

Im dritten Kapitel seiner Habilitationsschrift »Akt und Sein« argumentiert Bonhoeffer in klassisch typologischer Manier (d. h. in der wechselseitigen exegetischen Bezogenheit des Alten auf das Neue Testament und umgekehrt) anthropologisch: das »Akt-Sein-Problem in der konkreten Lehre vom Menschen ›in Adam‹ und ›in Christus‹«.[118] Seine Zeitauffassung spiegelt auch hier jenes o. g. »einzigartige Zusammenspiel von präsentischer und futurischer Eschatologie im Neuen Testament«[119]. Er verdeutlicht dies an dem Zentralsakrament der Christenheit, dem Symbolon des »neuen Menschen«, an der (Kinder-)Taufe: »Weil die Taufe zeitlich in der Vergangenheit liegt und doch eschatologisches Geschehen ist, bekommt mein ganzes vergangenes Leben Ernst und Kontinuität.«[120]

Er beendet dieses Kapitel und damit seine wissenschaftliche theologisch-philosophische Qualifizierungsschrift mit knappen Überlegungen unter der Überschrift »Bestimmtheit des Seins in Christus durch die Zukunft. Das Kind« und gibt uns eine Vorstellung davon, was »Kindschaft« und Erwachsen-Sein, »Knechtschaft« und Freiheit, Unmündigkeit und Mündigkeit in christlicher Perspektive bedeuten und bewirken können und sollen.[121]

»Im reinen Gerichtetsein auf Christus kommen Dasein und Wiesein wieder zurecht. [...] das echolose Schreien aus der Einsamkeit in die Einsamkeit des

---

118 Bonhoeffer, Akt und sein (s. Anm. 115), 135–161.
119 Vgl. Anm. 113.
120 »Kontinuität« ist auch, was Jakob Burkhardt und Karl Löwith in anderer Weise, aber gleicher Intentionalität erstrebten.
121 Bonhoeffer, Akt und Sein (s. Anm. 115), 157–161.

Selbst, der Protest gegen Vergewaltigung jeder Art hat unerwartet Antwort erhalten und löst sich nach und nach zum stillen, betenden Gespräch des Kindes mit dem Vater im Worte Jesu Christi. Das gequälte Gewissen um die Zerrissenheit des Ich finde im Blick auf Christus das ›fröhliche Gewissen‹, Trauen und Wagen. Der Knecht wird frei. Der in Fremde und Elend zum Mann Gewordene wird in der Heimat zum Kind. Heimat ist die Gemeinde Christi, immer ›Zukunft‹, ›im Glauben‹ Gegenwart, wie wir Kinder der Zukunft sind; immer Akt, weil Sein; immer Sein, weil Akt.«[122]

Dieses von Bonhoeffer aus dem Neuen Testament (Lukas 15,11–32; Matthäus 18,1–5 par., Galater 4,3b–7 u. a.) geschöpfte Verständnis von Kind-Sein hat nichts zu tun mit regressiv-frömmelnder Kindlichkeit oder postmoderner Infantilität im Sinne von »Kinder an die Macht«.[123] Im Fokus steht nach biblischem Verständnis vielmehr der erwachsene Mann, die erwachsene Frau, die die entwicklungspsychologischen Herausforderungen von Pubertät und Adoleszenz erfolgreich gemeistert haben und einer mündigen Existenz entgegenstreben. Als erwachsenen Menschen gilt ihnen (gemäß 1. Mose 3,5) der Segens-Fluch des adamitischen, des »sündigen«, von Gott getrennten Menschen, der mit geöffneten (der Welt und ihren Mächten zugewandten) Augen, wie Gott zu sein beansprucht und zwischen Gut und Böse unterscheiden muss, um verantwortlich leben zu können. Gemeint ist der sterbliche, dem Paradies der Kindheit entwachsene *homo sapiens*, das »Ebenbild Gottes« (1. Mose 1,27). Dieser sieht sich, wenn er elterliche Liebe und Autorität, gute Bildung und Mitmenschlichkeit erfahren hat, damit konfrontiert, seine anthropologisch vorgegebene Ambivalenz, die unverschuldete Schuld der *conditio humana* ehrlich und selbstbewusst zu akzeptieren und zu reflektieren. Von dorther, gegen jede moralistische, sexualisierte, re-

---

122 A. a. O., 161.
123 *Kinder an die Macht* ist ein Popsong von Herbert Grönemeyer von 1986; dazu Anke Götzmann, Entwicklung politischen Wissens in der Grundschule, Wiesbaden 2015, 7: »Grönemeyers Lied [...] zeigt ein kindliches Politikverständnis, das Kindern nur eine äußerst beschränkte und sehr eindimensionale Wahrnehmung des Politischen zuschreibt. Kinder treffen noch keine Unterscheidungen zwischen gut und böse; sie kennen weder Rechte noch Pflichten. Als moralisch-humoristische Aufforderung an Erwachsene, ihre Einstellung noch mal zu überdenken, mag es angebracht sein. Betrachtet man es jedoch als Spiegel für das politische Wissen von Kindern in der Gesellschaft, erscheint es defizitär.« Vgl. auch Kissler, Die infantile Gesellschaft (s. Anm. 61).

pressive augustinische Deutung von »Erbsünde«, führt der Weg zur »Entdeckung der Menschlichkeit«.[124]

In eindrucksvoller Weise beschreibt der Apostel Paulus die mit der Taufe verheißene und sakramental vollzogene Neugeburt, das Wunder der Wandlung, der Transformation von Menschenkindern zu Gotteskindern, vom »Sein in Adam« zum »Sein in Christus«, vom »Tod« zum »Leben«,[125] von »unmündig« und »geknechtet«, zu »Kind« und »Erbe«, prinzipiell und temporär, immer aufs Neue:

> »Als wir unmündig waren, waren wir geknechtet unter die Mächte der Welt. (4) Als aber die Zeit erfüllt war, sandte Gott seinen Sohn, geboren von einer Frau und unter das Gesetzt getan, (5) auf dass er die, die unter dem Gesetz waren, loskaufte, damit sie die Kindschaft empfingen. (6) Weil ihr nun Kinder seid, hat Gott den Geist seines Sohnes gesandt in unsre Herzen, der da ruft: Abba, lieber Vater! (7) So bist du nun nicht mehr Knecht, sondern Kind; wenn aber Kind, dann auch Erbe durch Gott.« (Galater 4,3b–7)

Paul Ricœur (1913–2005) bezeichnet dieses Erwachsensein als Gotteskindschaft, diesen eschatologisch geglaubten und gelebten Weltzugang als »zweite Naivität«. Diese zweite Naivität versöhnt die spielerische Sensitivität, Spiritualität und Leichtigkeit des Kindes mit der Rationalität, Verantwortungsbereitschaft und Urteilskraft des Erwachsenen. Mit diesem menschen- und gotteskindlichen Blick kann die Welt und die Geschichte, mit ihren Katastrophen und Kriegen ebenso wie mit ihren Schönheiten und Wundern, gesehen werden. Die meisten biblischen (oder auch andere sinn-volle) Texte können somit in ihrem Eigen-Sinn erkannt und gedeutet werden. Dieser aufgeklärte und zugleich für das Mysterium empfängliche Blick ermöglicht die Unterscheidung zwischen »erfüllter« und »verlorener« Zweit, zwischen »Ewigkeit« und »Erdenzeit«, zwischen Weltgeschichte und Heilsgeschehen.[126]

---

124 Vgl. Dalferth, Sünde (s. Anm. 97) sowie Seidel/Kleinschmidt (Hg.): Coram Deo versus Homo Deus (s. Anm. 66), dort: Thomas A. Seidel, Humanität, Humanismus und die Entdeckung der Menschlichkeit, 13–75.

125 Römer 6,2–4: »Wir sind doch der Sünde gestorben. Wie können wir noch in ihr leben? (3) Oder wisst ihr nicht, dass alle, die wir auf Christus Jesus getauft sind, die sind in seinen Tod getauft? (4) So sind wir ja mit ihm begraben durch die Taufe in den Tod, auf dass, wie Christus auferweckt ist von den Tuten durch die Herrlichkeit des Vaters, so auch wir in einem neuen Leben wandeln.«

126 Paul Ricœurs Philosophie setzt die Entmythologisierung des Glaubens bei Rudolf Bultmann voraus und geschieht im Erschrecken über den Holocaust und die Atom-

Diese Unterscheidung kann aber auch misslingen. Häufig geschieht dies mit schwerwiegenden Folgen. Zum Beispiel, wenn die eben beschriebenen Kategorien und anthropologischen Einsichten missachtet oder abgelehnt werden. Wenn Kinder nicht als Kinder gesehen, vorbehaltlos geliebt und geachtet werden. Wenn den Heranwachsenden und Jugendlichen in den Phasen und Projekten ihrer überschießenden Energie und in ihrem pubertären, entwicklungsnotwendigen Protest nicht mit Klugheit, Weisheit und Autorität begegnet wird, sondern wenn sie vielmehr in einer Art »Jugendwahn« als Teilnehmer eines modernen »Kinderkreuzzuges« gefeiert werden, als »mutige«, »heldenhafte« Teilnehmer eines (medial und auch sonst einträglichen) Kreuzzuges, der, wie Josef Schnelle meint, »vielleicht gerade heute neu erfunden werden müsste«[127].

Dietrich Bonhoeffer hat sehr früh auf die theologische und politisch-soziale Problematik der »Vergötterung der Jugend« hingewiesen. 1941/42, vier Jahre vor dem Ende des Zweiten Weltkrieges und dem Zusammenbruch der Nazi-Diktatur, hat er in seinem Ethik-Fragment den damaligen Jugendwahn als Verneigung vor dem Zeitgeist und als eine der Wurzeln für die Zerstörung der Familien benannt. Im »Stuttgarter Schuldbekenntnis vom 19.10.1945« (ein halbes Jahr nach Ende des Krieges) ist nur ansatzweise zur Sprache gekommen, was Dietrich Bonhoeffer viel schärfer in Worte gefasst hatte, indem er zehn bekenntnishafte Einsichten am Dekalog entlang entworfen und unter der Überschrift »Schuld, Rechtfertigung, Erneuerung« benannt hatte:

> »Die Kirche bekennt, an dem Zusammenbruch der elterlichen Autorität schuldig zu sein. Der Verachtung des Alters und der Vergötterung der Jugend ist die Kirche nicht entgegengetreten aus Furcht, die Jugend und damit die Zukunft zu verlieren, als wäre ihre Zukunft die Jugend!«[128]

Die Kirche im NS-Staat habe, so Bonhoeffer, »die göttliche Würde der Eltern gegen eine revolutionierende Jugend nicht zu verkündigen gewagt«. Sie hat vielmehr den sehr irdischen Versuch gemacht »mit der

---

bombenabwürfe des zweiten Weltkriegs. Vgl. Paul Ricœur: Phänomenologie der Schuld, Bd. 1: Die Fehlbarkeit des Menschen; Bd. 2: Symbolik des Bösen, Freiburg i. Br./München 1971.
127 Siehe Anm. 72.
128 Dietrich Bonhoeffer, Ethik, hg. v. Ilse Tödt/Heinz Eduard Tödt/Ernst Feil/ Clifford Green, DBW 6, München 1992, 125–136.

Jugend zu gehen«. Auf diese Weise sei sie schuldig geworden »an der Zerstörung unzähliger Familien, an dem Verrat der Kinder an ihren Vätern, an der Selbstvergötterung der Jugend und damit an ihrer Preisgabe an den Abfall von Christus«[129].

Das sind starke Worte »in dürftiger Zeit«, die auch heute nachdenklich stimmen und kritisch nachfragen lassen, ob es wirklich den Menschen und dem Klimaschutz dient, wenn, anstelle einer intelligenten kommunikativen Vermittlung der Komplexität politisch relevanter Aufgaben oder einer konkreten christlichen Ermutigung zu praktischer Weltverantwortung, vonseiten mancher leitender Geistlicher oder akademisch Verantwortlicher im Rat der EKD und in der EKD-Synode auf unkritische Solidarität gegenüber (rechtlich und inhaltlich) fragwürdigen Protestformen jugendlicher »Klimakleber«, »Kunstschänder« und »Straßenblockierer« gesetzt wird.[130]

Mit dieser kritischen Nachfrage gegenüber einem unkritischen linksprotestantischen Aktionismus kommen wir nun abschließend zu einer dritten tragfähigen theologischen Antwort auf die Fragen nach Sinn oder Unsinn von Geschichte und Geschichtsphilosophie heute. Wir tun dies, indem wir mit Ulrich Schacht (1951-2018) die Löwith-Frage neu stellen und eine theologische Unterscheidung zwischen dem (augustinisch traditionellen) »Geschichtsgott« und dem (pannenbergisch kontingenten) »Gott in der Geschichte«[131] vornehmen. Dem voraus geht ein kritischer Rückblick, den Schacht wie folgt formuliert: »Geschichtstheologie wie Geschichtsphilosophie, ihr säkularer Bruder und schärfster Konkurrent, riskieren in der Wahr-Nehmung des Phänomens [...] nichts

---

129 A. a. O., 130; vgl. Thomas A. Seidel, »Wer die Jugend hat, hat die Zukunft« – Max Greil und der Kulturkampf in Thüringen 1921-1924, in: 100 Jahre evangelische Landeskirche in Thüringen. Hg. v. der Ev. Akademie Thüringen, Neudietendorf, epd-Dokumentation 14-15/2021.

130 Siehe: Klimaaktivistin appelliert an Synodale: »Jetzt zu schweigen, ist das größte Risiko von allen« – EKD; Kritik dazu u. a. von Günter Thomas: Wird die EKD zum »Schubverstärker« für Klimaaktivisten? (pro-medienmagazin.de) und Linda Teuteberg, FDP: Einladung von Klimaaktivistin zur EKD-Synode »verstörend« | evangelisch.de.

131 Vgl. Wolfhard Pannenberg, Offenbarung als Geschichte. Göttingen 1961; ders., Die Bestimmung des Menschen. Menschsein, Erwählung und Geschichte, Göttingen 1978.

anderes als das geistige Abenteuer, dieser Quelle auf die Spur und ihr so näher zu kommen.«[132]

Schacht unternimmt mit seinem ausführlichen zeitgeschichtlichen Essay »Wenn Gott Geschichte macht! 1989 contra 1789«[133] und seiner »theologisch-philosophischen Meditation«[134] den in der gegenwärtigen evangelischen Theologie eher unüblichen Versuch, den Begriff der »Heilsökonomie« in die theologisch-philosophie Debatte und in das postmoderne Denken einzuführen. Er tut dies in der ihm eigenen poetisch-polemischen Weise, vor dem Hintergrund »von Menschen gemachten Erlösungs-Paradigmen«. Dies seien gefährliche innerweltliche Erlösungsphantasien, die, so Schacht, »im Namen ausgerechnet jener Vernunft, die sich im Gedächtnis der Menschheit vor allem mit rational begründetem Massenmord in ideologisch gerahmten Offensiven, *Revolutionen* genannt, zum Zwecke der Weltreinigung profiliert [und] sich gründend in radikal-aufklärerischer Selbstermächtungs-Ideologie und von Marx in die prometheisch kolorierte Formel eines hybrid-anthropologischen Autonomie-Dogmas gefaßt [habe], derzufolge der Mensch nichts weniger als *selbst* Gott werden muß«[135].

Diese Fundamentalkritik am menschlichen Machbarkeitswahn, an einer wie auch immer begründeten »Weltreinigung« teilt Schacht mit dem »frommen Agnostiker« Löwith, der in einem späten, altersweisen Aufsatz »Welt und Menschenwelt« festgehalten hatte: »Wer die Welt anders haben will als sie ist, wer sie verändern will, weiß nicht, was Philosophie ist, und verwechselt die Welt mit Weltgeschichte und diese mit einem Gemächte des Menschen.«[136]

Im Gegensatz zu jedweder »Selbstermächtigungs-Ideologie« ist es der dreieinige Gott, der Geschichte macht. Davon ist Schacht im Unterschied zu Löwith überzeugt. Doch Gott tue dies nicht als Macher im

---

132   Ulrich Schacht/Thomas A. Seidel, ... wenn Gott Geschichte macht! (s. Anm. 69), dort: Ulrich Schacht, Geschichtsgott oder Gott der Geschichte? Eine theologisch-philosophische Mediation in fünf Schritten, 177. Man beachte auch den luziden Text von Sebastian Kleinschmidt: Am Punkt der äußersten Utopie. Was heißt es, theologische Fragen an die Geschichte zu richten?, a. a. O., 184–192.

133   Schacht, ... wenn Gott Geschichte macht!, a. a. O., 15–98.

134   Schacht, Geschichtsgott, a. a. O., 177–183.

135   A. a. O., 179.

136   Karl Löwith, Gesammelte Abhandlungen. Zur Kritik der geschichtlichen Existenz, Stuttgart 1960, dort: Welt und Menschenwelt, 318.

Sinne von Fatum, Vorsehung oder Prädestination für uns, »umso mehr jedoch als Retter aus den fatalen Konsequenzen irdischer Surrogate der auf Gott gerichteten Omnipotenz-Prädikate«.[137] Schachts Zurückweisung eines (linear-historisch heilskonzepttätigen) Geschichtsgottes und seine Einladung, einen Gott in der Geschichte aufzusuchen, findet eine poetisch ansprechende, gewissenmaßen zauberhafte Entsprechung bei dem britischen Mathematiker, Wissenschaftstheoretiker und Philosophen Alfred North Whitehead (1861–1947):

> »Gottes Rolle liegt nicht in der Bekämpfung produktiver Kraft mit produktiver Kraft, von destruktiver Kraft mit destruktiver Kraft; sie besteht in der geduldigen Ausübung der überwältigenden Rationalität seiner begrifflichen Harmonisierung. Er schafft die Welt nicht, er rettet sie; oder genauer: Er ist der Poet der Welt, leitet sie mit zärtlicher Geduld durch seine Vision von Wahrheit, Schönheit und Güte.«[138]

Auch in der Schachtschen »theologisch-philosophischen Meditation« finden wir eine Brücke zu Paul Ricœur, der im Zusammenhang dieses von Schacht gewählten hermeneutischen Ansatzes von »drei Lesarten« von Geschichte spricht. Ricœur erkennt »die abstrakte Ebene des Fortschritts, die existentielle Ebene der Zweideutigkeit, die geheimnisvolle Ebene der Hoffnung«[139]. Diese Sichtweise ermögliche es dem Christen »die Zerrissenheit der erlebten Geschichte und die augenscheinliche Absurdität einer Geschichte zu überwinden, die oft genug einem aberwitzigen Narrenstück ähnelt«. Es sei eine Tatsache, »daß die Geschichte sich mit einer anderen Geschichte überschneidet, deren Sinn sich nicht erschließt, sondern der *verstanden* werden kann«[140]. Schacht zeigt sich davon überzeugt, dass eine so begründete »christliche Hoffnung« eine tragfähige, lebendige Hoffnung ist – »*auch für die Geschichte*«.[141] Deshalb werde der Christ durch seinen Glauben und im Setzen seines Vertrauens auf einen verborgenen Sinn in dem Versuch bestärkt, »*Verstehensmuster* zu erproben, ein Stück Geschichtsphilosophie zumindest als Hypothese einmal anzunehmen«[142].

---

137 Schacht, Geschichtsgott (s. Anm. 132), 179.
138 Alfred N. Whitehead, Prozess und Realität. Entwurf einer Kosmologie, Frankfurt a. M. 1984, 618, zitiert nach Schacht, Geschichtsgott (s. Anm. 132), 179.
139 Schacht, Geschichtsgott (s. Anm. 132), 181.
140 Ebd.
141 Ebd.
142 Ebd.

Mit dem apodiktischen Satz »Gott ist konkret, nicht abstrakt« kommt Schacht auf die Pascalsche Wette zu sprechen: »Geschichtstheologie, die in diesem Sinne auf den Gott der Geschichte setzt – gegen den Geschichtsgott des Menschen –, mithin jede wirkliche Theo-Logie, ist deshalb immer zugleich Variation der berühmten Wette Pascals, der zufolge jeder Spieler ›mit Gewißheit wagt, um mit Ungewißheit zu gewinnen‹.«[143] Der wortgewaltige Prosa-Autor und Lyriker Schacht,[144] Gründer der Evangelischen Bruderschaft St. Georgs-Orden[145] und Mitinitiator der Reihe »Georgiana. Neue theologische Perspektiven« beendet seine theologisch-philosophische Meditation mit einem fundamentaltheologischen Einspruch gegen einen der wirkmächtigsten Geschichtsphilosophen und (ungewollten) Gründer einer seit 1917 bis heute global relevanten und oft gewaltförmigen politischen Religion.[146]

> »Die Aufgabe, die einer jeden Theologie als *Theologie der Geschichte* auch heute noch oder heute erst recht daraus erwächst, kann sich deshalb allein in einer souveränen Überschreibung der 11. Feuerbachthese von Marx entfalten: Die Geschichtsphilosophen haben Gott aus der Welt nur verschieden *hinausinterpretiert*; es kommt aber darauf an, ihn *in ihr wiederzuentdecken*.«[147]

Wir sehen Schachts Votum im Verbund mit Bonhoeffers Skizze christlicher Zeitphilosophie in »Akt und Sein« und dessen theologisch-mystagogischer Verknüpfung von präsentischer und futurischer Eschatologie ebenso wie mit seinem an der Bibel gewonnenen Verständnis von »Kindschaft« und dem damit in Verbindung stehenden Einspruch gegen jedwede »Vergötterung der Jugend«. Diese drei Voten sollen uns am Ende des Reflexionsweges zu Löwiths »Weltgeschichte und Heilsgeschehen« zu theologischer Urteilskraft in der Postmoderne verhelfen. Einer Urteilskraft, die Gottvertrauen und Weltverantwortung verbindet.

---

143 Blaise Pascal, Gedanken, Leipzig 1987, 170 f., zitiert nach Schacht, Geschichtsgott (s. Anm. 132), 183. Vgl. dazu den großartigen Essay von Sebastian Kleinschmidt, Kleine Theologie des Als-ob, München 2023.

144 Siehe: www.ulrichschaft.de; vgl. Harald Seubert, Ulrich Schacht – Werk und Wirkung. Das Œuvre, in: Thomas A. Seidel/Sebastian Kleinschmidt, Wegmarken und Widerworte. Ulrich Schacht zum 70. Geburtstag. Leipzig 2021, 269–306.

145 Siehe: St. Georg (georgsbruderschaft.de)

146 Vgl. Eric Voegelin, Die politischen Religionen (s. Anm. 75); Hans Maier (Hg.), Wege in die Gewalt. Die modernen politischen Religionen. Frankfurt a. M. 2000; Michael Ley, Apokalypse und Moderne. Aufsätze zu politischen Religionen, Wien 1997.

147 Schacht, Geschichtsgott (s. Anm. 132), 183 (Kursivierungen im Original).

Gottesbild

Einer für alle, alle für einen?

Der dreieinige Gott im Religionsdiskurs

Ulrich H. J. Körtner

I Ein und derselbe Gott?

Identitätsdiskurse und -politiken im interreligiösen Dialog bieten ein widersprüchliches Bild. Einerseits beobachtet man deutliche Abgrenzungs- und Unterscheidungsbestrebungen in den verschiedenen Religionsgemeinschaften, andererseits eine Neigung zur Entdifferenzierung im Religionsdialog. Solche Entdifferenzierungstendenzen, die bestehende Unterschiede etwa im Gottesglauben einebnen möchten, sind besonders charakteristisch für eine Außensicht auf Religionen, die sich aus einer grundsätzlichen Distanz gegenüber allen Religionen speist. Sie äußert sich auch in einem abstrakten Begriff des Monotheismus und monotheistischer Religionen, der die zum Teil gravierenden Unterschiede im Gottesverständnis auf generalisierende Weise nivelliert.[1] Verbreitet ist die Ansicht, letztlich glaubten doch alle Monotheisten, wenn nicht überhaupt alle Menschen, an denselben Gott. Sofern diese Annahme von einer realen Bezugsgröße – von Gott als externem Gegenstand oder Gegenüber des Glaubens – ausgeht, verflüchtigt sich diese in einem Religionsbegriff, der nicht mehr mit der Realität Gottes, sondern nur mit *Gottesgedanken* rechnet, die als symbolische Selbstdarstellungen und -auslegung des religiösen Bewusstseins interpretiert werden. Generell ist Gott im Denken nur eine fakultative Möglichkeit religiösen Bewusstseins. So kann selbst der Monotheismus zur Religion ohne Gott mutieren.

Den Weg zu einem solchen Religionsbegriff hat die europäische Aufklärung bereitet. Er führt vom Konstrukt einer vermeintlich natür-

---

1 Zur Unterscheidung zwischen abstraktem und konkretem Monotheismus s. auch Reinhold Bernhardt, Monotheismus und Trinität. Gotteslehre im Kontext der Religionstheologie (Beiträge zu einer Theologie der Religionen 25), Zürich 2023, 30–47.

lichen Religion zum Gedanken der Religion als unbestimmtem Transzendenzbewusstsein, das seinen Ort allein im religiösen Subjekt und seiner Gefühlswelt hat und – mit Schleiermacher gesprochen – eine je individuelle Weise ist, das Universum anzuschauen. »Gott« ist lediglich ein fakultativer Name für das unbestimmte Woher eines Gefühls schlechthinniger Abhängigkeit, den man aber auch weglassen kann, ohne dass die Religion irgendeinen substantiellen Verlust erlitte.

Exemplarisch lässt sich dieser Sachverhalt am berühmten Dialog über die Religion veranschaulichen, der sich zwischen Margarete – auch Gretchen genannt – und Faust in Goethes gleichnamigen Drama entspinnt:

»Margarete: Glaubst du an Gott?
Faust: Mein Liebchen, wer darf sagen: Ich glaub an Gott? [...]
Margarete: So glaubst du nicht?
Faust: Mißhör mich nicht, du holdes Angesicht!
  Wer darf ihn nennen?
  Und wer bekennen:
  ›Ich glaub ihn!‹
  Wer empfinden,
  Und sich unterwinden
  Zu sagen: ›Ich glaub ihn nicht!‹?
  Der Allumfasser,
  Der Allerhalter,
  Faßt und erhält er nicht
  Dich, mich, sich selbst?
  Wölbt sich der Himmel nicht da droben?
  Liegt die Erde nicht hier unten fest?
  Und steigen freundlich blickend
  Ewige Sterne nicht herauf?
  Schau ich nicht Aug in Auge dir,
  Und drängt nicht alles
  Nach Haupt und Herzen dir,
  Und webt in ewigem Geheimnis
  Unsichtbar sichtbar neben dir?
  Erfüll davon dein Herz so groß es ist,
  Und wenn du ganz in dem Gefühle selig bist,
  Nenn es dann, wie du willst,
  Nenn's Glück! Herz! Liebe! Gott!
  Ich habe keinen Namen
  dafür! Gefühl ist alles;
  Name ist Schall und Rauch,
  Umnebelnd Himmelsglut.«[2]

Der Pantheismus, der sich in diesen Versen ausspricht, hat letztlich für Gott keinen Namen – oder besser: Er hat keinen Namen für das unaussprechliche Geheimnis des Universums. Streng genommen ist der goethesche bzw. spinozistische Pantheismus gar kein Theismus, da es hier keinen Gott als Gegenüber des Menschen gibt, der zu diesem in einer lebendigen Beziehung steht.

Der konkrete, reale Monotheismus in seinen historischen Ausprägungen von Judentum, Christentum und Islam kennt Gott hingegen nicht nur als beziehungsvolles Gegenüber des Menschen und der Welt im Ganzen, sondern kennt auch Namen, unter denen dieser Gott angerufen und verehrt werden will. Der Name oder die Namen Gottes aber sind nach den Selbstaussagen der genannten Religionen nicht von Menschen erdacht. Es ist vielmehr Gott selbst, der in Akten der Selbstvorstellung seinen Namen offenbart.

Zwischen Gottesnamen und Gottesbegriff gilt es zu unterscheiden, und diese Unterscheidung ist für das Verständnis des Monotheismus – oder sollten wir besser sagen: der unterschiedlichen Monotheismen – wesentlich. Während »Gott« zunächst ein Allgemeinbegriff ist, der allerdings in monotheistischen Religionen als Name fungieren kann, hat der so bezeichnete transzendente Grund von allem, was existiert, in Judentum, Christentum und Islam heilige Eigennamen. Anstelle des unaussprechlichen Tetragramms JHWH fungiert im Judentum die Bezeichnung *Adonaj* (»Herr«) als Name Gottes. Im Christentum wird Gott als Vater angesprochen, so wie es Jesus von Nazareth seine Jünger im Vaterunser gelehrt hat. Im Islam wird Gott als Allah angerufen und verehrt.

Weil »Gott« aber auch als Anrede oder als Name gebraucht wird – man denke nur an den Klageruf in Psalm 22: »Mein Gott, mein Gott, warum hast du mich verlassen?« –, ist der Satz »Gott ist Gott« keine Tautologie, sondern eine Aussage über den Gott, der als solcher angeredet wird: Der Gott, der »Gott« heißt, hat die Eigenschaft, Gott zu sein. Mehr noch, er ist die einzige Entität, die mit Fug und Recht als Gott bezeichnet wird. Ganz so sagt es auch der erste Teil der Schahāda, des islamischen Glaubensbekenntnisses: »Lā ilāha illā llāh(u)« – »Es gibt keinen Gott außer Gott.«

---

2 Johann Wolfgang Goethe, Faust. Der Tragödie erster Teil, hg. v. Lothar J. Scheithauer, Stuttgart 1981, 3426–3458 (103 f.).

Mengentheoretisch ausgedrückt: Die Menge aller Gegenstände, auf welche die Eigenschaften des Allgemeinbegriffs Gott zutreffen, besteht nur aus einem einzigen Gegenstand – wenn man den Begriff des Gegenstandes im Zusammenhang mit Gott nicht ontologisch oder metaphysisch, sondern lediglich formallogisch gebraucht.

Wie »Gott« ist auch »Herr« oder »Vater« streng genommen kein Name, sondern eine Funktionsbezeichnung, die nun als Anrede oder als Hoheitstitel fungiert. Wir müssen also zwischen Begriff, Name und Hoheitstitel unterscheiden, wenn wir uns mit konkreten Erscheinungsformen des Monotheismus befassen. Damit nicht genug, ist die Bezeichnung »Name Gottes« doppeldeutig. Wie das lateinische nomen kann »Name« sowohl für die Eigennamen Gottes als auch für Begriffe stehen, mit denen Gott bestimmte Eigenschaften zugesprochen werden. Die christliche Dogmatik spricht von Gottes Attributen, zu denen zum Beispiel seine Allmacht und Allgegenwart oder auch seine Einfachheit, seine Güte und seine Barmherzigkeit zählen. Der Islam kennt 99 Namen Gottes, die seine göttlichen Eigenschaften bezeichnen.

Für die konkreten Ausprägungen des Monotheismus ist außerdem charakteristisch, dass der Name Gottes mit anderen Namen und Begriffen kombiniert wird, um seine Identität näher zu bestimmen. In der Hebräischen Bibel – die Bibel des Judentums und zugleich das Alte Testament der Christen – finden wir Bezeichnungen wie El Äljon (»Höchster«), El Olam (»Ewiger«) oder El Schaddaj (»Allmächtiger« [die Wortbedeutung ist nicht ganz geklärt]). Auch der Eigenname Gottes – JHWH – kann mit einem Zusatz versehen sein: JHWH Zebaoth (Jahwe/Herr der Heerscharen).

Schließlich kann der Name Gottes auch mit dem Namen eines Menschen verbunden werden. In der Hebräischen Bibel finden sich Bezeichnungen wie »Gott Abrahams«, »Gott Isaaks«, »Gott Jakobs« oder auch »Gott Israels«. Programmatisch heißt es in 1. Mose 33,20: »Gott ist der Gott Israels« (el 'ălōhê ji rā'el). In gedrängter Form verweist dieser Satz auf die Geschichte Gottes mit dem Volk Israel, das er aus Ägypten befreit und mit dem er einen Bund geschlossen hat. In gleicher Weise geschieht dies in der Selbstvorstellung Gottes am Beginn des Dekalogs (2. Mose 20,2; 5. Mose 5,6), der im Zusammenhang mit dem Bundesschluss am Sinai offenbart wird.

Im Neuen Testament wird der Name Gottes auf einzigartige Weise mit dem Namen Jesu von Nazareth verbunden, besser gesagt: zusammengesprochen. Gott ist der Vater Jesu, der als der Christus/Messias Gottes bezeichnet wird. Im Matthäusevangelium spricht er vom Gott Israels auf exklusive Weise als seinem Vater (Matthäus 10,32 f.; 16,17; 18,19). Und wenn er Gott gegenüber seinen Jüngern auch als deren Vater – »euer Vater im Himmel« – adressiert (Matthäus 5,16; 6,1; 7,11; 18,14; 23,9), schließt es sich doch nicht mit ihnen in der Anrede »Unser Vater zusammen«. Gottes Geschichte ist mit Person und Geschick Jesu unauflöslich verbunden, ist es doch Gott, der Jesus von den Toten auferweckt hat (Apostelgeschichte 4,10; 13,30; Römer 10,9; Galater 1,1; 1Petrus 1,21). Der Glaube, dass Gott Jesus von den Toten auferweckt hat, ist nach Auffassung des Paulus die Voraussetzung für die Rettung und das ewige Heil des Menschen (Römer 10,9). Paulus spricht aber nicht von einem heilsgeschichtlichen Handeln Gottes an Jesus von Nazareth, sondern auch von einem Handeln Gottes in ihm als seinem Repräsentanten: »Gott war in Christus und versöhnte die Welt mit sich selbst« (2. Korinther 5,19). Das Johannesevangelium spitzt den Gedanken noch weiter zu, indem es Christus sagen lässt: »Ich und der Vater sind eins« (Johannes 10,30). Mit dieser Aussage korrespondiert wiederum die Anbetung des Auferstandenen durch Thomas in Johannes 20,28: »Mein Herr und mein Gott«.

Auch im Islam wird der Name Gottes mit dem eines Menschen verbunden. Die Schahāda, das Bekenntnis des Islam besteht zum einen aus der Aussage, dass es keinen Gott außer Gott/Allah gibt, zum anderen aber aus dem Bekenntnissatz, dass Mohammed der Gesandte Allahs ist. Zwar findet sich die Schahāda nicht als solche im Koran, wohl aber ihre einzelnen Bestandteile (Sure 37,35; 47,19; 48,29). Wie im Christentum dient die einzigartige Verbindung des Namens Gottes mit dem eines Menschen der Näherbestimmung des einen und einzigen Gottes, der geglaubt und bezeugt wird.

Nimmt man solche Selbstbeschreibungen der in Rede stehenden Religionen ernst, stehen sie den eingangs erwähnten Entdifferenzierungstendenzen entgegen. Auch die Idee einer Ökumene der abrahamitischen Religionen bzw. der Abrahamsfamilie aus Juden, Christen und Muslimen[3] entpuppt sich als eine fragwürdige Denkfigur, zumal die

---

3 Vgl. Hans Küng, Abrahamitische Ökumene zwischen Juden, Christen und Muslimen, in: Iranzamin 11, 1998, 29–46; Karl-Josef Kuschel, Abrahamitische Ökumene? Zum Problem einer Theologie des Anderen bei Juden, Christen und Muslimen, in: ZMR 85, 2001, 258–278; Bertold Klappert, Der NAME Gottes und die Zukunft Abra-

»Stilisierung Abrahams als Begründer des Monotheismus« an der alttestamentlichen Abrahamsüberlieferung »nur schwachen Anhalt«[4] hat. Außerdem steht Abraham in den drei Religionen jeweils für eine unterschiedliche religiöse Grundüberzeugung und »verkörpert [...] sozusagen einen je anderen Sinn des Glaubens an Gott«[5].

Somit stellt sich die Frage, ob es sich in Judentum, Christentum und Islam lediglich um je unterschiedliche Gottesvorstellungen und unterschiedliche Ausprägungen ein und desselben Glaubens an den einen Gott oder um unterschiedliche Götter handelt. Aus religionswissenschaftlicher Perspektive könnte man diese These vertreten, sofern man sämtliche Gottheiten in Geschichte und Gegenwart als Produkte menschlicher Einbildung oder als Symbole menschlicher Selbstdeutung interpretiert, so dass von keiner Realität Gottes jenseits seiner fiktiven Gestalten oder eines Gottesgedankens gesprochen werden kann. Aus der Sicht eines monotheistischen Glaubens ist freilich zwischen Gott an sich und menschlichen Gottesvorstellungen und Weisen der Gottesverehrung zu unterscheiden. Die christliche Tradition formuliert diese Annahme mit Hilfe des Gedankens, dass von Gott nur auf analoge Weise gesprochen werden kann, wobei bei aller Ähnlichkeit zwischen Gott und der menschlichen Rede von ihm die Unähnlichkeit überwiegt. Deus semper maior – Gott ist stets größer als alle menschlichen Gottesbilder. Er ist letztlich der Ganz Andere.

Damit ist freilich nicht gesagt, dass die monotheistischen Religionen tatsächlich von ein und demselben Gott sprechen, auch wenn sie dies im Einzelfall behaupten mögen. Für die Christen steht außer Frage, dass sie an denselben Gott wie das alttestamentliche Israel und das heutige Judentum glauben. Andernfalls würde der christliche Gebrauch des Alten Testaments als Heiliger Schrift seine Grundlage verlieren. Bemerkenswerterweise verwenden die christlichen Kirchen das Alte Testament – sowohl in seiner Version als Hebräische Bibel als auch in seiner griechischen Septuaginta-Fassung – im unveränderten Wortlaut. Denkbar

---

hams. Texte zum Dialog zwischen Judentum, Christentum und Islam, Stuttgart 2019.

4   Bernhardt, Monotheismus (s. Anm. 1), 136.
5   Kirchenamt der EKD (Hg.), Christlicher Glaube und religiöse Vielfalt in evangelischer Perspektive. Ein Grundlagentext des Rates der Evangelischen Kirche in Deutschland (EKD), Gütersloh 2015, 64.

wäre ja gewesen, dass die ersten Christen die heiligen Schriften des Judentums durch redaktionelle Zusätze und Abänderungen christianisiert hätten.

Anders verhält es sich mit dem Islam. Seine heilige Schrift, der Koran, nimmt zwar für sich in Anspruch, die letztgültige Offenbarung desselben Gottes zu sein, den auch Juden und Christen verehren. Islamischer Glaube bezeugt dies aber nicht dadurch, dass er die heiligen Schriften des Judentums und des Christentums unverändert übernimmt. Vielmehr werden jüdische und christliche Traditionsbestände in eigentümlich abgewandelter Form präsentiert. Es handelt sich dabei nicht bloß um eine neue Interpretation der biblischen Texte, sondern um ihre Umformung im Sinne des islamischen Glaubens.

Bedenkt man das Thema der Offenbarung und die Frage ihrer schriftlichen Bezeugung, zeigt sich ein fundamentaler Unterschied zwischen dem Verhältnis von Judentum und Christentum auf der einen Seite und dem Verhältnis von Christentum und Islam wie auch von Islam und Judentum auf der anderen Seite. Aus christlicher Sicht kann man wohl sagen, dass der Islam zwar den Anspruch erhebt, auf eine Offenbarung desselben Gottes zurückzugehen, den auch die Christen verehren. Dass es sich aber um eine authentische Offenbarung ein und desselben Gottes handelt, lässt sich wohl nicht behaupten, ohne sich in kontradiktorische Widersprüche zu verstricken.

An dieser Stelle wechselt meine Argumentation von der Beobachter- in die Teilnehmerperspektive. Die folgenden Aussagen gehören zur Gattung assertorischer Rede. Assertorische Sätze beanspruchen für den, der sie aufstellt, Gültigkeit, ohne für sie einen objektiven Beweis aus der Beobachterperspektive zu erbringen. Nach meinem Verständnis kann man in den Offenbarungen, die Mohammed glaubt empfangen zu haben, christlicherseits eine Resonanz auf das jüdische und das christliche Offenbarungszeugnis sehen, aber keine neue Offenbarung, die an die Stelle der biblisch bezeugten treten könnte. Bestätigt sieht sich diese Auffassung auch durch die Tatsache, dass es sich beim Islam im Unterschied zum Christentum nicht um eine Erlösungsreligion handelt. Mag auch von Gott als dem Allerbarmer gesprochen werden, auf dessen Gnade die Gläubigen im letzten Gericht hoffen, so steht im Zentrum doch nicht ein Heilsgeschehen wie im christlichen Glauben an Tod und Auferstehung Jesu Christi, sondern die göttliche Forderung in Gestalt von Geboten, deren Erfüllung den Menschen aufgetragen ist.

Vergleicht man die monotheistischen Religionen in ihrem eigenen Selbstverständnis, so kann man zu dem Schluss gelangen, dass sie wohl glauben, an ein und denselben Gott zu glauben, aber schon auf die Frage, was es überhaupt heißt, an Gott zu glauben, unterschiedliche Antworten geben. Völlig zu Recht wendet sich der EKD-Grundlagentext »Christlicher Glaube und religiöse Vielfalt in evangelischer Perspektive« (2015) gegen eine Religionshermeneutik »der nachsichtigen Unvollständigkeit des anderen«, weil doch weder das Christentum noch das Judentum und der Islam »mit dem Gedanken, die anderen beiden hielten sich bereits zum einzigen Gott, nur bleibe er diesen noch in wesentlichen Dimensionen verborgen, einen Plausibilitätsgewinn erzielen«[6].

Dies gilt nun insbesondere für die trinitarische Gestalt des christlichen Gottesglaubens, der wir uns im folgenden Abschnitt zuwenden.

II Glauben an den dreieinigen Gott

Christen glauben an den dreieinigen Gott: Vater, Sohn und Heiliger Geist. Das jedenfalls ist die offizielle Lehre der Kirchen, in denen die dogmatischen Entscheidungen des Konzils von Nicäa (325 n. Chr.) und Konstantinopel (381 n. Chr.) in Geltung stehen. Die lutherischen Bekenntnisschriften stellen dem Nicäno-Konstantinopolitanum und dem Apostolischen Glaubensbekenntnis das Athanasianum, nach seinen Einleitungsworten auch Quicumque genannt, zur Seite.[7] Bei diesem augustinischer Tradition zuzuordnenden Bekenntnis handelt es sich um eine Kompilation von Zitaten lateinischer Kirchenväter, die vermutlich im 6. Jahrhundert n. Chr. entstanden ist.[8] Das Quicumque formuliert ausdrücklich ein Bekenntnis zur Dreieinigkeit Gottes: »Dies ist aber der rechte christliche Glaube, daß wir ein einigen Gott in drei Personen und drei Personen in einiger Gottheit ehren; Und nicht die Personen in einander mengen, noch das göttlich Wesen zertrennen.«[9] Das wird nun im Einzelnen ausgeführt, bevor es heißt: »Wer nun will selig werden, der

---

6 Christlicher Glaube und religiöse Vielfalt in evangelischer Perspektive. Ein Grundlagentext des Rates der EKD, Gütersloh 2015, 65.
7 Vgl. BSLK 28-30.
8 Vgl. Volker Drecoll, Das Symbol Quicumque als Kompilation augustinischer Tradition, in: Zeitschrift für antikes Christentum 11 (2007), 30–56.
9 BSLK 28,10–14.

muß also von den drei Personen in Gott halten.«[10] Darauf folgt noch eine bekenntnishafte Darstellung der chalcedonensischen Zweinaturenlehre. Auch von ihr heißt es zum Schluss: »Das ist der rechte christliche Glaube; wer denselben nicht fest und treu gleubt, der kann nicht selig werden.«[11]

So formuliert, dient die Trinitätslehre eindeutig der kirchlichen Identitätsstiftung nach innen und der Abgrenzung nach außen, zur Entstehungszeit gegenüber christlichen Häretikern und wohl auch gegenüber dem Judentum, in späterer Zeit aber auch gegenüber dem Islam. Ob ausgerechnet die Trinitätslehre, die im 20. Jahrhundert eine theologische Renaissance erlebt hat, dessen ungeachtet im heutigen Dialog der Religionen als Gesprächsangebot fungieren kann, wie von manchen christlichen Vertretern einer Theologie der Religionen gesagt wird, soll im dritten Abschnitt des vorliegenden Beitrags erörtert werden.

Folgt man den scharfen Worten des Athanasianum, dürften wohl viele Kirchenmitglieder, gleich welcher Konfession, heute kaum darauf hoffen, selig zu werden. Grundkenntnisse der christlichen Überlieferung sind in weiten Teilen der Bevölkerung nicht mehr vorhanden und auch im Religionsunterricht kaum mehr vorauszusetzen. »Trinität« ist für die meisten ein Fremdwort. Laut einer von der Frankfurter Allgemeinen Zeitung in Auftrag gegebenen Studie glaubten 2021 nur noch 46 Prozent der Bevölkerung an einen Gott.[12] Selbst unter evangelischen Kirchenmitgliedern lag der Anteil derer, die noch an Gott glauben, laut einer vom SPIEGEL 2019 in Auftrag gegebenen Studie lediglich bei 67 Prozent. Im Jahr 2005 waren es noch 79 Prozent gewesen.[13]

Die kirchliche Lehre von der Trinität Gottes spielt für die meisten Menschen gar keine Rolle. Sofern sie die christliche Dreiheit von Vater, Sohn und Heiligem Geist kennen, dürften sie deren Verhältnis zueinander wohl oft in einem arianischen Sinne bestimmen. Im strengen Wort-

---

10 BSLK 29,33 f.
11 BSLK 30,40–42.
12 Vgl. https://www.faz.net/aktuell/politik/inland/christen-vielleicht-keine-mehr-heit-mehr-abkehr-der-kulturtradition-17695452.html?printPagedArticle=true#pageIndex_2 (letzter Zugriff: 20.3.2023).
13 Vgl. https://www.evangelisch.de/inhalte/155966/20-04-2019/umfrage-viele-christen-glauben-nicht-gott (letzter Zugriff: 20.3.2023).

sinn ist demnach allein die als Vater bezeichnete göttliche Person Gott, der Sohn hingegen ist von Gott geschaffen und ihm untergeordnet.

Sind schon die Kenntnisse, was die christliche Trinitätslehre betrifft, gering, so dürfte der persönliche Glaube an einen dreieinigen Gott, der sich in einer entsprechenden Glaubenspraxis – zum Beispiel einer trinitarischen Gebetspraxis – zeigt, erst recht eine Seltenheit darstellen. Ein Titel wie Friedrich Gogartens *Ich glaube an den dreieinigen Gott*[14] ist auf dem heutigen Buchmarkt nicht anzutreffen.[15]

Im Gegensatz zu Karl Barth hat Friedrich Schleiermacher die Trinitätslehre in seiner Glaubenslehre erst am Ende behandelt, weil sie »in ihrer kirchlichen Fassung [...] nicht eine unmittelbare Aussage über christliches Selbstbewußtsein, sondern nur eine Verknüpfung mehrerer solcher« sei.[16] Wohl würdigt Schleiermacher die Trintitätslehre »als den Schlußstein der christlichen Lehre«[17]. Sie sei aber nicht »als eine unmittelbare oder wohl gar notwendige Verknüpfung von Aussagen über unser christliches Selbstbewußtsein anzusehen«[18], weil doch der Hauptangelpunkt der kirchlichen Lehre – das »Sein Gottes in Christo und in der christlichen Kirche«[19] – unabhängig von der Trinitätslehre bestehe. Schleiermacher kritisiert, dass die Trintitätslehre in der evangelischen Kirche bis zu seiner Zeit »keine neue Bearbeitung erfahren« habe und hält »eine auf ihre ersten Anfänge zurückgehende Umgestaltung«[20] derselben für unumgänglich.

Tatsächlich gibt es in Geschichte und Gegenwart des Christentums nicht nur unterschiedliche Ausformungen der Trinitätslehre, sondern

---

14 Vgl. Friedrich Gogarten, Ich glaube an den dreieinigen Gott. Eine Untersuchung über Glauben und Geschichte, Jena 1926.

15 Immerhin bin ich auf ein gleichnamiges Buch gestoßen, das in einem Hamburger Kleinverlag erschienen ist: Wilhelm Boltenhagen, Ich glaube an den dreieinigen Gott, Hamburg 2003. Das Buch enthält neben einer Auslegung der Confessio Augustana Antworten einer Mutter auf die Fragen einer Schülerin nach Gott und ein Theaterstück, in dem es um die Gegenwart Gottes geht.

16 Friedrich Schleiermacher, Der christliche Glaube nach den Grundsätzen der evangelischen Kirche im Zusammenhange dargestellt, hg. v. Martin Redeker, 7. Aufl., Bd. II, Berlin 1960 § 170 (458).

17 A. a. O., 459.

18 A. a. O., 461.

19 Ebd.

20 A. a. O., 469.

auch christliche Gruppierungen, welche die Trintitätslehre ablehnen.[21] Aus der Reformationszeit sei an die Anhänger Fausto Sozzinis und an Michael Servet erinnert, der unter Beteiligung Calvins und nachträglicher Billigung Melanchthons in Genf hingerichtet wurde. Dieses Ereignis gehört zu den dunklen Kapiteln der Reformationsgeschichte. Im 18. Jahrhundert entstand in Nordamerika die Bewegung der Unitarier, welche nicht nur die christliche Trinitätslehre ablehnt, sondern auch die Göttlichkeit Jesu bestreitet. Die heute bestehende Unitarian Universalist Association steht auch nichtchristlichen und selbst agnostischen Anschauungen offen gegenüber. Teils unter täuferischem, teils unter sozinianischem Einfluss entstanden bereits in der Reformationszeit in Polen-Litauen, in Ungarn und in Siebenbürgen unitarische Kirchen. In Rumänien ist die Unitarische Kirche heute eine der anerkannten Religionsgemeinschaften. Wenn über den Trinitätsglauben im heutigen Religionsdiskurs gesprochen wird, sind auch diese Gemeinschaften mit zu berücksichtigen.

Der Geschichte der Neuinterpretationen und Umformungen der Trinitätslehre im Deutschen Idealismus sowie in der Theologie des 20. Jahrhunderts kann an dieser Stelle nicht nachgezeichnet werden. Feststellen lässt sich allerdings, dass sich die mit Karl Barth einsetzende Renaissance der Trinitätslehre umgekehrt proportional zum Schwinden des Trinitätsglaubens in der Gegenwart verhält. Soll der Glaube an den dreieinigen Gott mit Leben erfüllt werden, müssen seine biblischen Gründe und seine Ausprägungen im Leben der Kirche, in Liturgie und Frömmigkeit, für Christenmenschen erschlossen werden, die kein Theologiestudium absolviert haben.[22] Man denke nur daran, dass der Gottesdienst üblicherweise mit den Worten »Im Namen des Vaters und des Sohnes und des Heiligen Geistes« beginnt, dass die Taufe im Namen des Vaters und des Sohnes und des Heiligen Geistes vollzogen wird und dass auch gottesdienstliche Gebete eine trinitarische Struktur haben, wenn sie Gott den Vater adressieren und mit der doxologischen Formel schließen: »der du mit dem Sohn und dem Heiligen Geist lebst und regierst in Ewigkeit.« Ebenso kann Christus der Adressat eines Gebets sein, von

---

21 Vgl. Ulrich H. J. Körtner, Ökumenische Kirchenkunde (LETh 9), Leipzig 2018, 283–285.
22 Praktische Vorschläge dazu macht z. B. Wilfried Härle, Warum Gott? Für Menschen, die mehr wissen wollen, Leipzig 2013, 179–208.

dem in entsprechender Weise am Ende doxologisch gesagt wird, dass er mit dem Vater und dem Heiligen Geist lebt und herrscht in alle Ewigkeit.

Bedenkt man den Zusammenhang von Taufe, Trinität und Theologie der Namen Gottes, dann spielt die Trinitätslehre für die Existenz der Glaubenden und ihre Erschließung durchaus eine zentrale Rolle. Sie wie Schleiermacher in den Anhang zur Dogmatik zu setzen, ist theologisch nicht sachgemäß. Deutet man die Taufe mit Luther existential als tägliches Absterben des alten Menschen und tägliches Auferstehen des neuen Menschen und sucht nach praktischen Möglichkeiten der Tauferinnerung, kann man nicht behaupten, dass es sich bei der Trinitätslehre lediglich um eine sekundäre dogmatische Theorie handelt, der keine Glaubenserfahrung entspricht. Wilfried Härle fasst den Trinitätsgedanken folgendermaßen zusammen: »Christen glauben an den dreieinigen Gott, dessen Wesen Liebe ist, indem sie aufgrund der Begegnung mit Jesus Christus durch Gottes Geist an Gott als den Vater glauben.«[23] Die Trinitätslehre hat eine hermeneutische Erschließungsqualität.[24] Sie lässt sich nicht nur als Hermeneutik christlicher Gotteslehre, sondern auch als hermeneutische Erschließung christlicher Existenz verstehen.

Die Trinitätslehre der Alten Kirche versucht wie auch ihre neueren Interpretationen das biblische Reden von Gott begrifflich zu erfassen. Sie geht aber in ihrer lehrhaften Gestalt über den Wortlaut der biblischen Texte hinaus. Das Neue Testament gebraucht zwar triadische Formeln und enthält Reflexionen, die implizit trinitarisch sind (Paulus, Johannes). Es enthält aber keine expliziten trinitätstheologischen Formulierungen. Mag man auch über die in der Alten Kirche entwickelte, philosophisch geschulte Begrifflichkeit streiten, so ist doch auf elementare Weise eine trinitarische Struktur nicht nur dem Christusglauben, sondern auch dem christlichen Bibelkanon eingeschrieben. Trinitarisches Gottesverständnis und biblischer Kanon bilden einen hermeneutischen Zirkel.

Auslöser und Kern der Trinitätslehre ist das Problem der Christologie. Wir können auch sagen, dass die Trinitätslehre eine Funktion der Christologie ist, welche die Frage zu beantworten versucht, was es heißt an Jesus von Nazareth als letztgültige Offenbarung Gottes und seines

---

23 A. a. O., 191 (im Original kursiv).
24 Vgl. Ulrich H. J. Körtner, Dogmatik (LETh 5), Studienausgabe, Leipzig 2020, 235 f.

Namens zu glauben. Er ist nach neutestamentlichem Zeugnis mehr als nur ein Zeuge oder Prophet des Gottes, der sich in der Geschichte des alttestamentlichen Israels offenbart hat. Gott offenbart sich nicht etwa nur in den Worten und Taten Jesu, sondern in seiner Person, wie Paulus in 2Kor 5,19 schreibt: »Gott war in Christus und versöhnte die Welt mit sich selbst.« Letztgültig hat sich Gott in Leben, Sterben und Auferweckung des Gekreuzigten offenbart. So kann man sagen: Jesus als der Christus ist Gottes Wort in Person. Das aber bedeutet, dass sich nach christlichem Verständnis von Gott nur reden lässt, indem zugleich von Jesus von Nazareth gesprochen wird. Wiederum lässt sich zum Gott Jesu Christi nur sprechen, indem *im Namen Jesu* gebetet wird.

Von Jesus wiederum lässt sich angemessen nur sprechen, wenn im Blick auf seine Person und sein Leben zugleich von Gott gesprochen wird, so dass der Sinn seines Lebens im Horizont Gottes offenbar wird, wie umgekehrt das Wort »Gott« erst in Verbindung mit dem Leben Jesu seine letztgültige Bedeutung gewinnt. Das Geschick Jesu macht offenbar, dass das Wesen Gottes Liebe ist. Worin aber die Liebe besteht, die Gott ist, lässt sich nur im Verweis auf den Lebensweg Jesu bestimmen. Folglich gewinnt das Wort »Gott« seinen christlichen Sinn, indem die Namen »Gott« und »Jesus« zusammengesprochen werden. Das geschieht aber so, dass vom alttestamentlich bezeugten Gott Israels als dem Vater, von Jesus als dem Sohn und vom Heiligen Geist als dem Geist des Vaters und als dem Geist Christi, mit anderen Worten: dass von Gott trinitarisch gesprochen wird. So verstanden ist die Trinitätslehre keine metaphysische Spekulation über Gott, sondern die Hermeneutik christlicher Gottesrede.

Verbreitet ist heute dagegen eine christologisch unterbestimmte Rede von Gott, die letztlich auf eine Jesulogie anstelle einer Christologie hinausläuft. Auch unter Kirchenmitgliedern ist eine Sichtweise Jesu als Religionsstifter anzutreffen, die der islamischen Sicht von Jesus als Prophetengestalt weit eher entspricht als den neutestamentlichen Versuchen, Jesu Existenz, Sterben und Auferstehung als schlechthinniges Heilsereignis begreiflich zu machen.

Das Christentum unterscheidet sich nun einmal von allen sonstigen Formen von Religion durch das Bekenntnis zu Jesus Christus als Heilsbringer. Eben darum wurden und werden die an ihn Glaubenden Christen genannt. Dieses Bekenntnis aber schließt den Glauben an den von Jesus verkündigten Gott ein, der wiederum der Gott Israels ist. Nicht eine vage Spiritualität oder Gottoffenheit, sondern das Christusbekenntnis ist der entscheidende »Marker«, an dem das Label »Christentum« auf dem Markt der religiösen Möglichkeiten und Unmöglichkeiten erkannt wird. Von hier aus ist die Identität von Glaube und Kirche zu bestimmen.

Die sogenannte Basisformel des Weltrates der Kirchen (WCC) in Artikel I seiner Verfassung lautet: »Der Ökumenische Rat der Kirchen ist eine Gemeinschaft von Kirchen, die den Herrn Jesus Christus gemäß der Heiligen Schrift als Gott und Heiland bekennen und darum gemeinsam zu erfüllen trachten, wozu sie berufen sind, zur Ehre Gottes, des Vaters, des Sohnes und des Heiligen Geistes.«[25] Diese Formel stößt heute wegen ihres Christozentrismus auf Kritik. Ohne klaren christologischen Kern wird aber nicht nur die Rede von Gott, sondern auch diejenige vom göttlichen Geist diffus. Die Folge ist ein Christentum ohne Christus, in welchem sich auch die Rede vom göttlichen Geist zu einer diffusen Spiritualität und synkretistischen Schöpfungsfrömmigkeit verflüchtig. Demgegenüber ist auch in den heutigen Spiritualitätsdiskursen neu zu bedenken, was es bedeutet, dass der Geist Gottes im Neuen Testament nicht als pantheistischer Schöpfergeist, sondern als Geist Christi beschrieben wird, so dass auch die Lehre vom Heiligen Geist in der Christologie ihr Kriterium hat, mit dessen Hilfe es gilt, die Geister zu prüfen und zu unterscheiden.

III Trinitätslehre im Religionsdiskurs

Historisch betrachtet hat die Trinitätslehre, wie schon weiter oben vermerkt, in starkem Maße abgrenzend gewirkt, sowohl innerhalb des Christentums gegenüber denen, die als Häretiker verurteilt wurden, als auch gegenüber Judentum und Islam, von polytheistischen Religionen ganz zu schweigen. In jüngerer Zeit wird aber innerhalb des Diskurses über Anliegen und Zielsetzung einer Theologie der Religionen die Frage diskutiert, ob möglicherweise gerade die christliche Trinitätslehre eine geeignete Rahmentheorie für den Dialog der Religionen bietet.

Der katholische Theologe Gisbert Greshake, beispielsweise, deutet die Trinitätslehre unter Rückgriff auf die Religionsphilosophie Raimon

---

25 Zitiert nach https://www.oikoumene.org/sites/default/files/2022-02/Verfassung-und-Satzung-CC-2018.pdf (letzter Zugriff: 20.3.2023).

Panikkars als »Basistheorie«[26] einer Theologie der Religionen, welche die Religionen drei Grundtypen zuordnet: apophatischen Religionen, theistische Religionen und pantheistische Religionen. Paul Tillich votiert für einen konkreten Monotheismus, der über die Grenzen des Christentums hinaus eine trinitarische Struktur hat und die Erfahrung des Seins-selbst als schöpferische Macht deutet, als Manifestation der rettenden Liebe sowie als Kraft, durch welche der Mensch am Sein-selbst partizipiert und welche die Zweideutigkeiten des Lebens überwindet. Die Dreizahl hat für Tillich keine besondere Bedeutung, gab es doch in der Geschichte des Christentums Schwankungen zwischen einer Trinität, Binarität (infolge des Streites über die Stellung des Heiligen Geistes) und Quaternität (Das göttliche Wesen als ein Viertes neben Vater, Sohn und Heiligem Geist). Zwar komme der Trinitätsgedanke »einer adäquaten Beschreibung der« vom lebendigen Gott gewirkten »Lebensprozesse am nächsten«[27]. Doch habe das trinitarische Problem »nichts zu tun mit der Trickfrage, wie eines drei und drei eins sein kann. Die Antwort auf dieses Problem gibt jeder Lebensprozeß. Das trinitarische Problem ist das Problem der Einheit zwischen Unbedingtheit und Konkretheit im lebendigen Gott. Trinitarischer Monotheismus ist konkreter Monotheismus, die Bejahung des lebendigen Gottes.«[28] Die Trinitätslehre wird so zur Strukturbeschreibung im Rahmen der Ontologie des Sein-selbst.

Reinhold Bernhardt greift den Begriff der Rahmentheorie auf, den Christoph Schwöbel auf die Trinitätslehre als Integral christlicher Dogmatik geprägt hat,[29] und weitet ihn auf eine Theologie der Religionen aus,[30] die sich nicht nur als funktionalistisch-strukturalistisches Modell positioniert, sondern auch nach inhaltlichen Anknüpfungspunkten zwischen den Religionen fragt. In formaler Hinsicht sei die Trinitätslehre »als Klärung des Zusammenhangs zwischen Gottes Selbstsein und seinem Bezug zur Schöpfung«[31] zu verstehen. Inhaltliche Berührungs-

---

26 Gisbert Greshake, Der dreieinige Gott. Eine trinitarische Theologie, Freiburg/Basel/Wien ⁵2007, 505.
27 Paul Tillich, Systematische Theologie, Bd. I, Stuttgart ⁵1977, 265.
28 Ebd.
29 Vgl. Christoph Schwöbel, Trinitätslehre als Rahmentheorie des christlichen Glaubens. Vier Thesen zur Bedeutung der Trinität in der christlichen Dogmatik, in: ders., Gott in Beziehung. Studien zur Dogmatik, Tübingen ²2021, 25–51.
30 Vgl. Bernhardt, Monotheismus (s. Anm. 1), 290–322, bes. 314.
31 A. a. O., 306.

und Anknüpfungspunkte seien allerdings nicht mit Gemeinsamkeiten zu verwechseln, erweisen sich die vermeintlichen Gemeinsamkeiten bei genauerer Betrachtung »doch wieder als Verschiedenheiten«[32]. Die Trinitätslehre formuliere keine Supertheorie der Religionen, wohl aber eine standortgebundene Universalitätsperspektive, welche »eine naheliegende, wenn auch nicht notwendige Konsequenz aus dem Glauben an die Universalität der heilshaft wirkenden Gegenwart Gottes«[33] ziehe. Der vorausgesetzte Standort »ist *konzentriert* in Christus, aber nicht *begrenzt* auf ihn«[34]. Das ist ein durchaus weiter zu bedenkender Ansatz. Problematisch ist aber seine Konsequenz, wonach die Unterscheidung zwischen Welt- und Heilshandeln Gottes hinfällig sei.[35] Wenn Schöpfungs- und Erlösungshandeln auf diese Weise zusammenfallen, besteht die Gefahr, die christliche Soteriologie und damit auch die Christologie schöpfungstheologisch zu naturalisieren.

Bernhardts Religionstheologie ist der Vorschlag von Hans-Martin Barth verwandt, die Trinitätslehre als »formales Integrationsangebot«[36] im Dialog der Religionen zu deuten, enthalte es doch naturwüchsige Momente, die angeblich traditionellen Stammesreligionen entsprechen, »sodann geschichtliche Implikationen, wie sie am deutlichsten im Islam zum Ausdruck kommen, und schließlich pneumatologisches Gut, das im Buddhismus eine eher rationale, in ekstatischen Phänomenen eine eher emotionale Entsprechung hat«[37].

Außerchristliche Offenbarungen und Offenbarungsverständnisse lassen sich freilich keineswegs umstandslos in ein christlich-trinitarisches Konzept von Offenbarung als Geschichte integrieren, sondern können letzteres gerade in Frage stellen. So ist der islamische Monotheismus schließlich unter anderem in dezidierter Abgrenzung vom christlich-trinitarischen Monotheismus entstanden, der des Tritheismus, also des latenten Polytheismus, verdächtigt wird. Der islamische Monotheismus ist also mit einer klaren Differenzmarkierung gegenüber dem Christentum verbunden und wird sich dagegen verwahren, in

---

32 A. a. O., 309.
33 A. a. O., 312.
34 A. a. O., 317.
35 Vgl. A. a. O., 320.
36 Vgl. Hans-Martin Barth, Dogmatik. Evangelischer Glaube im Kontext der Weltreligionen. Ein Lehrbuch, Gütersloh 2001, 155–157.
37 A. a. O., 155.

ein trinitarisches Offenbarungskonzept integriert zu werden. Problematisch ist auch die These Barths, das Allgemeine, auf das sich auch der christliche Glaube beziehe, sei »im Anthropologischen zu suchen, nicht in irgendwelchen ›Offenbarungs-Inhalten‹«, das heißt in der »Fähigkeit des Menschen, über das Vorfindliche hinaus zu denken, zu fragen, zu wünschen, somit zu transzendieren und zu projizieren«[38].

Meines Erachtens ist Luthers Unterscheidung zwischen gepredigtem und verborgenem Gott[39] in eine Theologie der Religionen einzubeziehen.[40] Wohl kann auf rechtfertigungstheologischer Basis ein inklusivistisches Religionsmodell entworfen werden, das Religionen in der Sprache reformatorischer Theologie nicht nur als eine Gestalt des Gesetzes begreift, sondern mit der Möglichkeit rechnet, dass es auch in außerchristlichen Religionen Erfahrungen der göttlichen Gnade, die im biblisch bezeugten Evangelium exklusiv mit der Person Jesu Christi verbunden wird, geben kann. Ein derartiger metakritischer oder aufgeklärter Inklusivismus wird freilich die Strittigkeit des christlich-trinitarischen Offenbarungsverständnisses stets mitbedenken. Sie besteht nicht nur für eine außerchristliche Perspektive, sondern – als Folge einer theologischen Kritik am Modell einer exklusivistischen Theologie der Religionen – auch für eine innerchristliche Perspektive. Im Sinne eines metakritischen Inklusivismus gilt einerseits, dass Gottes Handeln hinter der gesamten Weltgeschichte und somit auch hinter der Religionsgeschichte geglaubt werden darf. Dass aber ein und derselbe Gott hinter den verschiedenen, in den unterschiedlichen Religionen erfahrenen Gottheiten oder Offenbarungen des Göttlichen, aus denen einander widersprechende Geltungsansprüche abgeleitet werden, stehen soll, gehört – mit Luther gesprochen – zur Verborgenheit Gottes. Von Gottes Verborgenheit kann aber nach Luther nur in Verbindung mit seiner Offenbarung – und das heißt für Luther seiner Offenbarung in Jesus Christus gesprochen werden.

Besondere Aufmerksamkeit verdienen Karl Barths rechtfertigungstheologische Beurteilung aller Religionen[41] – einschließlich des Chris-

---

38 A. a. O., 144.
39 Vgl. Martin Luther, De servo arbitrio (1525), WA 18.
40 Vgl. Ulrich H. J. Körtner, Offenbarung und Verborgenheit Gottes angesichts der Religionen, in: epd-Dokumentation 30, 2016, 15–27.
41 Vgl. Karl Barth, Die Kirchliche Dogmatik I/1, Zollikon-Zürich ⁴1948, 356 f.

tentums – sowie seine späte Lichterlehre.[42] Abgesehen davon, dass die Lichter, welche indirekt die Selbstoffenbarung Gottes in Christus bezeugen, nicht auf den Wirklichkeitsbereich der Religionen beschränkt sind, tritt in Barths späterer Religionstheologie die rechtfertigungstheologische Begründung seiner frühen Jahre allerdings in den Hintergrund. Gerade diese lässt sich jedoch in einer über Barth hinausführenden Weise für eine Theologie der Religionen fruchtbar machen.

Ausdrücklich wählt z. B. Michael Hüttenhoff eine modifizierte Form der Rechtfertigungslehre als Maßstab einer kritischen Theologie der Religionen, die freilich auf ein Gesamturteil über die großen religiösen Traditionen verzichtet und stattdessen nach konkreten Gestaltungen von Religionen fragt, in denen strukturell der Gehalt der christlichen Rechtfertigungslehre (in ihrer protestantischen Fassung) erkennbar wird.[43] Hüttenhoff bezeichnet seine Konzeption als »reflektierten Positionalismus« und möchte diese ausdrücklich als eine pluralistische Theologie der Religionen verstanden wissen. Letztlich handelt es sich freilich um eine modifizierte Form des Inklusivismus.

Ausgangspunkt jeder Theologie der Religionen ist die Wahrnehmung von Verschiedenheit. Das verbindet sie mit der Aufgabenstellung ökumenischer Theologie, die das Problem der Vielfalt und Einheit der christlichen Konfessionen bearbeitet. Auch die Feststellung von Gemeinsamkeiten hat Verschiedenheit, d. h. Differenzerfahrungen zur Voraussetzung und ist eine Synthetisierungsleistung. Die behauptete Vergleichbarkeit, Konvergenz oder Identität ist immer eine Konstruktion des individuellen religiösen Bewusstseins oder eine Synthese, die von den religiösen Autoritäten einer Gemeinschaft aufgestellt wird. Dementsprechend kann man fragen, wie die unterschiedlichen Konzeptionen einer Theologie der Religionen Differenzen wahrnehmen und wie sie diese aus der jeweiligen Perspektive einer konkreten Religion oder religiösen Tradition bearbeiten. Dabei stellt sich die Frage, inwieweit wahrgenommene Unterschiede gleichbedeutend mit Trennungen oder auch Widersprüchen und konkurrierenden Geltungsansprüchen sind.

---

42 Vgl. Karl Barth, Die Kirchliche Dogmatik IV/3, Zollikon-Zürich 1959, 106–128.

43 Michael Hüttenhoff, Die Möglichkeit einer am Rechtfertigungsgedanken orientierten pluralistischen Theologie der Religionen, in: Christian Danz/Ulrich H. J. Körtner (Hg.), Theologie der Religionen. Positionen und Perspektiven evangelischer Theologie, Neukirchen-Vluyn 2005, 121–150, bes. 136 ff.

Freilich ist nicht jeder Versuch einer Synthese, sondern schon die Wahrnehmung von Differenz eine Konstruktion. Differenzen bestehen nicht einfach, sondern sie werden dadurch gesetzt, dass eine Unterscheidung vorgenommen wird. Das zeigt bereits ein Blick in die Religionsgeschichte. Neue Religionen entstehen ihrem Selbstverständnis nach aufgrund von Offenbarungen, die man mit Ian T. Ramsey als Erschließungssituationen (*disclosures*)[44] bezeichnen kann, die zu einer neuen Gesamtdeutung menschlicher Existenz und der Wirklichkeit als ganzer führen. Charakteristisch für solche Offenbarungsereignisse ist aber immer auch die Markierung einer Differenz. Dieser Vorgang lässt sich sowohl systemtheoretisch, semiotisch oder auch konstruktivistisch deuten.

Christliche Theologie kann die Erfahrung von Gemeinsamkeiten und Differenzen der Religionen trinitarisch deuten, wenn zugleich die Unterscheidung zwischen Gottes Offenbarsein und seiner Verborgenheit mitbedacht wird. Dabei können auch strukturelle Berührungspunkte zwischen dem trinitarischen Monotheismus des Christentums und anderen Religionen erkennbar werden, ohne die tieferliegenden Differenzen zu negieren. Ob daraus aber mit innerer Notwendigkeit ein trinitarischer Religionsdialog wird,[45] der auch wechselseitig als ein solcher aufgefasst und geführt wird, muss hingegen offenbleiben.

---

44 Ian T. Ramsey, Religious Language, London 1957. Barth, Dogmatik (s. Anm. 36), 144–146 spricht von »Schlüsselerlebnissen«. Seine Definition des Begriffs ist freilich ungenau, schon deshalb, weil die Unterscheidung zwischen Erlebnis und Erfahrung nicht genügend beachtet wird.
45 Vgl. Härle, Warum Gott? (s. Anm. 22), 202 f.

GEHT VON UNIVERSALEN GELTUNGS- ANSPRÜCHEN GEWALT AUS?

WIE STEREOTYPEN ZU MONOTHEISMUS, MISSION UND MENSCHENRECHTEN IN GESELLSCHAFT UND KIRCHEN REALITÄTSNAHE DISKURSE UNTERMINIEREN

Henning Wrogemann

In mitteleuropäischen Gesellschaften lassen sich diskursive Großwetterlagen feststellen, in denen verschiedene Stereotype eine bedeutende Rolle spielen. Zu diesen Stereotypen zählt etwa die durch die sogenannte Assmann-Debatte zu neuer Popularität gelangte These, dass monotheistische Religionen per se zu mehr Gewalttätigkeit neigen würden als andere religiöse Formationen.[1] Im Zuge der postkolonialen Kritik wird darüber hinaus häufig davon ausgegangen, dass es rassistisch sei, einen universalen Geltungsanspruch zu vertreten, da dadurch andere Kulturen bevormundet würden. Insbesondere dem Westen wird dieser Vorwurf gemacht. Im Blick auf das Thema Mission wird weitgehend davon ausgegangen, hierbei könne es sich nur um etwas Übergriffiges oder Gewalttätiges gehandelt haben und weiterhin handeln, da ja eine eigene Mission voraussetze, eine gegenüber anderen ausgezeichnete Wahrheit zu vertreten.[2]

Zum Thema Menschenrechte gibt es mindestens zwei Haltungen, eine, die deren universale Anwendung befürwortet, wie auch eine andere, die die Universalität durch Hinweis auf kulturelle Rechte unterminiert. Diese Stereotypen zu universalen Geltungsansprüchen werden über die Jahre millionenfach in Büchern, Talk-Shows, sozialen Medien, in Fernsehen und Feuilletons wiederholt. Im Kern geht es bei allen drei

---

[1] Jan Assmann, Monotheismus und Gewalt. Eine Auseinandersetzung mit Rolf Schieders Kritik an »Moses der Ägypter«, in: Rolf Schieder (Hg.), Die Gewalt des einen Gottes. Die Monotheismus-Debatte zwischen Jan Assmann, Micha Brumlik, Rolf Schieder, Peter Sloterdijk und anderen, Berlin 2014, 36–55.
[2] Zum Thema insgesamt: Henning Wrogemann, Missionstheologien der Gegenwart. Globale Entwicklungen, kontextuelle Profile und ökumenische Herausforderungen. Lehrbuch Interkulturelle Theologie/Missionswissenschaft, Bd. 2, Gütersloh 2013.

Themen, Monotheismus, Mission und Menschenrechte, um den Vorwurf, dass ein universaler Geltungsanspruch quasi automatisch zu einem unduldsamen, ignoranten oder gar gewaltsamen Denken und Handeln führe. Kann man demnach sagen, dass universale Geltungsansprüche dazu tendieren, zu Gewalt zu führen? Oder verbergen sich hier nicht eine Reihe von Denkfehlern?

I Monotheismus – ein Kunstbegriff als Prügelknabe?

Beginnen wir mit dem Thema Monotheismus, zu deutsch: Ein-Gott-Glaube. Es handelt sich, wie bei seinem Pendant, dem Terminus Polytheismus, um einen wissenschaftlichen Kunstbegriff.[3] Es geht darum, verschiedene Phänomene unter einem Label zu subsummieren, um »Ordnung« in die Vielfalt der Dinge zu bringen. Dem Begriffspaar haftet eine verführerische Einfachheit an, da alle binären Schemata versprechen, die ansonsten unübersichtlichen Phänomene mit Leichtigkeit zuzuordnen, um Orientierung zu ermöglichen. Allerdings sind gegen diese Einfachheit aus wissenschaftlicher Sicht schwerwiegende Einwände zu erheben.

Wenn für Monotheismus von potentieller Gewalttätigkeit und für Polytheismen von (zumindest größerer) Friedfertigkeit ausgegangen wird, dann wird jeweils ein relativ einheitliches »Wesen« solcher Monotheismen oder Polytheismen vorausgesetzt. Andernfalls wäre die Unterscheidung hinfällig. Religionswissenschaftlich gesehen handelt es sich um einen essentialistischen Religionsbegriff, der impliziert, dass eine bestimmte innere Struktur (die »Essenz«) zu jeweils ähnlichen äußeren Handlungen führen würde.[4] Die These lautet: Monotheismen neigen zu Unduldsamkeit, Polytheismen zu Duldsamkeit.

Allerdings ergibt sich beim Thema Polytheismus die Schwierigkeit, dass eine auf der Vorstellung einer Vielfalt von Göttern basierende Religion sehr unterschiedlich aussehen kann, man denke etwa an die Religion Ägyptens (mit einer Geschichte von mehreren tausend Jahren)[5], die

---

3 Gregor Ahn, »Monotheismus« – »Polytheismus«: Grenzen und Möglichkeiten einer Klassifikation von Gottesvorstellungen, in: Manfried Dietrich/Oswald Loretz (Hg.), Mesopotamica – Ugaritica – Biblica, Neukirchen-Vluyn 1993, 1–24.
4 Henning Wrogemann: Religionswissenschaft und Interkulturelle Theologie, Leipzig 2020, 20–24.

Religion der Römer oder die Religion der Griechen.[6] Strukturell gesehen lassen schon diese drei »Polytheismen« äußert unterschiedliche Profile erkennen. Nimmt man die schwer überschaubare Zahl anderer Polytheismen hinzu, die weltweit vorhanden waren oder sind, so zeigt sich, dass die Behauptung eines gemeinsamen Wesens als Fiktion zu bezeichnen ist. Ebenso schwerwiegend ist der religionsgeschichtliche Einwand, dass etwa die antiken Religionen der Assyrer, Babylonier und Perser keineswegs friedfertiger waren als die (»monotheistische«) Religion Israels und dass im Namen verschiedener dieser Gottheiten grausame Kriege und Massaker stattgefunden haben.[7]

Bleibt das Thema Monotheismus. Auch hier kann man einwenden, dass es eine Fülle verschiedener innerer Strukturen sind, die einzelne Monotheismen aufweisen. Zudem ist die Begrenzung auf Judentum, Christentum und Islam willkürlich, da man etwa auch japanische Neureligionen, die Bahai-Religion oder den Sikhismus unter diese Kategorie fassen könnte. Darüber hinaus jedoch belehrt auch hier die Religionsgeschichte darüber, dass der im Westen als besonders friedlich angesehene (und eben nicht-»monotheistische«) Buddhismus keineswegs eine weniger kriegerische Historie gehabt hat, wie etwa die Phase der Kriegermönche während der japanischen Tokugawa-Zeit zeigen würde.[8] Dass

---

5   Klaus Koch, Geschichte der ägyptischen Religion, Stuttgart u. a. 1993.
6   Vgl. etwa Andreas Bendlin, Nicht der Eine, nicht die Vielen: Zur Pragmatik religiösen Verhaltens in einer polytheistischen Gesellschaft am Beispiel Roms, in: Reinhard Gregor Kratz u. a. (Hg.), Götterbilder – Gottesbilder – Weltbilder, Tübingen 2006, 279–311; Burkhard Gladigow, Polytheismus. Akzente, Perspektiven und Optionen der Forschung, in: Zeitschrift für Religionswissenschaft 5 (1997), 59–77.
7   Erich Zenger, Der Mosaische Monotheismus im Spannungsfeld von Gewalttätigkeit und Gewaltverzicht. Eine Replik auf Jan Assmann, in: Peter Walter (Hg.), Das Gewaltpotential des Monotheismus und der dreieine Gott, Freiburg u. a. 2005 39–82, bes. 43 ff. – Ein aktuelleres Beispiel für eine »polytheistische« Religionsformation, von der her Gewalt begründet wurde, wäre der japanische Shinto. Vgl. Walter A. Skya, Japan's Holy War. The Ideology of Radical Shinto Ultranationalism, Durham/London 2009; Reinhard Zöllner, Geschichte Japans. Von 1800 bis zur Gegenwart, Paderborn 2006. Besonders 198 ff.266 ff.
8   Oliver Freiberger/Christoph Kleine, Buddhismus. Handbuch und kritische Einführung, Göttingen 2011, 467–469. Vgl. auch: Rober H. Sharf, Zen and Japanese Nationalism, in: Donald S. Lopez (Hg.), Curators of the Buddha. The Study of Buddhism under Colonialism, Chicago 1995, 107–160; Brian Daizen Victoria, Zen at War,

die Hindu-Traditionen friedfertiger wären, kann ebenso ins Reich der Mythen verwiesen werden. Schaut man sich Religionen unter dem Gesichtspunkt ihrer Botschaft an, so wird man feststellen, dass sich Christentum und Buddhismus darin ähneln, eine universale Heilsbotschaft zu vertreten, die jedem Menschen als einzelnem Wesen gilt. Zudem wird für alle Menschen ein universaler Unheils-Zusammenhang (buddhistisch: Verblendung, christlich: Sünde) angenommen. Das bedeutet, dass im Blick auf die religiöse Heilsbotschaft ethnische, soziale und andere Grenzen keine Bedeutung haben: Jeder Mensch kann des Heils teilhaftig werden, wenn er der Lehre Glauben schenkt und sich dem durch die Religion gewiesenen Weg (buddhistisch: Praktizieren des Achtfachen Pfades, christlich: Glaube an Jesus Christus) anschließt. Dass diese Glaubenslehre und Glaubenspraxis als eine gegenüber anderen bessere Option angesehen wird, darin stimmen beide Religionen überein. Es herrscht der Gedanke vor, dass die eigene religiöse Option, weil sie für einen selbst »gut« ist, auch für andere gut sein könne, wenn sie diese annehmen, und, dass es ein Mangel an Mitgefühl wäre, anderen die Botschaft zu dieser religiösen Option vorzuenthalten.

Interessanterweise ist es diese Universalität, die bei einer oberflächlichen Kritik des »Monotheismus« im Zentrum steht, wobei die gleiche Universalität im Blick auf die buddhistische Religionsformation selten auch nur beachtet wird. Es scheint demnach, dass in öffentlichen Diskursen ein diffuses Unbehagen gegenüber einem universalen Geltungsanspruch gegeben ist, dessen Ausprägungen allerdings nur sehr selektiv wahrgenommen werden. Dies wird im Blick auf das Thema Mission und anschließend für das Thema Menschenrechte weiter zu bedenken sein.

II Mission – eo ipso übergriffiges Handeln?

Im Blick auf das Thema Mission sind in Gesellschaft und kirchlichen Zusammenhängen verschiedene diskursive Schemata zu beobachten, die eine realistische Wahrnehmung geradezu blockieren. Gemeinsam ist diesen Schemata eine fast vollständige Verdrängung eines ansonsten

---

New York/Tokyo 1997; ders., Zen, Nationalismus und Krieg. Eine unheimliche Allianz, Berlin 1999.

gängigen Alltagswissens. In raumtheoretischer Perspektive geht es dabei um das Verständnis individueller Existenz, in gesellschaftstheoretischer Hinsicht um das Verständnis von Machtkonstellationen, in handlungstheoretischer Sicht um das Verständnis von Agency (Handlungsmacht). Allen drei Schemata ist gemeinsam, dass für den Bereich des Religiösen, der als abgegrenzte Sphäre verstanden wird, andere Parameter in Anschlag gebracht werden als für andere Bereiche wie etwa den Kontexten des Politischen oder des Wirtschaftlichen. Anders gesagt: Zusammenhänge, die in anderen Bereichen als normal gelten würden, werden für den Bereich des Religiösen bewusst oder unbewusst suspendiert. Dass dies möglich und weithin gängig ist, kann von der zivilgesellschaftlichen Stellung religiöser Phänomene hergeleitet werden, das heißt dem vergleichsweise geringen Stellenwert, der religiösen Akteuren und Phänomenen seitens einer breiten Masse der bundesdeutschen Bevölkerung beigemessen wird.

Beginnen wir mit dem Verständnis individueller Existenz. Im Blick auf religiöse Phänomene wird weithin die Ansicht vertreten, man solle andere Menschen nicht mit seinen religiösen Ansichten behelligen. Religiösen Überzeugungen wird mit einer gehörigen Portion von Misstrauen begegnet, nicht nur in der Gesellschaft, sondern auch in bestimmten Bereichen von Kirche und Theologie. Symptomatisch dafür ist etwa ein Verständnis religiöser Kommunikation, aus dem religiöse Letztbegründungsansprüche getilgt werden, weil nur dies echte »Wechselseitigkeit« garantiere. Aus dieser Sicht gilt ein Werben für die eigene religiöse Überzeugung als eine Art Hausfriedensbruch. Die raumtheoretische Voraussetzung ist eine individuelle Existenz, die wie ein leerer Raum gedacht wird.[9] Niemand hat das Recht, in diesen Raum mit dem Angebot religiöser Letztbegründungen einwirken zu wollen. Jede Art von Letztbegründung wird vielmehr als Form von Überheblichkeit, letztlich als intellektuelle Gewalt diskreditiert. Ein solches Verständnis von Existenz ist vor dem Hintergrund einer hochgradig individualisierten und säkularisierten Gesellschaft leicht nachvollziehbar.

Dass individuelle Existenz jedoch nicht wie ein leerer Raum, sondern – um eine andere Metapher zu verwenden – wie ein belebter Marktplatz verstanden werden könnte, auf dem die Rufe verschiedener Anbie-

---

9 Vgl. Daniel Cyranka/Henning Wrogemann, Religion – Macht – Raum. Religiöse Machtansprüche und ihre medialen Repräsentationen, Leipzig 2018.

ter auf den Einzelnen einwirken, kommt hier nicht in den Blick. Dass Menschen sich geradezu danach sehnen könnten, einen Impuls zu bekommen, einer Einladung als würdig erachtet zu werden, dass sich Menschen bei den vielen inneren Stimmen, die in ihnen widerstreiten, nach einem externen Orientierungsangebot sehnen könnten, erscheint aus der Perspektive des Ich als eines leeren (und offensichtlich selbstgenügsamen) Raumes unmöglich. Dass religiöse Kommunikation gerade davon leben könnte, dass mindestens ein Angebot von Letztbegründung gemacht wird, an dem man sich reiben und abarbeiten kann, wird durch das – bis ins Absurde überdehnte – Axiom der Wechselseitigkeit ausgeschlossen.

Kommen wir damit zum zweiten Schema, dem Verständnis von Machtkonstellationen. Es ist erstaunlich, mit welcher Konsequenz von vielen Menschen in Gesellschaft und auch in Kirchen und Theologie für den Bereich des Religiösen, gerade dann, wenn es um religiöse Kommunikation geht, das Thema Macht völlig ausgeblendet wird. Es wird ausgeblendet, dass die religiöse Botschaft einen Machtanspruch beinhaltet, christlich die Macht der Liebe Gottes, die im Evangelium, das als »Kraft Gottes« verstanden wird, Menschen erreichen will. Die verändernde Macht des in der Botschaft bezeugten Ereignisses ist es, die Zeugen zu Zeugen des lebensschaffenden Machtanspruches Gottes werden lässt. Wo von diesem Anspruch abgesehen wird, geht es nur noch um Austausch, um Hören, um ein Sich-selbst-in-Frage-stellen, darum, wie es in der Formulierung eines kirchlichen Papiers heißt, den religiös Anderen »Wahrheit zu gönnen«.

Was aber ist die gesellschaftliche Voraussetzung dieser fast allumfassenden Machtvergessenheit? Warum kann eine solche Sicht plausibel sein, wo sie für andere Bereiche des Lebens vermutlich von denselben Menschen vehement zurückgewiesen würde? Beispiel: Würde ein Arbeitnehmer im Arbeitskampf den Arbeitgebern »Wahrheit gönnen«? Hier würde die »Wahrheit«, dass eine Lohnerhöhung unverzichtbar ist, auf die andere »Wahrheit« stoßen, dass Lohnerhöhungen nur insoweit verkraftbar sind, als sie nicht das Unternehmen in die Insolvenz treiben. Warum wird die einfache Tatsache, dass jede Aussage im Horizont bestimmter Machtkonstellationen vorgenommen wird, gerade für den Bereich des Religiösen von vielen Menschen in Abrede gestellt?[10]

---

10 Vgl. Henning Wrogemann, Bausteine einer Theorie Interreligiöser Beziehungen, in:

Seitens kirchlicher Akteure von Landeskirchen ist eine solche mentale Haltung weiter verbreitet als bei so genannten »Freikirchen«. Dies liegt sicherlich daran, dass das System der Kirchensteuer eine finanzielle Verlässlichkeit bietet, die einzelne Akteure von dem Druck enthebt, für den Glauben werben zu müssen, da das eigene Gehalt ohnehin gesichert ist.[11] Religionsökonomisch gesehen ist dies ein Sonderfall. Denn allgemein gilt: Menschen sind nur dann bereit, sich finanziell zu engagieren, wenn sie davon einen religiösen »Gewinn« haben, worin immer dieser individuell auch bestehen mag. Der Gewinn muss jedoch gegenüber anderen religiösen Anbietern deutlich erkennbar gerade bei diesem (und eben keinem anderen) Anbieter zu finden sein, wenn dieser Aussicht darauf haben will, dass Menschen sich weiterhin religiös an die betreffende religiös-soziale Gruppe binden. Mit einem Wort: es sind religionsökonomische Rahmenbedingungen, die aus landeskirchlicher Perspektive das »Den-religiös-Anderen-Wahrheit-Gönnen« ermöglichen. Ähnliches gilt für Hochschulen: Als an einer staatlichen Universität lehrend, können Professoren leicht Thesen ersinnen, die als Denkoptionen völlig legitim sind. In der Praxis jedoch werden religiöse Gruppen, die einer solchen Option folgen, mit großer Wahrscheinlichkeit binnen relativ kurzer Zeit verschwinden.

Ein weiterer Punkt ist die Frage, was religiöse Letztbegründungsmuster eigentlich für Auswirkungen haben und wie diese Wirkungen angeblich erzielt werden. Es geht um das Thema Agency. Diejenigen, die sich vehement gegen das aussprechen, was sie »Missionieren« nennen, verbinden damit offensichtlich die Vorstellung, dass durch eine werbende Verkündigung anderen etwas übergestülpt werde, dass andere zu Dingen veranlasst werden, die sie eigentlich nicht wollen, dass es irgendwie nicht transparent und ehrbar zugehe. Weiter scheint angenommen zu werden, es werde eine Art von Zwang ausgeübt, und andere würden durch das Vertreten eines religiösen Letztbegründungsanspruchs abgewertet.

Ders., Theologie Interreligiöser Beziehungen, Gütersloh ²2019, 211–294, vgl. auch: 313–334.344–361.

11 An dieser Stelle geht es lediglich um eine religionsökonomische Beobachtung. Die Sinnhaftigkeit und Effizienz des Systems der Kirchensteuer wird damit nicht in Frage gestellt.

Im Blick auf derartige Annahmen sind indes einige kritische Rückfragen angebracht. So wäre zunächst zu fragen, woher man eigentlich von vornherein wissen will, wie eine Botschaft bei anderen Menschen ankommt? Weiter wäre zu erläutern, wie es in einer Gesellschaft wie derjenigen der Bundesrepublik Deutschland einem Individuum gelingen sollte, gegenüber einem anderen Individuum diskursiv einen Zwang auszuüben? Wie soll das gehen, jemanden etwa zu einem Religionswechsel durch Verkündigung zu veranlassen? Welche Machtmittel gäbe es in einer Gesellschaft, in der religiöse Praxis in institutioneller wie auch gemeinschaftlich-ritueller Praxis deutlich am Abnehmen ist? In einer Gesellschaft, in der es kaum mehr eine kulturgestützte »Christlichkeit« gibt? In einer Gesellschaft, in der das Angebot an verschiedensten Weltbildern (unter anderem religiösen) und ihrer medialen Erreichbarkeit enorm zugenommen hat? In einer Gesellschaft, in der soziale Kontrolle im Sinne bestimmter kulturell-religiöser Muster immer weniger ausgeübt wird, da Menschen lediglich in sozialen Mustern einer Kleinfamilie oder als Singles leben? Woher soll die Macht kommen, Menschen durch eine werbende Verkündigung aufgrund eines religiösen Letztbegründungsanspruches zu bestimmten Dingen zu bewegen? Wird hier nicht ein Popanz aufgebaut?

Weiter wäre zu fragen, was eigentlich in einer völlig wechselseitigen Kommunikation als religiöses Angebot soll plausibilisiert werden können, wenn gleichzeitig allen anderen Angeboten attestiert wird, dass sie genauso wahr sind, genau das Gleiche leisten, dass man sich in ihre Wahrheit hineinbegeben kann und soll und dergleichen mehr?

Darüber hinaus ist zum Thema Agency weiter zu bedenken, was in solchen Dialogtheorien, die vehement religiöse Letztbegründungsmuster und mit ihnen religiöse Missionen zurückweisen, unterlegt wird. Es ist einmal, wie bereits angedeutet, ein Verständnis, dass Menschen mit einem religiösen Sendungsbewusstsein über eine geradezu wundersame Agency verfügen, in einer diskursiv pluralen und freien alltagsweltlichen Umwelt Menschen religiös zu Dingen zwingen zu können. Hier wird eine Agency postuliert, die ganz offensichtlich nicht gegeben ist.

Umgekehrt wird, was ebenso bedenklich ist, bei einem solchen Verständnis religiöser Kommunikation den religiös-weltanschaulich Anderen die Agency abgesprochen: Wer meint, man dürfe anderen Menschen nicht mit einem religiösen Sendungsbewusstsein begegnen, der sieht die potentiellen Rezipienten ganz offensichtlich als passive Opfer, denen diskursive Gewalt angetan wird. Dass diese Menschen an einem religiösen Angebot dieser Art interessiert sein könnten, *gerade weil* es eine religiöse Letztbegründung bietet, erscheint aus dieser Sicht völlig ausgeschlossen. Dass Menschen interessiert sein könnten, für sich eine neue religiös-weltanschauliche Lebensoption zu gewinnen, erscheint aus Sicht solcher Dialogtheorien undenkbar. Allein schon die ganz offensichtlich vorliegende Annahme, andere Menschen vor einer christlichen Letztbegründung und solchen Akteuren, die sie vertreten, »schützen« zu müssen, verrät einen Paternalismus (oder Maternalismus), der den Adressaten erst gar nicht zutraut, sich konstruktiv dazu ins Verhältnis setzen zu können. Die Annahme, dass eine religiöse Letztbegründung eo ipso andere verletzte, verrät ein Verständnis von Dialog, das einseitig nur auf Harmonie fokussiert, was impliziert, dass sich am besten gar nichts ändern möge.

Ein solches Verständnis von Dialog wird allerdings mit großer Wahrscheinlichkeit für keine andere Art kommunikativer Interaktion für normal gehalten werden, nicht in der Politik, nicht in der Auseinandersetzung mit Nachbarn, im Betrieb, in der Wirtschaft, im Umgang mit Behörden, beim Einkauf, beim Einparken, wo auch immer. Es ist sehr bedenklich, dass sich Stereotypen zum Thema Mission und Dialog haben weit verbreiten können, die Religion als quasi sakrosankten Sonderbereich konzipieren. Noch bedenklicher ist, dass manche Akteure, etwa in Theologie oder im Umfeld von manchen Kirchenleitungen (und deren vielfältigen Papieren) diese Stereotypen für normal zu halten scheinen.

Was ist der theologische Grund, dass sich derartige Stereotypen zum Thema Mission haben in kirchlichen Zusammenhängen verbreiten können? Hier hilft ein Blick auf theologische Publikationen weiter, der zeigt, dass auch für das Thema des interreligiösen Dialogs die Lehre vom Heiligen Geist, die Pneumatologie, schlicht übergangen wird. Die Geistvergessenheit gerade der protestantischen Theologie, eine Tradition, die vom Geist lange nur in Bezug auf das Verständnis der heiligen Schrift etwas zu sagen wusste, führt zu dem Missverständnis, als könne eine sendungsorientierte Verkündigung andere Menschen zu etwas zwingen. Dies widerspricht dem Zeugnis neutestamentlicher Schriften, in denen von der Unverfügbarkeit des Geistwirkens ebenso die Rede ist wie von der Unvorhersehbarkeit geistlicher Prozesse. Auf dieses Thema wird zurückzukommen sein.

III Menschenrechte – universal oder lieber doch nicht?

Nicht selten kann man beobachten, dass Menschen in Gesellschaft und Kirchen, die der Idee eines universalen Geltungsanspruchs (und damit einer religiösen Mission) skeptisch bis ablehnend gegenüberstehen, die Zurückhaltung in einem säkularen Kontext gerade nicht vertreten. Wenn es um die durch die Menschenrechts-Charta der Vereinten Nationen von 1948 garantierten Menschenrechte der Gleichheit vor dem Gesetz und damit auch der Gleichheit von Mann und Frau geht, wird durchaus ein universaler Geltungsanspruch vertreten, auch und gerade gegenüber solchen kulturell-religiösen Traditionen, die dieser Gleichheit widersprechen. Die global anzustrebende Ausbreitung des menschenrechtlichen Gleichheitspostulats mittels verschiedenster Medien wird hier als gegeben und als geradezu selbstverständlich erachtet. Dazu wird vor allem auf Bildungsprogramme gesetzt. Insofern kann man durchaus von einer säkularen missionarischen Anstrengung sprechen, da hier ein weltanschaulicher Letztbegründungsanspruch vertreten und mittels kommunikativer Akte ausgebreitet wird.

Die Menschenrechte stellen in sich einen weltanschaulichen Letztbegründungsanspruch dar, da das Postulat, ein jeder Mensch habe eine Würde, die es zu respektieren gelte, ein jeder habe bestimmte Rechte, die einem Menschen unveräußerlich zukommen, schlicht gesetzt sind, nicht jedoch durch etwaige kulturelle oder religiöse Behauptungen untermauert werden. Sie sind positives, bewusst von Menschen gesetztes Recht. Wie die historische Genese der Menschenrechtsidee im Einzelnen gedeutet wird, ist für den mit den Menschenrechten gegebenen Rechtsanspruch unerheblich.[12]

Die Pointe der Individualrechte, insbesondere der Freiheitsrechte, besteht darin, dass ihre Geltung universal einem jeden Menschen als Menschen zuerkannt wird. Die kulturelle, religiöse, ethnische, geschlechtliche und sonstige »Blindheit« dieses Anspruches ermöglicht seine Universalität, nämlich, von jedwedem Menschen weltweit in Anspruch genommen werden zu können. Dieses Phänomen ist weltweit zu beobachten: Es berufen sich Menschen in Gesellschaften weltweit auf

---

12 Vgl. Wolfgang Huber/Heinz Eduard Tödt, Menschenrechte, Stuttgart 1977.

die Menschenrechte als individuelle Freiheitsrechte, Menschen, die sich durch Staat, Gesellschaft, Institutionen, bestimmte gesellschaftliche Gruppen bis hin zu eigenen Verwandtschaftsbeziehungen dieser Rechte beraubt sehen. Dies sind insbesondere Frauen, religiöse, ethnische und sonstige Minderheiten oder anderweitig marginalisierte Individuen oder Gruppen. Menschenrechtsorganisationen, die sich auf Basis der Menschenrechtscharta der UN von 1948 und der Menschenrechtspakte von 1966 engagieren, gibt es praktisch in jedem Land der Erde.

In der deutschen Gesellschaft ist eine solche Menschenrechtsarbeit (wie etwa durch Amnesty International vertreten) eine Selbstverständlichkeit und allgemein anerkannt. Es verwundert indes, dass die geistige Grundlage dieses Engagements, nämlich die Behauptung eines universal-gültigen Letztbegründungsanspruchs und dessen aktive, grenzüberschreitende Kommunikation, im säkularen Fall der Menschenrechte akzeptiert wird, während einer religiösen Kommunikation mit Letztbegründungsanspruch die Legitimität weitgehend bestritten wird. Was nebenbei bemerkt in Spannung steht zum Menschenrecht auf Religionsfreiheit, das das Recht auf die öffentliche Bezeugung des eigenen Glaubens sowie das Recht, seine Religionszugehörigkeit wechseln zu dürfen, ausdrücklich einschließt.

Halten wir fest: Das Unbehagen gegenüber universalen Geltungsansprüchen wird beim Thema Religionen insbesondere gegenüber »dem« Monotheismus zum Ausdruck gebracht, das Unbehagen drückt sich im Blick auf religiöse Missionen in der Bestreitung des Rechtes aus, universale religiöse Geltungsansprüche zu kommunizieren, während umgekehrt für den Fall der säkularen Idee der Menschenrechte eine grenzüberschreitend-werbende und damit säkular-missionarische Kommunikation von vielen Menschen als geradezu selbstverständlich unterstützt wird. In allen drei Fällen sind scharfe Trennungen im Blick auf universale Geltungsansprüche zu beobachten, die mit bestimmten Phänomenen identifiziert werden: Der abzulehnende universale Geltungsanspruch erstens von Monotheismen und zweitens von religiösen Missionen bei gleichzeitiger Akzeptanz des universal-missionarischen Geltungsanspruchs der säkularen Menschenrechte.

Doch gibt es im Blick auf letztere auch eine zweite Meinung, nämlich, dass es neben der ersten Generation der Menschenrechte als Freiheitsrechte und der zweitens Generation als soziale Rechte eine dritte Generation der kulturellen Rechte geben solle. Hier wird argumentiert, dass es ein Recht auf eine kulturelle Identität gebe, die menschenrechtlich zu schützen sei. Diese Meinung wird von Theoretikern eines Konzepts von Multikulturalismus vertreten, die für kulturelle Sonderrechte und eine auf kultureller Identität basierenden rechtlichen Ungleichbehandlung optieren.[13]

Dass dies die für die Menschenrechte grundlegende Idee der rechtlichen Gleichheit unterminiert, wird von den betreffenden Theoretikern entweder nicht gesehen oder in ihrer Bedeutung unterschätzt.[14] Kurz gesagt bedeuten kulturelle Sonderrechte in ihrer Konsequenz die Aufhebung der Menschenrechtsidee als solche, da es einzelnen Individuen *innerhalb* einer von bestimmten (machtvollen) Akteuren behaupteten Partikularkultur unmöglich gemacht wird, ihre individuellen Freiheitsrechte gegen ebendiese kulturellen Traditionen durchzusetzen. Wenn etwa eine indigene Kultur, die nur arrangierte Ehen kennt, den Status einer menschenrechtlich geschützten Kultur gewinnt, wie und auf welcher Grundlage sollen sich dann etwa junge Frauen innerhalb dieser Ethnie gegen diese Ehearrangements, die als spezifische »kulturelle Identität« menschenrechtlich legitimiert wurden, wehren können?[15]

---

13 Zum Problem: Henning Wrogemann, Multikulturalismus und kulturelle Partikularität. Kultur- und religionswissenschaftliche Beobachtungen zwischen Ideal und Problemanzeige, in: Evangelische Theologie 83 (2023), 225–238. Vgl. auch: Heiner Bielefeldt, Menschenrechte in der Einwanderungsgesellschaft. Plädoyer für einen aufgeklärten Multikulturalismus, Bielefeld 2007; Cinzia Sciuto, Die Fallen des Multikulturalismus. Laizität und Menschenrechte in einer vielfältigen Gesellschaft, Zürich 2020.

14 Vgl. Charles Taylor, Die Politik der Anerkennung, in: Ders., Multikulturalismus und die Politik der Anerkennung, Frankfurt a. M. ²1993, 13–78; Will Kymlicka, Multikulturalismus und Demokratie. Über Minderheiten in Staaten und Nationen, Hamburg 1999. Kritisch zu Kymlicka: Sciuto, Fallen (s. Anm. 13), 140–149.

15 Zur Recht warnt Seyla Benhabib: »Wenn unser Ziel die Einbindung ethnischer, kultureller und linguistischer Vielfalt um ihrer selbst willen ist, riskieren wir eine Unterordnung moralischer Autonomie unter eine Ästhetik der Pluralität. Lebensformen, die ungerecht, grausam oder autoritär sind, können auch schön, interessant und faszinierend sein. Wir müssen entscheiden, ob der ästhetische Wert der Pluralität kulturelle Lebensformen wie die der Ureinwohner Amerikas, der Roma und Sinti oder Kurden vor der Freiheit, Gerechtigkeit und Würde rangieren soll, die all ihren Angehörigen und so auch den Frauen zusteht. In diesem Falle gründet sich die traditionelle Lebensform auf patriarchalische Strukturen, zu denen die Unter-

In ihrer Konsequenz führt die Idee kultureller Menschenrechte zu einem Rechtspluralismus, der die Grundidee der Menschenrechte aufhebt, dass sich jedes menschliche Individuum weltweit auf die genannten Freiheitsrechte berufen kann. Die fehlende Universalität führt dazu, dass eine gemeinsame Grundlage aufgehoben wird. Die Folge ist ein kultureller Relativismus, der die Entscheidung, was vor Ort zu gelten hat, den lokalen Machtverhältnissen überlässt, da ein externer, weil universaler Geltungsanspruch negiert wird. Dass dieser kulturelle Relativismus sich gegen jede Art von universalen Geltungsansprüchen stellt, ist konsequent.

Dabei darf allerdings nicht übersehen werden, dass ein konsequenter Relativismus in sich wiederum einen universalen Geltungsanspruch darstellt, nämlich den, dass es im Grundsatz keine universalen Geltungsansprüche geben darf. Angesichts dieser Logik, dass selbst ein konsequenter Relativismus auf einem universalen Geltungsanspruch basiert, wäre zu fragen, ob es dann nicht besser wäre, über die Sinnhaftigkeit universaler Geltungsansprüche nachzudenken, anstatt diese aus zweifellos subjektiven und auch emotionalen Gründen zurückzuweisen. Anders gewendet: Es sind nicht universale Geltungsansprüche an sich, die problematisch sind, sondern es ist der Umgang mit ihnen, der es sein kann (aber nicht muss).

IV Wie kann man unter Verwendung universaler Geltungsansprüche kommunizieren?

Es wurde argumentiert, dass die Kritik, universale Geltungsansprüche würden *eo ipso* zu einem unduldsamen Handeln führen, sich weder im Blick auf das Thema Monotheismus als berechtigt erweist noch auch im Blick auf die Kommunikation religiöser Geltungsansprüche oder säkularer Geltungsansprüche wie etwa die der Menschenrechte. Vielmehr ermöglichen es die universalen Geltungsansprüche erst, sich über religiöse, kulturelle, ethnische und allgemein weltanschauliche Grenzen hinweg über wichtige Fragen des Lebens auseinanderzusetzen. Damit

---

drückung und in manchen Fällen sogar der Verkauf von Frauen und die physische Gewalt gegen Frauen gehört.« Seyla Benhabib, Kulturelle Vielfalt und demokratische Gleichheit. Politische Partizipation im Zeitalter der Globalisierung, Frankfurt a. M. 1999, 69.

wird deutlich, dass die Negation universaler Geltungsansprüche nicht zu einer friedlicheren Welt führt, da die »Welt« dann in viele inkommensurable Teilwelten zerfiele, die, mangels geteilter Basis, ihre Interessenkonflikte nicht diskursiv, sondern über die Durchsetzung der Macht des Stärkeren regeln würden. Es geht daher nicht um das »Dass« universaler Geltungsansprüche, sondern um das »Wie« des Umgangs mit ihnen.

Eine plurale, freiheitliche und demokratische Gesellschaft lebt von dem Meinungsstreit der Bürger, um in der diskursiven Auseinandersetzung zu Lösungen zu kommen. Dies erfordert es, einer Vielzahl von Geltungsansprüchen zuzulassen und ihnen derart Rechnung zu tragen, dass diese von anderen gehört werden können. Unabdingbar ist es dabei, darauf zu verzichten, Menschen anderer Auffassung mundtot zu machen. Gefragt ist nach einem Ertragen sowohl anderer Meinungen als auch einem Ertragen von Kritik an einem selbst. Zu diesem Ertragen gehört es, dass einerseits bei den Akteuren zwar weiterhin Aversionen gegen die Meinungen anderer bestehen bleiben, dass diese jedoch nicht in für den Diskurs destruktiver Weise ausgelebt werden.[16] Die Aversionen nicht durch Mimik, Gestik und abschätziges Verhalten nach außen zu zeigen, ist Ausdruck von Toleranz.

---

16 Véronique Zanetti gibt zu bedenken: »Der Kern dessen, was Toleranz ausmacht, scheint mir verloren zu gehen, wenn die Haltung aufgegeben wird, sobald die Verhältnisse für die Betroffenen nicht mehr vorteilhaft sind. Indes unterscheidet sich die tolerante Haltung von der Kompromissbereitschaft [...] Duldet man etwas aus Angst, Indifferenz oder Opportunismus, ist die Rede von Toleranz fehl am Platz. Diese Feststellung zeigt, dass Toleranz ein intrinsisch normativer Begriff ist: Sie lässt einen Sachverhalt oder ein Urteil gelten, die nach der Überzeugung ihres Verfechters oder ihrer Verfechterin nicht bestehen bzw. gefällt werden sollten, und übt diese Nachsicht aus Gründen, die selbst als normativ eingestuft werden müssen. [...] Die Standardkonzeption beschreibt die personale Einstellung der Toleranz als Duldung von etwas, das aus normativen Gründen *sowohl abgelehnt als auch befürwortet* wird. [...] Aber stimmt das? Werden mit der Einstellung der Toleranz die eigene und die fremde Überzeugung oder Auffassung wirklich für gleichermaßen vorziehenswert oder gerechtfertigt gehalten? Wesentlich zur Toleranz gehört doch, dass das negative Urteil nicht aufhört, bestimmend zu sein; denn nur aus der Ablehnung schöpft die Toleranz die Kraft zur Selbstüberwindung der eigenen Aversion. Die positiven Gründe für die Akzeptanz des Abgelehnten dürfen also die negativen nicht aufheben.« Véronique Zanetti, Spielarten des Kompromisses, Frankfurt a. M. 2022, 86 f.

Bei echter Toleranz als einer dauerhaften Haltung (und eben nicht als einer temporären Taktik) bedarf es jedoch auch eines Respekts im Blick auf die Würde der anderen Person, gleich welcher Ansicht diese Person auch ist. Ansonsten würde das Paradox des toleranten Fundamentalisten gelten, demzufolge ein Fundamentalist (ob religiös oder allgemein weltanschaulich) umso toleranter wäre, je intensiver seine Hass- und Gewaltphantasien sind. Dies aber würde den Begriff der Toleranz ad absurdum führen. Es geht demnach bei Toleranz einerseits um die dreistellige Konstellation zwischen der vollen Anerkennung einer Position auf der einen und der Zurückweisung einer anderen Position auf der anderen Seite sowie drittens dem mittleren Bereich dessen, was weder anerkannt noch zurückgewiesen, sondern eben toleriert, also ertragen wird.[17] Gleichzeitig macht der Begriff der Toleranz nur Sinn, wenn bleibende Aversion konstatiert wird, diese andererseits jedoch nur in einem Maße, das die Würde einer anderen Person nicht in Abrede stellt, also nicht in Hass- oder Gewaltphantasien ausartet. Toleranz beschreibt einen robusten Bereich von verschiedenen Graden des noch zu ertragenden Anderen, auf den nicht mit destruktivem Reden oder Handeln reagiert wird.

Dies aber setzt auch voraus, sich zu enthalten, die Äußerungen anderer, die divergierende Meinungen vertreten, mit moralisierenden gut/böse-Zuweisungen zu belegen oder aber des Rassismus zu bezichtigen, noch auch, durch die Rede von »Mikro-Aggressionen« eine diskursive Situation erzwingen zu wollen, in der jedwede Kritik anderer als Gewalt oder Aggression diskreditiert wird. Darin wird eine Strategie erkennbar, die darauf zielt, sich der Kritik divergierender Meinungen erst gar nicht mehr aussetzen zu müssen. Weiter muss darauf verzichtet werden, Menschen anderer Meinung mit Verweis auf deren Verortung in sozialen oder institutionellen Zusammenhängen zu diskreditieren (etwa: in eine extremistische Ecke zu stellen), da auch hier die Intention erkennbar wird, rationale Argumente durch ihnen beigefügte, sachfremde Zusatzattribute zu neutralisieren.

Bei allen diesen diskursiven Strategien geht es letztlich darum, sich nicht dem »zwanglosen Zwang des besseren Arguments« (Jürgen Habermas) und damit einem Abwägungsverfahren auch nur probeweise aus-

---

17 Rainer Forst, Toleranz im Konflikt. Geschichte, Gehalt und Gegenwart eines umstrittenen Begriffs, Frankfurt a. M. 2003.

zusetzen, sondern mit Verweis auf die den Sachargumenten fremden Aspekte eben diese Sachargumente von vornherein aus dem Diskurs auszuschließen.

Würden die Standards eingehalten, so würden sich universale Geltungsansprüche als das erweisen, was sie sind: Grundlegende Orientierungen, die diskursiv als Fundament robuster Diskurse unabdingbar sind, jedoch, wie jeder Diskurs überhaupt, darauf angewiesen sind, innerhalb einer bestimmten Diskurskultur verhandelt zu werden. Die abstrakte, weil empirisch nicht belegbare Behauptung, universalen Geltungsansprüchen wohne per se ein Potential von Unduldsamkeit oder aber Gewalt inne, erweist sich so gesehen als eine diskursive (und in sich selbst widersprüchliche) Strategie, um diskursive Geltungsansprüche anderer aus dem Diskurs auszuschließen.

V Zum Profil universal-religiöser Geltungsansprüche in christlicher Perspektive

Es wurde bereits darauf hingewiesen, dass sich Vorbehalte gegenüber dem universalen Geltungsanspruch der christlichen Botschaft (unter den Schlagworten Monotheismus und Mission) oft auf der Ebene gedanklicher Abstraktionen bewegen. Man mag fragen, ob diejenigen, die solche Kritik (etwa, aus einem universal-religiösen Geltungsanspruch folge eo ipso »Gewalt«) äußern, mit konkreten Phänomenen vertraut sind, wie religiöse Missionen (das heißt die Kommunikation eines grenzüberschreitend-universalen Geltungsanspruchs) an verschiedenen Orten in der Gegenwart gelebt werden. Je näher man der konkreten Wirklichkeit solcher Missionen kommt, desto deutlicher wird die Begrenzung dessen, was Menschen tun können, kommunizieren können, und zwar in einem oft unüberschaubaren Geflecht von verschiedenen Beziehungen, von unvorhersehbaren Ereignissen, von nicht intendierten Folgen eines Handelns, von verwirrenden Koppelungen und Rückkoppelungen, Transformationen oder Missverständnissen dessen, was ursprünglich als Kommunikation eines bestimmten Inhaltes gemeint gewesen war.

Die Idee, dass die Kommunikation eines universalen Geltungsanspruches eo ipso bestimmte Wirkungen zeitigen würde, erweist sich bei näherem Hinsehen anhand empirischer Vorgänge als völlig abwegig und realitätsfremd. So etwas gibt es allenfalls in religionstheologischen oder dialogtheologischen Sandkastenspielen, die mit der gelebten Realität auf der Graswurzelebene nichts zu tun haben.

Doch nicht nur das reale Leben, die Schwäche der Boten, die Unwägbarkeiten von kommunikativen Akten, die verborgenen Dimensionen dessen, was interkulturelle, interpersonelle und interreligiöse Beziehungen wirklich bestimmt, Beziehungen, die die Grundlage von Vertrauen darstellen, ein Vertrauen, das nur allzu oft die Basis dafür bildet, dass Menschen sich für einen für sie neuen religiösen Geltungsanspruch überhaupt zu öffnen getrauen, ein Geltungsanspruch, dessen universale Dimension sich für eben diese Menschen oft erst nach Jahren im Blick auf seine Konsequenzen erschließt, nicht nur alles dies gemahnt zur Vorsicht im Blick auf die Behauptung, universal-religiöse Geltungsansprüche seien Ausdruck von Unduldsamkeit oder gar Gewalt. Nein, auch die biblisch-neutestamentliche Botschaft widerspricht dieser Behauptung in vielfacher Weise.

Es geht bei dem universal-religiösen Geltungsanspruch des Gottes, der im Neuen Testament bezeugt wird, in mehrfacher Hinsicht um das Konkrete, nicht das Abstrakte, um die universale Letztgültigkeit des Wortes Gottes (Johannes 1,1–14), das in Jesus von Nazareth in der Kraft des Heiligen Geistes Mensch wurde, weil der Gott, der sich im Christusgeschehen als ein Gott der Liebe offenbart hat, in seiner Offenbarung eben die Kraft dieser göttlichen Liebe bezeugt und seine Zeugen (die an Christus Glaubenden) in diese Bewegung mit hineinnimmt. Da aber Liebe – wie Glaube – nur in Freiheit geäußert und angenommen werden kann, widerspricht es diesem religiös-universalen Geltungsanspruch zutiefst, unduldsam, bedrückend oder gar gewaltsam bezeugt zu werden.

In der Geschichte der christlichen Mission ist diese Mission der Liebe Gottes an vielen Orten gelebt worden. Während der zweitausend Jahre Kirchengeschichte sind diese Zusammenhänge aber auch phasenweise in Vergessenheit geraten, mit schwerwiegenden Folgen. Davon ist nichts zu beschönigen. Nach dem Diktum *abusus non tollit usum* gilt aber, dass Negativbeispiele nicht gegen den (bisweilen missverstanden) Grund des universalen Geltungsanspruchs des christlichen Glaubens sprechen.

Vielmehr ist darauf hinzuweisen, dass der universale Geltungsanspruch des christlichen Glaubens in mehrfacher Weise exzentrisch fundiert ist. Diese Erkenntnis kann dazu beitragen, unsachgemäße Kritik abzuweisen wie auch eine dem Evangelium nicht entsprechende Praxis zu kritisieren. In beidem geht es darum, der Kraft des lebensschaffenden Evangeliums von Jesus Christus ansichtig zu werden. Wenn Paulus feststellt »dann aber werde ich erkennen, wie ich erkannt bin« (1. Korinther 13,12), dann zeigt sich darin eine *christologische* Exzentrizität: Der Glaube wird sich dessen bewusst, dass er sich dem vorauslaufenden Gnadenhandeln Gottes verdankt, dass er also auf etwas begründet ist, das außerhalb seiner selbst existiert. Das Geschenk des Glaubens ist etwas, das der Mensch nicht selbst gemacht hat.

Genau deshalb auch kann der verdankte Glaube nicht anderen »Wahrheit gönnen«, weil er auf einer Wahrheit gründet, die ihm selbst nicht zuhanden ist. Die Forderung des »Den-anderen-Wahrheit-Gönnens« in religiösem Sinne kann sich auf eine neutestamentliche Epistemologie nicht berufen. Es handelt sich vielmehr um eine religionsphilosophische These, in der aus einer Metaposition heraus nach dem Motto: »Verteilungsgerechtigkeit in religiösen Wahrheitsfragen« oder aber: »Gerecht ist, wenn alle gleich sind« in einer gönnerhaften Manier anderen zugestanden wird, dass es auch bei ihnen religiöse Wahrheit gebe. Diese Perspektive macht sich zum Schiedsrichter in religiösen Wahrheitsfragen und argumentiert aus einer egozentrischen Position heraus, nicht jedoch von einem exzentrischen Begründet-Sein her.

Das Handeln eines exzentrisch – im Christusgeschehen – begründeten Glaubens fasst Paulus in den Satz: »nun lebe also nicht ich, sondern Christus lebt in mir« (Galater 2,20). Ohne in diesem Zusammenhang auf exegetische oder systematische Fragen eingehen zu können, wird hier ein weiterer Aspekt des exzentrischen Charakters des christlichen Glaubens deutlich. Hier kann man von einer *christologisch-ethischen* Exzentrizität sprechen.

Für die grenzüberschreitende Kommunikation des universalen Geltungsanspruchs des Christusgeschehens in der Kraft des Heiligen Geistes gilt ferner, dass »niemand Jesus den Herrn nennen [kann], außer durch den Heiligen Geist« (1. Korinther 12,3), womit auch das Zum-Glauben-Kommen anderer als ein dem christlichen Glaubensboten entzogenes Geschehen gedeutet wird. Es handelt sich um eine *pneumatologisch-missionarische* Exzentrizität. Kurz gesagt, gilt: Durch das Christusgeschehen begründet ist das Erkennen des Glaubens im Blick auf Gott, die Welt und sich selbst exzentrisch, das Handeln des Glaubenden ist als durch Christus gewirktes Tun exzentrisch und ebenso exzentrisch ist das zu erhoffende Wirken des Glaubenszeugnisses im Blick auf andere Menschen. Dem Ungeschuldet-Sein dieser dreifach exzentrischen, christlichen Glaubensexistenz entspricht ihre grundlegende Haltung, die eine doxologische, eine Gott lobende Haltung ist.[18] Das Beschenkt-Sein im Glauben wird sich seiner Selbst-Enthobenheit im Akt des Lobes Gottes eingedenk, in dem das eigene Selbst ganz hinter das Gotteslob zurücktritt: »Ehre sei dem Vater und dem Sohne und dem Heiligen Geistes, wie es war im Anfang, jetzt und allezeit und in Ewigkeit, Amen«. In dieser doxologisch-liturgischen Sprache tritt kein Subjekt auf, sondern der dieses Lob äußernde Glaubende stellt sich ganz in die Schar derer, die im Glauben an den dreieinigen Gott ihr ganzes Sein als Verdankt-Sein, Gefunden-Sein und Gerettet-Sein anerkennen und sich auf diesen Glaubensgrund ihres Daseins hin lobend ausrichten: den dreieinigen Gott, Vater, Sohn und Heiliger Geist.[19]

Zum Verdankt-Sein gehören nicht zuletzt die im Neuen Testament bezeugten Gaben des Heiligen Geistes, die in ihrer Vielfalt einen eigenen Ausdruck der Nähe Gottes darstellen, der sich in der Menschwerdung des Sohnes Gottes, in Jesus Christus, den Menschen offenbart hat. Die Geistesgaben drücken diese Nähe dadurch aus, dass sie die vielen Dimensionen anklingen lassen, in denen sich der universale Geltungsanspruch des Christusgeschehens als eines endgültigen Heilsereignisses für alle Menschen, die diesem Ereignis Glauben schenken wollen, ausdrückt.[20] Es geht hier neben spektakulären Gaben wie prophetisches Reden, Heilungen, das Unterscheiden der Geister oder das Austreiben böser Geister (1. Korinther 12,1–11), Gaben, die in einem säkularen Kontext weniger Resonanz finden als etwa in Ländern Afrikas, Asiens, der beiden Amerikas oder Ozeaniens, auch um recht unspektakuläre Gaben wie Gastgeberschaft, Lehre, Geduld, Langmut oder Glaubensstärke. Es kommt nicht von ungefähr, dass im 1. Korintherbrief das *Hohelied der*

---

18 Vgl. dazu ausführlich: Henning Wrogemann, Den Glanz widerspiegeln. Vom Sinn der christlichen Missionen, ihren Kraftquellen und Ausdrucksgestalten. Interkulturelle Impulse für deutsche Kontexte, Münster ³2022.

19 Reinhard Meßner, Was ist eine Doxologie?, in: Bert Groen/Benedikt Kranemann (Hg.), Liturgie und Trinität, Freiburg i. Br. 2008, 129–160, 146.

20 Vgl. Reinhard Feldmeier, Gottes Geist. Die biblische Rede vom Geist im Kontext der antiken Welt, Tübingen 2020, 198–199, 157.159 u. ö.

Liebe in Kapitel 13 im Zentrum der Rede von den Geistgaben in den Kapitel 12 und 14 zu stehen kommt. Das alles aber bedeutet, dass schon im Neuen Testament die grenzüberschreitende Kommunikation des universalen Geltungsanspruchs des Christusgeschehens von Menschen in ihrer je eigenen Befindlichkeit und Begabtheit im Geist Christi höchst konkret gelebt und zum Ausdruck gebracht wird – nicht abstrakt in verschiedenen Medien, nicht nur als worthaftes Geschehen in verschiedenen Konstellationen von geistlichen und weltlichen Mächten, nicht unter gedanklichen Laborbedingungen und nicht als Ausdruck eines uniformen Kaderwesens.

Es bleibt zu hoffen, dass in der Gesellschaft erneut über robuste Diskurse nachgedacht wird sowie über die Unabdingbarkeit universaler Geltungsansprüche, über die konstruktiv zu streiten ist. Es bleibt ebenfalls zu hoffen, dass in Kirche und Theologie erneut über das neutestamentliche Zeugnis und die Bekenntnistraditionen der Kirche nachgedacht wird, um erneut zu erkennen, dass die Zukunft der Kirche darin begründet ist, sich ihres exzentrischen Begründet-Seins im Christusgeschehen bewusst zu bleiben, einem Christusgeschehen, dessen universaler Geltungsanspruch darin besteht, dass sich Gott hier, in Jesus von Nazareth, dem Christus und Sohn Gottes, letztgültig als Gott offenbart hat, der Liebe ist (1. Johannes 4,16). Diese Liebe »geht aufs Ganze« (Martin Kähler) und sucht den geliebten Anderen. Dies ist der tiefste Grund, weshalb das Christuszeugnis als göttliche Offenbarung einen grenzüberschreitenden und universalen Geltungsanspruch verkörpert, da Gott in ihm seine geliebten Geschöpfe sucht, um diesen die Möglichkeit zu eröffnen, im Glauben auf seine göttliche Liebe zu antworten.

Vergöttlichung statt Selbst-Vergottung

Eine orthodoxe Skizze

Martinos Petzolt

I Das verlorene Paradies

»Ihr werdet wie Götter sein, indem ihr Gut und Böse erkennt.«* (1. Mose 3,5) Das behauptete die Schlange im Paradies als Grund dafür, dass Adam und Eva nicht vom Baum mitten im Garten essen sollten. Wie Götter zu werden – die absolute Erkenntnis, das absolute Wissen, das absolute Urteil zu haben –, ist die große Verlockung, weil das Macht bedeutet. Und zur Macht fühlen sich die Menschen legitimiert, seit sie den Herrschaftsauftrag Gottes über die Schöpfung missverstanden haben.

So jedenfalls ist die diabolische Umdeutung des Gebotes Gottes an das Menschenpaar, welches wörtlich lautet: »Vom Baum des Erkennens von Gut und Böse aber, von ihm sollt ihr nicht essen. An dem Tag nämlich, da ihr von ihm esst, werdet ihr des Todes sterben.« (1. Mose 2,17) Der »Durcheinanderwerfer« (dia-bolos) hat keine eigene kreative Macht, er kennt die Wahrheit und kann sie nur ein wenig verdrehen, so dass das Gegenteil herauskommt. Dem gemäß dem Bilde Gottes männlich und weiblich geschaffenen Menschen (1. Mose 1,27) drohte keine Gefahr, solange er in liebendem Gehorsam die Gebote Gottes erfüllte und dadurch dem Bilde des guten Gottes in seiner eigenen Güte ähnelte. Seine eigene Freiheit zu gebrauchen, sich für das Nicht-Gute zu interessieren, sich außerhalb des Guten zu bewegen, ist möglich, aber entfernt vom Leben, ist also tödlich.

Der Kontrast könnte nicht größer sein. Die Schlange suggeriert die Erkenntnis und freie Wahl zwischen Gut und Böse als absolute Macht und göttliche Fähigkeit, als wäre das eine berechtigte Alternative zur

---

* Die Bibelstellen wurden vom Autor selbst übersetzt, die alttestamentlichen aus der Septuaginta (der vorchristlichen Übersetzung des Alten Testaments in die altgriechische Alltagssprache).

freien Wahl. Gott aber, der den Menschen in Ähnlichkeit geschaffen hat, warnt ihn, aus der gottähnlichen Gutheit auszusteigen und in die freie Alternative von Gut und Böse zu wechseln, weil das auch in den Kontrast von Leben und Tod führt. So kam, wie Paulus sagt, »durch die Sünde der Tod« (Römer 5,12).

Das alles ist die Konsequenz der Liebe Gottes zu den gemäß seinem Bild geschaffenen Menschen. Denn nur die Freiheit ermöglicht eine freie Liebesantwort, aber mit dem Risiko, dass statt freier Liebesantwort die Wahlfreiheit entsteht, sich für oder gegen das Gute, für oder gegen das Leben, für oder gegen das Licht zu entscheiden, für die Gottabbildlichkeit oder für die Gotteskonkurrenz als Selbstvergotteter.

Paradiesisches Leben wäre: im Guten der Schöpfung gut zu leben; aus Liebe zu Gott, der bei jedem Schöpfungsakt feststellte, dass er gut sei, sein Gebot zu achten; keine Alternativen zum Schöpfungs- und Lebensplan Gottes zu entwerfen mit dem Risiko der Selbstüberschätzung und des Scheiterns. Doch aus dem Guten der Schöpfung herauszufallen und das Böse zu einer echten Lebensalternative werden zu lassen, hat vom Leben abgeschnitten, und es wurde tödlich, für sich selbst göttliche Kompetenz und göttliches Vermögen zu reklamieren. So traten Verstecken an die Stelle des gemeinsamen Spaziergangs zur Abendzeit, Scham an die Stelle des freundschaftlichen Umgangs und Schuldverschiebung auf den jeweils anderen an die Stelle des ehrlichen Eingestehens der eigenen Schuld.

II Der missverstandene Schöpfungsauftrag

Das entscheidende Geschenk Gottes ist, dass der Mensch bleibend gemacht wurde »nach dem Bild Gottes« (1. Mose 1,26 f.). Das Griechische ist da sehr genau. Während für Paulus Christus das Bild Gottes »ist« (2. Korinther 4,4b; Kolosser 1,15), spricht das 1. Buch Mose (die Genesis) davon, dass der Mensch »nach« (κατα) dem Bilde und der Ähnlichkeit Gottes gemacht worden sei. Demzufolge ist nicht der Mensch selbst das Bild Gottes, sondern es muss ein Bild Gottes geben, dessen Abbild wiederum der Mensch ist. Dieses Bild aber ist nach den apodiktischen Sätzen des Apostels Paulus Christus selbst, das Bild (εικον) des Vaters, gemäß dem der Mensch gebildet wurde als Mann und Frau. Nach dem Bilde Gottes geschaffen bedeutet für die Kirchenväter, nach Christus, dem wahren Bilde Gottes, geschaffen zu sein und ihm zu ähneln. Selbstvergottung wäre damit prinzipiell ausgeschlossen – alles, was der Mensch hat, haben kann und erreichen soll, hat er von Gott und nichts aus sich selbst heraus.

Damit wäre eigentlich auch der Schlüssel gegeben für das richtige Verständnis des Schöpfungsauftrags Gottes an die Menschen: »Seid fruchtbar und mehrt euch und füllt die Erde ...« (1. Mose 1,28). Doch der Satz geht weiter und scheint ein großes Problem mit sich zu bringen: »... und unterwerft sie und herrscht«. In solch einer Sprache lässt sich das wie eine Generallizenz verstehen und wurde wohl auch zu lange so verstanden, ohne schlechtes Gewissen so mit der Natur und Umwelt umzugehen, wie es andere naturverbundene Weltreligionen nie legitimieren würden. Möglicherweise hat dieses tragische Missverständnis der Selbstvergottung des Menschen den katastrophalen Folgen für die Natur Vorschub geleistet und die abendländische Christenheit mit Kolonialismus, Ausbeutung, kapitalistischer Geldvermehrung, Plünderung der Rohstoffressourcen zum Urheber der neuzeitlichen Naturzerstörung gemacht.

Martialisch klingen die Übersetzungen von Luther 1545/2017 sowie die der Elberfelder und Zürcher Bibel: »Macht sie euch untertan und herrscht über die Fische im Meer und über die Vögel unter dem Himmel.« Sanfter formuliert dagegen die Gute Nachricht-Bibel 2018: »Füllt die ganze Erde und nehmt sie in Besitz. Ich setze euch über die Fische im Meer ...« Rigoroser hingegen übersetzt die katholische Einheitsübersetzung von 2016: »Füllt die Erde und unterwerft sie und waltet über die Fische ...« Als Vorlage hat sicherlich auch die lateinische Tradition der Vulgata gedient: »subicite eam et dominamini«. Tatsächlich meint *subicere* »unterwerfen«, allerdings weist das *dominari*, in dem *dominus* (Herr) steckt, in eine andere, nämlich theologische Richtung. Das wird deutlich, wenn man in die griechische Fassung des Alten Testaments, die Septuaginta, schaut, die ja in der handschriftlichen Tradition älter als jeder bis heute gefundene hebräische Text ist. In der Alten Kirche der sieben Ökumenischen Konzilien war sie im Übrigen einzig verbindlich, als maßgebliche Hl. Schrift sogar konziliar festgelegt. In der griechischen Fassung hört auch das ungeschulte Ohr die Anspielungen: »Werdet zahlreich, füllt die Erde und werdet Herr über sie und herrscht über die Fische des Meeres ...« (Septuaginta deutsch 2009). Dieses *katakyrievsate* hat es nämlich in sich. Zentral steckt das Wort *kyrios* (Herr) darin. Beim Hören des griechischen Kyrios wie auch des hebräischen *adonai* (mein Herr) wusste der alttestamentliche Gläubige, dass dies nur eine Ersatzschreibung für den unausgesprochenen Namen Gottes, das sog. Tetragramm JHWH, war. Durch das *kata* (herab, nieder, entsprechend, gemäß) könnte es freilich durchaus als Unterwerfung verstanden werden, ist aber doch eher eine Verstärkung. Und wenn man es mit dem *kata* der Abbildlichkeit des Menschen verbindet, dann spielt es auf das *kat' eikona* im vorhergehenden Vers an, dass der Mensch gemäß dem Bild und nach dem Gleichnis Gottes geschaffen sei, des eigentlichen Kyrios der Welt. Auf den Kyrios verwiesen zu sein, Herr in seinem Sinne zu sein, »gemäß ihm Herr zu sein« oder »gemäß seinem Bilde und Gleichnis« zu »herrschen«, bedeutet: Menschliches Bild nach dem Bilde Gottes und Herr auf Erden nach dem Herrn und Gott selbst zu sein. Diesem Herrn der Welt soll er gleichen, wenn der Mensch die Schöpfung anführt als ein Archon, ein Führer, nicht nur in seinem Sein, in seiner Stellung, sondern in seinem konkreten Verhältnis zur Mitschöpfung. Denn der Archon steht nicht außerhalb der Reihe oder über den anderen, die er anführt. Sogar die etymologischen Wurzeln weisen einen Fürsten als Ersten (engl. *first*) auf, was ihn zu nichts mehr als einem *primus inter pares*, einem Ersten unter Gleichen macht.

Wie weit ist doch die Realität von diesem Schöpfungskonzept entfernt, und nicht nur durch die Schuld Adams? Reihenfolge durch Unterordnung zu ersetzen scheint ein urmenschliches Problem zu sein, wo gegenseitiger Dienst mit verschiedenen Aufgaben und Charismen zur Unterstellung, Unterdrückung und Ausbeutung missbraucht wird, angefangen beim Verhältnis der Geschlechter. Aber hat nicht gerade das westliche Kirchentum mit der Erfindung eines Papsttums und der Unterstellung aller unter einen Einzigen die apostolische synodale Kirche pervertiert und die Verschiebung einer Reihenfolge zur Rangfolge und gehorsamen Unterordnung sanktioniert und dogmatisiert, ja durch die Unfehlbarkeit einen Einzelnen sogar in göttliche Sphären entrückt? Alles Symptome einer Selbstvergottung – im Verhältnis der Menschen untereinander, im Verhältnis zur Natur und sogar in den kirchlichen Strukturen.

III Die Heilsgeschichte und Menschwerdung

Was an göttlicher Ehre dem Menschen (=Adam) nach dem Bild und Gleichnis Gottes geschenkt wurde, hat er mit seinem Ungehorsam und der Gebotsübertretung verloren. Die Menschheit lebt nicht mehr im Paradies, stattdessen wird das Leben von Mühe, Krankheiten, Gefahren und schließlich dem Tod belastet, bedroht und begrenzt. Der Mensch, der göttliche Erkenntnis glaubte gewinnen zu können, erkennt nur seine Erbärmlichkeit (»sie erkannten, dass sie nackt waren«, 1. Mose 3,7), versteckt sich und geht so selbst in die Gottferne, um Gott nicht mehr begegnen zu müssen. »Und Gott der Herr rief Adam und sagte zu ihm: »Adam, wo bist du?« (1. Mose 3,9). Nicht unausweichliches Schicksal, keine äußere Bedrohung, nein, freie eigene Wahl lässt den Menschen in Schuld fallen und sich von Gott entfernen. Er verliert die Unmittelbarkeit zu Gott, das paradiesische Leben ohne Krankheit, Leid und schmerzhaften Tod. Statt sich wie ein souveräner Herr der Natur und den Tieren gegenüber zu verhalten, beherrschen Existenzangst der Natur gegenüber und Kampf mit den Tieren und sogar untereinander das menschliche Leben. Verteidigung, Töten um bedrohtes Leben zu schützen, aber auch Jagd zur Nahrungsversorgung sind die neuen Gesetze, um mit Angst, Bedrohung, List und Tötung zu überleben. Das Abbild ist entstellt, die Natur seufzt (Römer 8,22). Die Schöpfung, die Gott in jedem ihrer Schritte für gut befunden hat, ist beschädigt, aber nicht zerstört, der Mensch, nach dem Bild und Gleichnis Gottes geschaffen, entstellt, aber nicht jeder Würde verlustig. Vor allem aber hat Gott sich nicht von der Schöpfung abgewandt. In der Anaphora (Hochgebet) des hl. Basileios heißt es:

> »Denn nicht hast Du Dich von Deinem Gebilde, das Du geschaffen, bis zum Ende abgewandt, o Guter, und nicht vergessen das Werk Deiner Hände, sondern es auf vielfältige Weise heimgesucht durch das Innerste Deines Erbarmens. Du hast Propheten gesandt und Machttaten gewirkt durch Deine Heiligen, die Dir in jedem Geschlecht wohlgefällig waren. Du hast zu uns durch den Mund Deiner Knechte, der Propheten, gesprochen und uns das künftige Heil vorausverkündet. Du hast uns ein Gesetz zur Hilfe gegeben und Engel als Beschützer zur Seite gestellt.«

Doch das eigentliche Ziel göttlichen Heilshandelns ist die Menschwerdung Gottes: »Als aber die Fülle der Zeiten gekommen war, sprachst Du zu uns durch Deinen Sohn selbst, durch den Du auch die Weltalter geschaffen hast. [...] obgleich er Gott vor aller Zeit ist, erschien Er auf Erden und hat unter den Menschen geweilt.« (Basileios-Anaphora) Dies lässt Interpretationsspielraum bis dahin, dass die Menschwerdung Gottes tatsächlich in den ursprünglichen Schöpfungsplan Gottes gehört, dessen Ziel es immer schon war, in seine Schöpfung selbst einzutreten und als Mensch unter den Menschen zu sein, als das Bild bei seinen Abbildern, unabhängig vom Sündenfall und dem Erlösungsakt. Die heiligen Väter bringen es auf den Punkt: »Gott wurde Mensch, damit der Mensch Gott werde«, oder genauer mit den Worten des hl. Eirenaios von Lyon: »Wenn das Wort Mensch geworden ist, dann dafür, dass die Menschen Götter werden könnten« (Contra Haereses V, Praef., 1035). In diesem Licht sind dann auch sowohl der Johannesprolog (Johannes 1,1-18) als auch der Kolosserhymnus (1,15-20) keineswegs nur Soteriologie, sondern auch und vor allem Schöpfungstheologie. Oder anders gesagt, beides gehört untrennbar zusammen, weil Gott keine Defekte repariert oder bloß Lücken schließt und keinen Ersatzplan benötigt.

Dies wird auf besondere Weise deutlich bei der Verklärung auf dem Berg Thabor (Markus 9,2-10; Matthäus 17,1-9; Lukas 9,28-36). Hier zeigt sich Christus in seiner göttlichen Herrlichkeit, im göttlichen Licht, was eigentlich niemand schauen darf und kann. Moses bat Gott auf dem Sinai: »Zeige mir deine Herrlichkeit« (2. Mose 33,18), doch Gott antwortete ihm: »Nicht möglich ist es, mein Angesicht zu schauen. Kein Mensch schaut mein Angesicht und wird leben.« (2. Mose 33,21) Das wusste auch Elias, als Gott in seiner Herrlichkeit auf dem Sinai an ihm vorbeizog: »Elias verbarg sein Angesicht in seinem Schaffellmantel und ging hinaus.« (1. Könige 19,13) Eben diesen beiden großen alttestamentlichen Gestalten, die die Herrlichkeit Gottes auf dem Sinai schauen, aber sein Angesicht nicht sehen konnten, kamen noch einmal »auf einen hohen Berg« (ohne Namen), um nun im Angesicht des menschgewordenen Gottes Gott selbst von Angesicht zu Angesicht zu schauen. So wurden die Wünsche der Propheten erfüllt, was vor der Menschwerdung nicht möglich war, »denn Gott ist verzehrendes Feuer« (5. Mose 4,24; Hebräer 12,29). Johannes formuliert das lapidar in der Antwort Christi an Philippos: »Wer mich gesehen hat, hat den Vater gesehen.« (14,9)

Der unüberwindliche Graben zwischen Gott und Mensch, aufgerissen durch den Sündenfall und vertieft durch jede Sünde, auch aber ontologisch vorgegeben durch den Unterschied von Urbild und Abbild, Ewigkeit und Raumzeitlichkeit, göttlicher Absolutheit und menschliche Kontingenz, kurz Schöpfer und Geschöpf, wurde mit der Menschwerdung des Sohnes Gottes überwunden. Denn Gott selbst schafft die Verbindung, die Brücke. Gott tut aber nichts für sich selbst. Es ist wohl das wichtigste Wort mitten im Glaubensbekenntnis (der Fassung von Nizäa-Konstantinopel): »für uns und unsere Errettung«, weil es aussagt, auf wen allein sich jegliches Heilshandeln Gottes bezieht. Errettung bedeutet die Wiederherstellung der ursprünglichen Gottebenbildlichkeit, die beschädigt und verletzt wurde durch die Ursünde der Selbstvergottung. Wenn Gott nun Mensch wird, damit der Mensch Gott werde, dann wird zunächst das Bild, gemäß dem der Mensch geschaffen wurde, also Christus als das wahre menschliche Bild sichtbar, aber in der Errettungstat am Kreuz wird auch der Mensch als sein Abbild wiederhergestellt und in der Auferstehung zum Leben im göttlichen Licht geführt. Was auf Thabor sichtbar wurde, zeigt sich im lichten Leib des Auferstandenen, der erkennbar, aber doch in österlicher Verklärung auch anders ist und so mit diesem verklärten menschlichen Leib in den Himmel auffährt, vorbildlich für die Auferstehung des Fleisches am Jüngsten Tag. Die Ikone der Auferstehung zeigt deswegen auch nicht den auferstehenden Christus, über den niemand etwas sagen oder gar zeichnen kann, da die Auferstehung den menschlichen Augen verborgen geschehen war. Die Engel kamen erst, um das bereits leere Grab zu öffnen und die Frauen hineinzulassen, weil der aus der Jungfrau Geborene, ohne ihre Jungfräulichkeit zu verletzen, auch aus dem versiegelten Grab auferstanden ist, ohne die Siegel zu brechen. Die Osterikone zeigt Christus, wie er den Adam, also »den Menschen« schlechthin, am Handgelenk aus dem Hades zieht zur gemeinsamen Auferstehung entsprechend dem Buch der Weisheit: »Diese hat den erstgestalteten Vater der Welt, der zunächst allein erschaffen worden war, bewahrt und ihn herausgenommen aus seiner eigenen Übertretung.« (Weisheit 10,1)

Der Apostel Paulus erklärt dies anhand der Taufe, was die Kirche in der »Tauche« sichtbar machen will. Die Taufe ist das Gleichwerden mit Christus: »Wenn wir nämlich ihm gleich geworden sind in seinem Tod, dann werden wir mit ihm auch in seiner Auferstehung vereinigt sein.« (Römer 6,5) Deshalb heißen die Getauften Christen, weil sie Christus gleich geworden, Christusse geworden sind. Für Paulus sind das Fakten: »Alle, die wir auf Christus getauft wurden, sind auf seinen Tod getauft worden. Wir wurden mit ihm begraben durch die Taufe auf den Tod, und wie Christus durch die Herrlichkeit des Vaters von den Toten auferweckt wurde, so sollen auch wir in einem neuen Leben wandeln.« (Römer 6,4) In der Taufe geschieht im symbolischen Sterben durch das Untertauchen ins Wasser die Gleichwerdung mit dem Urbild Christi, nach dem der Mensch gebildet wurde. Der in der Taufe sterbende und auferstehende Mensch wird gleich dem Einzigen, der gestorben und auferstanden ist, Christus. Diese Gleichheit (*omoioma*, Römer 6,5) greift Bild und Gleichnis (*kat' omoiosin*, 1. Mose 1,26) der Menschenschöpfung auf. Für Paulus sind das wie auch für Kyrillos von Jerusalem in seinen mystagogischen Katechesen und in der gesamten orthodoxen Tradition Realitäten, Erfahrungen, reale Geschehnisse im Symbol des Sakramentes, des Mysteriums in orthodoxer Terminologie.

IV Gebet und Fasten

Der objektive Heilsplan Gottes, der faktische Verlauf der Schöpfung, das wahre Heilsgeschehen in Christus, »die Wiederaufrichtung des Bildes«, von der viele liturgische Hymnen singen, sowie die sakramentale Realisierung der göttlichen Gnade sind das eine. Das andere ist die konkrete Verwirklichung am einzelnen Menschen – seine jeweils persönliche Heilsgeschichte, sein eigenes Bemühen um diese Konkretisierung, die individuelle Adaption. Darum sagt der Apostel Paulus, »dass auch wir in einem neuen Leben wandeln sollen« (Römer 5,4). Das in der Taufe bereits wahrhaft Geschehene muss im persönlichen Leben eingeholt und realisiert werden. In den letzten Jahrzehnten sind eine ganze Reihe von Anleitungen und Ratgebern erschienen, wie in mehreren Schritten Vergöttlichung erreicht werden kann durch Meditation, Jesusgebet, Versenkung. Orthodoxe beteiligen sich so gut wie nicht an diesen Versuchen, und die Lektüre ist schal und künstlich. Mit westlicher rationaler Terminologie, genaugenommen scholastischer Systematik, wird analysiert, was in orthodoxen Lebensvollzügen seinen eigentlichen Ort hat und verwurzelt ist und in realen Erfahrungen erlebt wird. Es werden Methoden gezeigt und gelehrt, die den Inhalt von der Form trennen – etwa wie beim christlichen Yoga. Das sei jedem unbenommen, allerdings findet sich ein Orthodoxer darin überhaupt nicht wieder, solches Denken bleibt ihm fremd. Freilich gibt es auch in der orthodoxen Tradition Ansätze, auch bei einigen Kirchenvätern, aber ausgerechnet Evagrios Pontikos, der als wichtigster Gewährsmann ständig zitiert wird, ist unbenommen seiner großen Bedeutung und der Nützlichkeit seiner Schriften der einzige nicht heiliggesprochene Vertreter. Geistliche Nahrung bieten viele jüngst publizierte asketische Schriften, die sich mit dem Gebet und dem geistlichen Fortschreiten beschäftigen. Es ist bemerkenswert, dass fast alle in der jüngsten Zeit heiliggesprochenen Menschen Mönche und Nonnen sind, die in Einsiedeleien, kleinen monastischen Siedlungen und Athosklöstern lebten. Diese haben sich in ihrer Praxis der Askese, des Gehorsams und des Gebetes genau mit diesen Fragestellungen beschäftigt, aber eben nicht abstrakt, systematisch und akademisch-theologisch, sondern sie schrieben einfach über ihre konkreten geistlichen Erfahrungen. Systematiken und Methoden sucht man vergeblich, nicht einmal mit dem eigentlichen Ziel des geistlichen Weges beschäftigten sie sich. Ihr Thema ist vorrangig, den alten Menschen zu erkennen, die Versklavung durch die Leidenschaften zu lösen, wahre Umkehr zu versuchen und zu beginnen, das Gebet von den Lippen und dem Verstand ins Herz zu führen. Christus selbst hat das knapp zusammengefasst: »Gebet und Fasten« (Matthäus 4,2).

Eine zentrale Stellung hat das sogenannte Herzens- oder Jesusgebet, die *noera prosevxi*, also das geistliche Gebet »Herr Jesus Christus, Sohn Gottes, erbarme dich meiner, des Sünders«, also die ständige Wiederholung der Bitte um das unverdiente, aber notwendige Erbarmen Gottes. Hilfreich dabei ist die Gebetsschnur mit 33, 50, 100 oder 300 Knoten für jede Gebetswiederholung, das sogenannte Kombos'chini (russ. *tschotki*). Mit dieser geistlichen Arbeit, die vor allem durch die »Aufrichtigen Erzählungen eines russischen Pilgers« bekannt geworden ist, beschäftigen sich die geistlichen Mütter und Väter und deren Schriften. Denn im geistlichen Leben sollte es vor allem darum gehen, was der Mensch selbst aktiv tun kann, statt über Theorien möglicher Früchte, gnadenhafter Geschenke und geistlichen Lohns zu spekulieren. Wenn die geistlichen Autoren – selten genug – einmal etwas über beglückende geistliche Zustände andeuten, dann geschieht das nur sehr diskret und mit vorsichtigen Hinweisen, weil die menschliche Sprache ohnehin nicht ausreicht, die göttliche Herrlichkeit zu beschreiben, und jeder seine eigenen Erfahrungen machen wird. Diese neue hesychastische Tradition, die uralte Wurzeln hat und im 20. Jahrhundert eine sehr intensive Renaissance, ausgehend vom heiligen Berg Athos, erlebt hat, sucht die Ruhe (= *hesychia*) als Weg, aber auch als Ziel. Durch das aktive Bemühen um Ruhe von allen Leidenschaften und Störungen der Seele mittels intensiven Gebets und Askese soll eine höhere Ruhe in Gott, in der Vergöttlichung erreicht werden.

Was auf diesem Weg nottut, was unbedingt zu Beginn stehen muss und sich als Grundhaltung des ganzen geistlichen Lebens durchhält, ist die *metanoia*. Ob man sie mit Umkehr, Reue, Buße oder Sinneswandlung übersetzt, es sind jeweils nur Aspekte eines sehr umfassenden Begriffs, den schon der Täufer und Vorläufer Johannes gepredigt hat (Markus 1,4). Den *nous* zu ändern, ist die eigentliche spirituelle Aufgabe eines jeden Menschen. Aber auch genau dieser Begriff macht große Schwierigkeiten, weil er kaum zu übersetzen ist. »Nous« ist der innere Geistsinn, das innerste Verständnisorgan, das in der Nähe des Herzens lokalisiert wird, in dem die verschiedenen Sinne und vielfältigen Wahrnehmungen und Eindrücke zusammenkommen, wo auch das Fenster zu Gott ist. Diesen zu ändern, zu reinigen, auf Gott hin auszurichten und zu sensibilisieren, das ist die lebenslange Aufgabe, die vorrangig im Gebet zu suchen ist. Schon seit dem Mönchsvater Antonios und der Mönchsregel des hl. Basileios bis zum zeitgenössischen heiligen Iosif, dem Hesychasten vom Berg Athos, sind das intensive Gebet, die praktischen Tugenden, vor allem die Bruderliebe, die Einfachheit des Lebens mit Verzicht und Fasten und der Gehorsam, um den eigenen egoistischen Willen zu überwinden, der einzige Weg. Die Nüchternheit der geistlichen Ratgeber ist frei von Schwärmereien und spekulativen Versprechungen, aber auch frei von scheinbar zielsicheren garantierten Methoden. Vielmehr steht allen die Leiter zum Paradies vor Augen – man denke an die berühmte Schrift des sinaitischen Abtes Johannes als auch an die Wandgemälde in vielen Klöstern –, von der Mönche und gar hohe Kleriker, verlockt und versucht von den Dämonen, noch von den letzten der 33 Stufen herunterfallen können. Nichts anderes geziemt sich zu sagen als: »Unnütze Knechte sind wir« (Lukas 17,10) – oder wie der Hauptmann von Kapernaum: »Ich bin nicht genug, dass du unter mein Dach eingehst« (Lukas 7,6). Dennoch bleibt das sichere Versprechen der Seligpreisungen: »Selig, die Reinen im Herzen, denn sie werden Gott schauen.« (Matthäus 5,8) Der einzige Auftrag ist deshalb, das Herz zu reinigen, denn das Ziel ist das versprochene Geschenk.

Das Fasten oder mehr noch die asketische Dimension der Kirche überhaupt gehört wohl zu den Bereichen mit den größten Erosionen in der letzten Zeit. Die Verniedlichung des Fastens zur Diät oder zum subjektiven Verzicht auf manche Luxusgegenstände und schlechte Gewohnheiten verstellt den Blick darauf, dass die Kirche selbst asketisch ist und sein muss. Die zweitausendjährige Weisheit der Kirche, wonach das Fasten und das liturgische Feiern ein gemeinschaftliches ist und beide Aspekte sich gegenseitig bedingen, ist in sehr kurzer Zeit verlorengegangen. Das Fasten bereitet das Feiern vor und das Feiern ist nicht ohne vorheriges Fasten denkbar. Zudem sind nicht nur die kirchlichen Feste des Kirchenjahres christologisch begründet, sondern auch das regelmäßige Fasten am Mittwoch und Freitag ist auf Christus und sein Heilshandeln in der Passion bezogen, das den Gläubigen in treuer Regelmäßigkeit jede Woche auf das Kreuz verweist und dann mit dem fastenfreien Sonntag die Auferstehung verkündet. Zudem erinnert das kirchliche Fasten an das Paradies, an das verlorengegangene wie auch an das künftige, in dem nämlich nicht die fatale Verknüpfung herrscht, dass durch Tod, also Schlachtung, Leben ermöglicht wird, sondern bei veganer Ernährung, wie die heiligen Väter sagen, das engelhafte Leben eine Zeitlang praktiziert wird. Im Paradies wurde den Menschen, aber auch allen Lebewesen, die »die Seele des Lebens haben« (1. Mose 1,30), »alles samentragende Kraut, das auf der Erde ist, und jegliches Holz, das in sich Frucht eines samentragenden Samens hat« (1. Mose 1,29) als Nahrung überlassen. Die Kirche als das Krankenhaus aller durch Leidenschaften und Süchte beherrschten Menschen bietet mit den alten Fastenregeln die geistliche Medizin und Therapie zur Heilung von jeder Selbstbezogenheit und führt alle zu Christus durch Gebet und Fasten. Ist es eine Überforderung, den Zehnten des Jahres, also aufgerundet 40 Tage, Gott zu opfern in der Fastenzeit vor Ostern? Aber es gibt keinen Automatismus, keine kausale Methode im »do ut des«, wann und wie Gott sich zeigt, wann und wie die Reinigung vollzogen ist, wann und wie das göttliche Licht das Herz erfüllt.

V Vergöttlichung

Theosis, was man mit Vergöttlichung, aber besser mit Vergottung wiedergeben kann, bleibt immer unverfügbares Geschenk und ist der Pädagogik Gottes überlassen, der allein die Seelen kennt und um das für sie Zuträgliche weiß. Es gibt keinen Lohn für nichts, sondern alles liegt in der weisen Führung Gottes, der für jeden Einzelnen das Heil ihm entsprechend will. Hier sollte man sich nicht durch Systematiken und Methoden täuschen lassen, als würden nach der Reinigung des Herzens die Erleuchtung des Nous und die Theosis konsequent aufeinanderfolgen. Der heilige Siluan der Agiorit (1866–1938) ist ein beeindruckendes Beispiel, weil er nach einer ziemlich verkorksten Jugend sehr schnell im asketischen Leben zu höchsten geistlichen Erlebnissen kam, sich dann aber 50 Jahre wie in Gottesferne und Dunkelheit fühlte und tapfer schrieb: »Halte deine Seele über der Hölle, aber verzweifle nicht.« Doch so wie das Thaborlicht real den physiologischen Augen der Apostel sichtbar war, obwohl es überphysisch, nämlich göttlich ist, so ist auch die Vergöttlichung ein reales Geschehen göttlicher Begnadung, wirklicher Vereinigung mit Gott, echte Schau Gottes. Wie der kontingente Mensch am ewigen Gott wirklichen Anteil haben kann, hat vor allem der heilige Gregorios Palamas (1296–1359) dogmatisch erklärt. Er griff den schon vom hl. Basileios dem Großen (330–379) verwendeten Begriff der göttlichen Energien auf, um zu beschreiben, wie der Mensch nicht nur geschaffene Gnaden, die tagtäglich begegnen, empfangen kann, sondern Gott selbst schauen darf, wie er teilhaben kann an Gott, ohne mit seinem Wesen selbst vereint zu sein. Denn Vergöttlichung, Vergottung, Gottwerdung kann für den Menschen nicht heißen, selbst Gott dem Wesen nach zu werden. Auch in der göttlichen Schau bleiben Gott und Mensch wesenhaft unterschieden. Und doch kann der Mensch der Gnade nach etwas aus dem Wesen Gottes selbst empfangen, eben die göttlichen Energien, die aus dem Wesen Gottes kommen, ohne selbst Gott zu sein, so wie auch das verwandelnde Licht auf dem Berg Thabor göttlich ist und den Menschen göttlich verklärt. Das ist jedenfalls erheblich mehr als nur die von Gott geschaffenen Gnadengeschenke, die unendlich vielen Geschenke, Gaben und Begabungen (*gratia creata*), über die das westlich-scholastische Denken nachdenkt, welches nur über die geschaffene Wirklichkeit, die Spuren Gottes mittels logischen Denkens Gott erkennen kann. Dass der Mensch auch Anteil haben kann an ungeschaffener Gnade (»Energien«), die aus dem Wesen Gottes selbst stammt (*gratia increata*) und damit Gott unmittelbar im ungeschaffenen Licht erkennen kann, ist ein Hauptunterschied der orthodoxen Theologie, die mit der Verurteilung der Energienlehre als Häresie zum wohl tiefsten Bruch mit dem Westen geführt hat. Für die Orthodoxie gilt: Ohne mit dem Wesen Gottes vermischt zu werden, kann der Mensch, der sich gereinigt hat, der »reinen Herzens« ist, Gott selbst schauen im göttlichen Licht, wenn Gott sich zeigt. Ja er kann sogar erfüllt und durchdrungen werden von göttlichen Energien, die am Wesen Gottes in glückseliger Schau teilhaben lassen, weil sie selbst dem Wesen Gottes entstammen.

Das sollte man durchaus mit einer gesunden Nüchternheit betrachten und nicht mystifizieren. So groß das Geheimnis und das Geschenk auch sein mag, es ist der konkrete Heilsplan Gottes, die Kluft zwischen Gott und seinen Geschöpfen, zwischen dem ewigen Urbild und dem geschaffenen Abbild zu überwinden in realer Erfüllung durch die göttlichen Energien. Dies geschieht deshalb nicht in extrem seltenen mystischen Verzückungen, sondern geschah bereits in der Taufe, die im griechischen Sprachgebrauch oft »Photisi« genannt wird, Erleuchtung. Insbesondere bei Erwachsenentaufen bleibt das oft auch den Dabeistehenden nicht verborgen. Vor allem ist jede Teilnahme am Leib und Blut Christi in der Eucharistie eine wirkliche Einswerdung mit dem Gottmenschen Christus selbst. Der Antwortvers auf die Kommunion fast im ganzen Kirchenjahr ist ein pfingstlicher Gesang: »Gesehen haben wir das wahre Licht, Geist vom Himmel empfangen« (Chrysostomos-Liturgie bzw. Pfingstvesper). Das wird als Faktum behauptet, als Realität betrachtet und ist es auch, wenn Christus real in den eucharistischen Gestalten gegenwärtig ist: »Wer von diesem Brot isst, wird in Ewigkeit leben.« (Johannes 6,51) Das ist Vergöttlichung, wo der Tod überwunden und das ursprüngliche Bild wiederhergestellt ist. So sind die kirchlichen Realitäten in den sakramentalen Vollzügen zu verstehen. Sie sind kein intellektueller Glaube, keine konfessionelle Meinung, keine Weltanschauung im Sinne einer christlichen Religion, sondern »das Leben in Christus« (Alexander Schmemanns gleichnamige Schrift).

Doch was, wenn nichts geschieht, wenn nichts zu spüren ist von dieser göttlichen Gegenwart und Wirklichkeit? Dann liegt es nicht an der Wirklichkeit, sondern an den Augen, die diese nicht wahrnehmen können, da sie verdunkelt, erblindet sind. Deswegen die Reinigung, deswegen Gebet und Fasten, deswegen die ständige Bitte um das Erbarmen Gottes, um das Geschenk der Erleuchtung, um die Schau des göttlichen Lichts und das ewige Leben. Der Christgläubige will sich von den göttlichen Energien erfüllen und durchdringen, ja sogar verwandeln und verklären lassen. Damit deckt sich Vergöttlichung in der Sache mit Heiligung, denn die christuserfüllt und christusförmig Gewordenen sind geheiligt und heilig. Dieses ist in der Taufe bereits real geschehen, so dass Paulus die Brüder in Kolossa Heilige nennen kann (Kolosser 1,2; 3,12), »die Anteil am Los der Heiligen im Licht haben« (Kolosser 1,12), alles keine frommen Wünsche und Erwartungen, sondern reale Fakten der Gnade nach, wie Paulus meint. Dass dieses im täglichen Leben eingeholt und konkretisiert werden muss und in der Praxis zunächst ein Appell bleibt: »Seid heilig, denn ich bin heilig« (1. Petrus 1,16; 3. Mose 19,2), entspricht der sündigen Realität, der Gefangenschaft durch die egoistischen Leidenschaften, der Verführung durch den Fürsten der Welt. Das Heil ist kein Automatismus, aber es ist real gewirkt und muss nur angenommen werden durch ein Leben, das dieser heiligen Wirklichkeit entspricht. Der Ruf des *Kyrie eleison* wird niemals abreißen.

Die Heiligen der Kirche sind genau solche Menschen, die transparent geworden sind hin zur göttlichen Wirklichkeit, weil sie ganz erfüllt wurden von der verwandelnden ungeschaffenen göttlichen Gnade. Denn alle hat Gott seit der Schöpfung »vorherbestimmt, dem Bild seines Sohnes gleichgestaltig zu werden, damit dieser der Erstgeborene von vielen Brüdern sei« (Römer 8,29).

Die Autoren

Ingolf U. Dalferth, Dr. theol. habil., Dr. h.c. mult., Jahrgang 1948, war von 1995 bis 2013 Ordinarius für Systematische Theologie, Symbolik und Religionsphilosophie an der Universität Zürich und von 1998 bis 2012 Direktor des Instituts für Hermeneutik und Religionsphilosophie der Universität Zürich. Von 2007 bis 2020 lehrte er als Danforth Professor for Philosophy of Religion an der Claremont Graduate University in Kalifornien. Dalferth war mehrfach Präsident der Europäischen Gesellschaft für Religionsphilosophie, von 1999 bis 2008 Gründungspräsident der Deutschen Gesellschaft für Religionsphilosophie und 2016/2017 Präsident der Society for the Philosophy of Religion in den USA. Von 2000 bis 2020 war er Hauptherausgeber der »Theologischen Literaturzeitung«. Dalferth erhielt in den Jahren 2005 und 2006 die Ehrendoktorwürden der Theologischen Fakultäten von Uppsala und Kopenhagen. – Bei der Evangelischen Verlagsanstalt erschienen von Dalferth u. a.: »Leiden und Böses. Vom schwierigen Umgang mit Widersinnigem«, 2006; »Radikale Theologie. Glauben im 21. Jahrhundert«, 2010, 4. Aufl. 2021; »Wirkendes Wort. Bibel, Schrift und Evangelium im Leben der Kirche und im Denken der Theologie«, 2018; »Sünde. Die Entdeckung der Menschlichkeit«, 2020; »Die Krise der öffentlichen Vernunft. Über Demokratie, Urteilskraft und Gott«, 2022; »Auferweckung. Plädoyer für ein anderes Paradigma der Christologie«, 2023.

Dirk Evers, Dr. theol. habil., Jahrgang 1962, studierte Theologie in Münster, Tübingen und Madurai. Er ist seit 2010 Ordinarius für Systematische Theologie mit den Schwerpunkten Dogmatik und Religionsphilosophie an der Theologischen Fakultät der Martin-Luther-Universität Halle-Wittenberg. Von 2014 bis 2022 war er Präsident der European Society for the Study of Science and Theology (ESSSAT) und seit 2021 ist er Vorsitzender der Fachgruppe Systematische Theologie der Wissenschaftlichen Gesellschaft für Theologie. – Bei der Evangelischen Verlagsanstalt erschienen von Evers u. a.: (Hg.) »Sünde, Schuld, Scham und personale Integrität. Zur Debatte um die theologische Anthropologie« (VWGTh 66), 2022; (Hg.) »Menschenbilder und Gottesbilder. Geschlecht in theologischer Perspektive«, 2019; (Hg.) »Herausforderung Konfessionslosigkeit«, 2014.

Egon Flaig, Dr. phil. habil., Jahrgang 1949, studierte Geschichte und Romanistik in Stuttgart, Paris und Berlin. 1997 wurde er ordentlicher Professor für Alte Geschichte an der Universität Greifswald, 2008 wechselte er auf den Lehrstuhl für Alte Geschichte an der Universität Rostock. 1997 erhielt er den Preis der Aby-Warburg-Stiftung 1997. Seine Forschungsschwerpunkte sind: Politische Anthropologie von Konsensritualen und Entscheidungsverfahren, Ideengeschichte von Freiheit und Sklaverei, Geschichte und Politische Philosophie des Republikanismus. – Flaig ist Autor vielbeachteter Bücher: »Angeschaute Geschichte. Zur ›Griechischen Kulturgeschichte‹ von Jacob Burckhardt«, Rheinfelden 1987; »Ödipus. Tragischer Vatermord im klassischen Athen«, München 1998; »Den Kaiser herausfordern. Die Usurpation im Römischen Reich«, Frankfurt a. M. 2019; »Ritualisierte Politik. Zeichen, Gesten und Herrschaft im Alten Rom«, Göttingen 2003; »Weltgeschichte der Sklaverei«, München 2018; »Die Mehrheitsentscheidung. Entstehung und kulturelle Dynamik«, Paderborn 2013; »Gegen den Strom. Für eine säkulare Republik Europa«, zu Klampen 2013; »Die Niederlage der Politischen Vernunft. Wie wir die Errungenschaften der Aufklärung verspielen«, zu Klampen 2017; »Was nottut. Plädoyer für einen aufgeklärten Konservatismus«, Lüdinghausen 2019.

Stefan S. Jäger, Dr. theol. habil., Jahrgang 1968, ist Dozent und stellvertretender Direktor am Johanneum in Wuppertal-Barmen und Privatdozent für Religionswissenschaft und Interkulturelle Theologie an der Kirchlichen Hochschule Wuppertal. Er lebte u. a. für acht Jahre in Japan, woraus sich Fragen interkultureller Theologie und des interreligiösen Dialogs sowie Buddhismus als Forschungsschwerpunkte entwickelt haben. – Veröffentlichungen sind u. a.: »Glaube und Religiöse Rede bei Tillich und im Shin-Buddhismus. Eine religionshermeneutische Studie« (TillRes 2), De Gruyter Berlin/Boston 2011; »Buddhismus im Diskurs. Studien zu Resonanz und Dialogizität in christlich-buddhistischen Begegnungen« (erscheint 2024).

Die Autoren

Ulrich H. J. Körtner, Dr. theol. habil., Dr. h.c. mult., Jahrgang 1957, ist seit 1992 Ordinarius für Systematische Theologie (reformiert) an der Evangelisch-Theologischen Fakultät der Universität Wien. Von 2001 bis 2022 war er auch Vorstand des Instituts für Ethik und Recht in der Medizin der Universität Wien. Körtner bekam 2016 das Ehrenkreuz für Wissenschaft und Kunst I. Klasse der Republik Österreich verliehen und ebenfalls 2016 von der Österreichischen Akademie der Wissenschaften den Wilhelm-Hartel-Preis für sein Gesamtwerk. – Bei der Evangelischen Verlagsanstalt erschienen u. a.: »Dogmatik« (Lehrwerk Evan-gelische Theologie 5), 2018, Studienausgabe 2020; »Ökumenische Kir-chenkunde« (Lehrwerk Evangelische Theologie 9), 2018; »Wahres Leben. Christsein auf evangelisch«, 2021, 2. Aufl. 2023; »Theologische Exegese«, 2022; (Hg.) »Gaudium et spes« (Große Texte der Christenheit 15), Leipzig 2024.

Christian Lehnert, Pfr. Dr. h.c., Jahrgang 1969, ist Dichter und Theologe. Acht Gedichtbücher und vier Prosabände erschienen im Suhrkamp Verlag, zuletzt: »Das Haus und das Lamm. Fliegende Blätter zur Apokalypse des Johannes« (2023); »opus 8. Im Flechtwerk, Gedichte« (2022); »Ins Innere hinaus. Von den Engeln und Mächten« (2020). Seine jüngere Lyrik zeichnet sich durch Formstrenge und Nähe zu musikalischen Ausdrucksformen aus. Seine Essays prägt eine existentielle Suche nach einer heute glaubwürdigen Religiosität. Im Jahr 2012 erhielt er den Hölty-Preis für sein lyrisches Gesamtwerk, 2016 den Eichendorff-Literaturpreis und 2018 den Deutschen Preis für Nature Writing.

Sebastian Kleinschmidt, Dr. phil., Jahrgang 1948, ist ein deutscher Essayist und Autor zahlreicher Schriften zur Literatur, Philosophie und Theologie. Von 1970 bis 1971 studierte er Geschichte in Leipzig, von 1972 bis 1974 Philosophie in Berlin, anschließend folgte ein Forschungsstudium der Ästhetik. Von 1978 bis 1983 war er wissenschaftlicher Mitarbeiter am Zentralinstitut für Literaturgeschichte der Akademie der Wissenschaften der DDR, von 1984 bis 1987 Redakteur der von der Akademie der Künste herausgegebenen Zeitschrift »Sinn und Form«, von 1988 bis 1990 stellv. Chefredakteur und von 1991 bis 2013 Chefredakteur. Er ist Mitglied des PEN-Zentrums Deutschland. – 2018 erschien bei Matthes & Seitz Berlin der Essayband »Spiegelungen«, 2019 im Verlag Ulrich Keicher in Leonberg »Hans-Georg Gadamer – Philosoph des Gesprächs«, 2023 im Claudius Verlag München die »Kleine Theologie des Als ob« und bei

Matthes & Seitz Berlin das »Lob der Autorität«. Zusammen mit Thomas A. Seidel gibt er in der Evangelischen Verlagsanstalt die Reihe »GEORGIANA. Neue theologische Perspektiven« heraus.

Martinos Petzolt, Dipl. Theol., Jahrgang 1959, Erzpriester, ist seit 2002 Kleriker der Griechisch-Orthodoxen Metropolie von Deutschland im Ökumenischen Patriarchat und zuständig für die gesamte unterfränkische Pfarrei der heiligen Drei Hierarchen. Er war von 1989 bis 2019 Wissenschaftlicher Mitarbeiter an der Theologischen Fakultät und am Ostkirchlichen Institut in Würzburg. – Petzolt gehört zu den Bearbeitern des Handbuchs der Ostkirchenkunde und ist Autor zahlreicher Rezensionen und Beiträge in Sammelbänden sowie ostkirchlicher Artikel in den Lexika LThK, RGG und im Lexikon des Mittelalters. Neben und nach der jahrelangen akademischen Lehre hält er in Bildungseinrichtungen wie Akademien, Schulen und Pfarreien Vorträge zur theologischen und pastoralen Fortbildung.

Friedemann Richert, Dr. theol., Jahrgang 1959, ist seit 1991 Pfarrer der Evangelischen Landeskirche in Württemberg. Bis zu seinem Ruhestand im Oktober 2023 war er von 2011 bis 2023 Dekan des Evangelischen Kirchenbezirks Künzelsau und Vorstandsvorsitzender des Kreisdiakonieverbandes Hohenlohekreis. Von 2013 bis 2023 war er Dozent für Ethik an der Hochschule Heilbronn, Campus Künzelsau. Seit 2023 ist er Beisitzer des Forum Kirche & Theologie e. V. – Richert hat zahlreiche Aufsätze und Zeitungs- oder Radiobeiträge vorzuweisen und ist Autor folgender Bücher: »Der endlose Weg der Utopie«, WBG 2001; »Denken und Führen. Ethik für unsere Gesellschaft«, WBG 2006; »Kleine Geistesgeschichte des Lachens«, WBG, 2. Auflage 2011; »Platon und Christus. Antike Wurzeln des Neuen Testaments«, WBG, 3. Auflage 2014; »Über das Gute oder Warum Platon recht hat und die Neuzeit sich irrt«, Bautzverlag 2016; »Das lateinische Gesicht Europas. Gedanken zu einem Kontinent«, Evangelische Verlagsanstalt 2020.

Wolfgang Sander, Dr. phil. habil., Jahrgang 1953, studierte Politikwissenschaft, Evangelische Theologie und Erziehungswissenschaft in Gießen und Marburg. Mit einem Lehramtsabschluss schlossen sich 1980 die Promotion sowie 1988 die Habilitation für das Lehrgebiet Didaktik der Gesellschaftswissenschaften in Gießen an. Auf berufliche Tätigkeiten als

Wissenschaftlicher Mitarbeiter am Gießener Institut für Didaktik der Gesellschaftswissenschaften, als Pädagogischer Mitarbeiter in der Erwachsenenbildung und 1992/93 als Vertretungsprofessor an der Universität Passau folgten Professuren an den Universitäten Jena (1994–1998), Gießen (seit 1998, seit 2019 em.) und Wien (2008–2010) sowie als Seniorprofessor an der Goethe-Universität Frankfurt/M. (2022). – Sander ist Autor und Herausgeber zahlreicher Bücher, zuletzt: »Handbuch politische Bildung« (Hg., Erstauflage 1997, 5. Aufl. 2022, ab dieser Aufl. mit Kerstin Pohl, Wochenschau-Verlag); »Bildung – ein kulturelles Erbe für die Weltgesellschaft« (2018, Wochenschau-Verlag), »Bildung in der postsäkularen Gesellschaft« (Hg., mit Stefan Müller, 2018, Beltz Juventa); »Europäische Identität – Die Erneuerung Europas aus dem Geist des Christentums« (2022, Evangelische Verlagsanstalt); »Zwischen Mündigkeit, Kritik und Identität – Perspektiven politischer Bildung« (2023, Wochenschau-Verlag).

Thomas A. Seidel, Dr. theol., Jahrgang 1958, ist ein deutscher evangelischer Theologe und Historiker. Er war ab 1988 Gemeindepfarrer in Ollendorf (bei Weimar), 1989 Mitbegründer der SPD in Thüringen, Direktor der Evangelischen Akademie Thüringen in Neudietendorf von 1996 bis 2005, danach von 2005 bis 2010 Beauftragter der Ev. Kirchen bei Landtag und Landesregierung Thüringen, von 2010 bis 2018 Reformations-Beauftragter des Freistaats Thüringen. Von 2007 bis 2023 war er Geschäftsführender Vorstand und ab 2019 Vorstandsvorsitzender der Internationalen Martin Luther Stiftung (IMLS). Seit 2018 ist er Leiter der Diakonen-Ausbildung im Diakonischen Bildungsinstitut Johannes Falk (dbi) Eisenach/Erfurt und seit 2019 Großkomtur der Ev. Bruderschaft St. Georgs-Orden (StGO). Seidel erhielt 2023 das »Verdienstkreuz am Bande der Bundesrepublik Deutschland«. – Zu seinen jüngeren Veröffentlichungen zählen: »Die Evangelische Kirche in Mitteldeutschland. Schlaglichter der Kirchengeschichte vom frühen Mittelalter bis heute« (mit Axel Noack), Weimar 2021. Zusammen mit Sebastian Kleinschmidt gibt er bei der Evangelischen Verlagsanstalt die Reihe »GEORGIANA. Neue theologische Perspektiven« heraus.

Wolfgang Thierse, Dr. h.c., Jahrgang 1943, war nach dem Studium der Kulturwissenschaft und Germanistik wissenschaftlicher Mitarbeiter an der Humboldt-Universität Berlin und der Akademie der Wissenschaften der DDR (Zentralinstitut für Literaturgeschichte). Im Jahr 1990 wurde er Vorsitzender der SPD in der DDR. Von 1990 bis 2013 war er Mitglied des Deutschen Bundestages und von 1998 bis 2013 dessen Präsident und Vizepräsident. Viele Jahre lang amtierte er als Stellvertretender Vorsitzender der SPD und Vorsitzender ihrer Grundwertekommission sowie des Kulturforums der Sozialdemokratie und als Sprecher des Arbeitskreises Christen in der SPD. – Thierse ist Autor zahlreicher Veröffentlichungen, u. a. von: »Künstlerische Avantgarde«, 1979 (Mithg.); »Ästhetische Grundbegriffe«, 1990, (Mithg.); »Mit eigener Stimme sprechen«, 1992; »Religion ist keine Privatsache«, 2000 (Hg.); »Zukunft Ost – Perspektiven für Ostdeutschland in der Mitte Europas«, 2001; »Grundwerte für eine gerechte Weltordnung«, 2003 (Hg.); »Was zusammengehört. Die SPD und die deutsche Einheit 1989« (mit H.-J.-Vogel, E. Eppler), 2014; »Soziale Demokratie als Überlebenspolitik« (mit T. Meyer), 2023.

Günter Thomas, Dr. theol. habil., Dr. rer. soc., Jahrgang 1960, studierte Evangelische Theologie, Philosophie und Soziologie in Tübingen, Princeton (USA) und Heidelberg. Er ist seit 2004 Professor für Systematische Theologie (Ethik und Fundamentaltheologie) an der Evangelisch-Theologischen Fakultät der Ruhr-Universität Bochum und gleichzeitig ordinierter Pfarrer der Württembergischen Landeskirche, Sprecher (mit M. Wüthrich) der jährlichen internationalen Karl Barth-Konferenz in der Schweiz und Research Fellow an der Fakultät für Öffentliche Theologie der Universität Stellenbosch/Südafrika. – Bei der Evangelischen Verlagsanstalt erschienen von Thomas: »Gottes Lebendigkeit. Beiträge zur Systematischen Theologie«, 2019; »Im Weltabenteuer Gottes leben. Impulse zur Verantwortung der Kirche«, 2020, 3. Aufl. 2021; »Nicht alles gut. Schöpfungstheologische Interventionen«, 2024. Im Theologischen Verlag Zürich erschien »Chaos und Erbarmen. Gesundheit und Krankheit in Karl Barths Theologie«, 2023.

Henning Wrogemann, Dr. theol. habil., Jahrgang 1964, ist seit 2007 Inhaber des Lehrstuhls für Religionswissenschaft und Interkulturelle Theologie an der Kirchlichen Hochschule Wuppertal und Leiter des Instituts für Interkulturelle Theologie und Interreligiöse Studien (IITIS). Von 2015-2019 war Wrogemann der Vorsitzende der Deutschen Gesellschaft für Missionswissenschaft (DGMW). In den Jahren 2012-2015 erschien beim Gütersloher Verlagshaus sein dreibändiges Werk Lehrbuch Interkulturelle Theologie/Missionswissenschaft (Band 1: Interkulturelle Theologie und Hermeneutik, 2012, 2. Aufl. 2016; Band 2: Missionstheologien der Gegenwart, 2013, 2. Aufl. 2019; Band 3: Theologie Interreligiöser Beziehungen, 2015), das als englischsprachige Ausgabe in den Jahren 2016–2019 unter dem Titel Intercultural Theology (Vol. 1–3) bei Inter Varsity Press (USA) erschien. – Bei der Evangelischen Verlagsanstalt erschienen von Wrogemann u. a.: »Religionswissenschaft und Interkulturelle Theologie« (Lehrwerk Evangelische Theologie 10), 2020, Studienausgabe 2023; »Bibel und Koran: Christen und Muslime in Dialog und Differenz«, 2022; »Missionswissenschaft unterwegs«, 2017; »Muslime und Christen in der Zivilgesellschaft«, 2016. Im Frühjahr 2024 erscheint »Mission in Crisis. The Church's Unfinished Homework«, hg. und eingel. von Ralph Kunz und Henning Wrogemann.

Annette Weidhas, Dr. theol., Jahrgang 1960, studierte Evangelische Theologie in Leipzig (1980–1985), war danach Wissenschaftliche Assistentin im Fachbereich Systematische Theologie (1985–1990) an der Martin-Luther-Universität in Halle und wurde dort promoviert. Sie arbeitet als Programm- und Verlagsleiterin für die Evangelische Verlagsanstalt in Leipzig und ist seit 1990 Redakteurin der Theologischen Literaturzeitung.

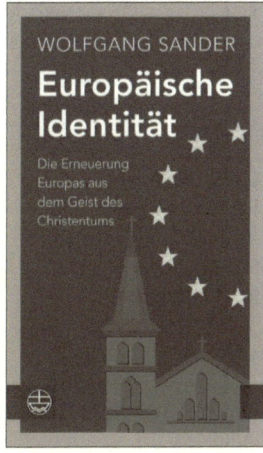

Wolfgang Sander
Europäische Identität
Die Erneuerung
Europas aus dem Geist
des Christentums

272 Seiten | Hardcover
13 x 21,5 cm
ISBN 978-3-374-07019-0
EUR 25,00 [D]

Was verbindet die Europäer? Von der Antwort auf diese Frage hängt die Zukunft der europäischen Einigung ab. Historisch ist Europa wesentlich durch die christliche Tradition geprägt. Zwar ist diese Tradition blasser geworden. Aber noch immer liegen hier entscheidende Ressourcen für eine ganz Europa verbindende europäische Identität. Europa braucht eine christliche Renaissance, die die christliche Tradition wiederentdeckt, um sie für heute weiterzudenken: Wie verhält sich der christliche Glaube zu den Wissenschaften, wie zu den sogenannten europäischen Werten, wie zu Diversität in modernen Gesellschaften? Wie lässt sich Freiheit anders denken denn als Narzissmus und Egoismus, wie ein Weltbezug jenseits des bloßen Verfügbarmachens? Und wie müssen die christlichen Kirchen sich selbst erneuern?

EVANGELISCHE VERLAGSANSTALT
Leipzig   www.eva-leipzig.de

Tel +49 (0) 341/ 7 11 41 -44   shop@eva-leipzig.de

Volker Gerhardt
Rochus Leonhardt
Johannes Wischmeyer
**Friedensethik
in Kriegszeiten**

184 Seiten | Paperback
12 x 19 cm
ISBN 978-3-374-07337-5
EUR 24,00 [D]

Drei Tage nach dem Überfall Russlands auf die Ukraine hat Bundeskanzler Olaf Scholz in einer Regierungserklärung von einer »Zeitenwende in der Geschichte unseres Kontinents« gesprochen. Es gehe um die Frage, »ob Macht das Recht brechen« dürfe. Sofern das Verhältnis von Macht und Recht zu den zentralen Problemstellungen der Friedensethik gehört, markiert das Stichwort »Zeitenwende« auch für diesen Bereich der angewandten Ethik eine Zäsur: In Kriegszeiten steht die Friedensethik – namentlich die christliche – unter Realismus-Druck. Der theologische und kirchliche Mainstream des deutschen Protestantismus hat in den letzten Jahrzehnten vorrangig auf Kriegsprävention gesetzt und die Frage ausgeblendet, wie gehandelt werden kann, wenn Prävention scheitert.

EVANGELISCHE VERLAGSANSTALT
Leipzig   www.eva-leipzig.de

Tel +49 (0) 341/ 7 11 41 -44   shop@eva-leipzig.de